Georg Ruppelt

Nachdem Martin Luther Papst geworden war und die Alliierten den Zweiten Weltkrieg verloren hatten

Literarische Alternativen zur besten der Welten

Wehrhahn Verlag

Gedruckt mit freundlicher Unterstürzung der

ṡHannoverStiftung
Stiftung der Sparkasse Hannover

Bibliografische Information der Deutschen Nationalbibliothek

Die Deutsche Nationalbibliothek verzeichnet diese Publikation in der Deutschen Nationalbibliografie; detaillierte bibliografische Daten sind im Internet über <http://dnb.ddb.de> abrufbar.

Das Buch erscheint zugleich als Begleitband zur gleichnamigen Ausstellung in der Gottfried Wilhelm Leibniz Bibliothek, Hannover

1. Auflage 2007
Wehrhahn Verlag
www.wehrhahn-verlag.de
Satz und Gestaltung: Wehrhahn Verlag
Umschlag unter Verwendung eines Fotos von
Donald S. Douglas, Blairgowrie, Schottland
Druck und Bindung: Prisma Verlagsdruckerei, Saarbrücken

Alle Rechte vorbehalten
Printed in Germany
© by Wehrhahn Verlag
ISBN 978–3–86525–096–4

Inhalt

7   Vorwort

11 Es war im Jahr 2010. Deutschland und die Welt
    in der Zukunftsliteratur

27 Zukunft von gestern. Die Geschichte der Jahre 1901 bis 3000

106 »Die Technik überwindet jede Schwierigkeit«.
    Prognosen von 1910 auf das Jahr 2010

115 Nachdem Martin Luther Papst geworden war
    und die Alliierten den Zweiten Weltkrieg verloren hatten.
    Alternative Welten der Literatur

163 »Der große summende Gott«. Von Denkmaschinen,
    Computern und Künstlicher Intelligenz in der Literatur

184 »Keiner, den ein Weib geboren«. Von schönen
    neuen Menschen und Klonen

200 Gott auf Erdenbesuch. Religion und
    Epiphanie in der Science Fiction

215 »Die Freizeitrevoluzzer«. Arbeit und Arbeitslosigkeit
    in der utopischen Literatur

229 Die Zukunft der Bücher in Zukunftsbüchern

241 »Unsre Phonographzeitung wird das Blatt der Zukunft sein«.
    Prognosen über die Zukunft der Zeitung

249   Als die Marsianer auf die Erde kamen. 1897 erschienen die
      Invasionsromane von Kurd Laßwitz und Herbert George Wells

263   »Na prost!« Die Wein- und Weltraumphantasie
      Paul Scheerbarts von 1898

268   Bildung und Information im neustrukturierten Deutschland.
      Bericht von einem Kongress in Hannover vom 3. bis 5. Oktober 2021,
      erstattet von Georg Ruppelt

273   Literatur und Anmerkungen

Vorwort

Unsere Welt, die von jedem Bewusstsein als seine eigene begriffen wird, erscheint uns unvollkommen. Doch, »wenn es«, so Gottfried Wilhelm Leibniz, »keine beste unter allen möglichen Welten gäbe, (hätte) Gott gar keine geschaffen.«

Andere Welten entstehen zu lassen als die unsrige, ist ein Wesenszug von Literatur. Ihre Welten nehmen im Geist des Autors Gestalt an und später jeweils neu und jeweils anders im Kopf eines jeden Einzelnen, der sich dieser Literatur widmet. Über einen Zugang zur Literatur, nämlich das Lesen, hat Marion Zimmer Bradley einmal sinngemäß gesagt, dass es die einzige Möglichkeit sei, mehr als ein Leben zu leben, ohne mehr als einen Tod zu erleiden.

Eine besondere Traditionslinie der Literatur hat seit der Antike dezidiert andere Welten thematisiert und hat sich damit bewusst aus der jeweils gegenwärtigen Realität entfernt. Die Absichten dieser Texte waren dabei durchaus unterschiedlicher Natur. Sie wollten möglicherweise Einfluss nehmen, etwas erreichen, etwas verändern; sie wollten vielleicht belehren, etwas verdeutlichen, zum Nachdenken anregen; oder sie wollten auch nur erfreuen, erheitern, unterhalten. Religiöse Texte und Mythen kann man in dieser Traditionslinie sehen, aber auch die phantastische Literatur und die Utopien seit der Frühen Neuzeit bis hin zur Science Fiction unserer Tage.

Der vorliegende Band ist das Ergebnis einer lebenslangen passiven wie aktiven Beschäftigung mit prospektiver Literatur im weitesten Sinne. Von der Insel Utopia des Thomas Morus aus dem 16. Jahrhundert über längst vergessene »Zukunftsromane« aus dem 19. und 20. Jahrhundert bis in die aktuelle Science Fiction des Dritten Jahrtausends reicht der Blick. Es ist die Blickrichtung, um ein Schlegel-Wort abzuwandeln, des vorwärts gerichteten Historikers oder des zurückschauenden Propheten.

Doch vor allem geht es um Literatur, um Freude an der Erfindung und an der Spekulation, es geht um Lesevergnügen, bei dem es einem freilich ob der Inhalte bisweilen angst und bange werden kann. Die vorliegenden in sich abgeschlossenen Essays, die gleichwohl einen starken inhaltlichen Zusammenhang aufweisen, möchten die Aufmerksamkeit auf Details in bekannten Texten lenken, sie wollen aber auch auf heute kaum noch beachtete, gleichwohl aber interessante Prosa hinweisen.

Die Zukunftserwartungen, die Hoffnungen und die Ängste vergangener und jetziger Generationen werden in diesen Texten widergespiegelt, ihre Träume und Albträume. Manche von ihnen sind heute kaum mehr nachvollziehbar, andere überraschend aktuell. Welche Möglichkeiten hatte und hat der Einzelne, welche hatten und haben Generationen im Laufe des kurzen Erdendaseins? Und wie wurden sie genutzt? Wie hätte man sie nutzen können? Rührend, witzig, beklemmend, beängstigend, aber immer spannend sind die Antworten, die phantasiebegabte Autoren auf diese und andere Fragen gegeben haben. Manche Antworten mögen uns abstoßen, andere vielleicht erheitern. Doch nichts liegt diesem Buch ferner, als sich über die Zukunftsvorstellungen unserer Altvorderen lustig zu machen – im Gegenteil, besteht doch vielleicht die Chance, dass in der Vielzahl der gedachten Möglichkeiten etwas steckt, was uns oder unseren Nachkommen hilfreich sein könnte.

Diese Chance ist freilich gering, aber der Dialog über die Zeiten hinweg, der Blick zurück nach vorn, die Zukunft von gestern – dies alles ist pure Denk- und Lesefreude, besonders dann, wenn es Texte sind wie der folgende aus der »Weltbühne« von 1926. Es spricht zu Ihnen, lieber Leser, Kurt Tucholsky:

»Lieber Leser 1985 –!

Durch irgendeinen Zufall kramst du in der Bibliothek, findest diesen Band, stutzt und liest. Guten Tag.

Ich bin sehr befangen: du hast einen Anzug an, dessen Mode von meinem damaligen sehr absticht, auch dein Gehirn trägst du ganz anders ... Ich setze dreimal an: jedesmal mit einem andern Thema, man muß doch in Berührung kommen ... Jedesmal muß ich es wieder aufgeben – wir verstehen einander gar nicht. Ich bin wohl zu klein; meine Zeit steht mir bis zum Halse, kaum gucke ich mit dem Kopf ein bißchen über den Zeitpegel ... da, ich wußte es: du lächelst mich aus.

Alles an mir erscheint dir altmodisch: meine Art, zu schreiben und meine Grammatik und meine Haltung ... ah, klopf mir nicht auf die Schulter, das habe ich nicht gerne. Vergeblich will ich dir sagen, wie wir es gehabt haben, und wie es gewesen ist ... nichts. Du lächelst, ohnmächtig hallt meine Stimme aus der Vergangenheit, und du weißt alles besser. Soll ich dir erzählen, was die Leute in meinem Zeitdorf bewegt? Genf? Shaw-Premiere? Thomas Mann? Das Fernsehen? Eine Stahlinsel im Ozean als Halteplatz für die Flugzeuge? Du bläst auf alles, und der Staub fliegt meterhoch, du kannst gar nichts erkennen vor lauter Staub.

Soll ich dir Schmeicheleien sagen? Ich kann es nicht. Selbstverständlich habt ihr die Frage: ›Völkerbund oder Paneuropa?‹ nicht gelöst; Fragen werden ja von der Menschheit nicht gelöst, sondern liegen gelassen. Selbstverständlich habt ihr fürs tägliche Leben dreihundert nichtige Maschinen mehr als wir, und im übrigen seid ihr genau so dumm, genau so klug, genau so wie wir. Was von uns ist geblieben? Wühle nicht in deinem Gedächtnis nach, in dem, was du in der Schule gelernt hast. Geblieben ist, was zufällig blieb; was so neutral war, daß es hinüberkam; was wirklich groß ist, davon ungefähr die Hälfte, und um die kümmert sich kein Mensch – nur am Sonntagvormittag ein bißchen, im Museum. Es ist so, wie wenn ich heute mit einem Mann aus dem Dreißigjährigen Krieg reden sollte. ›Ja? gehts gut? Bei der Belagerung Magdeburgs hat es wohl sehr gezogen ... ?‹ und was man so sagt.

Ich kann nicht einmal über die Köpfe meiner Zeitgenossen hinweg ein erhabenes Gespräch mit dir führen, so nach der Melodie: wir beide verstehen uns schon, denn du bist ein Fortgeschrittener, gleich mir. Ach, mein Lieber: auch du bist ein Zeitgenosse. Höchstens, wenn ich ›Bismarck‹ sage und du dich erst erinnern mußt, wer das gewesen ist, grinse ich schon heute vor mich hin: du kannst dir gar nicht denken, wie stolz die Leute um mich herum auf dessen Unsterblichkeit sind ... Na, lassen wir das. Außerdem wirst du jetzt frühstücken gehen wollen.

Guten Tag. Dies Papier ist schon ganz gelb geworden, gelb wie die Zähne unsrer Landrichter, da, jetzt zerbröckelt dir das Blatt unter den Fingern ... nun, es ist auch schon so alt. Geh mit Gott, oder wie ihr das Ding dann nennt. Wir haben uns wohl nicht allzuviel mitzuteilen, wir Mittelmäßigen. Wir sind zerlebt, unser Inhalt ist mit uns dahingegangen. Die Form war alles.

Ja, die Hand will ich dir noch geben. Wegen Anstand.

Und jetzt gehst du.

Aber das rufe ich dir noch nach: Besser seid ihr auch nicht als wir und die vorigen. Aber keine Spur, aber gar keine – «

Es war im Jahr 2010
Deutschland und die Welt in der Zukunftsliteratur

Wann wohl ist folgende Beschreibung der Anfangsphase des Zweiten Weltkrieges entstanden? – In den dreißiger Jahren unterzeichneten das Deutsche Reich und Österreich einen Anschlussvertrag. Es kam in der Folge zu einem Krieg zwischen Deutschland, Polen und Frankreich. Deutschland griff im Spätsommer Polen an und siegte in wenigen Wochen. Anschließend erfolgte der Angriff auf Frankreich, im Oktober wurde Paris von deutschen Truppen besetzt. Nach Beendigung des Krieges setzte sich Deutschland mit Russland über die neue Grenze zwischen den beiden Staaten auseinander. Beide Staaten einigten sich darauf, dass Polen wieder aufhören sollte, als selbständiger Staat zu existieren, und man teilte das polnische Staatsgebiet unter sich auf. Die Grenze zwischen Russland und Deutschland verlief nun von Ostpreußen aus fast gradlinig zur Grenze Österreichs. Russland bekam für das Gebiet, welches ihm so verloren ging, das ganze noch übrige Polen einschließlich Galiziens. Danzig und das Memelgebiet wurden dem Deutschen Reich zugeschlagen.

Diese Schilderung stammt nicht aus einem Schüleraufsatz aus unserer Zeit, der die Anfangsgeschichte des Zweiten Weltkrieges im Wesentlichen richtig wiedergibt und sie nur in einigen Details mit falschem Zungenschlag durcheinanderbringt. Sie ist aus einem Buch zusammengefasst worden, das Werner Grassegger geschrieben hat und den Titel »Der zweite Weltkrieg« trägt. Das Buch erschien ... 1922![1]

Ein weiteres Szenario: Anfang April 1986 führte die Sowjetunion einen vernichtenden Atomschlag gegen die Volksrepublik China. In ganz Afrika war ein mörderischer Krieg zwischen verschiedenen Militärblöcken im Gange. »Südamerika befand sich mitten in einer großen Hungerrevolution, und in den USA tobte der zweite Nord-Süd-Krieg zwischen weißen und schwarzen Fanatikern und den Mafiaorganisationen dazwischen. Europa war demgegenüber eine Insel friedlicher Stagnation – das aber nicht aus gutem Willen oder eigenem Antrieb, sondern weil sich hier vor allem das bereits 1983/84 erfolgte totale biologische Absterben des Mittelmeers und der Ostsee mit einer enormen Verschlechterung der Luftqualität bemerkbar gemacht hatte. Im Ruhrgebiet hatte man viele Industrien stilllegen und ganze Städte wie

Gelsenkirchen und Bochum räumen müssen. [...] Ein nahezu perfektes Management politisch-wirtschaftlicher Art vermochte sogar noch die Folgen dieser Katastrophen aufzufangen und zum Teil in Geschäft umzusetzen: Sauerstoff in druckfesten Plastikbehältern erlebte einen enormen Boom. Nur in Wien lebte man noch natürlich und fuhr – wenn man Benzin hatte, mit dem Auto, sonst mit der Straßenbahn – zum Heurigen nach Grinzing [...], nachdem der zum fünften Mal gewählte Bundeskanzler Kreisky, 83, versichert hatte: ›Ich meine, daß alles halb so schlimm wird [...].‹« – Dies ist ein Zitat aus dem Roman von Gerhard Steinhäuser »Unternehmen Stunde Null 1986«, der 1973 erschien.[2]

Ein weiteres Zeitbild: Im Jahr 1999 war der Automobilverkehr in jeder Hinsicht vervollkommnet worden und die Straßenverkehrssicherheit eine totale. Unfälle kamen nicht mehr vor. Vor kurzem hatte man das Elektroskop, eine Art Fernsehen, erfunden. Die Pädagogik hatte bestimmenden Einfluss in Deutschland gewonnen, und so standen dementsprechend die Lehrer an oberster Stelle in der gesellschaftlichen Rangordnung. – So der Zukunftsentwurf des Romans von Hansel Truth »Am Ende des Jahrtausends«, der 1891 erschienen ist.[3]

Die drei Texte sind von Inhalt und Intention her gesehen völlig verschieden, und sie haben sehr unterschiedliche Autoren, nämlich einmal einen rechtslastigen Trivialschriftsteller aus den zwanziger Jahren des 20. Jahrhunderts, einen linksliberalen Romanautor aus den Siebzigern und einen pädagogisch orientierten liberalen Fortschrittsgläubigen vom Ende des vorletzten Jahrhunderts. Dennoch weisen diese Texte, die hier stellvertretend für viele hundert andere stehen, eine Gemeinsamkeit auf: Ihr Inhalt ist vom Erscheinungsdatum der Bücher her gesehen in der Zukunft angesiedelt. Dies ist eine seit langem bekannte literarische Technik, die auch als zeitverschobene Utopie bezeichnet wird.

Die erste bekannte zeitverschobene Utopie erschien 1733 unter dem Titel »Memoirs of the Twentieth Century«, Verfasser war Samuel Madden. Maddens Vorschau auf das Ende des 20. Jahrhunderts ist geprägt von seinen religiösen Obsessionen; so beschreibt er beispielsweise eine Versteigerung von Reliquien, die am 25. April 1998 in Rom stattfindet. Sein Werk allerdings ist in der einschlägigen Sekundärliteratur heute kaum mehr bekannt.[4]

Als erste zeitverschobene Utopie gilt der Literaturwissenschaft vielmehr der berühmte französische Roman von Louis Sébastien Mercier »Das Jahr

2440«, der anonym erstmalig 1770/71 erschien und ein »Bestseller« wurde. Das ganz von der Aufklärung geprägte Werk schildert einen vernünftigen Zukunftsstaat, in dem alles besser und sauberer ist als in früheren Jahrhunderten. An die Stelle der Religion ist die Verehrung der Wissenschaften getreten. Die kirchlichen Feiertage sind in Freizeit umgewandelt worden, in der sich die Bürger, die alle einen Arbeitsplatz haben, erholen und weiterbilden können. Der Krieg ist durch die Erfindung eines Apparates abgeschafft worden. Dieser Apparat kann die menschliche Stimme imitieren und die Schreie von Verwundeten vorspielen, was kriegslüsterne Fürsten von ihren martialischen Vorhaben abbringt. In diesem Zukunftsstaat sind nur noch wenige Bücher erhältlich, denn alles, was diese Gesellschaft für unnütz hält, wurde verbrannt, so z. B. Millionen und Abermillionen Bücher der Königlichen Bibliothek in Paris.[5]

Im 19. Jahrhundert, dem Jahrhundert der industriellen Revolution, der Technisierung, der Erfindungen entstand dann eine Fülle von zeitverschobenen Utopien, meist auf technischer Grundlage. Bekannteste Beispiele sind die auch heute noch gelesenen Romane von Jules Verne. Utopisch-technische Literatur wurde diese Gattung in Deutschland genannt. Der Buchhandel wies über Jahrzehnte eine stattliche Anzahl deutschsprachiger Titel vor allem im trivialen Bereich auf.

In Amerika prägte sich seit den zwanziger Jahren für diese Art von Literatur der Name Science Fiction ein, und an dieser Stelle sind einige Worte über dieses Literatur-Genre zu verlieren, denn der Science Fiction haftet in Deutschland trotz wirtschaftlicher Erfolge und auch literaturwissenschaftlicher Bemühungen nach wie vor der Geruch von »Schmutz und Schund« an.

Noch immer gilt in gewisser Hinsicht das, was Charlotte Winheller 1963 im Vorwort zur ersten Ausgabe der Heyne-Anthologie »20 Science Fiction Stories« schrieb: »Es ist üblich, einer Geschichtensammlung eine Erklärung voranzustellen, und ganz besonders gilt das dann, wenn die Geschichten aus einer Region stammen, die so anrüchig ist wie Science fiction. Wenn man die unterste Ebene dieser Literaturgattung als Maß heranzieht, besteht diese Anrüchigkeit zu Recht; obwohl darunter dann auch der Liebesroman oder die historische Darstellung fallen könnte. Aber warum sollte man das tun? Warum sollte man nicht nach der Spitzenleistung urteilen? [...] Ihr Gattungsname grenzt ein Themengebiet und keine Darstellungsform ab.

Aber was ist dieses Themengebiet? Die Zukunft? Die Antwort ›Zukunft‹ träfe gewiß sehr oft ins Schwarze, sie gäbe sogar eine prächtige Rechtfertigung gegenüber allen Stimmen, die der Science-fiction-Literatur nichts anderes vorwerfen, als den Mangel an Tatsachen. Man könnte nämlich antworten, daß die Beschäftigung mit Zukunftsproblemen weitaus wichtiger sei, als die mit den Fragen der Vergangenheit; denn hier haben wir noch Aufgaben, und dort wird alles rhetorisches Spiel.«[6]

Anders als in den USA, wo es Lehrstühle für Science Fiction-Literatur und Schreibwerkstätten für Science Fiction-Autoren gibt, wird in Deutschland Science Fiction oft noch als reines Trivial-Genre betrachtet, von dem sich etwa der gestandene Deutschlehrer mit Schaudern abzuwenden hat. Dazu dürfte wohl auch der Erfolg der Heftserie »Perry Rhodan« beigetragen haben, die seit Ende der sechziger Jahre erschien und mit ihrer milliardenfachen Gesamtauflage sogar die Auflage der Bibel übertroffen hat.[7] Trotz des wirtschaftlichen Erfolges oder aber gerade wegen dieser Groschenhefte hat diese Publikationsform der Science Fiction in Deutschland bei der Literaturkritik bis heute nachhaltigen Schaden zugefügt. Mittlerweile allerdings gibt es auch in Deutschland eine Fülle von Sekundärliteratur, die sich intensiv mit diesem Literatur-Genre auseinandersetzt.

Auf die Frage, was denn nun eigentlich Science Fiction sei, gibt es zahlreiche Antworten in Büchern und Aufsätzen. Es besteht dabei Konsens, dass Science Fiction heute mehr bezeichnet als die utopisch-technische Erzählung, naturwissenschaftliche Spekulation oder einfach einen in die Zukunft extrapolierten Kriminalroman, eine Abenteuergeschichte oder eine Rittersage.

Seit der zweiten Hälfte des 20. Jahrhunderts hat sich die Science Fiction mit nahezu allen Bereichen des menschlichen Lebens auseinandergesetzt. Fragen der Anthropologie, Soziologie, Psychologie, Ökologie und daneben weiterhin natürlich der Technik und Naturwissenschaften wurden in Filmen und Erzählungen thematisiert. Von den vielen Definitionsversuchen scheinen die Begriffsbestimmungen zweier deutscher Autoren durchaus tragfähig. Wolfgang Jeschke, selbst Autor und ehemaliger langjähriger Lektor im Heyne-Verlag, sagt: »Science Fiction ist Ausdruck von Wünschen und Ängsten. Sie ist das Ausfabulieren von erhofften oder befürchteten Ereignissen, die zur Zeit ihrer Darstellung in der Realität nicht stattfinden konnten, weil sie auf historischen oder wissenschaftlichen oder technischen Voraussetzungen aufbauen, die nicht gegeben waren, deren Eintreten zwar nicht notwendigerweise zu erwarten, aber immerhin möglich war [...].«[8] Und kürzer Herbert W. Franke, Physiker und Science Fiction-Autor: »Science Fiction ist [...] kontrollierte Spekulation.«[9] Aber, so wäre hinzuzufügen, Geschichten, die in der Zukunft spielen, sind nicht nur Spekulation; Utopien, Science Fiction sind immer auch seismographische Literatur für die Bewusstseinslage der jeweiligen Gegenwart gewesen. Diese Literatur ist Ausdruck von Ängsten und Hoffnungen der jeweiligen Zeit, und oft will sie eine Botschaft transportieren. Insofern dürfte auch William Gibson Recht haben, der trocken formuliert: »Wer glaubt, Science Fiction habe mit der Zukunft zu tun, ist naiv.«[10]

Wer sich heute die Titellisten des Heyne-Verlages oder auch Filmankündigungen anschaut, könnte der Meinung sein, dass Science Fiction eine nahezu ausschließlich anglo-amerikanische Literaturgattung sei. Und in der Tat wird der Markt vor allem von amerikanischen und mit einigem Abstand auch von englischen Autoren beherrscht. Dies gilt besonders auch für die Film- und Fernsehindustrie. Dabei kann leicht übersehen werden, dass es auch in Deutschland eine lange und reiche Tradition für diese Gattung gibt.

Die allererste deutschsprachige zeitverschobene Utopie, der erste deutsche Zukunftsroman erschien 1810, also zur Zeit der Eroberungszüge Napoleons. Sein Autor, Julius von Voß, gab ihm den Titel »Ini. Ein Roman aus dem Ein und zwanzigsten Jahrhundert«. Schon in der »Vorrede« stellt der Autor eine Beziehung zwischen seiner Gegenwart und seiner »Zukunftsgewißheit« her: »Wenn nun aber die Zeit gar unfriedlich ist, sollte da nicht ein Blick in die Zukunft das bedrängte, oft zagende Herz trösten, beleben, erheitern? Und eine bessere Zukunft naht so gewiß, als die Vergangenheit von der Gegenwart übertroffen wird.«[11]

Vossens Roman spielt im letzten Viertel des 21. Jahrhunderts. Er wäre wohl am besten als Bildungsroman zu bezeichnen, in den eine Liebesgeschichte eingewoben ist, die sich um die schöne Ini rankt. Interessant ist der globale Aspekt. Der Jüngling, der sich um Ini bemüht, muss viel reisen, wir würden ihn heute als *Jetsetter* bezeichnen. Die Kontinente können im 21. Jahrhundert nach Julius von Voß leicht durch die Entwicklung der zivilen Luftfahrt übersprungen werden. Dieser Luftverkehr wird nach dem Prinzip »leichter als Luft« mittels lenkbarer Flugballons ermöglicht: »Es war dies ein Häuschen von dünnem Schilfrohr geflochten und mit Fenstern aus einem ganz durchsichtig gemachten leichten Horne versehen.[...] Das Dach war platt mit einem Geländer und Sitzen umgeben, sich dort bei angenehmer

Witterung aufzuhalten. An dies Dach waren die seidenen Stränge befestigt, welche von der oben schwebenden Azotkugel niederhingen. Man wußte jetzt das Azot [das ist Stickstoff] viel leichter und einfacher zu bereiten, als im Anfang der Luftschifferei. Auch hatte lange schon die Versuche, Adler zu zähmen und an die Fahrzeuge zu spannen, Erfolg gekrönt.«[12]

Die Gondel selbst wird »von zwanzig rüstigen Tieren« gezogen. Die Passagiere tragen Kopfbedeckungen, die sich bei einem Unfall durch die natürliche Wirkung der Luft breit entfalten – Fallschirmhelme quasi. Auch die Kommunikation zwischen den Erdteilen ist weit entwickelt. Telegraphen gibt es in ganz Europa, aber auch »Sprachtrompeten, welche bei Tag und Nacht und fast bei jeder Witterung auf eine Meile deutlich hörbar tönten und durch welche man von Station zu Station melden ließ, was man wollte. Über Meere leisteten die allgemein gewordenen Taubensendungen Hilfe«.[13]

Die politische Entwicklung in Europa sieht der ehemalige preußische Offizier Julius von Voß auf der Grundlage der Französischen Revolution gegründet – eine erstaunliche Aussage im Jahre 1810. Im 19. Jahrhundert sei nach einer Reihe blutiger Kriege Europa unter einem zentralen Kaisertum geeinigt worden, das neben dem neupersischen Reich »eine lange glückselige Ruhe« genießen konnte. Zu Beginn des 20. Jahrhunderts habe sich auf Veranlassung Kaiser Marcus Aurelius II. die Republik Europa gegründet, deren Verfassung auf Gleichheit beruhte. Der Volkswillen und eine Art aristokratisches Rätesystem garantierten den Erfolg dieser Republik Europa, auch und vor allem deswegen, weil die Fürstenkinder nun eine vorzügliche volksbezogene Ausbildung und Erziehung erhielten.

Die Republik Europa wird nach außen mit Hilfe neuartiger Militärtechnik vollkommen gesichert. Gewaltige Bomben und Minen, die »einen großen Ort auf einmal in die Luft zu sprengen« in der Lage sind, schrecken etwaige Angreifer ab. Militärisches Ausbildungszentrum für die europäische Republik ist übrigens Moskau. Von Voß beschreibt eine künftige Luftwaffe aus Ballonfahrzeugen, aber auch »feuerfeste Wandeltürme«, die mit Kanonen besetzt sind, also Panzer im heutigen Sprachgebrauch. Zu wehren hat man sich im Laufe des Romans dann u. a. gegen Trupps chinesischer Tartaren, die mit Giftpfeilen angreifen.

Polen ist im 21. Jahrhundert ein Land des Nahrungsüberflusses, das die Nordländer mit Lebensmitteln versorgt, England das Zentrum wissenschaftlicher und technischer Instrumente; Frankreich liefert Chemie, die unter anderem auch künstlichen Regen erzeugen kann. Die Franzosen sind auch führend in der Medizintechnik und liefern künstliche Organe in alle Welt. Die Italiener beeindrucken durch mechanische Musikinstrumente, die ganze Orchester samt Chor und Solisten ersetzen.

In Deutschland herrscht Bevölkerungsüberfluss, da Krankheiten und Kriege abgeschafft sind. So wurde es notwendig, die landwirtschaftlichen Erträge zu steigern. »Das in dem vortrefflich zubereiteten Boden durch Maschinen gepflanzte Wintergetreide gelangt um die Mitte des Juni schon zur Reife [...]. Man mäht es durch kunstreiche Sichelwagen, die zugleich abschneiden, aufladen und hinterwärts den Boden wieder pflügen, wodurch die Arbeit gar sehr vereinfacht wird.«[14]

Berlin, der Sitz des europäischen Bundesgerichtes, ist eine große Binnenhafenstadt. Ihre anmutige Umgebung zieren Weingärten, Lustgehölze und heitere Sommerwohnungen reicher Bürger. Berlin ist zugleich eine Wissenschaftsstadt, und ihre Universität gilt als die gelehrteste der Welt. Europa hat sich zu einem Sozialstaat entwickelt, in dem zwar Arbeit Pflicht ist, aber durch eine Art Sozialversicherung sind Ältere und Kranke vorzüglich versorgt.

Vossens Roman ist voller technischer Wunder. Es gibt eine Art Fernsehen, was hier aber bedeutet, dass auf einer Theaterbühne ein gewaltiger Spiegel steht, der in der Lage ist, die Umgebung des Theaters und der Stadt als Kulisse für das Spiel zu nutzen. Zwischen Calais und Dover ist ein Damm gebaut. Man hat künstliche Inseln gefertigt, die von Walfischen gezogen werden usw.

Der Roman »Ini« von Julius Voß enthält viele Elemente, die ihn der Gattung der Science Fiction-Literatur zuweisen. In einer Zeit, in der Europa unter den napoleonischen Kriegen leidet, entwirft er das Bild eines friedlichen, geeinten Europa mit demokratischen Strukturen.

Als der wirkliche Vater einer eigenständigen deutschen Science Fiction-Literatur gilt Kurd Laßwitz, dem wir uns später noch ausführlicher widmen wollen. Mit dem 1897 erschienenen Roman »Auf zwei Planeten« gelang ihm ein Meisterwerk der Gattung. Der Gothaer Mathematiker, Physiker und Philosoph Kurd Laßwitz gehörte zu seinen Lebzeiten zu einem der am meisten gelesenen Science Fiction-Autoren. Das Buch, das im selben Jahr wie Herbert George Wells »Krieg der Welten« erschien, schildert die zunächst friedliche Invasion von Marsianern auf der Erde.[15] Die Marsianer, oder die Martier, wie Laßwitz sie nennt, sind technisch, gesellschaftlich und sittlich den Menschen weit überlegen.

Der Roman »Auf zwei Planeten« wurde nach seinem Erscheinen sofort in mehrere Sprachen übersetzt und war wahrscheinlich die bekannteste europäische Weltraumutopie der Zeit. Er wurde immer wieder neu aufgelegt, bis ihn die Nationalsozialisten als zu demokratisch verboten. Viele deutsche Weltraumpioniere aus der ersten Hälfte unseres Jahrhunderts scheinen den Roman gekannt zu haben.[16]

Laßwitz' Roman hat eine deutlich philosophische und ethische Note und ist zur Hoch-Zeit des Imperialismus für das Jahr 1897 ausgesprochen stark kolonialismus-kritisch. Einer der Martier äußert sich z. B. wie folgt über die Zustände auf der Erde:

»Gegen die sogenannten unzivilisierten Völker scheut man sich nicht, nach Belieben Massengemetzel in Szene zu setzen.«[17]

Neben dieser deutlichen Kritik gelingen Laßwitz erstaunliche technische Voraussagen. Die Martier haben über dem Nordpol eine Weltraumstation errichtet, die bereits, wie später von Wernher von Braun geplant, die Form eines Speichenrades besitzt. Er berichtet von rollenden Straßen, Wolkenkratzern, synthetischen Stoffen, Fotozellen, Lichttelegraphen, Solarzellen und Kabinenbahnen. Die Umweltverschmutzung auf der Erde ist den Martiern unbegreiflich:

»›Woher kommen diese Nebel über ihren großen Städten?‹ fragte einer der Martier. ›Hauptsächlich von der Verbrennung der Kohle‹, erwiderte Grunthe. ›Aber warum nehmen sie die Energie nicht direkt von Sonnenstrahlung? Sie leben ja vom Kapital, statt von den Zinsen.‹«[18]

Anders als dem im selben Jahr erschienenen Roman von Wells war Laßwitz' »Auf zwei Planeten« trotz einiger Neuauflagen seit der zweiten Hälfte des 20. Jahrhunderts kein andauernder Publikumserfolg beschieden. Immerhin beschäftigt sich die Literaturwissenschaft nach wie vor mit ihm, und ein Kurd-Laßwitz-Preis für deutsche Science Fiction erinnert an den Romancier.[19]

Ein Schüler Kurd Laßwitz', der an einem Gothaer Gymnasium Mathematik und Physik lehrte, war Hans Dominik – ein Name, der für viele ältere Leser synonym für deutsche utopisch-technische Literatur steht. Er dürfte der bekannteste deutsche Science Fiction-Autor aus der Zeit vor dem Zweiten Weltkrieg sein. Dominik interessierte sich ausschließlich für technisch-naturwissenschaftliche Zusammenhänge. Der moralisch-ethische Impetus eines Kurd Laßwitz war ihm fremd, und er übernahm später auch durchaus völkisch-nationales Gedankengut seiner Zeit. In einer seiner frühen Zukunftsvisionen schildert Dominik im Jahr 1903 das Berlin des Jahres 1970. Im Hafen Wannsee können Überseeschiffe anlaufen, und der Berliner Tiergarten ist zum Reservat für milliardenschwere Industrielle geworden. Unterhalb von Berlin werden Kali-Steinkohle-Lager abgebaut, und es wird nach Gold geschürft.[20] 1930 beschreibt Dominik, wie man im Jahre 1960 durch besondere ultraviolette Strahlen Riesenobst und -gemüse erzeugen könne – Weintrauben von einem Meter Länge, Weizenähren in Maiskolbengröße.[21]

In einer anderen Erzählung, die ebenfalls 1930 erschien, entwirft Dominik ein Szenario für die kommenden zwei Jahrhunderte: Die USA hatten im April 1975 nach einem Raketenangriff auf Japan die endgültige Vorherrschaft über den Pazifischen Ozean erlangt. Niemals wieder wurden danach Raketen als Kriegsmittel eingesetzt, denn die Raketenbedrohung, der sich die Völker schutzlos ausgesetzt sahen, hatte bald zu einem echten Frieden geführt. Bereits 1980 war ein regelmäßiger Raketenpostverkehr zwischen Europa und Nordamerika eingerichtet worden, Flugzeit etwa 10 bis 20 Minuten. Seit 1990 bestand die Möglichkeit für Reisende, den Atlantischen Ozean mit einer Raketenlinie in 30 Minuten zu überbrücken. Um die Mitte des 21. Jahrhunderts gelang die Entwicklung von atombetriebenen Raketen, und damit war die Voraussetzung für die Weltraumfahrt geschaffen. Die erste Mondlandung erfolgte 2061, vier Jahre später die Landung auf der Venus. In den folgenden Jahrzehnten erforschten Raumschiffe verschiedener Nationalitäten das Planetensystem, um schließlich im 22. Jahrhundert das eigene Sonnensystem zu verlassen. Die Versuche scheiterten jedoch, denn die Raumbesatzungen kehrten mit schweren gesundheitlichen und geistigen Schäden zurück. Der Verkehr zwischen der Erde und anderen Planeten wurde im 23. Jahrhundert aber linienmäßig betrieben und setzte die Menschen keinerlei Gefahren mehr aus.[22]

Neben einer Fülle utopisch-technischer Romane, die sich meist in der »Heftchen«-Literatur ansiedelten und in der sich auch um die Wende zum 20. Jahrhundert schon Weltraumhelden tummelten,[23] gab es auch eine Reihe gesellschaftlicher Utopien bzw. Anti-Utopien. Sie entstanden zu einem großen Teil in der Nachfolge der naiv-sozialistischen Utopie von Edward Bellamy »Ein Rückblick aus dem Jahre 2000 auf das Jahr 1887«.[24] Die Angst vor einer Übernahme der Macht in Deutschland durch die Sozialdemokratie hat nach

1890 die Feder zahlreicher deutscher Zukunftsautoren geführt. Die Wahlerfolge der Sozialdemokratie nach der Aufhebung des Sozialistengesetzes ließen viele schwarz bzw. in diesem Fall besser rot für die Zukunft sehen.

Ganz anders sieht die Utopie des Russen Tschajanow aus dem Jahre 1920 aus. Er schildert, wie Deutschland 1984 von einem zentralen Exekutivkomitee regiert wird. Allerdings herrscht Hungersnot, obwohl die deutschen Staatsfarmen auf 55 Prozent des Bodens Gemüse anbauen. Die Situation in der Sowjetunion ist demgegenüber paradiesisch. Sie ist zu einem Schlaraffenland geworden, weil sich ein volkswirtschaftliches System durchgesetzt hat, das sich auf dem Bauerntum gründet und privatwirtschaftliche Stimulantien zulässt.[25]

Auch die Angst vor einer »Mulierokratie«, einer Weiberherrschaft, in der Zukunft treibt viele Utopisten um, gewiss eine Folge der weltweit ins Licht der Öffentlichkeit tretenden Emanzipationsbewegung. Das führte etwa zu solch kuriosen Zeitungsmeldungen wie der folgenden. Dr. Friedrich Knauer prophezeite 1900 in der Zeitschrift »Das neue Jahrhundert«: »Je mehr die Frau auf das Tätigkeitsgebiet des Mannes übergreift, je vielseitiger sie sich im öffentlichen Leben bestätigt [...], desto rascher wird die Frau dem Manne nachkommen und aus gleichen Gründen auch stärkeren Bartwuchses teilhaft werden. Heute sollen schon 10 % der Frauen stärkeren Bartwuchs zeigen; dieser Prozentsatz wird sich konsequent steigern und in freilich noch sehr ferner Zukunft wird der Bart nicht mehr das Attribut des Mannes sein.«[26]

Dass es mit der vollkommenen Gleichberechtigung allerdings noch gute Weile habe würde, deutet eine Anzeige in der »Deutschen National-Zeitung« vom 10. Februar 2000 hoffnungsvoll an, die G. Erman 1891 fingierte:

»Deutsche Frauen! Seid euch der großen Errungenschaften bewußt, welche euch dieses Jahrhundert der Aufklärung und Menschlichkeit nach so vielen dunklen und barbarischen Zeiten verschaffte. Laßt das Jahrhundert nicht scheiden, ohne zu dem Gebäude eurer Gleichberechtigung den Schlußstein gelegt zu haben.

Vor hundert Jahren nicht viel mehr als die Sklavin des Mannes, befindet sich die deutsche Frau heute in grundsätzlicher Anwartschaft auf alle Berufsrechte, welche ihre Kraft zu erringen vermag. Die selbständige deutsche Frau hat Sitz und Stimme in der kirchlichen Gemeindevertretung und im Arbeitertag erlangt, sie nimmt an der Wahl der Reichstagsmitglieder theil, nur darf sie keiner Geschlechtsgenossin ihre Stimme geben, nur hat man ihr den eigenen Eintritt in die hohe politische Körperschaft verschlossen.

Wohlan! Folgen wir dem Beispiel aller civilisirten Nationen, streifen wir heute die letzte Fessel ab und sprengen wir das letzte Schloß.

Wenn es gelingt – wie wir hoffen – eine Million Unterschriften für unser Gesuch aufzubringen, so kann sich keine politische Körperschaft der ernsten Prüfung und Erfüllung unseres Wunsches entziehen.

Deutsche Frauen! Steht zusammen! Es gilt den letzten Strauß!«
Danach folgt eine
»Anregung aus dem Leserkreise.

Möchten die Frauen, um ihre Gleichberechtigung mit dem männlichen Geschlecht allwärts zu bekunden, sich nicht auch zum Heeresdienst heranziehen lassen? Deutschland würde dadurch unüberwindlich, denn man weiß, daß die spröden deutschen Frauen sich nicht leicht gefangen geben!

Einer für viele.«[27]

Auch zukünftige Verteilungskämpfe um die Ressourcen der Erde wurden literarisch behandelt. Hier der Beginn einer Kurzgeschichte mit dem grammatikalisch falschen Titel »Als der Welt Kohle und Eisen ausging« aus dem Jahre 1913: »Es war im Jahr 1995. In Hamburg herrschte fieberhafte Aufregung. Die Zeitungsjungen schrien die Unglücksbotschaft aus; an allen Straßenecken klebten Plakate mit den neuesten Telegrammen: China hat die Erz- und Kohlenausfuhr gesperrt! Nachdem bereits vor 10 Jahren die Vereinigten Staaten von Amerika das Gleiche getan hatten, war somit das letzte Kohle und Erz fördernde Land für den Freiverkehr geschlossen. Europa, dessen Lager längst erschöpft waren, war ohne Erz ohne Kohle.«[28] Die Krise spitzt sich im Laufe der Erzählung zu, und die Armeen machen mobil. Ein unausweichlich scheinender Weltkrieg kann jedoch dadurch vermieden werden, dass man beginnt, Hochöfen mit Elektrizität zu heizen und Eisen aus der flüssigen Glut des Erdkerns zu gewinnen.

Neben politisch motivierten oder auch nur zur spannenden Unterhaltung gedachten Romanen erschienen auch recht kuriose utopische Geistesprodukte, so z. B. der Roman »Erdsternfrieden« von Heinz Slawik aus dem Jahre 1919.[29] Er beschreibt die Zeit von 1935 bis zum Ende des Jahrhunderts.

Durch die Erfindung des »Änderstoffes«, der aus menschlichen Hoden gewonnen wurde, gelang es, den Menschen ihre angeborene Aggressivität zu nehmen und einen allgemeinen Frieden auf Erden zu etablieren. Das für die ganze Erde zuständige Parlament, das »Erdsternhaus«, bestehend aus dem

»Haus der Jungen« und dem »Haus der Alten«, regelte z. B. auch Details (s. ausführlich dazu im nächsten Kapitel):

- Sehr angelegentlich beschäftigte man sich mit der Besteuerung alkoholischer Getränke, die bis 1971 so verteuert wurden, daß den Erdenmenschen jeglicher Appetit auf Wein, Bier und Schnaps abhanden kam.
- Das Erdenparlament etablierte auch staatliche Bordelle, die in jedem Ort über 5.000 Einwohnern zu errichten waren. Im entsprechenden Gesetzestext heißt es: »Die genannten Erdbürgerinnen erhalten die amtliche Bezeichnung Liebmädchen oder Liebfrauen, sie sind Standespersonen, wie alle anderen Menschen, haben ihre Amtsstunden öffentlich anschlagen zu lassen – es wird empfohlen, von den späten Nachtstunden allmählich abzugehen und die Arbeitsstunden zu berücksichtigen – und stehen unter Aufsicht eigener, staatlich bestellter Beamter mit gesetzlicher Schweigepflicht, der Liebwaibel [...]. Inwieweit die in [diesem] Punkt [...] ausgeführten Einrichtungen auch für Liebknaben zu schaffen wären, wird den Einzelstaaten je nach Landesbrauch überlassen.«[30]

Neben einer Fülle von Kolportage- und Heftromanen entstand um die Jahrhundertwende und in den ersten Jahrzehnten des 20. Jahrhunderts eine Anzahl Romane, die unserer Gattung zuzurechnen sind, auch jenseits der Trivial- und Jugendliteratur. Zu nennen sind etwa die Texte Paul Scheerbarts oder Alfred Döblins »Berge, Meere und Giganten«, Franz Werfels »Stern der Ungeborenen« (postum erst 1946 veröffentlicht) oder der 1913 erschienene Welterfolg Bernhard Kellermanns »Der Tunnel«. Er wurde innerhalb eines Jahres 340.000 mal verkauft und erfolgreich verfilmt. Ein Welterfolg wurde auch Thea von Harbous Roman »Metropolis« (1926) in der Verfilmung von Fritz Lang (1927).

Nach dem Ersten Weltkrieg entstanden einige Zukunftsromane, die bereits sehr deutliche Anklänge an den Nationalsozialismus erkennen lassen. Diese Romane und Erzählungen sind voll von Kriegen der Zukunft, in denen sich Deutschland für die erlittene Schmach von 1918/19 revanchiert. Die eingangs zitierte »Prophezeihung« von Grassegger aus dem Jahre 1922, »Der zweite Weltkrieg«, gehört zu ihnen. Darin besiegt Deutschland seine Gegner. Nach dem Krieg werden die USA, China und Deutschland die führenden Weltmächte, die den Weltfrieden garantieren. Grasseggers Text endet mit dem bezeichnenden Satz »Das tausendjährige Reich hatte, wie es schien, seinen Anfang genommen.«[31]

Das Trauma des verlorenen Weltkrieges saß tief in Deutschland, und die utopischen Romane der zwanziger und dreißiger Jahre spiegeln dies wider. Von einem zukünftigen Krieg, der im Roman dann aber siegreich für Deutschland ausgeht, ist oft die Rede. So etwa auch in Karl Bartz' 1931 erschienenem Roman »Krieg 1960«.³² Er beschreibt für die Mitte des Jahrhunderts folgendes Szenario: Nach einer Zeit des Kalten Krieges zwischen den konkurrierenden Wirtschaftsmächten England und Russland brach ein heißer Krieg aus. Deutschland paktierte zunächst mit Frankreich und England, um die Auflagen des Versailler Vertrages abzuschütteln. Als ein Diktator an die Macht kommt, kämpft es schließlich auf Seiten Russlands gegen die Allianz von Frankreich, England und Italien. – Amerika verhält sich in diesem Krieg neutral, wehrt aber einen Überraschungsangriff der japanischen Flotte auf Guam im Dezember 1961 erfolgreich ab.

Als die Sehnsucht gewisser Kreise 1933 ihre Erfüllung gefunden hatte, steigerten sich die Zukunftsträume einiger Romanautoren zu unermesslichen Höhen. Hier nur ein Beispiel aus dem Jahre 1933. Nach Ernst Bergmann gibt es im Jahr 1964 keine Parteien und Konfessionen in Deutschland mehr, sondern nur noch den untrennbar mit dem Staat verwobenen Nationalsozialismus, der eine Kirche als neue Staatsreligion etabliert hat. Mit Hilfe von 100.000 Arbeitslosen errichtete diese Staatskirche im Jahre 1960 die so genannte »Deutschkirche« in der ebenfalls neu erbauten Stadt Heldenaue. Diese Kathedrale war so groß, dass der Petersdom in Rom bequem in ihr Platz gefunden hätte.³⁵

In den ersten zwei Jahrzehnten nach dem Krieg erschienen in der Bundesrepublik einige der politisch bräunlich gefärbten utopisch-technischen Romane als gereinigte Texte neu, zum Teil mit anglisierenden Pseudonymen, und wurden vor allem im Leihbuchgeschäft angeboten.

Das Thema Science Fiction in der DDR bedarf einer eigenen Darstellung. Eine einfache Internetrecherche dazu führte im März 2007 zu rund 85.000 Einträgen. Während in den USA das sogenannte »goldene Zeitalter« der Science Fiction weiter fortdauerte, wurden in Westdeutschland nur stark gekürzte und oft sinnentstellend übersetzte amerikanische Science Fiction-Texte für ein mäßiges Anspruchsniveau angeboten. Die Gründe für diese Ignoranz und das Ignorieren des Genres in Deutschland hat Peter Schattschneider u. a. der deutschen Literaturkritik angelastet:

»1. Die deutsche Literaturkritik hat einen Kanon der Hochliteratur aufgestellt, der vor allem zurückschreckte, was nach Spannung und Unterhaltung aussah. Das begann im vorigen Jahrhundert und dominierte bis in die späten 60er Jahre. Aus diesem Grunde ist der deutsche Zweig der Science Fiction (Laßwitz, Dominik, Perutz) versiegt.

2. galten Groschenromane im deutschsprachigen Raum immer als minderwertig – Kolportage eben, das, was am Dienstboteneingang verkauft wird. Im angelsächsischen Sprachraum war das anders. Dort wurde Hochliteratur von einer Menge von Leuten gelesen, gerade *weil* sie spannend war, viele Autoren veröffentlichten vorwiegend in Zeitschriften, Heftchen und Magazinen. Diese Tradition wurde in der Entwicklungsphase der englischen Erzähltradition geprägt und hat sich bis zum Beginn unseres Jahrhunderts verstärkt.«[36]

In den ersten 15 Jahren nach dem Krieg kann im Hinblick auf Quantität und Qualität von einer eigenständigen deutschen Science Fiction-Literatur kaum die Rede sein, und auch Deutschland kommt in den Zukunftsromanen selten vor. Hier einige Beispiele aus den Neuerscheinungen: 1960 beschreibt Richard Koch, wie im Jahr 1995 mit Benzin angetriebene Autos unmodern zu werden beginnen. Eine Entmotorisierungsgesellschaft kauft sie auf, versenkt sie in der Nordsee und baut damit einen Damm von Holland nach England.[37]

Die atomare Hochrüstung der beiden Supermächte im Kalten Krieg lässt eine Reihe von Katastrophen- und Nachkatastrophenromanen entstehen. In gewisser Hinsicht gehört dazu auch der 1957 erschienene Roman von Arno Schmidt »Die Gelehrtenrepublik«, der im Jahr 2008 spielt. Ein Atomkrieg hat Europa ausradiert, Deutsch ist eine tote Sprache geworden. Auf einer künstlichen Stahlinsel im Pazifik haben 5000 Menschen aller Nationen eine Gelehrtenrepublik errichtet, die allerdings auch bereits wieder in eine westlich-amerikanische und eine östlich-sowjetische Hälfte geteilt ist.[38]

Der amerikanische Atomwissenschaftler Leo Szilard sagt in einer seiner Kurzgeschichten 1961 die Wiedervereinigung Deutschlands für das Jahr 1980 voraus. Darin wird das wiedervereinigte Deutschland von der SPD regiert, die die größte Partei geworden ist. Sie ist sich mit der CDU darin einig, dass man die nach dem Zweiten Weltkrieg an Polen verlorenen deutschen Ostgebiete durch Verhandlungen zurück gewinnen müsse, während die schnell wachsende rechtsradikale »Volkspartei« – eine der vier im Parlament vertretenen Parteien – auch für eine Rückgewinnung mit Gewalt eintritt.[39]

Anfang der siebziger Jahre änderte sich die Situation der Science Fiction in Deutschland zum Positiven. Einige Verlage versuchten, vor allem in Taschenbuch-Reihen nicht-triviale Science Fiction, darunter auch deutsche Autoren, auf den Markt zu bringen. Allerdings sind von diesen Reihen, bis auf die Bücher des Heyne-Verlages, der in dieser Hinsicht in Deutschland nahezu eine Monopolstellung besitzt, nur wenige übrig geblieben. Heyne wurde zu Anfang des 21. Jahrhunderts von Random House übernommen.

Zum Schluss sei noch auf zwei Zukunftstexte hingewiesen, die vor der Wiedervereinigung Deutschlands entstanden. In dem 1986 erschienenen Band »Deutschland Utopia. Geschichten und Berichte über die Zukunft dieses unseres Landes« sind fiktionale Texte und Verlautbarungen von bekannten Politikern und weniger bekannten Schriftstellern über Deutschlands Zukunft zusammengefasst worden. Eine damals bekannte Persönlichkeit des öffentlichen Lebens äußerte sich zur Zukunft der beiden deutschen Staaten darin wie folgt:

»Wir alle [...] müssen lernen, uns mit der Zweiteilung abzufinden, zwei Staaten als Voraussetzung für den Frieden in Europa zu betrachten. [...] Ziel deutscher Politik muß es sein, in diesem gegebenen Rahmen ein Maximum an außenpolitischer Freiheit und Unabhängigkeit von den Supermächten zu erreichen und ein Maximum an gegenseitigen Beziehungen zu schaffen. Allerdings müssen die Grenzen akzeptiert werden. Wer diese Grenzen überspringen will, begeht Hoch- und Landesverrat, weil er unter Verkennung der tatsächlichen außenpolitischen Abhängigkeiten sowohl die beiden deutschen Staaten wie die Kulturnation Deutschland in den Abgrund stürzen will.«[40]

Das abschließende Zitat gebührt einem unbekannt gebliebenen Science Fiction-Autor. Er hat 1984 Voraussagen über Deutschlands Zukunft niedergeschrieben. In diesem und dem darauf folgenden Jahr wurde in der Staats- und Universitätsbibliothek Hamburg eine Ausstellung gezeigt, die den Titel trug: »Zukunft von Gestern. Ein Überblick über die Geschichte der Jahre 1900 bis 3000, zusammengestellt aus alten und neuen Science Fiction-Texten«. Dazu erschien ein gleichnamiges Begleitbuch.[41] In der Mitte des Ausstellungsraumes lag ein leeres Buch aus, mit der Aufforderung an die Besucher, sich selbst als Science Fiction-Autoren in die Ausstellung einzubringen. Thema sollte sein: Deutschland im Jahre 2084. Dieser Aufforderung kam in Hamburg, aber auch in Stuttgart, Düsseldorf und Hannover, wohin die Ausstellung später wanderte, eine Vielzahl von Besuchern nach. Der nach heutigem Wiederlesen verblüffendste Text stammt von einem nach eigenen Angaben damals 44-jährigen Ingenieur:

»Deutschland im Jahre 2084?

Wiedervereinigt mit Berlin als blühendem Zentrum Europas! In den Hochschulen dieser Stadt versammeln sich wetteifernd Gastprofessoren aus der ganzen Welt, um über den Sinn des menschlichen Lebens im vernetzten System desselben (der Erde) zu spekulieren. Geisteswissenschaft und Naturwissenschaft stehen sich geistig befruchtend im Dialog mit dem Blick nach vorn zur Seite. Sie sind im wesentlichen darum bemüht, dankbar die Erkenntnisse der Biologie umzusetzen, so daß der Politiker dieselben zum Wohle des Ganzen zu nutzen versteht. [...] Die Großtechnologie ist – als Relikt vergangenen Unwissens belächelt – zugunsten innovationsfreudiger und mit der Umwelt vernetzter kleinerer Betriebe zurückgegangen. [...]

Die Bevölkerung steht in intensivem persönlichen Meinungsaustausch über die Nutzung aller im Prozeß anfallenden Stoffe. Es gibt keinerlei Müll mehr, der nicht entweder wieder in den Produktionsprozeß zurückgeführt wird oder auf natürliche Weise in den Kreislauf der Natur. Jeder, der anderes, schädliches Material herstellt, wird streng bestraft.

Dadurch wurde der Kommunikationsbedarf erhöht und ebenso (gegenläufig) die Entfremdung der Menschen voneinander reduziert. Die Atombombendrohung – d. h. die Gefahr der totalen Vernichtung –, die Verödung der Natur und die entsetzliche Langeweile am Fernseher hatten nämlich zu einer konsequenten Protestbewegung geführt, die nach dem Erbe der Vorväter, d.h. nach intensiver Nachforschung griff und daran im Zusammenhang mit der Kybernetik begriff, worauf es ankommt. Die Menschen fragten nicht mehr nach dem Sinn des Lebens, sondern hatten ihren Lebenssinn begriffen.«

Zukunft von gestern
Die Geschichte der Jahre 1901 bis 3000

Aus literarischen Texten des 18. bis 20. Jahrhunderts wurden für die folgende Chronologie Daten und Fakten gezogen und zu einem Überblick über fiktive Ereignisse und Entwicklungen des 20. und der folgenden zehn Jahrhunderte zusammengefasst.

Und so findet man sich darin zurecht:

Die fettgedruckten Jahreszahlen nennen jeweils das Jahr, in dem sich die Geschehnisse »zugetragen haben«. Nach der Zusammenfassung der »historischen Ereignisse« dieses Jahres werden der Nachname des Verfassers und das Ersterscheinungsjahr des ausgewerteten prospektiven Textes genannt. Die vollständigen Literaturangaben sind im Quellenverzeichnis zu finden.

1901

Bei den Wahlen zum Deutschen Reichstag im Januar gewann die Sozialdemokratie 399 von 420 Mandaten. Nur das Militär stand noch auf der Seite der Fürsten. Am 31. 1., 12.00 Uhr mittags, nahm das neue Parlament folgende Gesetze an:

»Die Monarchie und die bestehende Staatsregierung ist abgeschafft. Bis auf weiteres ist jeder religiöse Kultus verboten. Alle Schuld, alle Strafen – Folgen der Ungleichheit unter den Menschen – sind aufgehoben. Zuchthäuser und Gefängnisse sind zu öffnen. Das persönliche Eigentum ist abgeschafft. Die neue Ordnung der Dinge regelt bis auf weiteres ein vom Parlament zu ernennender Ausschuß von 30 Mann. Dieser wird monatlich vom Parlament neugewählt. Wiederwahl ist zulässig. Der Dreißiger Ausschuß hat während seiner Dauer Vollmacht, zu thun, was er für gut hält. Er ist unverantwortlich, wie alle die, die in seinem Namen handeln. Er bleibt so lange in Permanenz, bis sich die Gründung der neuen Gesellschaft vollzogen hat.«

Die Arbeiterbataillone schlugen im darauffolgenden Bürgerkrieg das nach der Abrüstung stark dezimierte Heer und verübten Greueltaten. Die nun verordnete neue Gesellschaft war gekennzeichnet durch blutigen Zwang seitens einer riesigen Beamtenschaft und »blinden Gehorsam« seitens der Bürger.

Am Rande der Anarchie wurde 1910 per Gesetz verfügt, dass der Staat die Versorgung (Ernährung, Bekleidung, Wohnung) aller Bürger übernähme. Außerdem wurde die Ehe aufgehoben.

Weihnachten 1910 kam es zu einer Hungerkatastrophe; Kannibalismus war keine Seltenheit. Die verzweifelte Menge stürmte schließlich die Kasernen der gut versorgten Revolutionssoldaten und schlachtete anschließend alle erreichbaren Volksvertreter und die Mitglieder des »Dreißiger Ausschusses«.

1911 wurden die Monarchie und die alte Ordnung wiederhergestellt, und zwar durch das bewaffnete Eingreifen der Kriegsveteranen-Vereine.

(Gregorovius, 1892)

1910

Am 1. Januar hielt der Deutsche Kaiser eine Rede, in der er die deutsche Luftschiffflotte als wichtige Teilstreitkraft bezeichnete, mit der nun endlich die maritime Überlegenheit Englands ausgeglichen sei.

1912 brach ein Krieg zwischen Japan und Russland aus, den die Japaner durch die Kapitulation der russischen Armee am 14. März 1913 für sich entscheiden konnten. Der Sieg der Japaner war vor allem ihrer Luftflotte zu verdanken, die sie nach deutschem Vorbild aufgebaut hatten. In Russland kam es zur Flucht des Zaren, zu Revolution und Bürgerkrieg, den ein Volkstribun für sich entscheiden konnte. Als Diktator der Republik Russland baute er mit Hilfe des Generals Suwarow die Luftschiffflotte aus und unterwarf Zentralasien der russischen Oberhoheit. Auch ein sozialdemokratischer Aufstand gegen das diktatorische Regime in Moskau wurde mit Hilfe der »Aerostraten« niedergeworfen.

Die lettische, polnische und ruthenische Republik schlossen sich daraufhin zu einem Bündnis zusammen, dem kurz darauf Russland den Krieg erklärte. Im Berliner Reichstag forderten die Sozialdemokraten und das Zentrum eine Intervention des Deutschen Reiches zugunsten der drei schwer bedrängten Republiken.

Am 19. 4. 1916 erklärte Deutschland Russland den Krieg; man trat als »Verteidiger westeuropäischer Kultur gegen asiatischen Barbarismus« an, verbündet mit Österreich, Ungarn, Rumänien und der Türkei sowie einigen Balkanstaaten. Am 20. 4. 1916 kapitulierte die russische Armee in Warschau. Im Friedensvertrag vom 10. 5. 1926 wurde festgelegt, dass Polen als selbständiger Bundesstaat zum Deutschen Reich tritt. Auch die baltischen Länder und große Teile Russlands wurden dem Reich einverleibt. Schließlich kam es zur Vereinigung Österreichs und Ungarns mit dem Deutschen

Reich. Mit der Türkei und den baltischen Staaten wurde ein Staatenbund unter deutscher Oberhoheit gebildet.

Holland, das flämische Belgien, Luxemburg und die Schweiz traten 1931 dem deutschen Bundesstaat bei. Das französische Belgien wurde ein Teil Frankreichs, Marokko Mitglied des deutschen Staatenbundes. Nachdem Deutschland im Interesse Englands auf Abzug der russischen Invasionsarmee aus Indien interveniert hatte, fiel als Gegenleistung Englands das gesamte britische Südafrika an den deutschen Staatenbund.

Und so sah es in der Metropole dieses Weltreiches, in Berlin, aus:

»Berlin hatte sich sehr schnell in die Rolle der Hauptstadt eines Weltreichs hineingefunden. Es zählte 6 Millionen Einwohner. Allerdings einschließlich der Vororte, die längst einverleibt waren. Aber trotz dieser furchtbaren Menschenzahl war der Verkehr auf der Leipzigerstraße nicht ärger als 25 Jahre zuvor. Berlin hatte nach allen Richtungen enorme Dimensionen angenommen. Das Luftschiff und die Flugmaschine hatten die Reichshauptstadt auseinander gezogen. Immer mehr hatte sich die Sitte eingebürgert, ganz weit draußen, möglichst im Freien zu wohnen. Im Innern der Stadt aber waren gewaltige Plätze errichtet mit großen Hallen für die Ankunft und Abfahrt der Flugmaschinen und auch der Luftschiffe. Da man dem vernünftigen Grundsatze nachging, daß bei einer so wichtigen Stadt der Name und die Sache sich decken müsse, so hatte man längst Königswusterhausen, Bernau und Potsdam einverleibt.

Wer eine Flugmaschine oder ein Luftschiff öffentlich führen wollte, mußte ein Examen abgelegt haben. Zehntausende hatten sich dieser Prüfung unterzogen. Es gab im Jahre 1930 im Weichbild von Berlin mehr Flugmaschinen und Luftschiffe als im Jahre 1907 Automobile. Auf den Straßen sah man nicht mehr Automobile als 25 Jahre zuvor. In dem inneren geschlossenen Bezirk der Stadt war es streng verboten, mit Flugmaschinen über die Häuser zu fahren, das war nur Luftschiffen erlaubt. Und diese mußten sich in einer Höhe von mehr als 250 Metern halten. Wer eine Bestimmung dieser Art verletzte, wurde sofort notiert. Die Notierung der fliegenden Polizei wurde durch Aufnahme einer Photographie unterstützt, die die Nummer eines fliegenden Luftschiffes auch auf eine Entfernung feststellte, wo dies mit unbewaffnetem Auge unmöglich war. Aber immerhin gab es bis tief in das alte Berlin und vor allem in seine ehemaligen Vororte Charlottenburg und Kirdorf hinein breite häuserfreie Bahnen, über denen das Fahren mit Flugmaschinen erlaubt war. Tausende von Personen, die in Berlin beschäftigt waren, wohnten weit außerhalb des Weichbildes von Groß-Berlin, in Neuruppin, in Küstrin, in Bitterfeld oder gar in Mecklenburg oder Thüringen.«

»Der Baedeker des Jahres 1930 empfahl den Fremden, die Berlin kennen lernen wollten, ausdrücklich den Besuch der Druckerei in dem Prachtbau der endlich nach Berlin verlegten ›Kölnischen Zeitung‹ oder in dem neuen Gebäude der ›Täglichen Rundschau‹ oder bei dem ›Berliner Tageblatt‹. In diesen Druckereien sprach der Setzer an der Setzmaschine jedes Wort in einen telephonischen Apparat, der mit dem Hörrohr des Setzers in Bagdad in Verbindung stand. So arbeiteten die Setzmaschinen in Berlin und Bagdad vollständig gleichmäßig. Genau zur selben Minute erschien die Abendausgabe dieser drei Blätter in Berlin wie in Bagdad.

Eine wesentliche Veränderung zeigte sich in den Sommermonaten. Obgleich selbst dem weniger bemittelten Berliner Gelegenheit geboten war, noch in den Abendstunden durch eine Hochtour im Luftschiff sich zu erholen, war Berlin in den Sommermonaten um vieles leerer als 25 Jahre zuvor. Selbst die Mittelklassen wohnten durchweg vom Mai bis in den Oktober zum großen Teil an der See oder an den mitteldeutschen Gebirgen. Der überwiegende Teil der Börsenbesucher kam von Heringsdorf, Norderney oder dem Riesengebirge am Morgen im Luftschiff nach Berlin, um am späteren Nachmittag zurückzukehren. Da die Abonnementskarten der Verkehrsluftschiffe nur ein Drittel von dem kosteten, was früher die Eisenbahn verlangte, wohnte ein großer Teil der Sekretäre der Behörden und der Angestellten der Banken während des Sommers in Thüringen und im Harz. Sonntagsausflüge nach Tirol und in die Schweiz wurden im Sommer von Tausenden unternommen. Man konnte bequem in drei Stunden am Sonnabend abend direkt von Berlin bis Gulden am Ortler oder bis auf die Spitze der Jungfrau gelangen und am Montag früh zurückkehren. Nur nach Helgoland zu fahren empfahl sich weniger. Die Insel war zeitweilig derart von Luftschiffen überdeckt, daß man eine bis anderthalb Stunden warten mußte, bis der geringe Raum zum Landen freigegeben war. Das Landen dauerte vielfach länger als die ganze Fahrt. Der geschäftliche Sinn der Helgoländer wußte aber Rat zu schaffen. Sie konstruierten besondere Schiffe, auf denen die Landung der Luftschiffe erfolgen konnte. So kamen die Helgoländer auf einem Umweg zu ihrer uralten Gebühr des Ausbootens.«

(Martin, 1907)

1912

Am 15. März, um 10.15 Uhr, starb in Berlin Kaiser Wilhelm II. Sein Sohn Friedrich Wilhelm übernahm als Kaiser Wilhelm III. die Regentschaft. Die Sozialdemokratie entfesselte eine Revolution in Deutschland, die vom Militär niedergeschlagen wurde; es folgten Generalstreik und Ausrufung des Kriegsrechts.

Ein Aufruf des Reichskanzlers führte schließlich zu einer Einigung. Die Interessengruppen der Arbeitgeber und der Arbeitnehmer wurden unter staatliche Aufsicht gestellt, der soziale Friede vom Staat garantiert.

(Bundschuh, 1907)

1923

In Palästina existierte seit Jahren ein jüdischer Staat, in dem die modernste Technik zur Anwendung kam, wie etwa die Telefonzeitung. Mit ihr war es dem Abonnenten möglich, Nachrichten nicht mehr zu lesen, sondern per Telefon zu hören. Jedes Haus hatte die Voraussetzungen, sich an die unterirdischen Kabel anzuschließen, die in großen Röhren ruhten. Diese Röhren waren so angelegt, dass alle bestehenden und auch alle zukünftigen Versorgungs- und Kommunikationsleitungen darin Platz fanden, so dass es nicht mehr nötig war, wegen jeder neu zu legenden Leitung das Straßenpflaster aufzureißen.

(Herzl, 1902)

1930

Der Deutsche Reichstag ordnete die Beamtengehälter dergestalt, dass in den noch vorhandenen 12 Besoldungsstufen niemand weniger als 4000 und niemand mehr 24 000 Mark Jahresgehalt erhielt.

Ein Maximalarbeitstag von sieben Stunden war eingeführt worden; ein vierstündiger Arbeitstag wurde avisiert.

Deutschland hatte sein teures Militär abgebaut und nur eine Miliz von 50.000 Mann erhalten.

Verbrechen kamen durch die Verbesserung der sozialen Verhältnisse kaum noch vor.

(Ströbel, 1919)

1931

In Asien brach ein Krieg zwischen China und Japan auf der einen und England auf der anderen Seite aus. Die asiatischen Verbündeten eroberten Hongkong und Indochina. Die englischen Kriegslasten wurden dem Verlierer des Ersten Weltkrieges, Deutschland, aufgebürdet. Für das kriegführende England hatte die deutsche Industrie Waffen zu liefern. Um deren Leistungsfähigkeit zu erhöhen, wurden dem Deutschen Reich seine 1921 an Polen verlorenen Gebiete wieder zugesprochen.

1935 erhoben sich die englischen Kolonien gegen ihre Kolonialherren. Indien hatte bereits vorher seine Freiheit erlangt und war ein selbständiger Staat geworden. Frankreich verlor seine asiatischen Kolonien. Australien, Neuseeland und die holländischen Besitzungen fielen an Japan.

1936 unterzeichneten Österreich und das wieder erstarkte Deutschland einen Anschlussvertrag, was eine Kriegserklärung durch Frankreich nach sich zog. Im Spätsommer wurde Polen als erstes Land von der deutschen Armee »überrannt«; im Oktober besetzte sie bereits Paris. Im Friedensvertrag mit Deutschland musste Frankreich sämtliche Kolonien abtreten; seine Rüstungsindustrie wurde irreparabel zerstört; es durfte keinerlei Streitkräfte mehr besitzen. Elsaß-Lothringen fiel an Deutschland,

»Das erste nach dem glücklich beendeten Kriege mit Frankreich, was seitens der Reichsregierung unternommen wurde, war, sich mit Rußland über die neue Grenze zwischen den beiden Staaten auseinanderzusetzen. Polen sollte wieder aufhören als selbständiger Staat zu existieren, weil es dazu doch nicht imstande war. Die alte Grenze von 1914 wurde von beiden Staaten politisch und wirtschaftlich als Unding empfunden und sollte so, wie sie gewesen war, nicht wieder hergestellt werden. Man einigte sich schließlich auf eine Linie, die von der Grenze Ostpreußens aus fast geradlinig zur Grenze Österreichs verlief also von Prawdzisken im Norden ungefähr nach Wieselburg im Süden. Rußland bekam für das Gebiet, welches ihm so verloren ging, das ganze noch übrige Polen einschließlich Galiziens. Selbstverständlich kamen auch Danzig und das Memelgebiet wieder an das Reich.

Italien mußte, soweit die deutsche Sprachgrenze reichte, Südtirol wieder abtreten. Da Deutschland nach dem Süden hin einen Ausgang zum Meere nötig hatte, wurde außerdem die alte Ostgrenze Italiens von 1914 gegen Österreich wiederhergestellt, so daß Istrien mit Triest an Deutschland fiel. Von Fiume aus nach Norden verlief die neue Grenze dann so, daß diejenigen Gebiete Südslawiens, in welchen der deutsche Einschlag vorherrschend war, zum Reiche kamen.

Ein großes Land, das Kulturaufgaben zu erfüllen hat, darf kleineren Nachbarn gegenüber, die kulturell tiefer stehen als es selbst, sich in seinem Vorgehen von keinerlei Humanitätsduselei leiten und beeinflußen lassen. Es hat eben, wenn es nötig sein sollte, seine Grenzen so zu ziehen, wie sie seinen wirtschaftlichen, politischen und völkischen Verhältnissen entsprechen. Brutale Raubgier und Machtwille über die Verhältnisse hinaus hat auszuscheiden. Das verlangt schon die eigene Sicherheit. Es sind nämlich dies Stützen, die nach jeder Richtung hin unzuverlässig sind und bei dem geringsten Anzeichen von Gefahr zu wanken beginnen. Fremdvölker innerhalb der Grenzen müssen aus diesem Grunde so schnell als nur möglich in der Nationalität des sie beherrschenden Volkes aufgehen.«

Die USA, China und Deutschland wurden zu den führenden Weltmächten, die den Weltfrieden garantierten. »Das tausendjährige Reich hatte, wie es schien, seinen Anfang genommen.«

(Grassegger, 1922)

Den von 1931 bis 1933 währenden Krieg zwischen den USA und Japan um die Kontrolle über China und Korea konnten die USA für sich entscheiden. Japan hatte außer dem Verlust seiner gesamten Kriegsflotte erhebliche territoriale Verluste hinzunehmen: aber auch die USA mussten Federn lassen. Ihre Handelsflotte war nahezu zerstört worden, und die hohen Belastungen der heimischen Wirtschaft durch starke Besteuerung führten zu einer langen sozialen Krise. China und Korea konnten ihre vollständige Unabhängigkeit erringen; Sachalin fiel in Gänze an Russland.

Zur Einstellung der Feindseligkeiten hatte letztendlich ein amerikanisches Bombardement auf Tokio geführt. 50 von Flugzeugträgern aufgestiegene Bomber warfen am 30. 1. 1933 mit Leuchtfarbe angestrichene Bomben über Tokio ab. Diese enthielten jedoch keine Explosivstoffe, sondern Flugblätter, auf denen den kriegsmüden Hauptstädtern die Unsinnigkeit weiterer Menschenopfer mit vernünftigen Argumenten erläutert wurde. Die in gleicher Weise argumentierende amerikanische Rundfunkpropaganda tat ein übriges, und so entschloss sich unter dem Druck der öffentlichen Meinung die – mittlerweile demokratisch gewordene – Regierung Japans zum Friedensschluss mit den USA.

(Bywater, 1925)

1932

In einer Seeschlacht zwischen den vereinigten japanisch-chinesischen Flotten und den englischen Luft- und Seestreitkräften, die mit modernsten Waffen (Flugzeugträger, Tragflügelboote, Bomben- und Jagdflugzeuge) ausgetragen wurde, siegte England. Zwei Drittel der asiatischen Flotte wurden vernichtet.

»Jene fürchterliche Seeschlacht hatte verheerend auf die Nerven aller Beteiligten gewirkt. Sie hatte den Tod in den entsetzlichsten Formen gezeigt. Zu Tausenden waren die Menschen zerrissen, verbrannt und ersäuft worden. Sie waren nur noch Spielzeuge jener gewaltigen schwimmenden und fliegenden Zerstörungsmaschinen gewesen, die menschlicher Geist doch erst erfunden und geschaffen hatte. So wirkten die Greuel jener einzigen Seeschlacht des englisch-asiatischen Krieges doch wenigstens in dem Sinne Gutes, daß diese Schlacht auf lange hinaus die letzte war, ja voraussichtlich für immer die letzte bleiben wird.«

(»Der Todessturz«, 1912)

1934

Nach dem Ende des Ersten Weltkrieges hatte sich eine Gruppe von deutschen Offizieren, die die neue Republik abgrundtief hasste, in einem Geheimbund zusammengeschlossen. In dieser Gruppe wirkte auch ein genialer Wissenschaftler, dem es gelang, unsichtbare Strahlen zu entwickeln, die jeden Sprengstoff – auch den in Geschosshülsen – entzünden konnten. Außerdem entwickelte er eine chemische Waffe, mit deren Hilfe ganze Völker ausgerottet werden konnten. Mit diesen Waffen gelang es, die französischen Besatzungstruppen und schließlich auch das französische Heer zu besiegen. Danach begann man in Deutschland die alte Ordnung wiederherzustellen.

(Solf, 1921)

1935

Durch die Erfindung des »Änderstoffes« der aus menschlichen Hoden gewonnen wurde, gelang es, den Menschen ihre angeborene Aggressivität zu nehmen und einen allgemeinen Frieden auf Erden zu etablieren. Das für die ganze Erde zuständige Parlament, das »Erdsternhaus«, bestehend aus dem »Haus der Jungen« und dem »Haus der Alten«, regelte auch Details:

Sehr angelegentlich beschäftigte man sich mit der Besteuerung alkoholischer Getränke, die bis 1971 so verteuert werden sollten, dass den Erdenmenschen jeglicher Appetit auf Wein, Bier und Schnaps abhanden kommen würde.

Die neue überstaatliche Beamtenelite stellten die Turnlehrer dar.

1945 wurden die bewaffneten Streitkräfte aufgelöst zugunsten eines überstaatlichen Erdsternheeres, was praktisch einem ewigen Frieden gleichkam.

Orden und Titel (z. B. »Herzog von Wien«) konnten gekauft werden, waren aber nicht mehr erblich.

»Eine wichtige Maßnahme war die Einführung der neuen Zeitrechnung Da im Jahre 1946 unter den achtzehnhundertfünfundvierzig Millionen Erdbewohnern zweihundertsechzig Millionen Freidenker, fünfhundert Millionen Anhänger des Brahma und des Buddha, dreihundertzwanzig Millionen Mohammedaner, einhundertachtzig Millionen päpstliche Christen, einhundertsechzig Millionen evangelische Christen, hundertvierzig Millionen Anhänger des griechischen Glaubens, hundertfünfzig Millionen Anhänger Kon-Fu-tses, zwanzig Millionen Shintoisten, fünfzehn Millionen Juden und hundert Millionen Anhänger kleinerer Glaubensbekenntnisse waren, und fast jede der aufgezählten Glaubensvereinigungen eine eigene Zeitrechnung führte, so einigte sich das Erdsternhaus dahin, vom Jahr 1950 an die neue Zeitrechnung zählen zu lassen, aber gleich mit dem Jahre 10 zu beginnen, so daß der tatsächliche Ausgangspunkt durch den Zusammentritt der Erdsternversammlung im Jahre 1940 gegeben war. [...]

Für das allgemeine Wahlrecht der Frauen konnte das Erdsternhaus keine Vorliebe aufbringen. Es ordnete im Jahre 12 eine allgemeine Abstimmung unter allen Frauen der Erde an, die die Frage des Wahlrechtes entscheiden sollten. Eindringlich wurde darauf hingewiesen, daß die Frau in ihrer Wesenheit unendlich verlöre, wenn sie in jeder Beziehung dem Manne staatsbürgerlich gleichgestellt sei, da schon die Wesenheit der Frau bedinge, daß sie allmonatlich in einen Zustand gerate, der für kühles Denken weniger geeignet sei und gar die Schwangerschaft unmöglich als unbeeinflußte Zeit angesehen werden könne, wo Frauen selbständig kühl und klar denken, was bei vielen Berufen – Richter, Anwälten, Schriftstellern und anderen – unbedingt nötig sei. Auch wäre die staatsmännisch tätige Frau der Kindererziehung allzusehr entzogen. Die Gebiete besonderer Tätigkeit, wie Jugendfürsorge, Unterricht, Kinderpflege und Wirtschaftswesen, könnten Frauen bis in die höchsten Stellen zugänglich gemacht werden. Doch sei das Erdsternhaus im allgemeinen der Ansicht, daß die schönsten Blüten der Frau, Gemüt und Empfindung, in der kühlen Luft der öffentlichen Tätigkeit leicht verkümmern könnten. Wobei das Erdsternhaus gar nicht darauf aufmerksam machen wolle, dass die bisherigen wissenschaftlichen, sehr genau geführten Untersuchungen tatsächlich eine geistige Minderfähigkeit der Frauen gegenüber den Männern einwandfrei festgestellt hätten, was durch Jahrtausende lange Unbenützung geistiger Fähigkeit leicht erklärlich sei. Die Frauen des Erdsterns mögen selbst entscheiden, ob sie bei Berücksichtigung aller Gründe und Gegengründe für die öffentliche staatsmännische Tätigkeit wären. In jeder anderen Beziehung, also rechtlich, geschäftlich, erwerbstechnisch, seien die Frauen selbstverständlich völlig gleichzustellen und gleiche Tätigkeit mit gleichem Entgelt zu bezahlen.

Das Erdsternhaus schrieb die Abstimmung mit dem Bemerken aus, Nichteinlangen der Antwort zähle als nein. Nach drei Monaten war die Abstimmung beendet, alle Frauen und Mädchen der Erde zwischen zwanzig und fünfzig Jahren hatten abzustimmen. Fünf Sechstel antworteten überhaupt nicht, was schon entschied. Vom letzten Sechstel war ein knappes Hundertstel für völlige Gleichberechtigung, die anderen waren für kleinere oder größere Teilnahme in Staatsgeschäften.«

Auch das Liebesleben wurde neu geregelt; unter anderem etablierte das Erdsternhaus staatliche Bordelle:

»a) Jene liebfähigen Erdbürgerinnen, die ihrem Sinne nach in der geschlechtlichen Betätigung ihre höchste Betätigung finden, werden in eigenen Gebäuden aufgenommen, die in entsprechender Anzahl in jedem Ort über fünftausend Einwohnern zu errichten sind. Die Gebäude werden vom Staat in edler Bauform errichtet, auf hohe, helle Gemächer, Garten- und Badeanlagen, Springbrunnen und Blumenbeete ist besondere Rücksicht zu nehmen. Die genannten Erdbürgerinnen erhalten die amtliche Bezeichnung Liebmädchen oder Liebfrauen, sie sind Standespersonen wie alle anderen Menschen, haben ihre Amtsstunden öffentlich anschlagen zu lassen – es wird empfohlen, von den späten Nachtstunden allmählich abzugehen und die Arbeitsstunden zu berücksichtigen – und stehen unter der Aufsicht eigener staatlich bestellter Beamten mit gesetzlicher Schweigepflicht, der Liebwaibel.

[...]

d) Inwieweit die im Punkte neun a) angeführten Einrichtungen auch für Liebknaben zu schaffen wären, wird den Einzelstaaten je nach Landesbrauch überlassen.«

1955 wurde(n)
- die tägliche Mindestarbeitszeit für jeden Menschen, auch den reichsten, auf drei Stunden festgesetzt,
- dekretiert, dass jeder, der Herausgeber oder Hauptschriftleiter einer Zeitung werden wollte, mindestens zehn Jahre lang Lehrer oder Turnlehrer gewesen sein müsse,
- unnötige und schwindelhafte Werbung hoch besteuert,
- jedes Volk zur Einführung eines Volksstammbuches verpflichtet, in dem Aussprüche seiner großen Männer gesammelt werden sollten und das als Hauptlesebuch auf allen Schulstufen einzuführen war.

»Das deutsche Stammbuch war nach dreijähriger Arbeit fertig, umfaßte vierzig Bände und enthielt die für die Entwicklung der Menschheit wichtigsten Stellen aus den Werken der bedeutendsten Dichter und Denker, vor allen vom Vogelweider, Leibniz, Lichtenberg, Lessing, Goethe, Kant, Börne, Humboldt, Schopenhauer, Popper-Lynkeus, Mautner, Goldscheid, Rebler und Sinwald.«

(Slawik, 1919)

1940

Deutschland, Österreich und Russland hatten Europa und die Türkei unter sich aufgeteilt, nachdem England einen Krieg gegen Russland verloren hatte. Holland war noch unter Bismarck Teil des Deutschen Reiches geworden und hieß seitdem Wilhelmland – jedenfalls das, was von Holland noch übriggeblieben war; denn nach der Besetzung durch die Deutschen hatten die Holländer die Deiche durchstochen, und große Teile des Landes sowie viele Holländer und Deutsche waren eine Beute der Nordsee geworden.

Schließlich war ein Großdeutsches Reich durch den Anschluss Österreichs und seiner Provinzen gegründet worden. Im Tausch gegen Tirol erhielt Deutschland Triest von Italien.

Russland – dessen Hauptstadt Konstantinopel geworden war – schickte sich 1940 an, weitere europäische Staaten zu annektieren, so etwa Griechenland, um das unterdrückte eigene Volk von Forderungen nach mehr Freiheit abzulenken.

(»Gortschakoff and Bismark«, 1878)

Die USA erklärten wegen Streitigkeiten um mittelamerikanische Ölfelder Mexiko den Krieg. Mexiko wurde von Deutschland und Japan unterstützt.

Polnische Truppen besetzten die Freie Stadt Danzig. Zwischen dem deutschfreundlichen Russland, in dem 1935 das bolschewistische System zusammengebrochen war, und Polen entbrannte ein Krieg. Deutschland wurde durch ein geheimes Militärbündnis mit Russland unmittelbar davon tangiert.

Das mit Polen verbündete Frankreich verlangte, dass Deutschland sein Territorium zum Durchmarsch der französischen Truppen freigäbe.

In Deutschland wurden alle pazifistischen Organisationen aufgelöst. Demokraten, Sozialdemokraten, Teile des Zentrums und die Kommunisten stellten sich gegen die deutsche Regierung; der Reichspräsident löste daraufhin mit Hilfe des Artikels 48 der Verfassung den Reichstag auf.

»Ein Aufruf des Generals Stratz klebte an allen Anschlagsäulen, auf Bahnhöfen in Stadt und Land und ermahnte das Volk. ›In dieser Stunde, in der es um Sein oder Nichtsein Deutschlands geht, bin ich gewillt, im Einvernehmen und in enger Zusammenarbeit mit dem neuernannten Reichskanzler Wessel Deutschlands Geschick mit fester Hand zu leiten.‹

Starke Teile des Bundes ›Deutsche Freiheit‹ wurden mit Waffen ausgerüstet, vereidigt und der Polizei angegliedert. Ihre Patrouillen durchzogen die Straßen, duldeten auch die geringste Ansammlung nicht, besetzten Fabriken, in denen Unruhen sich bemerkbar machten, begleiteten Züge und Transporte, waren in ihren braunen Hemden überall zu sehen und gaben sofort der Bürgerschaft das Gefühl unbedingten Vertrauens.

Weitere Verordnungen folgten noch am gleichen Tage. Die Kommunistische Partei wurde aufgehoben, jede Betätigung im Sinne des Kommunismus unter schwere Zuchthausstrafen gestellt. Auf der Tat gefaßte Agitatoren waren Standgerichten zur Aburteilung zu überweisen, die bei jedem Garnisonkommando errichtet wurden. Solchen Agitatoren war die Todesstrafe durch Erschießen angedroht. Gleiche Strafen waren für Störungen von Transporten und Nachrichtenverbreitungen festgesetzt. Schließlich hatte Wessel ein Streikverbot erlassen.«

Der neue Reichskanzler Wessel regierte diktatorisch. In verborgenen Laboratorien ließ er ein Gas entwickeln, gegen das keine Verteidigung mehr möglich war; nur Deutschland kannte ein Gegenmittel, das, um wirksam zu werden, innerhalb von 48 Stunden appliziert werden musste. Deutschland warf dieses Gas aus Zeppelinen über Frankreich ab und erzwang so die Aufhebung des Versailler Vertrages.

(Kossak-Raytenau, 1930)

Der Funke, der das Pulverfass zum Zweiten Weltkrieg explodieren ließ, war ein junger Nationalsozialist, der irrtümlich glaubte, von einem polnischen Geschäftsmann jüdischer Abstammung beleidigt worden zu sein.

An der polnischen Grenze begannen Anfang Januar die Kampfhandlungen zwischen Deutschland und Polen, zunächst ausgetragen durch Flugzeuge der beiden Luftwaffen. Am 7. 1. bombardierten polnische Flugzeuge Berlin mit Gasbomben. Am selben Tag eröffnete das faschistische Italien die Kampfhandlungen gegen Jugoslawien. Um den Krieg lokal zu begrenzen, griffen die Großmächte, namentlich Frankreich und Russland, noch nicht in den Kampf ein.

Polen war zunächst dank seiner fortschrittlichen Waffentechnik überlegen. Durch ein permanent sich haltendes Todesgas wurde Ostpreußen vom Deutschen Reich abgeschnitten. Auch Berlin wurde mit Gas angegriffen, doch die polnischen Bodentruppen wurden 60 Meilen vor Berlin abgewehrt.

Durch ungeheure Anstrengungen gelang es Deutschland, seine Luftwaffe zu verstärken und die polnische Luftüberlegenheit zu brechen. Lodz und Warschau mussten Terrorangriffe erdulden. Österreich trat nun an der Seite Deutschlands, dem es sich bald auch staatlich anschloss, und Italiens in den Krieg ein. Russland griff Polen im Westen an. 1943 erklärte Frankreich Deutschland und Italien den Krieg.

Dieser Krieg wurde in erster Linie ein Luftkrieg mit gegenseitigen Terrorangriffen und ohne feste Fronten. Jeder Erwachsene hatte in den Rüstungsindustrien mitzuarbeiten.

1945 brachen Seuchen in den verzweifelten und erschöpften europäischen Ländern aus. Der innere Widerstand gegen den Krieg wuchs. In mehreren europäischen Städten, darunter auch in Hamburg, wurden 1947 kommunistische, von Arbeiterräten geführte Aufstände durch Regierungstruppen niedergeschlagen.

1949 schließlich gelang es dem tschechischen Präsidenten Beneš eine »Einstellung der Feindseligkeiten« auszuhandeln. Alle Mächte durften in den von ihnen besetzten Gebieten bis zu einem zukünftigen, auf einer Konferenz auszuhandelnden Friedensvertrag verbleiben.

Da die Welt in der zweiten Hälfte des 20. Jahrhunderts aber mit anderen Problemen beschäftigt war und sich ganz neue Entwicklungen in der menschlichen Gesellschaft ergaben, hatte diese Friedenskonferenz auch noch im Jahre 2105 nicht stattgefunden.

(Wells, Shape, 1933)

Mit Hilfe von besonderen ultravioletten Strahlen gelang die Erzeugung von Riesenobst und -gemüse: Weintrauben von einem Meter Länge, Weizenähren in Maiskolbengröße.

(Dominik, Dreißig Jahre, 1930)

1943
Durch die Erfindung des Atomzertrümmerers »Karburator« konnte Energie in unbegrenzter Menge kostenlos gewonnen werden. Als Abfallprodukt entstand bei der Herstellung jedoch das Absolute; man setzte das Göttliche frei. Durch die daraufhin einsetzende ausschließlich religiöse Betätigung der Menschen brach die gesamte Gesellschaftsordnung zusammen. Schließlich kam es zu einem religiösen Weltkrieg, der von allen Religionen vom 12. 4. 1944 bis Herbst 1953 mit größter Erbitterung geführt wurde und in dem 198 Millionen Soldaten fielen.

(Čapek, 1922)

1944
Mit Hilfe der NAP (der Nationalen Arbeiterpartei) gelang es dem mächtigsten Industriellen Deutschlands, Reichspräsident zu werden.

Die Welt war in zwei Lager gespalten; ein Krieg zwischen den USA und Mexiko und ihren jeweiligen Verbündeten (Frankreich, Japan, Südamerika u. a. auf mexikanischer, England, Deutschland und Italien auf amerikanischer Seite) flammte nur deswegen nicht auf, weil alle Mächte einen Sprengstoff besaßen, der in seinen Auswirkungen so zerstörerisch war, dass man seine Anwendung durch den Gegner fürchtete.

(Beste, 1927)

1950
Durch die dort fabrizierten schnellen und überdimensional großen Flugzeuge war eine Industrieansiedlung in der Rhön zum Herz des Welthandels

geworden. Rhönstadt, so ihr Name, hatte drei Millionen Einwohner. Von hier aus wurde die Verteidigung der Völkerbundstaaten gegen die vereinigten kommunistischen Millionenheere Russlands und Chinas organisiert.

»In der ganzen Welt flackern die Kriegsbrände auf, für die der Zündstoff durch die Sowjetpropaganda jahrzehntelang systematisch vorbereitet wurde. Die Negervölker Afrikas, von der Komintern mit den modernsten Kriegswaffen ausgerüstet, haben unter Führung des energischen Präsidenten von Liberia allen weißen Eindringlingen den Vernichtungskrieg erklärt, während an der Nordküste die Berber- und Araberstämme gegen die französisch-italienischen Besatzungstruppen einen nicht zu unterschätzenden Guerillakrieg führen. In Südamerika haben die argentinischen Sowjetrepubliken die Offensive gegen das brasilianische Kaiserreich ergriffen und schon nach der ersten Kriegswoche nach der siegreichen Schlacht am Paranafluß die Gebiete von Rio Grande do Sul, Parana und Santa Katharina besetzt.«

In den USA führte die kommunistische Agitation zu einem Bürgerkrieg.

Von Rhönstadt aus gelang schließlich die Wiederherstellung des Friedens, doch kurz vor Friedensschluss explodierte in der Mandschurei ein besonders gefährliches Gas und setzte – entgegen aller naturwissenschaftlichen Erkenntnis – die Atmosphäre in Brand. Die Erde verbrannte, nur die Bewohner von Rhönstadt konnten sich in der gewaltigen Luftflotte unter Mitnahme von Saatgut in die Stratosphäre retten.

(Steininger, 1932)

Nach dem für alle Kombattanten verlustreichen europäischen Krieg von 1896/97 wurde im Frieden von London eine antirussische Allianz der westeuropäischen Länder gebildet, zu der auch das Großdeutsche Reich mit seinem Bundesstaat Österreich gehörte.

Eine Folge des Krieges war – vor allem in Deutschland – auf der einen Seite krasseste Not der Arbeiterschaft, der auf der anderen Seite eine ungeheuer reiche Geldnobilität gegenüberstand. Der Berliner Revolte von 1905 war nur durch den besänftigenden Einfluss August Bebels und durch den massiven Einsatz von Militär nicht zum Beginn einer Revolution geworden.

Die europäischen Regierungen hatten sich 1907 zu einem Wirtschaftskartell zusammengeschlossen und den Zwischenhandel in ihren Ländern verboten. Die Güterproduktion wurde staatlicher Kontrolle unterworfen.

1935 hatte Kaiser Wilhelm III. den Reichstag als alleinige Legislative akzeptiert.

1950 verabschiedete der Reichstag nach siebenjährigem zähem Parteienkampf das wichtige Gesetz über die strikte Trennung von Staat und Kirche.

(Freiing, 1893)

Die Vereinigten Staaten von Europa existierten bereits 16 Jahre; die Armeen waren aufgelöst worden.

Um den wachsenden Energiebedarf zu decken, hatte man neue Methoden zur Gewinnung elektrischer Energie entwickelt. Neben Kohle-, Erdöl- und Wasserkraftwerken lieferten Sonnenlichtspeicher, Windmühlen und Vulkankraftwerke jede notwendige Energiemenge. Auch Automobile wurden ausschließlich elektrisch betrieben. Der Flugverkehr hatte allerdings trotz neuentwickelter, sehr leichter Maschinen keinerlei wirtschaftliche Bedeutung.

(Stanley, 1903)

1951

Die Erzeugung des ersten ektogenetischen Kindes gelang. Die zivilisierten Staaten nutzten diese Möglichkeit trotz heftiger Widerstände seitens der Religionen sofort, um ihre sinkenden Einwohnerzahlen wieder zu erhöhen.

(Haldane, 1924)

1952

Die ungarische Armee war mit modernsten Fesselballons zur Bekämpfung feindlicher Ballon- und Infanterieangriffe ausgestattet worden. – Einem genialen Erfinder gelang der Bau eines Flugzeuges, das nach dem Prinzip des Vogelfluges arbeitete und mit gewaltigen Flügelschlägen weite Strecken zu überfliegen in der Lage war.

Diese Erfindung veränderte die Welt in kürzester Zeit. Europa schloss sich zu einem Universalstaat zusammen, und das Militär wurde aufgelöst, was einen gewaltigen Wirtschaftsaufschwung nach sich zog. Schließlich entwickelte man eine von allen Nationen verstandene Weltschrift.

(Jókai, 1872)

1953

Deutschland war von Staats wegen einheitlich katholisch geworden; regiert wurde es von einer Art Herrenrasse, den ›Oberdeutschen‹, unter denen die arbeitende Bevölkerung erbarmungslos geknechtet wurde.

»Die Oberdeutschen liebten das Wort Fortschritt gar nicht; sie hatten Strafe darauf gesetzt und sagten für Fortschritt Auswertung.

Übrigens war in Oberdeutschland die Technik seit 1920 wenig weiter gekommen; es gab sogar noch eine ganze Menge der barbarischen Dampflokomotiven. Die Wasserkräfte wurden einigermaßen ausgenützt, Wasserkraft war aber nur für den Betrieb von Luftstickstofffabriken erlaubt.

Man hätte sich als Kraftquelle auch der Atomenergie bedienen können; denn die Analyse und Synthese der Atome war im vierten Jahrzehnt des Jahrhunderts völlig gelungen. Es wäre also möglich gewesen, sich ganz von der Kohle unabhängig zu machen; man hätte auch das Gold und die übrigen Edelmetalle aus unedlen Stoffen aufbauen und so die Staatsschulden bezahlen können. Aber das schien den Oberdeutschen unrätlich; es war diesen Leuten viel lieber, eine große Schuldenlast als Vorwand der rücksichtslosen Volksausnützung zu besitzen. So war die Kohle der Grundstein der Industrie geblieben und man hatte den verwegenen Forschern, die das Lob der Atomkräfte zu verbreiten gewagt hatten, eine Verblödungsflüssigkeit ins Rückenmark eingespritzt, und den Stein der Weisen einstweilen im Staatsschatz deponiert.«

Die unterdrückten Arbeiter und »Züchtlinge« (durch biotechnische Manipulationen entstandene Kunstmenschen) revoltierten; ein mit Flugzeugen und Gasbomben ausgetragener Bürgerkrieg endete mit der Vernichtung der Oberdeutschen.

(Loele, 1920)

1960

Nach einer Zeit des kalten Krieges zwischen den konkurrierenden Wirtschaftsmächten England und Russland brach ein heißer Krieg aus. Deutschland, das zunächst mit Frankreich und England paktierte, um die Auflagen des Versailler Vertrages abzuschütteln, kämpfte schließlich, diktatorisch regiert, auf Seiten Russlands gegen die Allianz von Frankreich, England und Italien. Amerika verhielt sich in diesem Krieg neutral, wehrte aber einen Überraschungsangriff der japanischen Flotte auf Guam am 19/20. Dezember 1961 erfolgreich ab und vernichtete die japanische Flotte.

»**Berliner Zeitung, 22. Dezember 1961.**
Der Vormarsch der türkisch-russischen Truppen durch das Niltal wird ununterbrochen fortgesetzt. Karthum wurde eingenommen. Jeder ernstliche Widerstand hat aufgehört, der Weg nach Südafrika ist offen.

Extrablatt der Berliner Zeitung, 1. Januar 1962.
Vereitelter Mordanschlag auf den Diktator.
Heute morgen beim Neujahrs-Empfang wäre der Präsident bald das Opfer eines ruchlosen Anschlages geworden. Unter den Eingeladenen befand sich ein fremder Spion, der sich zum Präsidenten durchdrängte und in dessen unmittelbarer Nähe den Revolver zog. Fünf Detonationen erfolgten. In den Armen des Präsidenten lag sterbend die Frau seines Freundes, die sich den Schüssen entgegengeworfen hatte. Sie hat Deutschland vor einem unersetzlichen Verlust bewahrt, nie wird das deutsche Volk ihr Andenken vergessen.

Aufruf des Diktators, 31. Januar 1962.
Deutsche! Auf allen Fronten haben unsere und unserer Verbündeten Waffen den Sieg errungen. Kein fremder Soldat steht mehr auf deutschem Boden. Bald zwei Jahre lang hat das deutsche Volk die beispiellose Tapferkeit und Energie, die furchtbaren Leiden dieses Krieges, ausgehalten. Das grenzenlose Vertrauen, das in die Regierung gesetzt wurde, die wahrhaft starke Einigkeit in den Stunden der Gefahr haben Frucht getragen.

Deutschland ist frei als Staat nach innen und außen. Der Versailler Vertrag wurde vom deutschen Volk und seinen treuen Verbündeten zerrissen. Im wahrsten Sinne des Wortes war es die Tat des gesamten deutschen Volkes, die herrliche Früchte trug. Die deutsche Regierung dankt allen Deutschen, sie erklärt hiermit feierlichst, daß sie, sobald die Friedensverhandlungen abgeschlossen und die allen bekannten Kriegsziele erreicht sind, zurücktreten wird, um dem deutschen Volk die volle Freiheit in der Wahl seiner Vertreter zu geben.«

(Bartz, 1931)

In Deutschland gab es keine Parteien und Konfessionen mehr, sondern nur noch den untrennbar mit dem Staat verwobenen Nationalsozialismus. Dies war vorhergegangen:

»Da begann das, was man nicht anders als das deutsche Wunder nennen kann, die Auferstehung der Nation nach ihrem furchtbaren Zusammenbruch im Weltkriegszeitalter. Sie begann mit dem Sieg der nationalsozialistischen Revolution, dem wohl wundersamsten Ereignis der Deutschgeschichte seit Hunderten von Jahren, mit der innenpolitischen Einigung und Gleichschaltung, der Auflösung der Parteien und des Parlaments, mit dem Gesetz gegen den erbkranken Nachwuchs und dem Durchbruch einer eugenischen Weltanschauung, mit dem Anschluß Österreichs und der friedlichen Zurückeroberung des Korridors, einem diplomatischen Meisterstück, mit der umfangreichen Neulandgewinnung an den Küsten der Nord- und Ostsee, mit dem rapiden Sinken der Arbeitslosigkeit und der wirtschaftlichen Wiederaufblüte, mit der Zurückeroberung der Weltmärkte durch die deutsche Exportindustrie infolge der großartigen neuen Entdeckungen und Erfindungen der vom Hitlerstaat planmäßig gepflegten deutschen Wissenschaft, mit der Wiedereinführung der Wehrpflicht, mit dem raschen Anwachsen der Geburtenziffer infolge durchgreifender sozialpolitischer Maßnahmen, mit dem Umbau des gesamten deutschen Bildungswesens und der Einführung der Deutschreligion als Unterrichtsfach in den Schulen und der dadurch herbeigeführten fast völligen Entthronung und Verdrängung der nebenstaatlichen kirchlichen Instanzen aus der Macht über das deutsche Gewissen und Gemüt, mit der Bildung eines neuen körperlich und seelisch gesünderen deutschen Menschentyps und mit der Ansiedlung der jährlich neu hinzukommenden Bevölkerungsmassen auf dem Land, mit der Entstädterung einiger Großstädte und mit dem plötzlichen fast völligen Verschwinden des Verbrechertums in Deutschland und der Schließung zahlreicher Gefängnisse und Zuchthäuser, die leer standen.«

Mit der Hilfe von über 100.000 Arbeitslosen errichtete die Kirche der neuen Staatsreligion, die sogenannte »Deutschkirche« in der ebenfalls neuen Stadt Heldenaue eine Kathedrale als deutsches Nationalheiligtum, in der der Petersdom zu Rom bequem Platz gefunden hätte.

»Es erübrigt sich wohl, zu sagen, daß jede Erinnerung an das hebräische Christentum im Dom zu Heldenaue sowie in den übrigen Kirchen Deutschlands, die die Deutschreligion angenommen haben, fehlt. Das Bild des Gekreuzigten, wohl gar flankiert von den beiden Schächern, sieht man in den Hakenkreuzkirchen selbstverständlich nirgends, aber auch keine biblischen Gestalten oder Symbole des alten oder neuen Testaments, die in den ›Odalskirchen‹, wie sie auch sagen, naturgemäß verpönt sind.«

(Bergmann, 1933)

1965

Einem fanatischen Altrevolutionär an einer Schaltstelle der Sowjetmacht gelang es, gegen den Willen der politischen Führung in Moskau den Dritten Weltkrieg durch einen atomaren Erstschlag auszulösen. Die atomaren Konterschläge der USA und der loyal zu ihnen stehenden konventionell kämpfenden NATO-Truppen führten jedoch zu einem Sieg des Westens. Auch der Einsatz von biologischen und chemischen Kampfmitteln durch die Sowjetunion führte zu keiner Verbesserung ihrer Lage.

In den USA, in England und vor allem in der Sowjetunion starben Millionen Menschen. Nur Mitteleuropa blieb vor dem atomaren Inferno verschont, da die russischen Strategen gedachten, die dort vorhandene Infrastruktur nach dem Krieg für eigene Zwecke zu nutzen. Der Krieg wurde daher auch in Deutschland mit konventionellen Kampfmitteln und nur taktischen Atomwaffen ausgetragen.

Nach dem für den Westen »siegreichen Krieg« wurde Deutschland wiedervereint und Mitglied der sich konstituierenden »Vereinigten Staaten von Europa«.

(Dwinger, 1957)

Im August warnte Professor Hansen auf der Tagung der Naturforscher in Stuttgart vor den Gefahren, die von Atomkraftwerken ausgehen können:
»Nun, meine Herren, was lehrt uns dieser Vorgang? Er zeigt uns, daß sich mit diesen Zerfallserscheinungen nicht spaßen läßt. Er zeigt uns, daß wir bei unvorsichtigem Gebaren wohl auch eines Tages den Riembrand auf unserer Erde entzünden könnten und daß unser Erdball ebenfalls im Laufe weniger Jahre aufglühen und wegdampfen könnte. Von irgendeinem unserer zahlreichen Maschinenhäuser, die mit größeren Mengen zerfallender Masse arbeiten, könnte ein solcher Brand unvermutet seinen Ausgang nehmen, und ich wüßte nicht, wie wir ihn löschen sollten. In wenigen Stunden wäre das Maschinenhaus dann ein Glutmeer. Nach ein paar Tagen würde eine Fläche von mehreren Quadratmeilen in hellster Weißglut stehen. In dieser Zeit müßte der Brand auch bereits die feste Erdkruste nach unten hin

durchbrochen haben, und Ausbrüche des flüssigen Erdinneren dürften die Katastrophe beschleunigen und vergrößern. Im Laufe weniger Monate wäre die Menschheit und überhaupt jedes lebendige Wesen auf der Erde dem Feuertode geweiht.«

(Dominik, Zukunftsmusik, 1921)

1966

In den USA wurde eine elektronische Maschine entwickelt, deren Kapazität den Gehirnen von 25.000 Menschen entsprach.

(Hauser, 1958)

1967

Weihnachten 1966 war der Atomkrieg zwischen der Sowjetunion und den USA ausgebrochen und hatte sich sehr schnell über die ganze Welt verbreitet. Ausgelöst hatte ihn ein chinesisches Täuschungsmanöver. Den Chinesen war es gelungen, den Eindruck zu erwecken, dass vier von ihnen an strategisch wichtige Punkte der USA geschmuggelte und dort gezündete Atombomben von russischen Raketen transportiert worden seien.

In den am Krieg beteiligten Ländern starben die meisten Menschen in den ersten beiden Tagen des Krieges. Die Abwehr der Länder brach bereits in den ersten beiden Stunden zusammen, und die Bomber suchten sich die Ziele aus, die die Raketen übrig gelassen hatten. Den Rest der Welt erledigten bakteriologische Kampfmittel, die hoch entwickelte Formen von Cholera, Papageienkrankheit, Syphilis und Pest in die von den Atomwaffen nicht heimgesuchten Gebiete brachten.

Einige tausend Amerikaner waren bereits vor dem Krieg gegen diese Krankheit immunisiert worden. Sie wurden bei Kriegsausbruch auf Inseln im Pazifik transportiert, auf denen vorher Versorgungsdepots und Samenbänke angelegt worden waren. Diese letzten Menschen der Welt wurden von einer totalitären Militärclique aus U-Boot-Besatzungen regiert, die die atomare Katastrophe unter Wasser überlebt hatte.

(George, 1965)

1970

Die Überwindung von großen Entfernungen war durch den Einsatz von Schnellbahnen in kürzester Zeit möglich. 1965 hatte man die Tunnelbahn zwischen New York und Paris fertig gestellt. Die Tunnellänge betrug 7.000 Kilometer, für die der Zug fünf Stunden und 35 Minuten brauchte. Das alte Rohrpostprinzip war hier zur Anwendung gekommen:

»Die Tunnels waren genau zylindrisch gearbeitet, und die Züge trugen vorn und hinten Dichtungsscheiben, die wie Kolben einer Maschine in den zylindrischen Tunnel paßten. Die Lokomotiven der Züge, selbstverständlich elektrische Lokomotiven, brauchten dabei nicht allzu stark zu sein, da sie ja nur für die Fortbewegung der Züge, nicht aber für den Luftwiderstand zu sorgen hatten. Dieser wurde ihnen durch gewaltige, an den Enden der Tunnels befindliche Pumpenanlagen aus dem Wege geräumt. An dem vor dem Zuge befindlichen Tunnelende saugten Riesenpumpen in der Sekunde hunderttausend Kubikmeter Luft ab und stellten während der Fahrt ein ziemlich vollkommenes Vakuum im Tunnel her, während am anderen Tunnelende aus enormen Behältern Druckluft in den Tunnel strömte und den Zug vorwärts schieben half.«

Wer angenehmer, aber langsamer reisen wollte, flog mit motorisierten Luftballons. Ein zeitgenössischer Reisender berichtet:

»Beim Überfliegen der deutschen Grenze sah ich die ersten Luftpolizisten. Sie haben nur ganz kleine Ballons, etwa den alten Konstruktionen von Parseval und Groß vergleichbar. Es sind gewissermaßen stationierte Posten, die hier für die Ordnung sorgen. Will ein Luftschiff ihren Anweisungen nicht Folge leisten, so geben sie mit Hilfe drahtloser Stationen, die sie an Bord mitführen, ein Alarmsignal zur Erde, und im selben Augenblick bricht eine Patrouille von Motordrachenfliegern auf. Auch diese Technik hat seit den Tagen der Lilienthal und Farman gewaltige Fortschritte gemacht. Es sind das ja bekanntlich Maschinen, die schwerer als die Luft sind und sich nach dem alten Prinzip des Drachens in die Lüfte erheben, wenn die kräftigen Motoren die Luftschrauben in Bewegung setzen. Ich sah, wie eine solche Patrouille einen Motorballon einholte, der einen Sack voll Sand über den Vorrat eines Kuchenverkäufers ausgeschüttet hatte. Die Szene war beinahe komisch.

Obwohl die Polizeivorschriften das Auswerfen von Ballast über geschlossenen Ortschaften verbieten, hatte ein etwas rücksichtsloser Amerikaner gerade über dem Kleberplatz in Straßburg einen großen Sack Sand ausgeschüttet. Er befand sich dabei in kaum hundert Meter Höhe, und just unter ihm hatte ein Mann wenigstens einen Quadratmeter schönen, frischen Pflaumenkuchen ausgebreitet. Der wurde natürlich durch den Sand nicht besser, und während der Mann Mord und Zeter schrie, brach eine Patrouille von drei Motorfliegern aus der benachbarten Kaserne los, umstellte den Ballon und zwang den Amerikaner, den ganzen Pflaumenkuchen zu bezahlen und außerdem zehn Mark Geldstrafe wegen Übertretung der Polizeivorschrift zu erlegen.«

Die enormen Reisegeschwindigkeiten der Schnellbahnen und die Flugverkehrsmöglichkeiten hatten auch zur Ausdehnung der Städte beigetragen. Groß-Berlin etwa erstreckte sich bis zur Ostsee.

(»*Eine Reise im Jahr 1970*«, 1909)

Berlin hatte sein Gesicht in den letzten sieben Jahrzehnten vollkommen verändert. So konnten den Hafen Wannsee zum Beispiel Übersee-Schiffe anlaufen. Der Berliner Tiergarten war zum Reservat für milliardenschwere Industrielle geworden:

»Da stand zunächst die Villa des berühmten Schulze aus Rixdorf, welcher zuerst im Jahre 1930 Kalilager auf Rixdorfer Terrain erbohrte. Wenige Schritte weiter erhob sich das Heim eines anderen Industriellen, welcher, durch Schulzes Vorgehen angeregt, auf Pankower Gebiet in 200 Meter Tiefe auf ein mächtiges Steinkohlenlager stieß und dadurch mit einem Schlage die Berliner Bevölkerung von ausländischer Kohle emanzipierte. Weiter zeigte man mir das palastartige Haus eines Südafrikaners, der in nächster Nähe von Berlin-Nauen eine reiche Goldmine besaß.«

(Dominik, *Allerlei Zukunftsmusik*, 1903)

1972

Am 3. Mai 1972, 20.32 Uhr, stürzte der Mond in den Atlantik. Durch die darauf folgenden Wirbelstürme, Erdbeben, Flutwellen und durch die zeitweilige Abwesenheit der Atmosphäre wurden viele Europäer getötet.

Nach der Katastrophe arbeiteten die Überlebenden aller Länder solidarisch am Wiederaufbau. Der Restmond, der als Hohlkörper nach dem Aufprall in sich zusammengefallen war, wurde ein beliebtes Ausflugsziel.

Als man jedoch gewaltige Bodenschätze in ihm entdeckte, konnte von Völkersolidarität keine Rede mehr sein. In England riss im April 1974 ein Diktator die Macht an sich und überzog die anderen – gegen England vereinten – europäischen Länder mit Krieg. Nach dem Sieg der »Vereinigten Staaten von Europa« über England zerbrach diese Union selbst an der Auseinandersetzung um den Besitz der Bodenschätze. Ein Kampf aller gegen alle begann.

Das schließlich entvölkerte und total verarmte Europa hatte dann nicht mehr die Kraft, sich gegen die überlegenen Millionenheere eines charismatischen persischen Heerführers zu wehren. Ende der siebziger Jahre zog dieser in Berlin ein und erreichte bald darauf auch England.

(Sherriff, 1939)

1974

Am Abend des Neujahrstages begann der Dritte Weltkrieg mit einem atomaren Überfall der Sowjetunion auf die USA. Chicago, New York, Detroit und Pittsburgh waren nur noch radioaktive Krater. Die USA antworteten mit der Vernichtung von vier sowjetischen Industriegebieten. Als die russischen Satellitenstaaten gegen ihre Hegemonialmacht revoltierten, brach die Sowjetunion den Raketenkrieg ab und setzte den Krieg nur noch auf europäischem Boden fort. Innerhalb von zehn Tagen stand die Rote Armee an den Pyrenäen. Den vereinigten Streitkräften des Westens gelang es, bis zum November die sowjetischen Heere aus Europa herauszudrängen. Die Erosion des sowjetischen Weltreiches nahm damit seinen Anfang.

(Rigg, 1958)

1975

Am 1. Januar 1975 war wieder – wie alle sieben Jahre – Wahltag im germanischen Reich. Die Wahlbeteiligung betrug 99% der Wahlberechtigten. Wahlberechtigt waren alle Männer über 30. Gewählt wurden sieben Männer an die Spitze des Staates, die aus ihrer Mitte ihren Vorsitzenden, den »Meisterbruder« wählten.

»Diesen Sieben werden nun neun Berater bewilligt. Diese stehen den Inlands- und Auslandsbrüdern sowie dem Meisterbruder jederzeit zur Verfügung. Sie können herangezogen und ebenso wieder beurlaubt werden. Das Amt eines solchen Beirates ist auch nicht an die Person gebunden, sondern kann während einer Wahlperiode von verschiedenen bekleidet werden. Es werden aber nur die Besten dazu ausersehen, die sich aus dem Volke herausgearbeitet haben. Diese Neun sind Fachleute der Astrologie, Literalogie, Graphologie, Chirosophie, Charakterologie, des Spiritismus und Okkultismus. Ferner gehören ein Hellseher und eine Hellseherin in ihren Kreis. Diese sind nicht im gewöhnlichen Sinn hellsichtig, sondern sie schauen durch große Erfahrungen in sich selbst und können somit hervorragende Berater sein. Sie erschauen in sich Vergangenheit, Gegenwart und Zukunft. Es sind Menschen, die ihre Umgebung sehr tief erleben.

Diese neun Berater stehen nun den sieben, mit höchster Vollmacht ausgerüsteten Brüdern zur Seite. Daraus erklärt sich, dass fast gar keine Experimente mit des Volkes Gut gemacht zu werden brauchen. Alles wird von vornherein festgelegt. Der Aufstieg ist für Germanien gegeben.«

(Richter, 1933)

1980

Frankreich hatte die Sahara bewässert und war durch die Erfindung der Nahrungspillen, die die Ernährungsprobleme der Welt für immer lösten, so reich geworden, dass jeder Franzose ein Rentnerdasein führen konnte.

England hatte den Verlust Indiens gut verkraftet und war eine bedeutende Weltmacht geblieben.

Die USA hatten ihre Rohstoffreserven verbraucht und waren innenpolitisch an der Rassenfrage gescheitert. Sie spielten im Jahre 1980 weltpolitisch keine Rolle mehr.

Russland hatte den Kommunismus aufgegeben und war zum Zarismus zurückgekehrt. Seine Entwicklung hinkte der allgemein-europäischen etwa 60 Jahre hinterher.

China und Japan schlossen sich in starrem Nationalismus völlig von der Weltpolitik ab.

Die Vereinigten Staaten von Deutschland wandten sich seit 1950 einer Neuorganisation ihrer gesamten Lebensverhältnisse zu, und zwar auf der Grundlage natürlicher und gewachsener Strukturen.

Im Zuge der Verwaltungsreformen waren auch das Berufsbeamtentum und das Militär abgeschafft worden, jeder Bürger hatte ehrenamtlich drei Jahre lang öffentliche Dienstpflichten zu leisten. Nur in der obersten Verwaltungsspitze dienten Berufsbeamte.

Der Staat bestimmte nach biologischen Kriterien die soziale Zugehörigkeit und die Berufswahl eines Menschen bereits im Kindesalter. Er legte auch fest, wer mit wem Kinder zeugen durfte oder sollte und wem die Zeugung von Kindern verboten wurde.

Die Erkenntnis, dass der Mensch auch ein Teil der Natur ist, hatte zu einem ökologischen Bewusstsein der Deutschen geführt. Die Industrieanlagen waren dezentralisiert worden. Mit Hilfe von Fernkraft und Biotechnik war es gelungen, die schädlichen Auswirkungen der Industrie auf die Umwelt zu eliminieren. Durch die neuen Transportmöglichkeiten hatten sich die Probleme der Ballungsgebiete ohne weiteres von selbst erledigt.

»In der eigentlichen Stadt wohnte niemand mehr. Sie war nur Verkaufs-, Verwaltungs-, Arbeits- und Vergnügungsstätte. In einem Gürtel, zehn bis hundert Kilometer weit von ihrem Zentrum, wohnten die Arbeitenden, je wohlhabender sie waren, desto weiter. Hatte früher das ›Wochenende‹ für die Millionen eine Völkerwanderung auf das Land bedeutet, so strömten um 1980 die Scharen täglich hin und her. Wohnen war nur mehr eine Transportfrage, und ganz von selbst [...] zerlösten sich die großen Städte in das ganze Land. Heute da wir 500 km mit dem Flugzeug als normale Stundengeschwindigkeit ansehen, wohnen viele täglich in Berlin Arbeitende in den Gartenstädten im Harz, im Thüringerwald, im Riesengebirge, an der See, selbst in den Alpen. Seitdem die Arachnien [ein biotechnisches, das Bewegungsprinzip der Spinnentiere nachahmendes Verkehrsmittel] die an der Petroleumnot zugrundegegangene Autoindustrie abgelöst haben und durch sie der allgemeine Schnellverkehr für jedermann bis an die Grenzen Europas ermöglicht ist, haben die Begriffe Berlin, Dresden, Hamburg, Hannover und so fort nur einen verwaltungstechnischen Sinn, denn wer könnte heute die Grenzen dieser einstmals sehr wohl geschlossenen, ehedem sogar noch mit Mauern (!) umgebenen Orte erkennen? Es ist nicht übertrieben, zu sagen, Deutschland sei am Ausgang dieses Jahrhunderts bereits ›eine einzige Stadt im Walde‹, ein ›Panberlin‹, wie man es scherzweise genannt hat.«

(Francé, 1927)

Der Kalte Krieg zwischen dem Ostblock und den NATO-Staaten war auf seinem Höhepunkt angelangt. An dem an Bodenschätzen reichen Mondkrater Kopernikus standen sich russische und amerikanische Besatzungstruppen kampfbereit gegenüber.

Der plötzliche Tod des russischen Regierungschefs und des amerikanischen Präsidenten, beides »Falken«, entspannte die Lage. Der Herzinfarkt-Tod erreichte nach und nach immer mehr Mächtige, so dass bald niemand mehr nach einer Machtposition strebte bzw. so er eine innehatte, diese möglichst schnell loswerden wollte. Damit war der Weg frei für Frieden und soziale Gerechtigkeit.

(Buzzati, 1962)

Die Zeit der großen Raumfähren begann. Die bis zu 50.000 Tonnen schweren Raumschiffe mussten wegen ihrer Größe im Wasser starten und landen.

(*Cole, 1965*)

»Das Jahr 1980 brachte nach langem Frieden wiederum kriegerische Verwicklungen Wieder arbeiteten die Diplomaten, und wiederum gelang es nicht, den Frieden zu erhalten. Im Hochsommer des Jahres 1980 kam es zur formellen Kriegserklärung, aber bemerkenswerter Weise vergingen diesmal mehrere Tage, bevor sich irgendetwas von Belang ereignete. Man hörte wohl von gelegentlichen Kaperungen der Handelsschiffe, aber einstweilen noch nichts von Blut und Eisen. Das sollte erst später kommen, und dann kam es auch so plötzlich und so fürchterlich, daß die beiden Völker nach der ersten Schlacht den Frieden schlossen. Im August jenes Jahres trafen sich die feindlichen Luftflotten auf der Höhe der Philippinen, und es kam zum Kampfe, der mit der fast völligen Vernichtung beider Flotten endete. Besser als viele Worte zeigt unser großes farbiges Titelbild die Vorgänge jenes mörderischen Tages. Das Bild wurde mit Hilfe des optischen Fernphotographen von einem Privatluftschiff des deutschen Konsuls auf den Philippinen aufgenommen. Während die Schlacht in etwa fünfhundert Meter Höhe tobte, stand dies Luftschiff fünfzehnhundert Meter hoch und etwa dreißig Kilometer vom Schlachtfelde entfernt. So haben wir einen Blick von oben schräg nach unten in das Kampfgetümmel hinein und durch den Telephotographen sind die vier Meilen entfernten Vorgänge so nahe gerückt, daß sogar einzelne Personen erkannt werden können. Unser Bild zeigt gerade, wie ein amerikanisches Luftschiff von vier asiatischen in die Mitte genommen wird. Die Asiaten sind dabei durch die starken Rammsporen am Vorderteil des Panzerkastens gekennzeichnet. Einstweilen tobt der Kampf hier noch über gewisse Entfernungen und unter Benutzung von Projektilen. So sehen wir von rechts oben her einen Wurftorpedo fallen, der dem Amerikaner bedenklich nahe kommen dürfte. Wir sehen ferner, wie die Schiffe im Vordergrund aus kleinen Buggeschützen ein wohlgezieltes Feuer unterhalten. Vielfach gelingt es dabei, den Gegner schwer zu schädigen, ihm insbesondere die großen Tragflächen zu demolieren und dadurch seinen Absturz herbeizuführen. Ein solcher Vorfall hat sich mit einem anderen Schiff vor wenigen Sekunden ereignet und wir sehen eben noch die Tragflächen des niederstürzenden Fahrzeuges links unten im Bilde. Der Vordergrund zeigt uns den offenen Führerstand eines derartigen Fahrzeuges, in dem ein Mann das Steuer bedient, während der andere durch Fernrohre die Feuerwirkung beobachtet und das Feuer leitet. Rechts unten wird dann ein größerer Teil des Verdeckes sichtbar und wir sehen hier die Arbeit einmal im Kommandoturm und ferner in den Geschütztürmen im besonderen.

Wenn die Geschütze und Torpedos nicht ausreichen, um den Gegner niederzukämpfen, so bleibt als letzte zweischneidige Waffe der Rammsporn. Er wird den Gegner schwer schädigen, wenn er nicht etwa den unverwundbaren Panzerleib einer solchen Flugmaschine trifft, sondern die Tragflächen wegrasiert. Freilich besteht Gefahr, daß dabei der angreifende Teil mit hinabgerissen wird, daß beide Gegner zu Grunde gehen. So ist es denn auch in jener Augustschlacht vielfach geschehen, und wohl kaum drei Fahrzeuge konnten den Kampfplatz mit eigener Kraft, mit arbeitenden Motoren verlassen. Einige wenige havarierte Schiffe fielen mit dem Winde treibend noch auf dem Festlande der Philippinen nieder, während die große Menge spurlos im Wasser versank.

Der Eindruck jener Schlacht veranlaßte die beiden feindlichen Länder noch in demselben Monat einen dauernden Frieden zu schließen, und es steht zu erwarten, daß jene Luftschlacht die erste und für sehr lange Zeit auch die letzte gewesen ist. Man kann kaum sagen, daß sie besonders blutig war. In zahlreichen Landschlachten sind sehr viel mehr Menschen getötet und verstümmelt worden. Wenn wir uns erinnern, daß in der Schlacht bei Cannä fünfzigtausend Römer getötet wurden, daß in der dreitägigen Hunnenschlacht sogar auf beiden Seiten zusammen hunderttausend Mann fielen, so erscheint die Ziffer der bei den Philippinen Getöteten verschwindend klein. Kämpften hier doch auf beiden Seiten überhaupt nur hundertzwanzig Luftschiffe insgesamt, von denen jedes nur fünfzig Mann Besatzung hatte. Die Zahl der Toten kann also die Ziffer von sechstausend nicht überschritten haben.

Aber nicht auf das Sterben allein, sondern auch auf die Art des Todes kommt es an, und hier zeigte sich der Tod in der allerfürchterlichsten Gestalt. Noch während des Kampfes wurde auf mehreren Luftschiffen die Hälfte der Besatzung vor Furcht und Aufregung wahnsinnig. So fürchterlich waren die Gefühle und Eindrücke eines solchen Luftkampfes, daß auch die Erzählungen der Überlebenden noch tiefes Grauen hervorriefen. Man darf daher wohl mit Gewißheit annehmen, daß nun der Friede bis tief in das einundzwanzigste Jahrhundert hinein erhalten werden wird.«

(»*Der Krieg der Zukunft*«, 1909)

Das Jahr 1980 brachte den beiden Teilen Deutschlands die Wiedervereinigung. Die Regierung wurde von der SPD gestellt, die die größte Partei geworden war. Sie war sich mit der CDU darin einig, dass man die nach dem Zweiten Weltkrieg an Polen verlorenen deutschen Ostgebiete durch Verhandlungen zurückgewinnen müsse, während die schnell wachsende »Volkspartei« – eine der vier im Parlament vertretenen Parteien – auch für eine Rückgewinnung mit Gewalt eintrat, falls dieses notwendig sein sollte.

(*Szilard, 1961*)

1981
Am 19. Juni starb das letzte angeschirrte New Yorker Pferd.

(*Gernsback, 1925*)

1983
Der Atomreaktor von Omaha hatte einen Störfall, in dessen Folge sich Kernschmelze aus heißem Uran und Plutonium einen Weg in Richtung Osten der USA bahnte. Auch in entgegen gesetzter Richtung wurde ein rund 603 Kilometer breiter Streifen radioaktiv verseucht.

(*Varley, 1978*)

1984
Autos und Schiffe wurden ausschließlich mit elektrischer Energie betrieben. Die Luftschifffahrt war noch nicht erfunden. Für die schnelle Überwindung kürzerer Strecken (etwa den Kanal zwischen Dover und Calais) benutzte man die Bombenpost.

»Der Passagier legt sich in eine Art großer ausgepolsterter Granate und wird dann aus einem ungeheuren langen Kanonenrohr vermittelst einer langsam wirkenden Sorte von Pulver – damit zu Anfang kein Stoß eintritt und die nöthige Geschwindigkeit erst allmählich erreicht wird – über den Kanal geschossen und auf der anderen Seite durch einen höchst sinnreichen Mechanismus sehr sanft aufgefangen. Auf größeren Strecken bewährt die Sache sich nicht, weil wegen der geringen Rasanz der Flugbahn das Geschoß auf der Mitte des Weges in eine zu große Höhe gelangen würde, woselbst wegen der starken Kälte und der Dünnflüssigkeit der Luft die Passagiere zu Grunde gehen.«

Für die städtischen Nahverkehrsmittel hatte man das Prinzip der Rohrpost übernommen. Eine allgemein akzeptierte Mode existierte nicht mehr. Jeder kleidete sich in die Tracht des Jahrhunderts oder des Volksstammes, die ihm/ihr am besten gefiel.

(Seidel, 1895)

Nach 52-jähriger Bauzeit wurde in den USA die gewaltige Stadt Asgard fertig gestellt. Ständig hatte eine halbe Million Sklaven daran gebaut; zeitweise waren es mehr als eine Million Arbeitssklaven. Diese Sklaven rekrutierten sich aus der untersten Gesellschaftsschicht, der Masse der Bevölkerung, dem »Volk des Abgrunds«.

(London, Eiserne Ferse, 1907)

In Deutschland, das von einem Zentralen Exekutivkomitee regiert würde, herrschte Hungersnot, obwohl die deutschen Staatsfarmen auf 55% des Bodens Gemüse anbauten.

In China entwickelte man ein Verfahren, mit dem aus Stickstoff Öl hergestellt werden konnte. Der Vereinigte Sowjet der asiatischen Provinzen verlieh dem Erfinder den Titel Mi-Ta-Ta-Tui, das hieß: »Besieger des Brennstoffhungers«.

In der Sowjetunion hatte sich ein volkswirtschaftliches System durchgesetzt, das sich auf dem Bauerntum gründete und privatwirtschaftliche Stimulantien zuließ. Auf diese Weise war Russland ein modernes Schlaraffenland geworden.

(Čajanov, 1920)

Die Welt war in drei Machtblöcke aufgeteilt: Ozeanien (ehemals: Nord- und Südamerika, Groß-Britannien, Australien und der südliche Teil Afrikas), Eurasien (gesamter nördlicher Teil der europäischen und asiatischen Landmasse) und Ostasien (China, die südlich Chinas gelegenen Gebiete, große Teile der Mandschurei, der Mongolei und Tibets, Japan). Um die in diesen Blöcken am Rande des Existenzminimums lebenden Massen unter ständigem staatlichem Druck zu halten, wurden permanent Kriege zwischen diesen Blöcken ausgetragen.

Einem perfekten innerstaatlichen Unterdrückungssystem, das jede Individualität auszuschalten suchte, gelang die totale Kontrolle über die in seinem Machtbereich Wohnenden. In den Machtblöcken war unter anderem die Kenntnis fremder Sprachen bei Todesstrafe verboten; Kinder konnten erfolgreich Menschen (auch ihre Eltern) denunzieren, zum Beispiel nur aus dem Grund, weil jemand ein wenig von der Norm abweichendes Schuhwerk trug. Man schrieb keine Briefe mehr; für gelegentlich notwendige Mitteilungen strich man auf vorgedruckten Postkarten das Nichtzutreffende aus; Bücher wurden maschinell geschrieben.

(Orwell, 1949)

1985

Ozeanien (vgl. oben) büßte nach einer schweren militärischen Niederlage seine Großmachtstellung ein und umschloss nun nurmehr das ehemalige Gebiet Großbritanniens und Irlands. Nach dem Tod des diktatorisch regierenden Parteiführers, des »Großen Bruders«, waren heftige Fraktionskämpfe innerhalb der Staatspartei ausgebrochen. Die »Gedankenpolizei« benötigte Unterstützung in diesen Machtkämpfen und gestattete daher einigen Dissidenten eine intellektuelle Spielwiese in Form einer Kulturzeitschrift. Ende 1985 aber war dieser »Londoner Frühling« vorüber; ein anderes totalitäres System hatte sich etabliert.

(Dalos, 1982)

Die wirtschaftliche Macht Englands lag in den Händen arabischer Ölmilliardäre, die auch eine Islamisierung Englands betrieben, etwa durch heimliche Herabsetzung des Bieralkoholgehaltes und Verteuerung des Schweinefleisches. Das reale wie das Televisionsleben waren ausgefüllt mit Gewalt in allen Formen. Ständige Streiks legten jede öffentliche Ordnung lahm und schwächten den politisch von den Gewerkschaften kontrollierten Staat. Im Auftrag der Araber arbeitete eine paramilitärische Streikbrecherorganisation.

(Burgess, 1978)

Ein bösartiges Virus verbreitete sich über die Erde und vernichtete sämtliche Gras- und Getreidesaaten. Da in Ostasien kein Reis mehr geerntet werden konnte, strömten die hungernden Völker in Richtung Westen. Aber auch dort hatte das Virus Katastrophen ausgelöst. Ein Kampf um die letzten Nahrungsmittel hob jede menschliche Ordnung, auch familiäre Bindungen auf.

(Christopher, 1956)

Mit einem Überfall der Sowjetunion auf Jugoslawien begann am 27. Juli der – hauptsächlich mit konventionellen Waffen geführte – Dritte Weltkrieg.

(Hacker, 1978 und 1982)

1986

Anfang April führte die Sowjetunion einen vernichtenden Atomschlag gegen die Volksrepublik China.

»In Afrika schlachteten die beiden schwarzen Militärblöcke einander und die letzten Weißen rücksichtslos ab; Südamerika befand sich mitten in einer großen Hunger-Revolution, und in den USA tobte der zweite Nord-Süd-Krieg zwischen weißen und schwarzen Fanatikern und den Mafia-Organisationen dazwischen. Europa war demgegenüber eine Insel friedlicher Stagnation – das aber nicht aus gutem Willen oder eigenem Antrieb, sondern weil sich hier vor allem das bereits 1983/84 erfolgte totale biologische Absterben des Mittelmeers und der Ostsee mit einer enormen Verschlechterung der Luftqualität bemerkbar gemacht hatte. Im Ruhrgebiet hatte man viele Industrien still legen und ganze Städte, wie Gelsenkirchen und Bochum, räumen müssen. In Belgien, Nordfrankreich und der DDR sah es nicht viel besser aus.

Ein nahezu perfektes Management politisch-wirtschaftlicher Art vermochte sogar noch die Folgen dieser Katastrophen aufzufangen und zum Teil in Geschäft umzusetzen: Sauerstoff in druckfesten Plastikbehältern erlebte einen enormen Boom.

Nur in Wien lebte man noch natürlich und fuhr – wenn man Benzin hatte, mit dem Auto, sonst mit der Straßenbahn – zum Heurigen nach Grinzing oder Stammersdorf, nachdem der zum fünften Mal gewählte Bundeskanzler Kreisky, 83, versichert hatte: ›Ich meine, daß alles halb so schlimm wird ...‹«

(Steinhäuser, 1973)

1987

Mit Hilfe künstlicher Sonnen begann man das Grönland-Eis aufzutauen, um so neuen Lebensraum sowohl im bis dahin vereisten Norden wie auch in den Trockengebieten der Erde zu gewinnen. Die Durchführung dieses internationalen Projektes löste mehrere Katastrophen mit einer Vielzahl von Menschenopfern aus, aber schließlich veränderte sich das Klimasystem der Erde zum Nutzen der Menschheit.

(Holk, 1954)

1988

Die USA wurden von einer allmächtigen Polizei regiert, die mit Terrormethoden (dazu gehörten auch bewusstseinsverändernde Drogen und Zwangsarbeitslager) Gesetz und Ordnung, so wie sie sie verstand, aufrechterhalten wollte. Minderheiten wurden gnadenlos unterdrückt.

(Dick, 1974)

1989

Norwegen wurde von Krisen geschüttelt. Das Land befand sich auf dem Weg in den offenen Faschismus. In den Straßen wüteten Terrorgruppen; Menschen verschwanden; die Arbeitslosigkeit stieg.

(Myhre, 1982)

1990

Aus den engen, stickigen deutschen Städten waren Parklandschaften geworden, in denen Wohneinheiten großzügig angesiedelt lagen. Für etwa je 200 Haushaltungen bestanden zentrale Versorgungseinrichtungen, einschließlich einer Gemeinschaftsküche, die die täglichen Mahlzeiten per Rohrpost in die Familien beförderte. Auch die Hausreinigung wurde durch zentral eingesetzte Kräfte erledigt, was zur erheblichen Entlastung der Hausfrau beitrug. Frauen waren im übrigen vollständig gleichberechtigt. Parlamentsdebatten wurden über Telefonleitungen in jedes Haus übertragen. Diese Leitungen konnte man in entgegen gesetzter Richtung auch zu direkten Volksabstimmungen im Anschluss an die Parlamentsdebatten nutzen.

(Flürscheim, 1890)

1995

»Es war im Jahre 1995. In Hamburg herrschte fieberhafte Aufregung. Die Zeitungsjungen schrieen die Unglücksbotschaft aus; an allen Straßenecken klebten Plakate mit den neuesten Telegrammen: China hat die Erz- und Kohlenausfuhr gesperrt! Nachdem bereits vor zehn Jahren die Vereinigten Staaten von Amerika das gleiche getan hatten, war somit das letzte Kohle und Erz fördernde Land für den freien Verkehr geschlossen. Europa, dessen Lager längst erschöpft waren, war ohne Erz, ohne Kohle.

Die Börse bildete den Brennpunkt der Erregung. Noch dichter als sonst flutete der Menschenstrom, lebhafter waren die Gesten, lauter die Stimmen. Alle Telephonzellen waren besetzt, eine dichte Mauer Wartender stand davor, Depeschenboten kamen und gingen. In fiebernder Hast suchte jeder der Großkaufleute und Großindustriellen womöglich noch nähere Nachrichten von seinen Vertretern im Ausland zu erlangen, um danach seine Entschlüsse fassen zu können.

Dann begann der Kampf, ein wildes, verzweifeltes Ringen. Während einerseits die Effekten der wenigen noch vorhandenen Kohlen- und Erzgruben stiegen, sanken andererseits die entwerteten Papiere der Eisenwerke unaufhaltsam im Kurse.«

Die Krise spitzte sich schnell zu, die Armeen machten mobil. Der unausweichlich scheinende Krieg konnte jedoch dadurch vermieden werden, dass man begann, Hochöfen mit Elektrizität zu heizen und Eisen aus der flüssigen Glut des Erdkerns zu gewinnen.

(Ross, 1913)

Mit Benzin angetriebene Autos begannen unmodern zu werden. Eine Entmotorisierungsgesellschaft kaufte sie auf, versenkte sie in der Nordsee und baute damit einen Damm von Holland nach England. Vor allem der Individualflugverkehr übernahm die bisherigen Aufgaben der Automobile. Hier die Eindrücke eines Besuchers von Frankfurt am Main:

»Ein geräuschloses kleines Elektrotaxi brachte ihn an den Rand der Innenstadt, von da an ging er zu Fuß. Angenehm berührte ihn, daß es hier kein ungeheures Gewimmel von Autos und anderen Verkehrsmitteln gab, wie er es sich vorgestellt hatte. Die Innenstadt war mit ihren prächtigen Ladenstraßen ein Reservat für Fußgänger. In den Hauptstraßen hatte man die Bürgersteige durch rollende Bänder ersetzt. Allwegbahnen über den Straßen, die an Stelle der früheren Straßenbahnen und Busse getreten waren, behinderten den Verkehr nicht. Herrlich konnte man auf den rollenden Bändern an den Häuserfronten entlang schweben, hier und da bei einer Ladenauslage verweilen, sich wieder auf das Band schwingen und sich weiter befördern lassen. In den Schaufenstern sah er die Muster der neuesten Frühjahrsmode für Männer und Frauen, alle ihm Begegnenden trugen sie schon, die Frauen farbenprächtig gebatikte und geblümte Stoffe, die Männer ebenso bunte gescheckte und getigerte Muster, mit daraufabgestimmten Hutbändern und Krawatten. Er selbst war so gekleidet, bei der Einkleidung in Panama erfuhr er, daß die jährlich wechselnde Mode sich nun auch die Männer unterworfen hatte. [...]

Der Bahnhof war nicht mehr für die Eisenbahn allein bestimmt. In das untere Stockwerk der Gleise, von dem in rascher Folge die schnellen Kurzzüge von zwei oder drei Wagen abfuhren, mündeten auch die unterirdisch durch die Innenstadt geführten Autostraßen. Die alte Kuppelhalle war verschwunden, an ihrer Stelle befand sich als höheres Stockwerk der Bahnhof für die Allwegbahnen. Darüber gab es noch eine weitere Plattform, den Hubschrauberlandeplatz.«

(Koch, Ozeano, 1961)

Wetter wurde künstlich erzeugt, verschiedene Firmen boten Wetter in Konkurrenz an. Die Bestrahlung mit ultravioletten Strahlen ersetzte der Menschheit den Schlaf. Eine natürliche Flora existierte nicht mehr; Gemüse und Obst wurden künstlich hergestellt. Mit der Vegetation war auch alles tierische Leben verschwunden.

(Friedell, 1946)

1996

Die Olympischen Spiele fanden in diesem Jahr in Hamburg statt. Das Finale im 800-Meter-Lauf sahen direkt etwa 800.000 Menschen im für 750.000 Zuschauer vorgesehenen Hamburger Olympiastadion. Für den Endlauf hatten sich qualifiziert: zwei Amerikaner, zwei Russen, ein Deutscher und ein Däne.

(Lundberg, 1955)

1997
Der Volksrepublik China, die nach einem Krieg mit der UdSSR die führende Weltmacht geworden war, gelang die erste bemannte Mondlandung.

(Mackenzie, 1961)

[Fortsetzung von Orwell, 1984]
Die Macht auf der Erde teilten sich drei Blöcke: Das sowjetische Eurasien, das im Westen bis zu den Pyrenäen reichte; das katholische Amerika mit dem Vatikan in San Francisco; das britische Inselreich, auf dem sich ein liberaler Austerity-Kommunismus mit dem König an der Spitze entwickelt hatte.

In einem fünftägigen Krieg besiegte die Allianz der angelsächsischen Machtblöcke das kommunistische Eurasien. Im von Amerikanern eroberten und zerstörten Moskau wurden schließlich wieder christliche Gottesdienste gefeiert.

(Kuehnelt-Leddihn, 1949)

1998
Am 25. April fand eine Reliquien-Auktion im Petersdom zu Rom statt.

(Madden, 1733)

1999
Der Automobilverkehr war in jeder Hinsicht vervollkommnet worden; die Straßenverkehrssicherheit eine totale.

Das Elektroskop, eine Art Fernsehen, war erfunden.

An oberster Stelle in der gesellschaftlichen Rangordnung standen die Lehrer.

(Truth, 1891)

Die USA und die UdSSR befanden sich am Rande eines Nuklearkrieges. Der Endlauf um die letzten Energieressourcen der Erde setzte ein. Amerikanische Marine-Infanterie besetzte die Ölquellen am Persischen Golf. Die Entdeckung von Kohle in der Antarktis führte zu ersten Kampfhandlungen zwischen den Supermächten. Man begann gegnerische Satelliten im Weltraum zu zerstören. Die Befehle der Supermächte an ihre Mondbasen, die jeweils gegnerische zu vernichten aber wurden von deren Besatzungen ignoriert. Die Mondbasen beschlossen, ihre Unabhängigkeit zu erklären, um so die Menschheit vor der völligen Ausrottung zu bewahren.

(Bova, 1976)

Auf einer Insel im Atlantischen Ozean hatten deutsche Aussiedler Ende des 19. Jahrhunderts eine Gemeinde gegründet, ihr eine den Herrnhutern entlehnte Verfassung gegeben und sie Neu-Deutschland benannt. Diese Gemeinde war über ein Jahrhundert lang von der Entwicklung in Europa abgeschlossen.

In Europa waren unterdessen die staatlichen Grenzen gefallen. Das vereinigte Europa war reich im Übermaß, was sich vor allem in seiner Zehn-Millionen-Stadt Berlin zeigte. Dort hatte sich eine recht freie Gesellschaftsform herausgebildet, die sich auch nicht an irgendwelchen Modegesetzen zu orientieren gedachte:

»Es galt jetzt nur das Vernünftige und Schöne, aller Zeiten und Völker Kostüme bewegten sich durch die Straßen und in sehr kalten Wintermonaten liefen die Berliner, den Eskimos ähnlich, in Rennthier- und Biberfelle gekleidet, trugen Muffe und fuhren in elektrisch geheizten Droschken, auf elektrisch geheizten Dreirädern einher.«

Die Devise »Zeit ist Geld« war allgemein akzeptiert und wurde auch praktisch umgesetzt:

»In allen Gerichtskorridoren, bei beschäftigten Ärzten, Intendanten und viel umlagerten Decernenten standen Kontroluhren, die den Eintritt und Austritt der Petenten, Zeugen, Kunden selbstthätig notirten und ebenso selbstthätig beim Fortgehen die abgezählte Summe für die versäumte Zeit in die aufgehaltene Hand der Antichambristen niederlegten.«

Das Geld spielte auch in der Besetzung des Reichspräsidentenamtes die entscheidende Rolle:

»Seit der Mitte des Jahrhunderts war alle zehn Jahre, der Verfassung gemäß, der einträgliche Posten am Reichstagsplatz öffentlich an den Meistbietenden versteigert worden und die vorgeschriebene Wahl zu einer reinen Formalität herabgesunken. Gegen diesen Gebrauch hatte sich im Volke eine Strömung geltend gemacht, die namentlich von Frankreich ausging. Man wollte zehn Candidaten in Vorschlag bringen und unter diesen die Präsidentschaft verauktionieren, indem die Parteien die Kaufsumme aufbringen und der Siegende an dem Regierungsgeschäft nach Art einer Commanditgesellschaft Antheil nehme.

Ein zweiter Punkt, welcher die Nation – namentlich die weiblichen Wähler – aufregte, war die Candidatur einer Frau. Obwohl die Emancipation natürlich schon seit dreißig Jahren durchgeführt war, die Professoren und Justizbeamten – Geistlichkeit war seit 1975 abgeschafft – annähernd zur Hälfte lange Röcke trugen, die Wahlversammlungen von Frauen erfüllt, von jungen Mädchen präsidirt und von wachthabenden Polizeidamen geschlossen wurden, hatte man bisher Abstand genommen, eine verheirathete Frau zur Präsidentin zu wählen. Das Jahrhundert schämte sich zwar selbst der Kleinlichkeit dieser Anschauungen, aber Europa konnte doch nicht ganz über das Bedenken hinwegkommen, seine Geschicke in die Hand eines Wesens zu legen, das nicht unbeeinflußt dastand. Dazu mißtraute man, daß der Präsidentin Gemahl in dem Dienst einer anderen Partei stehend, leicht gewisse familiäre Einflußnahme auf die Thätigkeit oder amtliche Behinderung seiner Gattin ausüben und hierdurch großes Unheil gegen den Staat heraufbeschwören möchte.«

Diese so viel versprechende Regierung versagte jedoch leider, als Europa, das schon vor Jahren abgerüstet hatte, von wehrhaften Mongolenhorden bedroht wurde. Und wer rettete dieses derartig bedrohte, hochgradig dekadente Europa? Der Abgesandte des alten »Neu-Deutschland«, der sich zum Führer Europas aufgeschwungen hatte; er hieß übrigens Hermann, nannte sich wohl auch Arminius.

»Der Monat December des Jahres 1999 glich einem verlängerten Sylvesterabend des zu Ende gehenden Jahrtausends. Ein ungewohnter Ernst war über die Welt gekommen und überall hielt man Einkehr. [...]

Ernstes Studium fand wieder seine Stätte, Kirchen öffneten sich von neuem für solche, die nach Erbauung ein Bedürfnis empfanden. Schiller stieg aus dem Grabe, in dem er zwei Jahrhunderte geruht hatte und die alten Kunstwerke, die man wegen ihrer unzeitgemäßen Objekte und Darstellungsweise in dunkeln Remisen untergebracht, wanderten wieder in die prächtigen Museen.

Vor allem unterlag die Erziehung einer durchgreifenden Reform. Die Ehrfurcht vor den Eltern, die Liebe zu den Geschwistern, das Gefühl der Zusammengehörigkeit mit Mitbürgern und Staatsangehörigen, der Gehorsam und Respekt vor der Obrigkeit: Begriffe, die stets als krankhaft und veraltet belächelt worden waren, sie sollten die Grundlage des Staates werden. Die Ehe, das war die wichtigste Forderung der Partei, welche Jahrzehnte lang vergewaltigt worden war, sollte wieder in aller Form eingesetzt werden und der Staat nur Waisen oder Kinder Unvermögender oder zur Erziehung ungeeigneter Eltern zur Heranbildung für den Staatsdienst übernehmen. Als Grundgesetz wurde dem allgemeinen Wahlrecht die allgemeine Wehrpflicht beigeordnet, mit welcher das Reich allezeit Sicherheitsgefühl und Selbständigkeit erhalten zu können glaubte. Deutschland endlich wollte, losgelöst aus der europäischen Republik, anknüpfend an seine alte gloriose Vergangenheit, wieder seinen Kaiser haben, und am 1. Januar des neuen Jahrtausends sollte die feierliche Krönung des Fürsten im Reichsdome von Berlin stattfinden. [...]

Flottenparaden und kriegerische Spiele, Umzüge und Festlichkeiten, Musik und Reden bezeichneten jedes Datum des Decembers: Aber der letzte des Monats zeigte Veranstaltungen, deren Großartigkeit alles früher Dagewesene in den Schatten stellte. Mit Einbruch der frühen Dunkelheit strahlte die Zehnmillionenstadt in feenhaftem Lichte von Myriaden Glüh- und Bogenlampen. Die Straßen lagen, ein Phänomen, welches man bei ihrer gläsernen Verdachung längst nicht mehr kannte, mit Schnee bedeckt, aus welchem in Rinnen das Wasser ablief: aber der Schnee entpuppte sich zum Entzücken der Kinder als feiner weißer Zucker und das Wasser als Milch, welcher eine Million Kleiner mit allen erlaubten und unerlaubten Mitteln zu Leibe ging. Auf allen öffentlichen Plätzen waren lange Tafeln angeschlagen, an denen Millionen armer Leute speisten, und die Springbrunnen und Kaskaden ließen in die dargebotenen Krüge schäumendes Bier und dampfenden Punsch herabfließen. In hundert Theatern wurde frei gespielt und nachdem der Vorhang über das letzte Bild der hundert für diesen Abend gedichteten Feststücke niedergerauscht, erhoben sich aus der Tiefe wohlbesetzte Tafeln für die Theaterbesucher und den Beschluß bildete ein großer Ball, an welchem sich die Mimen huldvoll beteiligten. Hundert neue Preisoratorien begrüßten das neue Jahrtausend, und als die astronomischen Uhren auf 12 zeigten, da setzte zum erstenmal das große dreißig Meter hohe Glockenspiel auf dem Centraleiffelthurme ein und spielte den neuen preisgekrönten Choral der Jahrtausendwende.«

(Justinus, 1890)

Die Einwohnerzahl der USA betrug 544 Millionen, in New York lebten 35 Millionen Menschen, in der Mehrzahl in Elendsquartieren. Rohstoffe, Energie, Nahrungsmittel waren äußerst knapp. Der Einsatz von Computern war nicht mehr möglich. Nur wenige Menschen konnten sich Nahrung leisten, die nicht synthetisch hergestellt war.

(Harrison, 1966)

2000
Die Völker der Welt kamen ohne Kriege miteinander aus; ein staatlicher Zusammenschluss aller Nationen war geplant. Ohne Revolutionen hatte sich im 20. Jahrhundert eine neue Gesellschaftsordnung etabliert. Jeder Bürger arbeitete 24 Jahre entsprechend seinen Fähigkeiten und Neigungen für den Staat; die zweite Hälfte seines Lebens konnte er in Muße genießen. Der Lohn war für alle gleich. Aus zentralen Depots wurden die Bürger durch große Rohrpostleitungen mit allem Lebensnotwendigen versorgt. Kulturelle und religiöse Veranstaltungen konnten in den Privatwohnungen durch Telefon mitgehört werden. Infolge der Beseitigung von Ungleichheit an Besitz kam kriminelles Verhalten kaum noch vor.

(Bellamy, Looking backward, 1888)

Die Kinder lernten in der Schule zwar noch ein wenig, Geschriebenes zu lesen und selbst zu schreiben, aber sie hatten so wenig Übung darin, dass sie es in der Regel wieder vergessen hatten, wenn sie die Schule verließen. Ein Zeitgenosse:

»Das Schreiben ist ganz außer Gebrauch. Statt des Briefwechsels telegraphieren wir oder benutzen die Phonographen, welche auch im übrigen allen Zwecken dienen, für die man sonst die Handschrift nötig hatte.«

(Bellamy, Gleichheit, 1897)

(Zu Bellamy *Looking backward*)
Der kommunistische Staat entwickelte sich zu einer ausufernden Bürokratie und unterwarf seine Bürger kleinlichster Kontrolle, was unter anderem eine Mangelwirtschaft zur Folge hatte. Andere Meinungen als die der herrschenden Ideologie wurden unterdrückt, Gegner des Systems in Irrenhäuser gesperrt. Ein Zeitgenosse:

»Ich glaube nachgewiesen zu haben, daß unser Staatswesen mit seinen auf die angebliche Gleichheit aller Menschen begründeten Einrichtungen ein Fehlschlag ist, daß die in der Natur begründete Ungleichheit jetzt in mancher

Hinsicht viel drückender ist, als zu Ihrer Zeit, daß Günstlingswirtschaft und Korruption heut ebenso wuchern, wie vor 113 Jahren, daß von persönlicher Freiheit fast keine Spur mehr vorhanden und an deren Stelle eine unerträgliche Knechtschaft verbunden mit Kriecherei und Augendienerei gegenüber den Vorgesetzten getreten ist, daß die Angehörigen des Arbeiterheeres, des Stimmrechts beraubt, der Gnade oder Ungnade ihrer Offiziere preisgegeben sind, daß diejenigen Mitglieder der ›industriellen Armee‹, welche als Gegner der Regierung gelten, ein elendes Leben führen müssen, das man wohl als ›eine vierundzwanzigjährige Höllenpein auf Erden‹ bezeichnen kann, und daß die Abschaffung des Wettbewerbes sowohl einen Rückgang der Geisteskräfte, wie des Volkswohlstandes zur Folge hatte. In der That haben die Beseitigung des Wettbewerbes, die Abkürzung der Arbeitsjahre sowohl wie der Arbeitsstunden und die Erschaffung zahlloser Sinekuren für faulenzende Günstlinge und Maitressen der einflußreichen Politiker die Produktion dermaßen vermindert, während die Zahl der Verbraucher sich beständig vermehrt hat, daß unser durchschnittliches Jahreseinkommen heut kaum noch größer ist, als das eines gewöhnlichen Arbeiters Ihrer Tage. Es gewährt uns nur ein sehr mäßiges Auskommen. Und es kann meiner Ansicht nach keinem Zweifel unterliegen, daß die Menschheit, wenn sie unter diesem System weiter lebt, in einigen Jahrhunderten in Barbarei zurückversinken muß.«

Eine blutige Revolution kommunistischer Radikaler führte schließlich zum Ende des Staatswesens.

(Michaelis, 1891)

(Zu Bellamy *Looking backward*)
Aus der Gleichberechtigung von Mann und Frau entwickelte sich ein »Weiberregiment«, eine »Mulierokratie«. Gegen das kommunistische Staatswesen bildete sich eine Oppositionspartei, die die »Individualdemokratie« auf ihre Fahnen geschrieben hatte.

(Loewenthal, 1891)

(Zu Bellamy *Looking backward*)
Der kommunistische Staat wurde insgeheim von einer kleinen mächtigen Clique regiert. Die Freizügigkeit innerhalb des Landes wurde aus wirtschafts-

politischen Gründen bis zum 45. Lebensjahr eingeschränkt. Die Übernahme der Erziehung der Kinder durch den Staat wurde durchaus nicht von allen Bürgern goutiert:

»Es ist wahr, bei uns hat kein Ehemann, kein Vater als solcher irgendwelche Rechte; die ›Tyrannei‹ der Familie ist zerstört. Daß aber das Joch eines Schulpedanten tausendmal bedrückender sein kann als das elterliche, das hat die Weisheit unserer Gesetzgeber nicht bedacht. Oder doch, sie hat es bedacht, aber sie hat kein Mittel gefunden, die Gleichheit mit der individuellen Freiheit zu verbinden. Ich tadle sie nicht, denn es giebt wirklich keins.«

Die Unzufriedenheit in der Bevölkerung führte schließlich zu einer Revolution und zur Abschaffung des kommunistischen Systems.

(Müller, 1891)

(Zu Bellamy *Looking backward*)
Nach dem verlorenen Krieg gegen Russland und Frankreich (1938–1940) war in Deutschland die Diktatur des Proletariats errichtet worden. Ein folgender Krieg zwischen der Allianz aus dem sozialistischen Deutschland und dem gleichfalls sozialistischen Frankreich gegen das nichtsozialistische Russland führte zur Niederlage Russlands, was unter anderem eine Wiederherstellung Polens nach sich zog.

Als in Deutschland der sozialistische Diktator versuchte, den Einfluss der Kirchen weiter zurückzudrängen, revoltierte vor allem der katholische Bevölkerungsteil, löste die Diktatur des Proletariates ab und führte ein halbsozialistisches parlamentarisches Staatswesen ein. Der Katholizismus wurde zur bestimmenden Macht in Deutschland.

(Laicus, 1891)

In der amerikanischen Hauptstadt Washington wurde zur Jahrtausendwende eine glanzvolle Weltausstellung eröffnet, zu der man die Bewohner der ganzen Welt eingeladen hatte. Die Besucher kamen ... auch ein Raumschiff vom Saturn.

(Maine, 1955)

Die Menschheit verzichtete aus zwei Gründen auf den Krieg: Zum einen waren Waffen von einer derart destruktiven Kraft entwickelt worden, dass jeder

Angriff zu einem Selbstmordunternehmen wurde; zum anderen lehnten es die Völker ab, die immensen Kosten für eine stehende Armee aufzubringen.

(Russell, 1905)

Nach einem siegreichen Krieg gegen Frankreich und den folgenden maßvollen Friedensbedingungen des Siegers Deutschland war die alte »Erbfeindschaft« zwischen beiden Völkern einem gutnachbarschaftlichen Verhältnis gewichen. Ein Krieg Deutschlands gegen Russland hatte die Konsolidierung Österreichs auf dem Balkan, die Errichtung eines deutschfreundlichen polnischen Staates und die Eingliederung der nichtskandinavischen Ostseeländer in das Deutsche Reich zur Folge.

Hier ein Auszug aus der Deutschen National-Zeitung vom 10. Februar 2000:

»**Deutsche Nationalzeitung,** Berlin 10. Februar 2000.

Aus dem Reichstag.

Sitzung vom 9. Februar 2000.

Bericht unserer Tondruckmaschine (Phonotyp IIa).

Der Vorsitzende: Ich mache Mittheilung von einem soeben seitens der Regierung eingebrachten Gesetzesentwurf betreffs *Erweiterung der Volkserziehung durch den Heeresdienst.*

§ 1.

Der Dienst im Deutschen Heer verfolgt grundsätzlich den Zweck, das Volk für Frieden und Krieg dem Gemeinwohl nutzbar zu machen.

§ 2.

Das Heer bestreitet (wie bisher) seine Unterhaltskosten selbst durch Fortsetzung der Berufsthätigkeit.

§ 3.

Zu der dreistündigen Kriegsausbildung und fünfstündigen Ausübung des eigenen Berufs (nach bisheriger Bestimmung) tritt für jeden Dienstpflichtigen an jedem Wochentag eine Stunde Einführung in die Volkswirtschaft (weitesten Sinnes), um Verständnis für die Eigenart und den Zusammenhang aller Berufszweige zu verbreiten.

§4.

Dienstpflichtig ist jeder deutsche Staatsangehörige, der an keiner akuten Krankheit leidet. Wer an äußeren Gebrechen leidet, wird der Wagentruppe zugetheilt.

§ 5.

Die Befehlshaber und Unterbeamten haben sich sofort mit ihren aus § 3 folgenden Obliegenheiten zur Überwachung des Unterrichtes durch Fachlehrer vertraut zu machen. Die Bestimmungen des § 3 treten am 1. Januar 2001 in Kraft.

Meine Herren! Ich habe diesen Gesetzentwurf, unserem Brauche entsprechend, dem Heeresausschuß zur Vorberathung überwiesen. – Alsdann ertheile ich dem Abg. Großkopf von der Rechten das Wort.

Abg. Großkopf: Meine Herren! Ich habe das Wort erbeten, um Ihnen eine Trauernachricht zu übermitteln. Unser Kollege, der Abgeordnete Feldstetten (von der Linken), ist gestern nach kurzer Krankheit aus dem Leben geschieden. Unsere langjährige gute Sitte, einen politischen Gegner an dieser Stelle den Nachruf sprechen zu lassen, beruft mich zu der Ehre, den Patriotismus und die aufopferungsvolle Hingebung des Verewigten für des Vaterlandes Wohlfahrt zu preisen. Er hat an dieser Stelle nie gefehlt, seit ihn das Vertrauen seines Wahlkreises (Colmar i. E.) in dieses Haus entsandte. Wenn auch bescheiden zurücktretend, hat er im Stillen viel gewirkt, und namentlich dem Volksbildungsausschuß hat er seine unermüdliche Arbeitskraft gewidmet. Ich bitte Sie, sein Andenken durch Erheben von den Sitzen zu ehren. (Geschieht. Die Parteiführer umarmen sich unter schallendem Bruderkuß.)

Der Vorsitzende: Der Vertreter von Hadersleben, Abg. Jürgensen (rechts), stellt die Anfrage:

Was beabsichtigt die Regierung zu thun, um dem drohenden Versinken *Helgolands* vorzubeugen?

Reichsminister des Innern von Beckenburg: Ich erkläre mich zu sofortiger Beantwortung bereit. Die Regierung hat mit Bedauern von der durch die letzte Sturmfluth angerichteten Verwüstung Kenntnis erhalten; doch kann sich eine dauernde Gefahr hieraus nicht ergeben. Die Wiederherstellungsarbeiten haben erfolgreich begonnen. Ernster bedroht die leider nicht mehr zu verkennende Senkung den Bestand der Insel. Die Gefahr ist keineswegs unmittelbar, die Arbeit von Jahrhunderten wäre zur Vernichtung erforderlich. Aber die Regierung ist sich der Pflicht bewußt, schon jetzt einzuschreiten, um jeden Fuß deutscher Erde gegen die gierigen Elemente zu vertheidigen. Die neueren Fortschritte der Technik ermöglichen uns, bei dem hohen Hause die erforderlichen Maßnahmen noch in dieser Sitzungsreihe zu beantragen.

Abg. *Sommer* (links): Ich kann mich der Befürchtung nicht verschließen, daß die dauernden Koten der geplanten Maßregeln zu dem Werth der Insel in keinem allzu günstigen Verhältnis stehen werden (Sehr richtig! links).

Minister von Beckenburg: Die vorzeitigen Befürchtungen des Herrn Vorredners sind durchaus unbegründet. Auch scheint er den Werth Helgolands für unsere Kriegs- und Handelsflotte zu unterschätzen.

Der Vorsitzende: Damit ist dieser Gegenstand erledigt. Der Herr Kolonialminister hat das Wort.

Reichs-Kolonialminister Franke: Es gereicht mir zur höchsten Genugthuung, dem Reichstag davon Kunde geben zu können, daß die völlige Besiedelung der *Sahara* durch Deutsche nunmehr eine Thatsache geworden ist. Die Verkehrsverhältnisse hatten sich in den letzten Jahrzehnten zusehends gehoben, dank der unermüdlichen Thätigkeit unserer Ingenieure, welche wilden Völkerschaften wie wilden Thieren mit gleicher Unerschrockenheit ins Auge blickten. Mit Rührung reihe ich dieses größte Blatt in den Kranz deutscher Kolonien. Die größte Kolonisationsthat, deren ein Volk der Erde fähig war, ist damit vollbracht. Wir haben durch die Arbeit eines Jahrhunderts ein Gebiet errungen, welches unser Mutterland zehnfach an Größe überragt. Wir sind nun die Herren von ganz Innerafrika. Gott segne die Zukunft des Vaterlandes! (Brausender Beifall auf allen Seiten des Hauses.)

Der Vorsitzende: Schließlich ist eine Übersicht der Einnahmen unserer Reichspost und Reichsbahn eingegangen. Seit Aufgabe der staatlichen Sonderrechte hat sich zwar ständig der Verkehr gehoben, ja seit Einführung des Zonentarifs vor mehr als hundert Jahren ist nach amtlichen Zusammenstellungen der Verkehr bereits ein riesiger. Aber man hatte noch keine Bewährung angesichts der neuen Verkehrsmittel. Die Übersicht des letzten Jahrzehnts zeigt nun einen andauernden Fortschritt der alten und daneben eine geradezu phänomenale Inspruchnahme der neuen Beförderungswege. In Vervollkommnung der Luftschiffahrt sind wir jetzt den Amerikanern ebenbürtig, und auch auf dem Gebiete der Brieftaubenpost stehen wir mit in erster Reihe. Mitten in Bewältigung dieser Riesenaufgaben ist unser Verkehrsamt mit Nutzbarmachung einer neuen Erfindung eines Landsmannes beschäftigt, welche die Beförderungsgeschwindigkeit bis nahe an das Maximum führen soll, welches die menschliche Konstitution im Flug zu ertragen vermag. Doch sind hierüber die Untersuchungen noch nicht abgeschlossen (Bewegung).

Die Tagesordnung ist erschöpft.

Anzeigen.
Deutsche Frauen!
Der heute zusammengetretene ›Frauenbund der vereinigten deutschen Staaten‹ richtet an euch, deutsche Frauen, die Aufforderung, mit ihm gemeinsam ein Gesuch an die Reichs- und Landtage des Wester- und Oester-Reiches zu senden:

›daß den selbständigen, steuerkräftigen Frauen auch das passive politische Wahlrecht gewährt werde.‹

Deutsche Frauen! Seid euch der großen Errungenschaften bewußt, welche euch dieses Jahrhundert der Aufklärung und Menschlichkeit nach so vielen dunklen und barbarischen Zeiten verschaffte. Laßt das Jahrhundert nicht scheiden, ohne zu dem Gebäude eurer Gleichberechtigung den Schlußstein gelegt zu haben.

Vor hundert Jahren nicht viel mehr als die Sklavin des Mannes, befindet sich die deutsche Frau heute in grundsätzlicher Anwartschaft auf alle Berufsrechte, welche ihre Kraft zu erringen vermag. Die selbständige deutsche Frau hat Sitz und Stimme in der kirchlichen Gemeindevertretung und im Arbeitertag erlangt, sie nimmt an der Wahl der Reichstagsmitglieder theil, nur darf sie keiner Geschlechtsgenossin ihre Stimme geben, nur hat man ihr den eigenen Eintritt in die hohe politische Körperschaft verschlossen.

Wohlan! Folgen wir dem Beispiel aller civilisirten Nationen, streifen wir heute die letzte Fessel ab und sprengen wir das letzte Schloß.

Wenn es gelingt – wie wir hoffen – eine Million Unterschriften für unser Gesuch aufzubringen, so kann sich keine politische Körperschaft der ernsten Prüfung und Erfüllung unseres Wunsches entziehen.

Deutsche Frauen! Steht zusammen! Es gilt den letzten Strauß!
Für den
Frauenbund der Vereinigten deutschen Staaten:
Rechtsanwältin Dr. jur. et cam. Marie Graß (Metz), Predigerin Emmy Wohlbrück (Heidelberg), Professorin mod, Anna Regin (Berlin), Dr. hist. Martha Klemm (Riga), Kunstdrechsler-Meisterin Emma Eifert (Köln), Bezirksvorsteherin Käthe Ropp (Wien), Professorin litt. Hertha Rathke (Prag), Gärtnerin Wally Kullak (Luxemburg), Professorin theol. Minna Held (Basel).

Anregung aus dem Leserkreise.
Möchten die Frauen, um ihre Gleichberechtigung mit dem männlichen Geschlecht allwärts zu bekunden, sich nicht auch zum Heeresdienst heranziehen lassen? Deutschland würde dadurch unüberwindlich, denn man weiß, daß die spröden deutschen Frauen sich nicht leicht gefangen geben! *Einer für viele*

Wanderlehrer
für Kunstgeschichte gesucht. Die Volksbildung erheischt dringend, die Kenntniß der antiken Kunst (bis zum Ende des neunzehnten Jahrhunderts) in ländlichen Arbeiterkreisen zu verbreiten, damit das Verständnis für die Kunst unseres Jahrhunderts vertieft wird. Bewerber wollen sich beim Reichstagsausschuß für Volksbildung persönlich vorstellen.

Für China
wird mit Genehmigung der chinesischen Regierung die Begründung einer fünften deutschen Hochschule geplant. Das Kaiserliche Kolonialamt befördert Meldungen männlicher und weiblicher Lehrkräfte.

Die deutsche Hochschule in Konstantinopel
sucht einen Pedell mit möglichst zwei Frauen. Bewerber mit Hochschulbildung erhalten Vorzug. Meldungen an den Rector.

Ein vereidigter Zeitungsmann
mit Zeugniß ersten Grades sucht zur Begründung eines »Sahara-Tageblattes« einen leistungsfähigen Verleger. Meldungen unter K. C. an diese Zeitung.

Nationale Versammlung
zur Feier deutscher Besiedelung der Sahara. Humoristisches Festspiel: *Der Angstmeier,* ein Anti-Kolonial-Bild aus der Vergangenheit.

Privatschul-Verein.
Heutige Tagesordnung 1. *Trennung von Schule und Staat* vom sozialpolitischen Standpunkt. 2. Vorbereitung einer Massen-Versammlung im Sinne der Vereinsbestrebungen.

Letzte Luft- und Fernsprech-Post.
Durch Luftschiff erhalten wir soeben die erste Aprikose und den ersten Maikäfer aus der *Sahara*, mit dem Motto: ›In der Wüste ist es schön!‹

Anläßlich der hundertsten Wiederkehr des Tages, an welchem Bayern und Württemberg freiwillig auf ihre *Heeres-Sonderrechte* verzichteten, findet übermorgen in München ein Fest der Befehlshaber statt, zu welchem auch österreichische Kameraden erwartet werden. An gleichem Tage sind es bekanntlich siebenundsechzig Jahre, seit das wester- und österreichische Heer unter eine gemeinsame Ober-Aufsichtsbehörde gestellt wurden.

Krieg in Sicht! Nach dringender Meldung unseres Moskauer Berichterstatters herrscht dort in der russischen Hauptstadt fieberhafte Erregung. Die Ablehnung der Beteiligung am Luxemburger Friedenskongreß ist Thatsache. Man behauptet, die Antwort sei so schroff gefaßt, daß Deutschland Aufklärungen verlangen werde, die man zweifellos mit der Kriegserklärung beantworten werde. Man fühlt sich dort endlich stark genug, um die verlorenen Provinzen zurückzufordern. In letzter Minute wird uns bestätigt, daß hiesige amtliche Kreise die Lage als ernst, wenn nach nicht unbedingt tragisch ansehen. Die Berliner Truppen bleiben bis auf weiteres in den Kasernen zusammengezogen. Gott schütze das Vaterland!«

(Erman, 1891)

Die Menschen wurden von einem totalitären technokratischen System mit Hilfe elektronischer Überwachungsanlagen in allen Lebensbereichen kontrolliert.

(Franke, Ypsilon minus, 1976)

Auf der ersten Tagung des Weltverbandes der Utopisten (10. – 17. 6. 2000) erinnerte sich ein Redner an Bibliotheken früherer Zeiten:

»Sie werden es kaum glauben, in welchem Zustand sich in manchen Ländern die öffentlichen Bibliotheken jener Zeit befanden. Heute erscheint es Ihnen allen als selbstverständlich, daß Sie zu jeder beliebigen Stunde des Tages oder der Nacht eine solche Bibliothek benützen und jedes gewünschte Buch binnen wenigen Minuten erhalten können. Uns käme es wie ein Verbrechen gegen den Geist vor, Menschen, die lesen, studieren, sich bilden wollen, daran zu hindern. Damals waren die Bibliotheken nur wenige Stunden des Tages geöffnet. Selbst in sogenannten Kulturstaaten war es üblich, daß eine öffentliche Bücherei mitten am Tage, etwa von drei bis vier Uhr nachmittags, plötzlich geschlossen wurde und man die Besucher kurzerhand hinaus beförderte. Und schon um acht Uhr abends, also zu einer Zeit, die wie keine andere zum stillen Lesen geschaffen ist, schlossen die Büchereien gänzlich ihre Pforten.

Auch an Sonn- und Feiertagen waren die Bibliotheken unzugänglich, wieder ein Zeichen einer unglaublich niedrigen Kulturstufe.

Ferner wenn man ein Buch in der Bücherei lesen wollte, mußte man es – von geringfügigen Ausnahmen abgesehen – ein paar Stunden vorher, ja manchmal sogar viele Tage vorher bestellen! Ein phantastisch unzweckmäßiger Zustand, der teilweise seinen Grund in der wahrhaft mittelalterlichen Einrichtung des Katalogwesens hatte. Gewiß, ich weiß, es war nicht in allen Ländern so, aber doch in solchen, die sich auf ihre Kultur ganz besonders viel zugute taten. Wenn man sich nun über all diese Mißstände beschwerte, was bekam man zur Antwort? Es fehlt uns an Personal. An Personal? Wo Millionen Arbeitsloser aus allen Klassen und Berufen nur auf Beschäftigung warteten?«

Über seine eigene Zeit wusste derselbe Redner zu berichten, dass die immer besser werdende Waffentechnik schließlich zu weniger Kampf geführt habe:

»Wir sehen, daß die Erfindung des Schießpulvers sich gewissermaßen selbst überschlagen und zu einem Zustand geführt hat, wo sogar noch weniger Menschen miteinander kämpfen als im Mittelalter. Und so hat uns überhaupt die Technik über eine Durchgangsetappe von überhitzter Aktivität und Ratlosigkeit, die manche schon den Untergang aller Kultur prophezeien ließ, in ein Zeitalter blühendster Gipfelkultur geführt. Wir stehen an einem höchst wichtigen Punkt in der Entwicklung der Menschheit: der im vorigen Jahrhundert so viel besprochene Gegensatz zwischen West und Ost, zwischen der europäisch-amerikanischen Aktivität und der asiatischen Paßivität ist überbrückt, die vielgesuchte Synthese zwischen Orient und Okzident ist erreicht.

Dadurch, daß wir von den Menschen täglich nur drei Stunden Arbeit verlangen, haben sie es wieder gelernt, wie baschkirische Hirten still im Gras zu liegen und zu sinnen. Das Sprichwort ›Zeit ist Geld‹, das früher unsere Welt in einen Komplex von Rennbahnen verwandelte, hat seine Macht verloren. Wir haben sehr viel Zeit, und wir brauchen kein Geld.

Der Osten hat die Technik von uns gelernt, auch die des rationalen Denkens, wir aber haben von den großen asiatischen Weisen das Geheimnis ihrer Überlegenheit gelernt: das Nichtstun, Nichtswollen, das stille Warten und Einordnen in die große Gesetzmäßigkeit des Daseins.«

(Norelli, 1936)

Der Individualfernverkehr wurde in den USA von düsengetriebenen Luftkissenfahrzeugen getragen, die auf kilometer*breiten* Schnellstraßen Geschwindigkeiten von über 1000 Stundenkilometern erreichten.

(Raphael, 1965)

Die Automatisierung der Betriebe hatte die Arbeitslosenzahlen steigen lassen. Dazu die Meinung eines Zeitgenossen:

»Wenn die Wirtschaft durch Automaten mehr Güter mit weniger Arbeitsleistung erzeugen kann, gibt es nur eine sinnvolle Lösung die Arbeitszeit ohne Lohnkürzung herabzusetzen. Die Verbilligung der Produktion durch die Roboterie bietet dazu die Handhabe. Kurz: Arbeitslosigkeit ist kein Problem, sondern ein Organisationsfehler.«

(Vogg, 1948)

(Zu Bellamy *Looking backward*)
Auch Deutschland war nach dem Vorbilde der USA ein kommunistischer Staat mit Planwirtschaft geworden. Ein Zeitgenosse stellte die ökonomische Wirklichkeit in Deutschland wie folgt dar:
»An der einen Stelle ist einmal Mangel, und dann hungern die Menschen; an der anderen herrscht Überfluß, und dann verdirbt das Fleisch. Ueberhaupt werden Sie sich noch an viele Besonderheiten des socialistischen Staates gewöhnen müssen. Sehr ökonomisch geht es nicht her und sehr prompt auch nicht. Denn so bunt und schwierig wie die Fleischversorgung ist auch die Versorgung mit allen anderen Verbrauchsgegenständen. Unordnung und Unregelmäßigkeit überall. Mögen die Menschen noch so sehr ihre Schuldigkeit thun, die Socialdemokratie hat dem Staate Aufgaben gestellt, die über die Leistungen menschlichen Könnens gehen. Aber Sie werden sich nun wohl überzeugt haben, dass im socialistischen Staate an Beamtenpersonal nichts erspart worden ist. Die Vermehrung desselben ist im Gegentheil eine so

ungeheure, daß die Zahl der für die Production verfügbaren Arbeitskräfte eine große Einbuße erlitten hat.«

Ein gewisser allgemeiner Wohlstand ließ sich nur deswegen aufrechterhalten, weil Deutschland große Warenmengen nach Mittelasien exportieren konnte. Als dort ein Krieg ausbrach, sah sich die Regierung zu folgendem Erlass genötigt:

»An die Bürger des socialistischen Deutschland.

Mitbürger!

Ein trauriges Verhängniß ist über unser Volk hereingebrochen. Durch die in unserem wichtigsten Absatzgebiet eingetretenen kriegerischen Unruhen ist die überwiegende Menge der Erzeugnisse, die Euer Fleiß und Eure Arbeit zum Erwerb unserer Nahrungsmittel hergestellt haben, unverkäuflich geworden. Es entsteht die Gefahr, dass die Nahrungsvorräthe bis zum Beginn der kommenden Ernte nicht ausreichen werden, wenn nicht durch rechtzeitige weise Beschränkung dem gefährlichsten Uebel Einhalt geschieht. Wir verordnen daher, was folgt:

1. Backwaren aller Art sind nur auszugeben, nachdem sie ein Alter von acht Tagen erreicht.

2. An jede einzelne Person beiderlei Geschlechts werden an Brod und Fleisch für jeden besonderen Tag bestimmte Rationen verabfolgt, welche dem Gewichte nach gleichkommen der Hälfte des Quantums, welches bisher von der Durchschnittsperson verzehrt worden ist. Der Preis der Rationen wird in den Verkaufslocalen durch Anschlag bekannt gemacht.

3. Kartoffeln und sonstige Nahrungsmittel werden in den Speisehallen wie bei Bezügen zu häuslichem Gebrauch nur in bestimmten Portionen verabreicht.

4. Diese Verordnung tritt mit dem 24. Januar d. J. in Kraft.

Wir beklagen mit Euch die schwere Heimsuchung, die der Rathschluß der Vorsehung über unser Volk verhängt hat, und erwarten von Euch, dass Ihr in Geduld und Hingebung die harte Prüfung ertragt. Bleibt eingedenk des alten Wortes: Ruhe ist die erste Bürgerpflicht.

Die Reichsregierung.«

(Wilbrandt, 1891)

2002
Die Welt wurde von drei Großmächten beherrscht: den USA, der Europäischen Union und der Südafrikanischen Union, die sich feindlich gegenüberstanden. Durch die Sprengung der Landenge von Panama, mit der eine Ablenkung des Golfstromes von Europa beabsichtigt war, kam es zu gewaltigen Flutkatastrophen und zum Wiederauftauchen des versunkenen Erdteils Atlantis.

(Dominik, Atlantis, 1925)

2003
Am 13. Juli wurde die Menschheit auf Befehl der Weltregierung mit Hilfe von bakteriologischen und chemischen Waffen vollständig ausgerottet.

(Kästner, 1930)

Hamburg: Elbe und Alster waren als Badegewässer wieder freigegeben worden; auch Fischen war in der Elbe wieder erlaubt.

(Dohnanyi, 1983)

2006
Im 150 Millionen Einwohner zählenden Deutschen Reich waren alle Großunternehmen durch Ankauf verstaatlicht worden. Auch ein Teil des Grundbesitzes in Städten war auf diese Weise in die öffentlichen Hände gelangt, die auf diesem Boden Mietwohnungen ansiedelten.

»Es war für den Kaiser kein kleines Stück, auch für seine privaten Güter die Verstaatlichung zu akzeptieren. Freilich mochte ihn das Schicksal des befreundeten Hauses Savoyen gewarnt haben, wie auch die Unruhen, welche bereits in verschiedenen deutschen Residenzen zur Verzichtleistung der Fürsten auf den Tron geführt hatten. Genug, er sah ein, daß es für sein Reich am besten wäre, wenn er sich auf schwere Konflikte nicht einließe. Was aber das Große an ihm war, das ist, daß er keine halbe Arbeit leisten wollte. Er setzte sich an die Spitze der ganzen Bewegung und meldete als erster seine Güter zur Verstaatlichung an [...].

Daß auch im Volke seine edlen Absichten richtig gewürdigt wurden, zeigt Ihnen am besten die Zusammensetzung des Reichstags. Von unsern 1500 Abgeordneten gehören 1000 der Partei des sozialen Fortschritts an, welche bekanntlich die heutige Regierungspartei ist. 200 Sitze hat die bürgerlich-republikanische Partei, und nur 100 Sitze haben noch die alten Sozialdemokraten, die nichts gelernt und nichts vergessen haben. Die restlichen 200 Sitze verteilen sich auf die Trümmer der alten konservativen und ultramontanen Parteien.«

»Deutschland war bislang die einzige Großmacht, welche die Verstaatlichung der Produktionsmittel völlig durchgeführt hatte. Von ausländischen Staaten waren Belgien, Holland, Dänemark und die Schweiz Deutschland schon etwas voraus gewesen, hatten aber die Entwicklung sich langsamer vollziehen lassen und steckten noch in den Übergangsstadien. Norwegen, Schweden und Japan schickten sich eben jetzt dazu an, während in Nordamerika die bevorstehenden Präsidentenwahlen die Entscheidung bringen sollten. Man rechnete dort mit der Möglichkeit eines zweiten Bürgerkrieges aus Anlaß der Verstaatlichungsfrage. In Frankreich wurde durch den volle 100 Jahre fortgesetzten Kampf zwischen den radikalen Parteien und den unermüdlich wühlenden Klerikalen jede soziale Aktion gelähmt, während in Portugal, Spanien und Italien wilde Parteikämpfe zwischen Anarchisten, Republikanern und Monarchisten in buntem Durcheinander an der Tagesordnung waren. In England waren die Verhältnisse am wenigsten verändert. Die Briten hatten sich als das konservativste Volk der ganzen Welt erwiesen. Am kompliziertesten lagen die Verhältnisse in Rußland und Österreich, sowie den Balkanstaaten. Man hatte in Moskau schon vor 50 Jahren die ›panslavistische Republik‹ gegründet, aus den einzelnen Nationen im russischen Reich Föderativstaaten gemacht und wünschte sehnlichst den Anschluß der Balkanstaaten und der österreichisch-ungarischen Slaven. Solange das Haus Habsburg noch regierungsfähige Kaiser geliefert hatte, war darauf aber nicht zu rechnen gewesen. Sobald indessen der zur Zeit regierende Kaiser, der keine direkten Nachkommen besaß, die Augen schloß, mußte ein wahrer Hexensabbat in dem unglücklichen Staate losgehen, denn es war nicht anzunehmen, daß sich die verschiedenen Nationalitäten, die schon seit den Tagen des Kaisers Franz Joseph I. mehr und mehr auseinanderstrebten, nicht länger beieinander halten ließen. Hatten doch seit Franz Josephs I. Tode nur wirtschaftliche Interessen noch ein loses Band um die alte Monarchie geschlungen.

Ein weit erfreulicheres Bild bot die Türkei. Eine Reformbewegung hatte den Islam mit neuem geistigen Leben erfüllt. Europäisches Kapital hatte die reichen wirtschaftlichen Schätze des Landes erschlossen; durch Einführung einer Verfassung hatte man eine ehrlichere Verwaltung geschaffen, so daß hier endlich Ruhe und friedliche Entwicklung eingekehrt war. Einige der ewig unzufriedenen Grenzprovinzen, wie gewisse Teile Makedoniens, ferner Kreta und einige andere Inseln mit griechischer Bevölkerung hatte man kurzerhand gegen Entschädigung aufgegeben, dagegen hatte man Persien durch einen glücklichen Krieg dem Reiche einverleibt, und schielte nun nach Afghanistan und Belutschistan, mit der Absicht, ein großes panislamitisches Reich zu gründen. Auch China war ein in sich gefestigtes gesundes Land geworden, dessen fleißige, sich selbst genügende Bevölkerung nicht daran dachte, mit ihrer riesigen Anzahl eine Eroberungspolitik zu betreiben, die vielleicht der übrigen Welt hätte gefährlich werden können.«

Der Nahverkehr in Deutschland wurde schnell und sicher durch zigarrenförmige Wagen bewältigt, die mittels eines Systems von gewaltigen Elektromagneten zwischen den Endstationen hin- und hergeschleudert wurden, während sie Fangvorrichtungen auf den Zwischenstationen festhielten, so dass die Fahrgäste ein- und aussteigen konnten.

Die Industrie wurde mit Hilfe von Spezialtürmen zum Auffangen atmosphärischer Elektrizität und durch riesige Windräder mit Energie versorgt.

Als der Kaiser von Österreich im Auftrage des panslawistischen Aktionskomitees ermordet wurde, rückten deutsche Truppen in Österreich ein.

»Die Wiener Regierung machte dazu ein sauersüßes Gesicht. Zwar hieß es, daß die deutschen Truppen zu ihrer Unterstützung kämen – einerlei, unerwünscht waren sie doch, denn es war klar, gehen würden sie nicht wieder, nachdem sie einmal gekommen waren.

Am 5. Juni stand das deutsche Heer vor Prag, das in Händen einer tschechischen Revolutionsregierung war. Der deutsche Feldherr schickte eine Aufforderung zur Übergabe des Platzes an den tschechischen Befehlshaber, mit der Drohung, die Stadt im Falle eines Widerstandes in Brand zu schießen.

Man bat sich Bedenkzeit aus. Sie wurde bewilligt. Während dieser 24stündigen Galgenfrist, die auf deutscher Seite zum Bau von Batterien und Schützengräben benutzt wurde, telegraphierte man von Prag aus nach allen Windrichtungen um Hilfe.

In den deutschfeindlichen Kabinetten erblickte man in der Haltung der deutschen Heerführer eine unerhörte Herausforderung. Was sich diese bloody Germans nur einbilden? fragte man in Downingstreet, und erneuerte das Ultimatum vom 29. Mai.

›A Berlin, à Berlin‹, brüllte man wieder in Paris, und in Petersburg warf man, gemäß der geheiligten nationalen Tradition, eine Bombe in die deutsche Botschaft, die glücklicherweise nicht explodierte.

In Peking und Washington sah man ein, daß man jetzt besser täte, seine Hände von dem gefährlichen Feuer zu lassen, das unaufhaltsam sich zu entflammen schien. [...]

Mit Rußland wollte man auf deutscher Seite den Krieg. Man war sich klar darüber, daß die große Auseinandersetzung zwischen Germanen und Slaven einmal kommen müsse – besser denn jetzt, als später, wenn die Vereinigung aller Slaven wirklich einmal zur Tatsache geworden sein würde!

Mit England wollte man aber Frieden. Man hoffte, daß die beiden großen germanischen Nationen doch in Ruhe nebeneinander würden leben können. Man war überzeugt, daß sie miteinander verbündet, die Welt würden beherrschen können, daß sie als Feinde aber sich gegenseitig am meisten schaden würden zu Gunsten der feindlichen Racen.«

Ohne Kriegserklärung drang die deutsche Ballonflotte in den englischen Luftraum ein und drohte, London in wenigen Minuten zu vernichten, falls England nicht Neutralität im bevorstehenden Krieg gegen Russland zusichern würde. England akzeptierte zähneknirschend. Der Krieg gegen Russland endete mit einem Sieg des Deutschen Reiches, das von der Türkei und Japan unterstützt wurde.

(Venir, 1906)

Die Welt wurde von einem Atomkrieg der Supermächte bedroht. Im Westen waren die Regierungen in der Lage, ihre Bürger mit psychologischen Mitteln zu kontrollieren.

(Conquest, 1966)

2008

Ein Atomkrieg hatte Europa ausradiert. Deutsch war eine tote Sprache geworden. Die noch existierenden Staaten waren nach wie vor in ein östliches und ein westliches Lager gespalten. Auf einer künstlichen Stahlinsel im Pazifik hatten 5000 Menschen aller Nationen eine Gelehrtenrepublik errichtet, die allerdings auch bereits wieder in eine westlich-amerikanische und eine östlich-sowjetische Hälfte geteilt war.

(Schmidt, 1957)

2010
Auf der überbevölkerten Erde durften nur noch Kinder auf Genehmigung und von genetisch »reinen« Eltern gezeugt werden, was den Untergrundhandel mit Kindern gedeihen ließ. Eltern, die aus religiösen Gründen Geburtenkontrolle ablehnten und mehr als zwei Kinder hatten, wurden durch Geheimkommandos ermordet. Frauen durften sich offiziell an die Männer vermieten, die für ihren Lebensunterhalt aufkamen.

Die Überbevölkerung der Erde hatte die Aufmerksamkeit der Menschen vor allem auf die »genetische Sauberkeit« der Nachkommen gezogen. Strenge Reinheitsgesetze waren in allen Staaten erlassen worden; die Genetik stand an der Spitze aller Wissenschaften.

»München, BRD: Auf einer Massenkundgebung versicherte Gerhard Speck, Führer der einflußreichen Liga für Arische Reinheit, ohne die Integration Deutschlands in die Europäische Union könnte das Land längst wieder von einer rein nordischen Rasse bevölkert sein. Zitat: ›Frei von Promenadenmischungen und barbarischem Schmirakel‹. Zitatende.«

(Brunner, 1968)

2012
Die USA waren die bestimmende Macht der Erde geworden. Um die Hauptursache für den Ausbruch von Kriegen, die Überbevölkerung, auszumerzen, wurde im Genfer Vertrag von 2012 eine Regelung der Geburten in allen Staaten vereinbart. Dieser Vertrag sah vor, dass nur diejenigen Partner eine Paarungserlaubnis erhielten, »von denen die Menschheit wirklich etwas erwarten konnte [...].

Zwei Menschenklassen waren damit geschaffen; die fruchtbare und die andere. Aus dieser Tatsache sind in der Folge viel Neid und Not entsprungen.«

(Freska, 1931)

2013
Auf Kosten eines versklavten Proletariats führte die regierende Klasse in den USA ein Leben nach ihrem Wunsche. Wissenschaften und Kultur standen in einer bis dahin nie erlebten Hochblüte. Eine tödliche Seuche, die sogenannte Scharlachpest, führte die Menschheit jedoch an den Rand der totalen Ausrottung; nur wenige Immune überlebten die Krankheit und das in ihrem

Gefolge auftretende bestialische Chaos. Diese fanden sich zu kleinen Gruppen zusammen, in denen sie auf einer vorzivilisatorischen Kulturstufe lebten.

(London, Scarlet plague, 1915)

2020
Die sozialistischen Länder des Ostblocks unterhielten in der Antarktis eine Forschungs- und Schürfstation, auf der in ihrer Heimat am Rande des Existenzminimums vegetierende Arbeitslose aus kapitalistischen Staaten gutes Geld verdienen und obendrein eine Menge lernen konnten.

(Krüger, 1973)

New York war ein riesiger Slum geworden. Der Anteil an Analphabeten in dieser Stadt war höher als der in Drittwelt-Ländern. New York war eine Stadt der Aussteiger und Verbrecher. Hoffnung auf eine positive Zukunft bestand nicht mehr.

(Disch, 1972)

2030
Die Welt bezog ihren Energiebedarf aus der Atomzertrümmerung, aus Gezeiten- und Windkraftwerken, was freilich zu einer starken Einschränkung der Kohleförderung und dem Freisetzen von Arbeitskräften führte.

Auch im zivilen Luftverkehr hatte sich das senkrecht startende und landende Flugzeug durchgesetzt.

Farbfernsehen und drahtloses Telefonieren waren eine Selbstverständlichkeit.

In demokratischen Ländern wurden gesetzgeberische Entscheidungen durch direkte Stimmabgabe eines jeden Wahlberechtigten per Telefon gefällt.

Seuchen, Krebs und Tuberkulose waren besiegt, schmerzlose Geburten möglich geworden.

Die Menschheit deckte ihren Proteinbedarf mit künstlich hergestellter Nahrung.

(Birkenhead, 1930)

2031
Die Menschheit deckte ihren Proteinbedarf durch die Schlachtung von Walen. Große Walherden wurden durch gut ausgebildete Walhirten in U-Booten gezüchtet und gehütet.

(Clarke, 1957)

2032
Die von einem Schweizer erfundenen Todesstrahlen hatten zunächst Frankreich und Deutschland in ein enges Freundschaftsbündnis gezwungen und dann einen Weltstaatenbund ermöglicht, dessen Regierung eine Welt ohne Grenzen und Kriege mehr verwaltete als regierte. Alle Menschen beherrschten mehrere Fremdsprachen, die sie sich in der Kindheit dadurch angeeignet hatten, dass sie jeweils ein Jahr im Austauschverfahren in anderen Ländern lebten.

Kommunismus und Kapitalismus waren gescheitert. Der Bargeldverkehr war auf ein Minimum reduziert worden zugunsten des bargeldlosen Scheckverkehrs, der über eine Zentralbank abgewickelt wurde.

(Pelton, 1932)

2039
Durch die unbegrenzten Möglichkeiten der pharmazeutischen Industrie war das Zeitalter der »Pharmakokratie« erreicht, das jedem Menschen größtmöglichstes Glück versprach. Altern und Tod waren besiegt worden.

Die Wetterart des kommenden Monats wurde in allgemeiner und gleicher Wahl durch ein sogenanntes »Klimbiszit« festgelegt.

Um die Müllabfuhr zu entlasten, wurden Zeitungen auf eine Substanz gedruckt, die sich nach einem Tag verflüchtigte. Kleidung wurde aus Flaschen direkt auf die Haut gespritzt.

In den Schulen wurde nicht mehr Geschichte unterrichtet, sondern »Zukunde«, die Lehre von dem, was in der Zukunft geschehen würde.

(Lem, 1972)

2040
Die Nordhalbkugel der Erde wurde von einer neuen Eiszeit bedroht. Im Kampf gegen das Eis verloren die alten Gegensätze zwischen Ost und West ihre Bedeutung; Kriege fanden nicht mehr statt, da die Armeen im Eiseinsatz

standen. Nordeuropa verödete. In Deutschland waren schon zum Ende des vorigen Jahrhunderts die Wälder gestorben.

Gastarbeiter aus diesen Gebieten wurden von der Union Nordafrikanischer Länder in der ehemaligen Wüste Sahara beschäftigt, die als Folge einer großen Flut fruchtbar geworden war. Die reiche Schweiz, die besonders vom Eis bedroht wurde, hatte eine künstliche Insel im Mittelmeer anlegen lassen, auf der ein großer Teil ihrer Bevölkerung unzufrieden lebte.

(Hey, 1982)

2043

Das »Sozialistische Gemeinwesen Westeuropa und Großbritannien« mit einem rotierenden Hauptverwaltungsort kannte keine Großstädte mehr. Die Menschen lebten in Kommunen, die nahezu autark waren.

(Schwendter, 1976)

2047

In Prag fand die 89. Tagung der Alleuropäischen Unesco-Universität in der Halle der Völker statt, einem architektonischen Meisterwerk der Baugruppe STOBBE aus dem Jahre 1976. In einem über Fernsehen in die ganze Welt gesendeten Vortrag stellte Professor Karl Vlaček die Geschichte und Vorgeschichte der Moskauer Konferenz von 1947 dar.

In der Folge dieser Konferenz hatten sich die Nationalstaaten aufgelöst und ein geeintes Europa war unter Einschluss Russlands entstanden, das alle anfallenden Krisen erfolgreich gemeistert hatte. Die neue Epoche der Menschheit hatte 1992 mit der politischen Philosophie des »Harmonismus« ihren Anfang genommen.

(Eggebrecht, 1947)

2048

In Deutschland mit seinen 70 Millionen Einwohnern war nach dem Zweiten Weltkrieg statt der Wehrpflicht die »allgemeine Nährpflicht« eingeführt worden. Die 13 Millionen dienstverpflichteten Männer und Frauen der »Nährarmee« sicherten jedem Staatsbürger die Versorgung mit dem Existenzminimum. Die Dienstzeit in dieser Armee betrug für Männer 13, für Frauen acht Jahre.

Neben dieser Zwangs- und Planwirtschaft existierten noch die Staatswirtschaft, das waren Betriebe wie Post und Bahn, die der Staat nach marktwirtschaftlichen Gesichtspunkten führte, und weiterhin die freie Marktwirtschaft, in der die meisten der nicht unmittelbar lebensnotwendigen Güter produziert und verteilt wurden.

(Kalkum, 1948)

2066

Das die gesamte Erde umspannende Telegraphennetz hatte eine normierte Zeit für alle Erdteile notwendig gemacht.

Die Städte lagen unter Glas-Aluminium-Kuppeln und waren so unabhängig von der Witterung geworden.

Als sich Anfang des 21. Jahrhunderts eine Erschöpfung der Steinkohlevorkommen abgezeichnet hatte, war man mehr und mehr dazu übergegangen, selbstfahrende Fahrzeuge mit elektrischer Energie anzutreiben. Aus demselben Grunde besann man sich auf bessere Ausnutzung der Kräfte des Windes und des Wassers.

Die Luftschifffahrt war durch die Ausnutzung magnetischer Kräfte möglich geworden.

Die Erde kannte keine Kriege mehr, da die Waffen eine derartige Vernichtungskraft gewonnen hatten, dass im Kriege der Sieger ebenfalls Verlierender sein musste.

(Dioscorides, 1865)

2068

Die Menschheit hatte sich die Atomenergie für die Weltraumfahrt zunutze gemacht. Um der gefährlichen Strahlung bei der Atomenergieerzeugung auf der Erde zu entgehen, hatte man die Kernkraftwerke auf den Mond verlegt.

(Koch, Der heruntergeholte Stern, 1957)

2071

Die innerstaatliche Ordnung der USA war zusammengebrochen. Die größeren Städte hatten sich zu autarken Staatswesen entwickelt. Gewaltige Kuppeln schlossen sie von der Außenwelt ab. In Atlanta, Georgia, zum Beispiel regierte die mächtige ortho-urbanistische Staatskirche, die Häretiker und Andersgläubige ermorden ließ und jedes Abweichen von der von ihr gesetzten Norm auf wissenschaftlichem, kulturellem oder sozialem Gebiet gnadenlos verfolgte.

(Bishop, 1978)

2074

Die Welt wurde vom allmächtigen BÜRO kontrolliert. Der Kontrolle unterlagen alle Bereiche des menschlichen Zusammenlebens: die großen Fabrikkombinate; die organisierte Vergnügungswelt, in der sexueller Missbrauch von Kindern erlaubt war; die Kunst, die nur innerhalb der vom BÜRO vorgegebenen Norm gestattet war; die Medien, die eine »Weltmeinung« zu verbreiten hatten; der Sport, in dem nach altrömischem Vorbild wieder Tier- und Menschenhatz aufgelebt waren; das Militär, das Verteidigungsstrategien gegen einen fiktiven Angriff aus dem Weltraum plante.

Der besondere Hass des BÜROs, personell gegenwärtig in seinen zu Menschenschindern ausgebildeten Beamten, galt den Christen, einer verfolgten Minderheit, die ein Untergrunddasein führte und deren letzter Papst längst tot war.

(Gohde, 1950)

2085

Die Bevölkerung der Erde war auf 40 Milliarden Menschen angewachsen, die alle Esperanto sprachen und mit Zeitungen aus einem in Berlin ansässigen Presse-Imperium versorgt wurden.

Forschung und Wissenschaft hatten Höchstleistungen im Sport möglich gemacht. So stellte zum Beispiel Xaver Wastl aus der Schweiz bei den Olympischen Spielen in Wien anno 2036 einen Weltrekord im Weitsprung mit 9,137 Metern auf. Der Weltrekord im Hochsprung stand auf der Erde bei 2,97 Metern, auf dem Mond bei 12 Metern.

Die Antarktis war 2063 zu einem souveränen Staat mit fünf Millionen Einwohnern geworden. Wegen ihrer großen Kohle-, Öl- und Uranvorkommen entwickelte sich der junge Staat zu einem bedeutenden Weltwirtschaftsfaktor.

In der Sahara war eine Zwei-Millionen-Stadt entstanden mit einem Sportstadion, das über eine Million Menschen aufzunehmen in der Lage war. Die Erfindung des Plastikschnees hatte auch Skilaufen in der Umgebung von Sahara-City ermöglicht.

(Hess, 1966)

2100

Die gesamte Bevölkerung der Länder lebte in Städten. Diejenigen, die noch in der Landwirtschaft arbeiteten, fuhren jeden Tag hinaus an ihren Arbeitsplatz; auf dem Lande existierten keine bewohnten Häuser mehr.

Die Städte hatten sich so vergrößert, dass zum Beispiel in England nur noch vier Städte von der ehemaligen Vielzahl übrig geblieben waren, deren Wohnhotels – private Haushalte waren verdrängt worden – sich in den Himmel reckten und deren Straßen und Plätze sämtlich mit einer glasartigen Substanz überdacht worden waren.

(Wells, Story of the days to come, 1897)

2108

Der um die Jahrtausendwende ausgebrochene Dritte Weltkrieg hatte nur Neuseeland verschont. Nachdem die radioaktive Strahlung auf den Kontinenten einen minder gefährlichen Grad erreicht hatte, wurden von Neuseeland aus Wiederentdeckungs-Expeditionen nach Afrika, Europa und Nordamerika entsandt. In Kalifornien war ein Staat errichtet worden, in dem vertierte Menschen einem barbarischen Teufelskult frönten.

(Huxley, Affe, 1949)

2110

Der erste bemannte Flug zum Mars gelang mit Hilfe eines Mittels, das die Schwerkraft für bestimmte Gegenstände aufzuheben in der Lage war.

(Dominik, Reise zum Mars, 1908)

2111

»Berlin wurde elektrisch geheizt, und nicht nur Berlin, sondern alle Städte Deutschlands wurden durch die elektrische Kraftstation von *Kuxhafen*, die durch die Wasserkraft der Nordsee gespeist wurde, mit genügender Elektrizität versehen und zu gleicher Zeit erwärmt und beleuchtet. Die Häuser bestanden aus riesigen Eisengerüsten mit Glaswänden von etwa je einem Meter Durchmesser. So konnte man jedes Haus gleichmäßig erwärmen und erleuchten, ohne daß von den Bewohnern ein anderes Aequivalent verlangt wurde, als die üblichen Steuern, die entsprechend dem Einkommen erhoben wurden.«

Die »Bezirke in dem modernen Berlin umfaßten niemals mehr als höchstens drei Straßen mit gleichfalls nicht mehr als 5000 Seelen. Die Ueberhandnahme der Verbrechen hatte zu einer Vereinfachung des kriminellen Verfahrens geführt. Jedes Haus besaß einen polizeilichen Obmann, jede Straße einen Kommissar, jedes Viertel, also je drei Straßen, einen Untersuchungsrichter, der alle schwebenden Fälle, ob sie nun zivil- oder strafrechtlich waren, sofort erledigte und das Ergebnis des Vorverfahrens unverzüglich an die Staatsanwaltschaft ablieferte. Da die vierundfünfzig Stadtviertel ebensoviele Gerichte besaßen, die Tag und Nacht in Permanenz waren und beständig durch Ersatzmänner ergänzt wurden, so war es möglich, das ungeheure kriminelle Gebiet der Stadt seitens der Justiz vollständig zu beherrschen.«

»Täglich trat eine Abordnung aus allen Ständen und Kreisen des Volkes zusammen. Diese Delegierten wurden jeweils für einen Tag gewählt, an welchem sie von der Nation bezahlt wurden. An diesem Tage bildeten sie einen außergewöhnlichen Gerichtshof der nicht weniger als neunundneunzig Mitglieder zählen durfte. Diese 99 Mitglieder des Volksgerichtshofes hatten ihrerseits zum drittenmale über den Angeklagten zu stimmen, nachdem ihnen die Urteile der Erstrichter vorlagen. War auch von diesem vollständig unparteiischen Gerichtshof über den Angeklagten der Stab gebrochen, dann gab es für ihn keine Berufung mehr.

Fünfundvierzig Jahre lang war die Todesstrafe in Deutschland abgeschafft gewesen. Im Jahre 2110 war sie von neuem eingeführt worden, nachdem das Verbrechen in erschreckender Weise überhand genommen hatte und die Nation nicht mehr die Mittel aufbringen konnte, diese Bestien im Gefängnis unterzubringen. Damals war eine Bill angenommen worden, die gerade das Gegenteil von dem bezweckte, was eine unangebrachte Humanität 45 Jahre lang angestrebt hatte. Von der Ueberzeugung ausgehend, daß Menschen, die sich mit einer Blutschuld beladen, auf alle Fälle untauglich für die menschliche Gesellschaft seien, war jedes Begnadigungsrecht aufgehoben worden. Ueberwiesene Verbrecher wurden unter allen Umständen aus dem Leben gemerzt. Diebe oder andere Verbrecher wurden für kürzere oder längere Zeit zu Zwangsarbeiten verwendet, d. h. sie wurden aus vollrechtlichen Bürgern zu Sklaven degradiert. War ihre Strafe vorüber, so wurden die Akten, die sich mit dem betreffenden Fall beschäftigten, beiseite gelegt und erst wieder hervorgeholt, wenn der Verurteilte von neuem angeklagt wurde. Hatte ein

Verbrecher sich mehr als dreißig Jahre Zwangsarbeit insgesamt zugezogen, so wurde seine Strafe ohne weiters in eine lebenslängliche umgewandelt. [...]

Eine Untersuchung auf den geistigen Zustand des Betreffenden kannte man nicht mehr, denn man fand es für unzweckmäßig, nachzuforschen, ob der betreffende Verbrecher mit oder ohne Zurechnung gefehlt hatte. Man ging von der Ueberzeugung aus, daß auch unzurechnungsfähige Verbrecher aus der Gesellschaft für immer ausgemerzt werden müßten.«

»Von schönen Bauten schlechthin konnte man im Mittelpunkt Berlins überhaupt nicht reden. Alles war rein für praktische Zwecke gebaut und eingerichtet, aber doch nach einem bestimmten Stil und System, daß man diese Bauten selbst wieder harmonisch nennen mußte.

Der Blick über Berlin war überwältigend. Kein Rauch, der schlecht gebauten Schornsteinen entstiegen wäre, verdunkelte die Luft. Klar wie Kristall lag sie über den Riesenbauten; die Sonne stand gleich einem geheimnisvollen Ball am strahlend-blauen Himmel. Sie hatte ihr Aussehen verändert, Aeußerst selten sah man sie noch in jenem blendenden Weiß, in dem sie die früheren Erdeinwohner hatten bewundern können. Meistens war sie rot, und dieses Rot wechselte vom zarten Rosa bis zur purpurnen Glut. Konnte man sich etwas Schöneres denken, als diesen feurigen, gigantischen Ball und unter ihm die in mattes Rot getauchte Riesenstadt?

Vergeblich hätte der Blick eines früheren, längst in Staub und Asche zerfallenen Berliners nach den Denkmälern großer Menschen gesucht. Für prunkvolle Statuen war kein Platz mehr in Berlin. In der Nähe von Schöneberg, das zum Zentrum der Stadt gehörte, stand ein riesiger Prachtbau, dem der goldene Tempel zu Baalbek als Muster gedient. Dort waren die Büsten aller berühmten Männer aus allen Zeiten aufgestellt. In einer riesigen Gruft aber lagen die Toten der letzten Jahrhunderte selbst in gläsernen Särgen; jeder Besucher dieser Riesenhalle, der bei der Regierung um ein Billett nachsuchte, konnte die Könige und großen Staatsmänner, die Gelehrten und Techniker sehen, wie sie im Leben waren. Die Fähigkeit, die menschlichen Leichname einzubalsamieren, hatte die Kunst der alten Aegypter weit überflügelt.

Schon im zwanzigsten Jahrhundert hatte sich eine bestimmte Vorliebe in Berlin für alt-assyrische Kultur geltend gemacht. Seit damals war man unaufhörlich fortgeschritten, nicht nur assyrische und babylonische, sondern auch nach Möglichkeit ägyptische Kultur nach Berlin zu verpflanzen, und diese

Bestrebungen traten in mannigfacher Weise hervor. Es gab z. B. in Berlin eine eigene theosophische Gemeinde, die Baal als höchsten Gott verehrte, und da im dritten Jahrtausend vollständige Religionsfreiheit herrschte, so konnten diese Schwärmer ungestraft dem altkaldäischen Gott einen eigenen Tempel bauen. Allerdings hatte die Vorliebe für orientalische Geschichte die Rücksicht auf Hellas verdrängt. So war z. B. in den Gymnasien nicht mehr Griechisch und Lateinisch, sondern die assyrische Keilschrift obligatorisch.«

(Heymann, 1909)

2112

Eine weltweite Seuche hatte 1981 nur 50.000 Menschen am Leben gelassen. In Passau sammelte der »Scheff« eine Anzahl qualifizierter Überlebender um sich und versuchte, die Reste der technologischen Zivilisation zu bewahren und weiterzuentwickeln. Die Macht Passaus war freilich nur auf Unterdrückung der an die Wildnis angepassten Bauern und Nomaden der Umgebung begründet. Diese schlossen sich mit den wieder zu Nomaden gewordenen Ungarn zusammen und zerstörten Passau.

(Amery, 1975)

2134

Der Versuch, den Mars für Menschen bewohnbar zu machen, kostete jahrzehntelang vielen Arbeitern Gesundheit und Leben.

(Miller, 1953)

2150

Die Welt bestand nach dem Atomkrieg aus zwei Bereichen. In dem einen wohnten die Menschen in aseptischen Städten ein bis auf die Minute genau geregeltes und kontrolliertes Leben, das mindestens 70 Jahre währte; im anderen Bereich, einer wilden Ruinenlandschaft, lebten die Flüchtlinge aus eben diesen Städten. Letztere hatten zwar nur eine Lebenserwartung von maximal 40 Jahren, sie waren jedoch mit ihrem bakterienvollen, aber freien Leben durchaus zufrieden.

(Franke, Aktion, 1975)

2157
Bücher waren vom Bildschirm völlig verdrängt worden und existierten nur noch als bestaunte Antiquitäten. Auch Schule und Lehrer hatte der Bildschirm ersetzt.

(Asimov, 1966)

2158
Die Erde war mit zwölf Milliarden Menschen so überbevölkert, dass zwischen den Städten kaum noch freies Land existierte, um etwa mit dem Auto ins Grüne zu fahren. Dies musste aber allein schon daran scheitern, dass die Autoproduktion aus Mangel an Metall längst eingestellt worden war.

Die Nahrungsprobleme suchte man durch präparierten Seetang und präpariertes Sägemehl zu lösen. Der Hauptgrund für die Überbevölkerung lag vor allem an einem preiswert zu erwerbenden Präparat, dem »Anti-Gerasone«, das praktisch unsterblich machte.

(Vonnegut, 1954)

2190
In Mitteleuropa hatte 1993 bei Abrüstungsmaßnahmen ein durch Fahrlässigkeit hervorgerufener Unfall eine Atomexplosion ausgelöst. Europa hatte dies für einen chinesischen Angriff gehalten und darum China bombardiert. China hatte geglaubt, sich gegen die Sowjetunion veteidigen zu müssen, die wiederum die USA für den Angreifer hielt. Als nach zwei Stunden das Missverständnis aufgeklärt worden war, existierten zwei Drittel der Menschheit nicht mehr.

In den USA hatte in der Folgezeit die Amerikanische Katholisch-Eklektische Kirche die Macht sukzessive an sich gebracht, die sie totalitär ausübte. Das von ihr verkündete elfte Gebot, das über allen anderen stand, lautete: »Seid fruchtbar und mehret euch!« Empfängnisverhütung galt als schlimmstes Verbrechen. Die Folgen waren Überbevölkerung (Einwohnerzahl der USA: vier Milliarden) und ein äußerst niedriger Stand der Zivilisation.

Der Beweggrund der Kirche für die rigorose Propagierung dieses Gebotes war jedoch nicht ideologischer oder theologischer Natur. Vielmehr hatte sie erkannt, dass es für das Überleben der Menschheit notwendig war, durch kaninchenartige Vermehrung die durch Radioaktivität mutierten Gene im Laufe der Zeit auszuscheiden, um den gesunden Erbanlagen die Möglichkeit zu geben sich durchzusetzen.

(Del Rey, 1962)

2222

Europa war politisch geeint. In seiner Metropole Berlin stand die Zentrale eines Presse-Imperiums, das die einflussreichste und meistgelesene Zeitung Europas verlegte.

»In dem Hause selbst wird sie verlegt und redigiert, gleich daneben auch das hiezu nötige Papier nach modernster Technik fabriziert. Sechsmal in 24 Stunden erscheint das Blatt. Hunderte von Redakteuren, erfahren in allen Disziplinen der zu imposantem Umfange angeschwollenen Wissenschaft der Presse, lösen sich Tag und Nacht in ihrer Arbeit ab. Himmelan strebt über dem Gebäude bis zur Höhe von 500 Meter ein schlankes Eisengerippe empor, dessen Spitze sich in eine Unmenge von meterlangen, kupfernen Nadeln auflöst. Hier werden die von allen Seiten des Weltteiles dem Blatte durch die tadellos funktionierende Luftelektrizitätstelegraphie zuströmenden Depeschen aufgefangen und direkt durch kleine Kabel in die verschiedenen Zimmer der Chefredakteure geleitet.«

(Daiber, 1905)

Im April 1975 hatten die USA nach einem Raketenangriff auf Japan die endgültige Vorherrschaft über den Pazifischen Ozean erlangt. Dies war der einzige Einsatz von Raketen als Kriegsmittel geblieben. Die Raketenbedrohung, der die Völker sich schutzlos ausgesetzt sahen, hatte bald zu einer echten Befriedung geführt. Bereits 1980 war ein regelmäßiger Raketen-Postverkehr zwischen Europa und Nordamerika eingerichtet worden (Flugzeit 10 bis 20 Minuten), und seit 1990 bestand die Möglichkeit für Reisende, den Atlantischen Ozean mit der Raketenlinie in 30 Minuten zu überbrücken.

Um die Mitte des 21. Jahrhunderts gelang die Entwicklung von atomgetriebenen Raketen. Damit war die Voraussetzung für die Weltraumfahrt geschaffen. 2061 gelang die erste Mondlandung, 2065 die erste Landung auf der Venus. In den folgenden Jahrzehnten erforschten Raumschiffe verschiedener Nationalitäten das Planetensystem, um schließlich im 22. Jahrhundert das eigene Sonnensystem zu verlassen. Die Versuche scheiterten jedoch. Die Raumbesatzungen kehrten mit schweren gesundheitlichen und geistigen Schäden zurück. Der Verkehr zwischen der Erde und anderen Planeten aber wurde im Jahre 2222 linienmäßig betrieben und setzte die Menschen keinen Gefahren mehr aus.

(Dominik, Freiflug, 1934)

2255

Seit 310 Jahren hatte die Welt nur partielle Konflikte als Stellvertreter-Kriege erlebt. In diesem Jahr aber stand der Kalte Krieg zwischen Amerika und Europa auf der einen, und Russland, Asien, Afrika und Australien auf der anderen Seite vor seinem Übergang in einen heißen Krieg. Der Pakt unter der Vorherrschaft Russlands beherrschte mit bewaffneten Anlagen die der Erde zugewandte Seite des Mondes. Die strikte Neutralitätshaltung der mächtigen Marssiedler musste von den Kontrahenten akzeptiert werden. Auch die Siedler der Venus, die eine völlig neue Form des Zusammenlebens praktizierten, weigerten sich, einen Militärblock zu unterstützen. Die Venus wurde daraufhin von Raumschiffen des amerikanisch-europäischen Bündnisses aus mit Atombomben bombardiert.

(Dürrenmatt, 1958)

2371

»Man sah sich genötigt, die Wohnhäuser in so gewaltigen Dimensionen aufzutürmen und die Gärten über ihnen anzubringen, da man den Raum der ebenen Erde dem Ackerbau vorbehalten mußte. So reich bevölkert war der Erdball, daß man jedes Plätzchen dem Anbau der Halmfrucht und der Ernährung des Schlachtviehs widmen mußte, um die Gefahr einer Hungersnot abzuwenden.

So wogten denn am Boden die Getreidefelder, wo immer Luft und Licht es gestatteten; darüber standen auf festen, hohen Säulen die Gebäude der Menschen, in deren unteren Stockwerken die Industrie ihr geschäftiges Leben trieb. Weiter oben folgten Privatwohnungen, und die Krone des Ganzen bildeten anmutige Gärten, deren freie und gesunde Lage sie zum beliebtesten Aufenthalte machte.

Die Aufeinanderfolge von fünfzehn bis fünfundzwanzig Stockwerken war übrigens durchaus nicht mit Unbequemlichkeiten verbunden; denn der Luftwagen war das gewöhnliche Verkehrsmittel, und wollte man wirklich einmal zu Fuß gehen, so fanden sich die Treppen durch treffliche Hebe- und Senkvorrichtungen ersetzt.«

»Mit Eifer blickte man nach den großen Tafeln der Drucktelegraphen [...], auf welchen die mannigfaltigen Nachrichten aus allen Weltgegenden sofort selbstthätig in stenographischer Schrift sich verzeichneten. Das Tagesgespräch bildete der Conflict zwischen den Vereinigten Staaten und dem chinesischen

Kaiserreich, welches ihnen das Durchflugsrecht zu wehren versuchte. Doch wollte man an einen Krieg nicht glauben, da man sich von der Hoffnung nicht trennen konnte, der sogenannte Eisenbahnkrieg zwischen Rußland und China im Jahre 2005 möge der letzte Krieg der civilisirten Erde gewesen sein. Die Chinesen waren durch denselben gezwungen worden, ihr Land dem europäischen Eisenbahnverkehr zu eröffnen; aber in demselben Jahre, in welchem die mittelasiatische Pacific-Bahn vollendet war, erlitt das Verkehrswesen durch die Erfindung des Luft-Motors eine derartige Umwälzung, daß die russischen Errungenschaften bald ihre Bedeutung verloren.«

(Laßwitz, 1878)

2398

In Inner-Afrika hatten Ende des 19. Jahrhunderts europäische Auswanderer unter gleichberechtigter Einbeziehung der dort ansässigen Negerstämme einen sozialistischen Staat, »Freiland« geheißen, gegründet. Freiland hatte sich über die Jahrhunderte hinweg zu einem blühenden Kulturstaat entwickelt, der sich ohne jeglichen Kontakt zur übrigen Welt langsam immer weiter ausbreitete. Nur einmal, gegen Ende des 20. Jahrhunderts, war Freiland genötigt gewesen, sich gegen Invasionsarmeen aus Europa zu verteidigen.

Da man in Freiland von Europa seit Jahren keine Kunde mehr erhielt, brach im Jahre 2398 eine Expeditionsflotte nach Europa auf.

»Ohne an irgend einem Punkte der europäischen Küsten zu landen, war die afrikanische Flotte durch den atlantischen Ozean und den Canal bis in die Nordsee gesegelt und schwamm in einer windstillen Frühlingsnacht, angesichts der deutschen Küsten ihrem ersten Ziele, der Elbemündung, zu, um im Hafen von Hamburg vor Anker zu gehen. Der Mondschein lag hell auf der weiten Wasserfläche, über der ein leichter nebliger Dunst wallte, kein Laut war weit und breit hörbar als das leise Gurgeln und Klatschen der Wellen am Kiel und das dumpfe, gleichförmige Dröhnen der mächtigen Schiffsmaschinen. In weiter Ferne, kaum unterscheidbar, streckte sich der schwarze dünne Streifen der norddeutschen Küste hin, aber vergebens spähte der Blick nach einem freundlichen Lichtscheine; dunkel und glanzlos lag das Land, soweit die Augen es erfaßten«

»Alles verwunderte sich indeß, daß in unmittelbarer Nähe der Elbemündung, an einer sicherlich viel befahrenen Route kein einziges Warnungssignal diese gefährliche Stelle bezeichnete. [...] Das Erste, als der Morgen kam, war

Boote auszusetzen und das Fahrwasser nach allen Richtungen hin abzuloten. Das Ergebnis war kein besonders erfreuliches. Uebcrall, wo man auch das Senkblei hinabließ, fand man in der Tiefe von wenigen Metern Grund, nirgends aber genügendes Fahrwasser für die Schiffskolosse der afrikanischen Flotte. Es war kein Zweifel mehr: die Elbemündung, einst die Einfahrtsstraße unzähliger Schiffe jeder Größe, war total versandet und nur noch mit Booten zu befahren.«

Einige Expeditionsteilnehmer wurden ausgebootet und zur Erkundung an den Elbstrand gesandt.

»Je weiter man aber kam, desto deutlicher drängte sich Allen die Gewißheit auf, daß hier im Laufe der letzten Jahrhunderte furchtbare Veränderungen Platz gegriffen hatten. Jeder Mann der Freilandflotte hatte sich mit der Ueberzeugung der deutschen Küste genähert, daß er ein reich bevölkertes, mit blühenden Städten und Dörfern bedecktes Land finden werde, gesegnet mit allen Errungenschaften einer zweitausendjährigen Cultur und namentlich von Hamburg, der großen und reichen Handelsstadt, hatten sich alle diese, aus dem Innern Afrikas stammenden Männer die glänzendsten Vorstellungen gemacht. Aber nichts von dem fand sich hier verwirklicht. Das ganze Land schien eine einzige trostlose Einöde, eine menschenleere Wüste zu sein. Auf den niederen Hügeln, die sich bei der Weiterfahrt zeigten, wucherte wildes Gestrüpp, das hier und da einzelne rauchgeschwärzte Reste uralter Ruinen mit tausend Ranken umklammerte und überwucherte. Nirgends ein menschliches Wesen, oder auch nur die Spur eines solchen. Scharen flüchtiger Möven schienen das einzig Lebendige weit und breit zu sein. So hatte man diejenige Stelle des Flusses erreicht, an welcher sich den Karten zufolge, der Hafen befinden sollte, der große berühmte Hamburger Hafen, der Stapelplatz unermeßlicher Schätze aller Welttheile. Was sich den Blicken hier darbot, war ein Bild grauenhafter Verwüstung und Verwilderung. Das weite Hafenbassin war mit einer grünen filzigen Masse bedeckt, durch welche sich die Boote nur mit Mühe vorwärts bewegten. Wo der Kiel diese Masse durchschnitt, stiegen faulige, pestilenzialische Dünste empor. Von dem Mastenwald, der einst hierzu finden gewesen, war nichts zu sehen, als die Wracks einiger großer Dampfer alterthümlicher Bauart, welche, dick mit Rost und Moder überzogen, an den verfallenen Quais lagen. Längs dieser Quais mußten vor Zeiten ganze Reihen prächtiger Paläste gestanden sein; davon legten noch die imposanten Ruinen Zeugnis ab, die sich in weitem Umkreise den Ufern entlang zogen.«

Ein bewaffneter Trupp ging an Land.

»Man wählte zunächst eine ziemlich breite, in südwestlicher Richtung sich hinziehende Straße, deren halb oder ganz verfallene Gebäude noch die Spuren einstiger Pracht deutlich zeigten. Der Boden dieser Straße war einst mit Asphalt oder einer ähnlichen Masse gepflastert gewesen; diese Masse hatte durch Frost und Hitze unzählige tiefe Risse erhalten, in denen der Same von Pflanzen aller Art Wurzeln geschlagen hatte. So war der ganze Boden allenthalben mit Gestrüpp, Disteln und Schlingpflanzen überwuchert und das Vorwärtskommen ziemlich beschwerlich. Vor Zeiten hatten vierfache Baumreihen, zwischen denen in gewissen Abständen eiserne Laternensäulen sich erhoben, der Straße zur Zierde gereicht. Von diesen Bäumen hatten sich einzelne inmitten der allgemeinen Zerstörung frisch und lebendig erhalten, aber ihre Kronen hatten einen gewaltigen Umfang erreicht und ihre Wurzeln den Asphalt auf weite Strecken hin gespalten und in Schollen, wie Gletschereis, emporgehoben; die eisernen Candelaber jedoch waren von unten bis oben mit Waldrebe und wildem Hopfen dicht umsponnen.«

Die Expeditionsteilnehmer mussten feststellen, dass in den Ruinen Hamburgs wie auch in den später aufgesuchten europäischen Gebieten nur noch halbwilde Eingeborene wohnten, die auf einer äußerst primitiven Zivilisationsstufe standen.

Dieser Niedergang Europas war die Folge eines immer autoritärer werdenden kapitalistischen Systems gewesen, das mit der Unterdrückung der Sozialdemokratie Ende des 19. Jahrhunderts begonnen, dann die Versklavung und Verelendung des Proletariats herbeigeführt hatte und schließlich in einer Zerstörungsorgie der vor Hunger wahnsinnigen Arbeiterschaft untergegangen war.

(Passer, 1893)

2407

Die Nachrichten wurden nach Darstellung eines Zeitgenossen durch Fernseh-Texte übermittelt:

»Jedermann hat in seinem Hause, in seiner Wohnung einen *eigenen* ›Nachrichten-Rahmen [...]. Die neuesten Tages-Nachrichten werden in den Zentralen depeschenartig kurz und nur einmal gedruckt. Gleichzeitig übertragen sich die Depeschen auf alle ›Nachrichten-Rahmen‹ der gesamten Zeitungsleser. Diese werden noch dazu durch ein elektrisches Zeichen auf das Erscheinen des Berichts aufmerksam gemacht. So ist jeder ständig unterrichtet, was sich auf dem Erdball ereignet.«

»Wie die Nachrichten, so werden auch die vollständigen Zeitungen nur in einem Exemplar und einseitig hergestellt. Die Blätter finden in den Zeitungs-Rahmen an den Wänden dieser Räume [...] Aufnahme. Jeder Leser ist von seiner Wohnung aus einer solchen Zentrale angeschlossen. Durch seine ›Fernseher- Verbindung‹ liest er von dem ›Bücher- und Zeitungsraume‹ oder jedem anderen Orte aus die Tagesberichte so gemütlich und in aller Bequemlichkeit, wie er sich's nur wünschen kann. Nach viertägigem Aushang werden die Nummern abgenommen. Sie können aber auf Wunsch innerhalb Jahresfrist jederzeit zur Durchsicht wieder hier vorgelegt werden. Der Gang der Dinge zeigte schon in Ihren Tagen, daß alle grundlegenden und bedeutungsvollen Gedanken und Ausführungen, die in Tages-Zeitungen angeschnitten wurden, später gründlicher in Büchern bearbeitet und festgelegt werden. Darum halten wir es nicht für vorteilhaft, unsere Zeitungen länger als ein bis zwei Jahre in Aufbewahrung zu behalten.«

Ballonzüge, Interkontinentaltunnelbahnen und riesige Unterseeboote hatten einen Reise-Boom hervorgerufen, der sich bis in die Schulen auswirkte. Das Schuljahr nämlich teilte sich in ein Schulsemester (1. 10.–31.3.) und ein Reisesemester (1. 4.–30.9.), in dem die Schüler zu jedem beliebigen Ort der Erde reisen konnten oder reisen mussten, die Pole nicht ausgenommen.

(Fetz, 1907)

2440

In Frankreich herrschten Vernunft und Toleranz. Alles war besser und sauberer als in früheren Jahrhunderten: die Straßen, die Häuser, die Luft, die Politik, die Moral. An die Stelle der Religion war die Verehrung der Wissenschaft getreten; die kirchlichen Feiertage waren in Freizeit umgewandelt worden, in der sich die Bürger – die ohne Ausnahme im Arbeitsprozess standen – erholen und weiterbilden konnten. Kriegslüsternen Fürsten wurden auf einem Apparat, der die menschliche Stimme imitieren konnte, die Schreie der Verwundeten vorgespielt, um sie von ihren blutigen Vorhaben abzubringen.

(Mercier, 1770/71)

Auszug aus einer zeitgenössischen Zeitung:
»Aus Amerika.
In Peru, welches das einzige Reich dieses Welttheils war, worin man seither noch in Friedenszeiten einige Soldaten unterhielt, sind sie nun auch abgedankt, weil man sie nicht mehr braucht. Nun sind in ganz Amerika keine stehenden Armeen mehr; nur wenige bewaffnete Männer, die Polizey aufrecht zu erhalten, und dann in den Häfen, und hin und wieder an den Küsten, wegen der Europäischen Räuber.
In Philadelphia hat die Commißion, welche jedem in- oder ausländischen Buche, das in seiner Art als vortrefflich erkannt, im Rahmen des Publikums und der Republik ein öffentliches Lob ertheilt, neulich mit diesem Beyfall eine Schrift beehrt, welche den Titel hat: Versuch einer Geschichte, wie die Wissenschaften nunmehr durch alle Welttheile hindurch nach Amerika gezogen sind, nebst einer Untersuchung der Ursachen, warum sie Europa verlassen haben.«

(Wachsmuth 1783)

2500

In keinem Privathaushalt und keiner öffentlichen Institution existierte noch ein Buch. Ein Zeitgenosse berichtet:
»Das zu fixierende Wort, einst in Tontäfelchen geritzt, dann auf Papyrusrollen geschrieben, schließlich auf Papier gedruckt, bewahren und erhalten wir nach keinem dieser Verfahren, sondern uns ersetzen Mikrophotographien der Zentralbibliothek, welche durch Fernseher übertragen werden und beliebig vielen Lesern gleichzeitig zugänglich sind, die Bücher. – Eine Sintflut von Papier überschwemmte einst, hunderttausend menschliche Hände beschäftigend, Millionen Kilowatt an Energie erfordernd und ganze Wälder zur Herstellung des Zellstoffes verbrauchend, die Menschheit. Eine Milliarde von Bänden, manche Werke in Hunderttausenden von Exemplaren, füllte einst Bücherschränke und Bibliotheken, und doch war dieser Schatz an Wissen den meisten nicht zugänglich. Wir ersparen diesen ganzen Aufwand und das, was heutzutage dem Wißbegierigen zuströmt, der Zeitungen oder Bücher lesen, Bilder oder Karten betrachten will, das ist nicht bedrucktes Papier, sondern reine Energie vermittels unserer ferntechnischen Apparate, der Fernsprecher, Fernschreiber, Fernseher und Fernkinos.«

(Tokko, 1931)

2540

Der Zeitrechnungsbeginn der westlichen Welt war von Christi Geburt auf die Produktion des ersten T-Models der Autofabrik Ford umgestellt worden; das Jahr 1 der neuen Zeitrechnung entsprach also dem Jahr 1908 der alten christlichen Zeitrechnung. Historische Kenntnisse über die Vor-Ford-Zeit existierten so gut wie nicht mehr; die Museen waren geschlossen, die geschichtlichen Denkmäler gesprengt und alle Bücher von vor 150 n. F. (nach Ford) unterdrückt worden. Das vom Staat verkündete oberste Gebot hieß: Glück. Jeder konnte es sich immer und überall durch Psychopharmaka beschaffen. Häufiger Geschlechtsverkehr mit häufig wechselnden Partnern war eine gesellschaftliche Verpflichtung. Jeder Individualismus aber, jede außer der Norm (je nach Klassenzugehörigkeit verschieden) liegende Intellektualität war verdächtig und wurde ausgemerzt.

(Huxley, Brave new world, 1932)

2794

Die Erde wurde von tausend Milliarden Menschen bewohnt. Die Weltregierung in Novoe-Washingtongrad garantierte den allgemeinen Frieden. Eine Katastrophenhehörde befasste sich auch mit der Gefahr von Seuchen, die jedoch schon seit Jahren vollkommen gebannt war.

Da der feste Boden für derartige Massen nicht ausreichte, hatte sich die menschliche Spezies auch in der Tiefsee ausgebreitet, und zwar als gezüchtete Amphibien. Künstliche Inseln mit gigantischen Wohnanlagen nutzten die Wasseroberfläche.

(Blish/Knight, 1967)

2889

Die gedruckte Zeitung existierte nicht mehr. An ihre Stelle war die Telefonzeitung getreten, die der Abonnent in einer der unzähligen Telefonkabinen abhören konnte, und zwar durch Direktkontakt mit den Journalisten. Schaltete sich der Journalist in die Fernsehberichterstattung vom Ort des Geschehens ein, so konnte auch der Zeitungsabonnent an den Ereignissen visuell teilnehmen.

Der mechanische Ankleideapparat wusch, frisierte und bekleidete seinen Besitzer innerhalb von zwei Minuten.

Werbung war immer noch ein lukratives Geschäft; geworben wurde unter anderem durch die Projektion von riesigen Anzeigen auf Wolken.

Der Siegeszug der Farbfotografie – der Erfinder war ein Japaner gewesen – hatte die Malerei zu einer vergessenen Kunst werden lassen.

(Verne, 1889)

3000

In den Vereinigten Staaten der Erde, deren Hauptstadt Anthropolis am Himalaya lag, waren abgeschafft: das Heer, die Verbrauchssteuer, die Zölle, der körperliche Schmerz.

Die Veredelung und Züchtung von Pflanzen hatten einen hohen Stand erreicht. Ebenso war man dazu übergegangen, die menschliche Rasse durch Zuchtwahl zu veredeln.

»Auch im Jahre 3000 werden die Menschen als schwach und zu kurzem Leben bestimmt geboren. Obgleich man die kränklichen Neugeborenen beseitigt, bleiben doch noch viele unvollkommene Wesen übrig, die weder selbst Freude am Leben finden, noch es für sie und andere nützlich gestalten können; sie erreichen häufig das zeugungsfähige Alter und übertragen ihre Gebrechen auf die Nachkommen.

Die Untersuchung der Eheleute hat die erblichen Krankheiten allerdings ziemlich vermindert; aber infolge von Irrtümern der untersuchenden Aerzte, sowie durch Laster, die selbst gute Konstitutionen untergraben, sind sie noch immer nicht ganz beseitigt.« Kranke oder sozial wie psychisch abnorme Säuglingen werden getötet.

»Das Menschenleben ist dank dem wachsenden Wohlstande der ärmeren Klassen und den Fortschritten der Gesundheitspflege verlängert worden, Während im 19. Jahrhundert das durchschnittliche Lebensalter zwischen 28 und 36 Jahren schwankte, beträgt es heute 72, ja, in besonders gesunden Gegenden 85 Jahre. Damals starb unter einer Million Menschen vielleicht einer ohne Krankheit, heute dagegen sterben 30 Prozent eines natürlichen Todes, und man hofft, daß dieser eines Tages die einzige Todesart sein wird.«

»Hier in Anthropolis und den großen planetarischen Städten giebt es schon seit mehr als einem Jahrhundert keine Apotheken mehr. Die Pillen, Tränke, Pflaster gehören der alten Medizin an. Heute heilen wir alle Krankheiten durch Klimawechsel, Diät, geeignete Anwendung von Wärme, Licht und Elektrizität. Die Apotheker waren jahrhundertelang die Nachfolger der Magier, die die Krankheiten durch Teufelsaustreibungen oder Koransprüche, oder mit Gebeten zu Gott, der heiligen Jungfrau und ihren Heiligen heilen wollten. Die Recepte waren gleichsam Briefe an Personen, deren Adresse man nicht kennt. Manchmal kamen sie durch Zufall an die richtige Adresse, am Ende aber gelangten Pillen, Pulver und Abkochungen, nach einem mehr oder minder schnellen Durchgang durch den Verdauungskanal, wieder aus dem Körper heraus, ohne das Organ getroffen zu haben, für das sie zur Heilung bestimmt waren. Jeder Arzt hatte sein eigenes Recept, und jede Schule wechselte ihr Heilverfahren.«

(Mantegazza, 1897)

Eine Weltregierung, an der Wissenschaftler maßgeblich beteiligt waren, hatte seit dem Jahre 2035 für Frieden, soziale Gerechtigkeit, Ruhe und Ordnung gesorgt. Die tägliche Arbeitszeit betrug zwei Stunden. Alle nicht-geistigen Arbeiten wurden von geräusch- und geruchlos tätigen Maschinen erledigt, einschließlich der Essenszubereitung. Aus ästhetischen und hygienischen Gründen hatte die Mehrzahl der Menschen dem Verzehr von Fleisch entraten.

Der Anbau von Obst und Gemüse hatte sich durch Hormonbehandlung sehr weit entwickelt. Alle Fruchtstände konnten wesentlich vergrößert werden. Eine Weintraube zum Beispiel reifte bis zu einem Gewicht von etwa fünf Kilogramm.

Die Beschäftigung mit Kunst und Literatur nahm einen breiten Raum im Tageslauf der Menschen ein; die Künstler und Literaten selbst fanden jedoch kaum eigene neue Ausdrucksformen. Von den deutschen Dichtern waren nur noch Goethe und Jean Paul bekannt.

(Dovski, 1960)

Ein Nachwort zur alternativen Geschichte der Jahre 1900 bis 3000

Autoren von Zukunftsliteratur neigen offenbar zu extremen Entwürfen. Während der positive Zukunftsentwurf als Utopie auf eine längere Geschichte zurückblicken kann, sind negative Utopien – auch Dystopie oder Antiutopie genannt – erst seit dem 18., vor allem aber seit dem 19. Jahrhundert bekannt. Im 20. Jahrhundert scheint der negative Zukunftsentwurf zahlenmäßig stärker vertreten zu sein; sicher aber zeitigte er eine größere Wirkung.

Um ein wünschenswertes Ziel zu propagieren oder um vor bestimmten Verhältnissen zu warnen, ja mit ihnen zu drohen, malen viele Science Fiction (SF)-Autoren die Zukunft entweder in den hellsten oder den dunkelsten Farben:

Die Technik verwirklicht das Paradies auf Erden – oder sie bedroht und knechtet den Menschen;

die Erde ist politisch geeint, und eine Weltverwaltung sichert den allgemeinen und ewigen Frieden – oder Hass, Gewalt und Krieg führen die Menschheit an den Rand des Abgrundes und darüber hinaus;

die Menschen leben in einer freien, sich selbstbestimmenden Gesellschaft, die auch dem Anspruch des Individuums auf Selbstverwirklichung Rechnung trägt oder sie sind Sklaven eines totalitären Systems.

Diese Antinomie innerhalb der SF-Literatur ist bereits zwischen dem zweit- und drittältesten der unsere »Geschichte« konstituierenden Texte nachweisbar, dem »Jahr 2440« von Mercier und von Wachsmuth.

Der älteste der hier vorgestellten Texte stammt also aus dem 18. Jahrhundert. Doch Louis-Sébastien Merciers »Jahr 2440« von 1770 wird im allgemeinen das Erstgeburtsrecht an der Verzeitlichung der utopischen Literatur unberechtigterweise zugesprochen. Bereits 37 Jahre vorher erschien der erste (und einzige) Band der »Memoirs of the Twentieth Century« von Samuel Madden. Maddens Vorschau auf das Ende des 20. Jahrhunderts ist geprägt durch seine religiösen Obsessionen, seinen Hass auf Katholiken und namentlich auf Jesuiten.

Toleranz und Fortschritt sind hingegen die Grundlagen von Merciers »L'an 2440«. Seine Utopie hat als Vehikel für die Verbreitung aufklärerischen Gedankengutes eine ungeheure Wirkung gehabt und zahlreiche Nachahmer gefunden. Die hier aufgenommene Parodie auf Mercier von Karl Heinrich Wachsmuth ist von tiefem Pessimismus bestimmt. Viele Elemente der Utopie und der sogenannten Anti-Utopie ließen sich bereits in diesen beiden Werken exemplarisch nachweisen.

Vergleichbar mit Merciers Wirkung Ende des 18. Jahrhunderts ist der Erfolg von Edward Bellamys »Looking Backward« Ende des 19. Jahrhunderts. Seiner naiven Utopie eines kommunistischen Idealstaates folgte eine Fülle von mehr oder weniger sachlich argumentierenden »Fortsetzungen«, die realiter meist Gegenentwürfe waren und von denen einige hier vorgestellt wurden. Weniger bekannt ist Bellamys eigene Fortsetzung von »Looking Backward«, »Equality«, deren deutsche Übersetzung, »Gleichheit«, hier ebenfalls zu finden ist.

Die Angst vor einer Übernahme der Macht in Deutschland durch die Sozialdemokratie hat nach 1890 die Feder zahlreicher deutscher Schriftsteller geführt. Gewaltige Wahlerfolge der Sozialdemokraten nach Aufhebung des Sozialistengesetzes (1878–1890) ließen manchen schwarz bzw. in diesem Falle wohl rot für die Zukunft sehen.

Während um die Jahrhundertwende zum 20. Jahrhundert von den einen Deutschlands Untergang im Falle einer Machtübernahme durch die Sozialdemokratie in den düstersten Farben gemalt wurde, schilderten die anderen voller Optimismus Deutschlands Aufstieg zur Weltmacht – stark nach außen, ein einzig Volk von Brüdern innen.

Nach dem verlorenen Ersten Weltkrieg sind die Erzählungen und Romane voll von Kriegen der Zukunft, in denen Deutschland sich für die erlittene Schmach revanchiert. Besonders unheimlich wird dem Leser bei der Lektüre der Erzählung von W. Grassegger »Der zweite Weltkrieg«, erschienen 1922, in dem die deutsche Armee 1936 zunächst Polen und dann Frankreich blitzschnell überrennt. Ein beliebtes Motiv war unter anderem auch ein Krieg zwischen Japan und den USA.

Als die Sehnsucht gewisser Kreise 1933 in Deutschland ihre Erfüllung gefunden hatte, steigerten sich die größenwahnsinnigen Zukunftsträume einiger Schreiber zu unermesslichen Höhen.

Nach dem Zweiten Weltkrieg gewann die angelsächsische SF-Literatur immer mehr Marktanteile, zunächst als »Heftchen« oder Bücher in einer Ausstattung, wie man sie von der Leihbücherei oder im Tabakladen um die Ecke her kannte, dann in zunehmendem Maße als Taschenbücher.

In der Thematik der SF nach dem Krieg tritt die vom Menschen selbstgemachte Apokalypse stark in den Vordergrund. Zwar ist das Thema des durch Menschen herbeigeführten Weltunterganges bereits in Literatur und bildender Kunst der zwanziger Jahre als Folge des Ersten Weltkrieges nachweisbar, doch wird es ein zentrales Motiv erst nach dem Zweiten Weltkrieg. Die Gründe dafür liegen auf der Hand: der Weltkrieg mit seinen Millionen Toten, Hiroshima und Nagasaki, der Kalte Krieg zwischen den Supermächten und ihr atomares Erdvernichtungspotential. So begannen oder endeten denn auch viele Texte mit einem atomaren Weltkrieg.

Atomkrieg, Überbevölkerung, Sex – die Medien des 20. Jahrhunderts waren voll davon – und natürlich auch die Köpfe von SF-Autoren. Es ist banal daran zu erinnern, dass auch und gerade der SF-Text wie jedes andere literarische Produkt Kind seiner Zeit ist. Seine Probleme, Freuden und Fragen sind die der jeweiligen Epoche. Wie frühere Zeiten bestimmte Tendenzen in ihrer technischen und gesellschaftlichen Entwicklung in die Zukunft verlängerten, welche Möglichkeiten sie sahen, was sie sich für die Zukunft wünschten, wovor sie sich fürchteten oder durch dramatische Überzeichnung bannen wollten, das gerade macht die ältere SF so interessant; sie erstaunt, rührt und belustigt.

Dass bei so zahlreichen Versuchen des Vorausblickes auch die eine oder andere spätere Wirklichkeit richtig vorhergesagt wurde, sollte uns freilich nicht immer gleich Sehergabe, analytische Intelligenz oder seismographisches Gespür beim betreffenden Autor vermuten lassen. Neben einigen »Treffern« der älteren SF, besonders im technischen Bereich (Fernsehen, Nachrichtentechnik, Weltraumfahrt) – und »Teiltreffern« (Luftverkehr, jedoch nicht wie vorausgesagt, mit Zeppelinen; Denkmaschinen, die jedoch nicht zu gigantischen Dimensionen anwachsen, sondern in Mikroformen immer leistungsfähiger werden) steht eine Vielzahl von nicht Realität gewordenen Zukunftsentwürfen.

»Wie in einen Lostopf greifst du in die dunkle Zukunft: was du fassest, ist noch zugerollt, dir unbewußt, sei's Treffer oder Fehler!« (Goethe, Egmont)

»Die Technik überwindet jede Schwierigkeit«
Prognosen von 1910 auf das Jahr 2010

Zu einem gesuchten Objekt auf dem Antiquariatsmarkt für utopische Literatur und Science Fiction gehört der 1910 von Arthur Brehmer herausgegebene, 319 Quartseiten starke Sammelband »Die Welt in hundert Jahren« (Mit Illustrationen von Ernst Lübbert. Berlin: Buntdruck, 1910.) Ein Nachdruck erschien 1989 im Hildesheimer Olms Verlag. Das reich illustrierte, mit Randverzierungen ausgestattete Buch enthält 22 Aufsätze verschiedener Autoren, die sich alle mit einer Zeit beschäftigen, die von ihnen aus gesehen 100 Jahre in der Zukunft liegt.

Zukunftsprognosen sind gerade für die Zeit um die Wende zum 20. Jahrhundert keine Besonderheit; in Magazinen und auch in der Unterhaltungsliteratur waren sie häufig anzutreffen. Von den zahlreichen Versuchen, sich mit den Mitteln der Unterhaltungsliteratur über Zukünftiges zu äußern, unterscheidet sich das Buch, das der Gegenstand unseres Interesses ist, auf vielfältige Weise. Die Hauptunterschiede liegen in Qualität und Inhalt der Beiträge. Denn während sich die Autoren in der einschlägigen Zeitschriften- und Trivialliteratur vor allem Themen der zukünftigen technischen Entwicklung annehmen oder politisch motivierte Schreiber sozialistische bzw. antisozialistische Utopien für das 20. Jahrhundert entwerfen, umfasst die hier vorgestellte Zukunftsschau nahezu alle Lebensbereiche.

Geschrieben wurden die Aufsätze von Persönlichkeiten, die sich zu ihrer Zeit auf einem Gebiet exponiert und einen hohen Bekanntheitsgrad hatten. Auch heute noch sind Namen wie Cesare Lombroso, Bertha von Suttner, Carl Peters, Alexander von Gleichen-Rußwurm, Eduard Bernstein oder Hermann Bahr nicht nur dem historisch Interessierten durchaus geläufig.

Um die gesamte Bandbreite der Artikel einmal vorzuführen, sei im Folgenden der Inhalt wiedergegeben:

Vorwort
Das 1000jährige Reich der Maschinen (Hudson Maxim)
Das drahtlose Jahrhundert (Robert Stoß)
Verbrechen und Wahnsinn im XXI. Jahrhundert (Professor Cesare Lombroso)

Der Krieg in 100 Jahren (Rudolf Martin)
Der Frieden in 100 Jahren (Bertha von Suttner)
Die Schlacht von Lowestoft (Frederik Wolworth Brown)
Die Kolonien in 100 Jahren (Karl Peters)
Die Frau in 100 Jahren (Ellen Key)
Die Frau und die Liebe (Dora Dyx)
Die Mutter von Einst (Baronin von Hutten)
Gedanken über die Geselligkeit (Alexander von Gleichen-Rußwurm)
Unterricht und Erziehung in 100 Jahren (Jehan van der Straaten)
Die Religion in 100 Jahren (Björne Björnson)
Das soziale Leben in 100 Jahren. Was können wir von der Zukunft des sozialen Lebens wissen? (Eduard Bernstein)
Die Literatur in 100 Jahren (Hermann Bahr)
Die Musik in 100 Jahren. Eine überflüssige Betrachtung (Dr. Wilhelm Kienzl)
Das Jahrhundert des Radiums (Dr. Everard Hustler)
Die Medizin in 100 Jahren (Professor C. Lustig)
Die Kunst in 100 Jahren (Cesare del Lotto)
Der Sport in 100 Jahren (Charles Dona Edward)
Die Welt und der Komet (Frl. Professor E. Renaudot)
Der Weltuntergang (Professor Garret E. Serviß).

Will man die 22 Aufsätze inhaltlich zusammenfassen, so ergeben sich im wesentlichen drei Bereiche, für die Prognosen entworfen werden, nämlich der Bereich der Naturwissenschaft und Technik, der Politik und der Bereich Gesellschaft und Kultur. Dabei ist es durchaus möglich, dass ein Aufsatz zu mehreren Bereichen Stellung nimmt, etwa wenn Überlegungen angestellt werden über die Auswirkungen des technischen Fortschritts auf die Gesellschaft und die Politik. Damit ist auch das entscheidende Wort gefallen, welches das verbindende Element für die sich mit verschiedenen Themen beschäftigenden Beiträge darstellt: Fortschritt. Es geht vorwärts, aufwärts mit der Menschheit; alles wird besser, das Leben schöner, leichter, länger. Das, was die Menschheit im Jahre 1910 quält, wird 100 Jahre später kaum noch eine oder gar keine Rolle mehr spielen. Dies ist mehr oder weniger die Grundüberzeugung der meisten in dem Band versammelten Autoren.

Ihre Grundlagen werde diese schöne neue Welt, so meinte man, im Aufschwung der Technik finden. Elektrizität und Radium, das sind die Schlüssel, mit Hilfe derer sich die Zauberwelt der Zukunft erschließen ließe. Der Bereich der Technik ist es auch, in dem die Zukunftspropheten aus heutiger Sicht die meisten Treffer landen können. Verblüffend sind beispielsweise die Voraussagen über die Entwicklung der Telekommunikation selbst dann, wenn man berücksichtigt, dass deren technische Grundlagen bereits im 19. Jahrhundert gelegt wurden. Zur weltweiten Nachrichtenübermittlung mittels Television heißt es etwa: »Jedes Ereignis werden wir so mitmachen können. Die ganze Erde wird nur ein einziger Ort sein, in dem wir wohnen.« (R. Stoß: Das drahtlose Zeitalter. S. 45.).

Aber nicht nur der Nachrichtenübermittlung werden, so Hudson Maxin in seinem einführenden Beitrag »Das 1000jährige Reich der Maschinen«, die neuen Medien dienen, sie werden auch einen hohen Freizeit- und Unterhaltungswert besitzen: »Einsame Bauernhäuser wird es keine mehr geben; das Volk wird sich vielmehr zu kleinen Städten mit hauptstädtischen Erholungs- und Vergnügungsplätzen zusammenfinden. Obgleich auch die kleinste Ortschaft ihr Theater haben wird, werden doch die Schauspieler nur in Newyork, London, Paris oder Wien leben und dort auch spielen. Die Bühne solch einer Kleinstadt wird ein einfacher Vorhang sein, und der ›Hamlet‹, der in London gespielt wird, wird mittelst Fernseher, Fernsprecher und Fernharmonium auf dem Schirm, der die Bühne in Chautauqua ersetzt, reproduziert werden.« (S. 20.) Dass in nicht allzu ferner Zeit jeder Haushalt eine solche Heimbühne besitzen würde, konnte sich Maxim allerdings nicht vorstellen.

Die Elektrizität wird auf allen Gebieten zum Wohlergehen der Menschheit eingesetzt werden, etwa in der Landwirtschaft: »Es wird elektrisch geheizte Treibhäuser geben, die Tausende von Aeckern bedecken, und selbst die Landgüter unter nördlichem Klima werden ihre Sommer- und Winterernten haben. Man wird neue Methoden erfinden, das Wachstum der Pflanzen durch elektrische Wärme und elektrisches Licht zu beschleunigen. In Gärten, die in dieser Weise eingerichtet sein werden, wird es Johannisbeeren geben, so groß wie Damascenerpflaumen, Damascenerpflaumen in der Größe von Aepfeln, Aepfel, so groß wie Melonen, Erdbeeren, so groß wie Orangen, und alle werden in Form und Wohlgeschmack die besten von heut übertreffen, so daß sie selbst dem wählerischen Geschmack eines Gourmets entsprechen werden« (S. 18/19)

Sehr deutlich sah der elektrizitätsbegeisterte Prognostiker Maxim aber auch die Probleme einer derart energiehungrigen Welt voraus, indem er annahm, dass bei exzessiver Ausbeutung die Kohlelager für die Kraftwerke bald verbraucht sein würden. Sonnenenergie und Radium sind seine Antworten auf die Energiefrage: »Möglicherweise erfinden wir eine Art Motor, der die Wärme nutzbar machen kann, die von den Sonnenstrahlen ausgeht« (S. 17.) »Die Entdeckung der strahlenden Materie hat uns eine ganz neue Perspektive [...] eröffnet [...]. Wenn es uns jemals gelingen sollte, sie dem menschlichen Gebrauch dienstbar zu machen, [könnten] wir bis in alle Ewigkeit hinein die Welt damit erleuchten, erwärmen und befahren.« (S. 18.)

Von dem aus Pechblende gewonnenen strahlenden Element des Ehepaares Curie, dem Radium, erwartete man eine völlige Veränderung des menschlichen Daseins. Ihm ist ein eigener Beitrag gewidmet: »Das Jahrhundert des Radiums« von Professor Dr. Everard Hustler. In allen Lebensbereichen sieht er das Radium wirksam werden:
– Radium wird den elektrischen Strom für Zwecke der Beleuchtung ersetzen;
– Radium wird das Wachstum der Pflanzen fördern;
– Radium wird zum unfehlbaren Heilmittel gegen Krebs, Tuberkulose, Blindheit, den Alterungsprozess und viele andere Krankheiten:
»Es besteht gar kein Zweifel darüber, daß wir zu der Annahme berechtigt sind, die Zukunft werde dem Radium ein *Zeitalter völliger Krankheitslosigkeit* danken.« (S. 258.)

Aber nicht nur die heilende Kraft der strahlenden Materie werde, so prognostizierte man, die Welt verändern, auch ihre zerstörerische Macht würde sich mittelbar zum Glück der Menschheit auswirken, indem gerade diese einen ewigen Frieden gewährleiste dadurch nämlich, dass das Radium Vernichtungswaffen mit so zerstörerischer Wirkung ausstatten werde, dass kein Schutz gegen sie möglich wäre und die Kontrahenten in die Lage gesetzt würden, sich gegenseitig zu eliminieren: »Ein Krieg zum Beispiel wird nicht mehr in den Bereich der Möglichkeiten gehören. Wenn auch die Menschheit an sich nicht so weit sein wird, alle Kriege und jedwedes Blutvergießen für ihrer unwürdig zu halten, so wird doch die Wissenschaft soweit sein, sie zu dieser Weltanschauung zu zwingen und zu bekehren. Der Krieg ist nämlich nur solange möglich, bis unsere Mittel dazu nicht ausreichende sind. Das heißt, so lange uns keine Waffe zu Gebote steht, gegen die es keine Gegenwehr gibt und deren alles zerstörender Wirkung wir verteidigungslos ausgesetzt sind. [...] Im Radium nun hat man endlich die Waffe gefunden, die mit all diesen Möglichkeiten aufräumt und dafür die Unmöglichkeit der Verteidigung setzt.« (S. 245.)

Dass der Fortschritt in der Waffentechnik letztendlich zum Urheber für einen dauerhaften Weltfrieden werden wird, ist auch die Überzeugung der Pazifistin Bertha von Suttner. In ihrem als historischer Vortrag aus dem Jahre 2009 verkleideten Beitrag »Der Friede in 100 Jahren« ist bereits der mögliche »Druck auf den Knopf« – ein Topos im politischen Kommentar in den Zeiten des Kalten Krieges – der eigentliche Friedensstifter: »Wir sind im Besitze von so gewaltigen Vernichtungskräften, daß jeder von zwei Gegnern geführte Kampf nur Doppelselbstmord wäre. Wenn man mit einem Druck auf einen Knopf, auf jede beliebige Distanz hin, jede beliebige Menschen- oder Häusermasse pulverisieren kann, so weiß ich nicht, nach welchen taktischen und strategischen Regeln man mit solchen Mitteln noch ein Völkerduell austragen könnte.« (S. 84.)

Dass eine Pazifistin den *Krieg,* wenn auch nur einen möglichen, als Prämisse für einen dauerhaften Weltfrieden ansieht, überrascht auch dann, wenn man berücksichtigt, dass das waffenstarrende Europa jener Zeit Gedanken an freiwillige Abrüstung geradezu absurd erscheinen ließ.

Ganz dem deutschen »Griff nach der Weltmacht« angepasst ist das Pendant zu Bertha von Suttners »Frieden in 100 Jahren«, der »Krieg in 100 Jahren« von Rudolf Martin. »Deutschlands Zukunft liegt in der Luft« könnte man den Beitrag auch beschreiben, in dem Deutschland 2010 zur führenden Luftmacht der Welt geworden ist: Alle großen international engagierten Luftfahrtgesellschaften befinden sich dann in deutscher Hand.

Eigene Luftkriegsflotten unterhalten die Staaten im übrigen nicht, sondern man beschlagnahmt im Kriegsfalle die ungeheure Menge privater Luftfahrzeuge. Eine herausragende Rolle kommt im Bereich dessen, was da von Menschenhand im Himmel gesteuert wird, den Luftschiffen und nicht den Starrflüglern zu; erstere sind als Vakuumschiffe im Jahre 2010 technisch vollkommen ausgereift. Damit befindet sich Martin in Einklang mit anderen Prognosen, die noch bis in die dreißiger Jahre des 20. Jahrhunderts dem Zeppelin die entscheidende Rolle bei der Beherrschung des Luftraumes zuwiesen.

Für Martins Europa von 2010 ist die Luftfahrt zum Friedensstifter geworden: »Der zunehmende Luftverkehr hat eine solche Menge gemeinsamer Bedürfnisse und Interessen geschaffen, daß in hundert Jahren sämtliche europäischen Staaten als Staatengemeinschaft ein gemeinsames europäisches Parlament und eine gemeinsame europäische Gesetzgebung haben. Durch die gemeinsame Gesetzgebung und durch die Verfassung der europäischen Staatengemeinschaft ist aber ein Krieg zwischen europäischen Staaten nicht nur ausdrücklich untersagt, sondern auch tatsächlich zur Unmöglichkeit geworden.« (S. 68.)

Krieg wird aber nach Ansicht Martins mit den schlachtenentscheidenden Luftflotten auch weiterhin fleißig geführt, und zwar zwischen Europa auf der einen und der »gelben Rasse« auf der anderen Seite. Außerdem werden die Luftschiffe ständig eingesetzt, um Aufstände in den überseeischen Kolonien der Europäer niederzuwerfen, wobei die Luftflotten namentlich Englands und Deutschlands einträchtig Seit' an Seit' kämpfen.

Eine wichtige Rolle spielen Luftfahrzeuge auch in dem Beitrag des berühmt-berüchtigten deutschen Kolonialpolitikers Carl Peters, der eine Geschichte von Lufthäusern über Afrika erzählt, in denen die Kolonialherren der Zukunft wegen der besseren klimatischen Verhältnisse wohnen. Es sind im wesentlichen die Briten, denen Afrika und die übrige »Dritte Welt« gehört, und zwar »zur ungestörten kapitalistischen Ausbeutung, worauf es doch im Grunde ankam«. (S. 109.)

Die Deutschen, giftet Peters, hätten durch eine zu »weiche« Politik, die auch den Farbigen Rechte zugestanden habe, ihre gesamten Besitzungen verloren, da diese Politik die Schwarzen zu Rebellionen ermuntert hätte. 1953 hätte dann eine allgemeine Erhebung zum Ende der deutschen Kolonialmacht geführt, die sich nur Kamerun und Togo habe bewahren können.

Eine aus ihrer Sicht negative Zukunftsutopie entwirft auch Ellen Key in ihrem Beitrag »Die Frau in hundert Jahren«. Emanzipation der Frauen und Arbeiterbewegung werden verantwortlich gemacht für Umweltzerstörung, sozialistische Planwirtschaft und Androgynie: »Alle modernen Sommerfrischen sind submarine Villenstädte, denn die Landschaftsschönheiten der Erde sind alle zerstört, teils durch Verwertung für die Industrie, durch Gebäude, Kabel und dergleichen mehr, teils durch die noch bis zur Mitte des zwanzigsten Jahrhunderts in Luftballons geführten Kriege. Die ›Landwirtschaft‹ wird jetzt in chemischen Fabriken betrieben, und in diesen vollzieht sich die Arbeit, wie überall, durch Drücken auf Serien elektrischer Knöpfe.« (S. 117.)

»Alle Männer und Frauen haben den Tag in vier gleiche Arbeitspensa eingeteilt: sechs Stunden Schlaf, sechs Stunden Arbeit bei den elektrischen Drückern, sechs Stunden im Parlament und sechs Stunden Gesellschaftsleben. Die Parlamente tagen ständig. [...] Und bei den Alltagssessionen wird alles bestimmt: von der Größe der Stecknadelköpfe und der Zusammensetzung der Eßpillen bis zu der Kinderquantität, die die Bedürfnisse der Gesellschaft im folgenden Jahre erfordern, und der Ideenqualität, die im Interesse des Gemeinwohls für den genannten Zeitraum zulässig erscheint.« (S. 118.)

»Der männliche und der weibliche Typus sind in so hohem Grade verschmolzen, daß der Blick nur durch gewisse, aus Zweckmäßigkeitsgründen noch beibehaltene Verschiedenheiten in der Kleidung die Geschlechter unterscheiden kann.« (S. 119.)

Ein wesentlich freundlicheres Bild der zukünftigen Gesellschaft entwarf der prominente Reformsozialist Eduard Bernstein. Bernstein rechnet ihm gegenwärtige ökonomische Daten hoch und kommt zum Schluss, dass die ständige Zunahme der Industriearbeiterzahl zu Lasten der Landwirtschaft zwangsläufig zu einer demokratischen Regierungsform und zum Sieg der sozialen Ideen der Arbeiterklasse führen werde. Dieser werde aber nicht zu einer Uniformierung des gesamten Lebens führen, wie die Gegner der Sozialdemokratie behaupteten. Allerdings ginge auch eine sozialistische Gesellschaft keinem Schlaraffenleben entgegen. »Dagegen wird die Armut als soziale Erscheinung verschwinden, wie die heutige Art der Reichtumsansammlung und die ihr entsprechenden sozialen Auffassungen und Luxustendenzen verschwinden werden, ohne daß die *Pflege des Schönen* darunter leiden wird.« (S. 198.)

Dass die Entwicklung der menschlichen Gesellschaft einen eher positiven Verlauf nehmen werde, ist auch die Ansicht des damals berühmten Psychologen und Kriminologen Lombroso. Er sagt eine Abnahme der Verbrechensrate voraus. Das Verbrechen selbst werde in zunehmendem Maße als Krankheit aufgefasst und die Täter in entsprechenden Krankenhäusern behandelt werden. Ähnlich wie Geisteskranken wird ihnen die Zeugung von Nachkommenschaft verwehrt werden, was wiederum zum Verbrechensrückgang führen werde.

Zwar werde es, bedingt durch die technische Entwicklung, neue Arten von Verbrechen geben, jedoch werde die Technisierung auch neue Möglichkeiten der Verbrechensbekämpfung schaffen, was wiederum positive Auswirkungen auf die Verbrechensrate zeitige.

Zunehmen würden allerdings die durch Frauen begangenen Verbrechen. (Die Emanzipation wird in allen Bereichen wirksam.) Die zunehmende »Hast des Lebens« und der steigende Alkoholkonsum werden nach Meinung Lombrosos die Zahl der Geisteskrankheiten erhöhen.

Prognostiker, die Entwicklungen auf der Grundlage sich abzeichnender Trends in Technik, Wirtschaft und Gesellschaft vorhersagen, haben es zweifellos leichter als jene, die sich an Aussagen über die Zukunft im Bereich der Kultur wagen. Denn immerhin können erstere auf bestimmte vorhandene Daten und Ereignisse rekurrieren, während die zuletzt Genannten auf zukünftige Tendenzen der menschlichen Kreativität eingehen sollen, was natürlich ungleich schwerer ist. Dennoch versuchen einige Autoren die Auswirkungen gesellschaftlicher und technischer Entwicklungen auf die Kunst der Zukunft zu prognostizieren wie etwa der Schriftsteller und Kritiker Hermann Bahr. Er meint, dass durch den zu erwartenden allgemeinen Wohlstand die Literaturproduktion zurückgehen werde, da ein Motiv für die Entstehung von Literatur, der Broterwerb nämlich, wegfallen werde, denn das Einkommen werde ohne Arbeit gesichert sein.

Die Bildenden Künste werden sich nach Meinung Cesare del Lottos im Jahre 2010 durch das Radium und vor allem die Luftschifffahrt verändert haben. Man werde mit strahlender Materie malen, und das menschliche Auge werde sich so verändern, dass es, Röntgenapparaten gleich, auch diese Strahlen werde wahrnehmen können. Die größte Umwälzung in der Kunst und der Kunstbetrachtung aber werde durch die Fliegerei bewirkt werden:

»Wir werden die Dinge von einer anderen Perspektive aus sehen, als wir sie jetzt sehen, und das wird in den Werken der Kunst auch zum Ausdruck kommen. Wir werden in den Höhen, in denen unser Flug sich bewegen wird, unsere Eindrücke in ganz neuen Luftschichten, unter ganz anderen Brechungsverhältnissen des Lichts empfangen, und wir werden diese Eindrücke auf unseren Bildern festhalten müssen, und es werden sich ebenso große Unterschiede daraus ergeben, wie sie Atelierbild und Freilichtbild heute schon aufweisen. [...]

Noch bedeutender aber dürfte die Umwälzung auf dem Gebiete der Plastik werden, und namentlich die Reliefkunst dürfte zu ungeahnter Bedeutung gelangen. [...] Sie [die Monumente der Zukunft] werden also derartig geschaffen sein, daß sie ihre volle künstlerische Wirkung sowohl von unten aus [...] als auch von oben aus üben. Und da die Entfernungen, von denen aus die Überfliegenden das Monument sehen werden, weit größere sein werden als die sind, die gegenwärtig den Abstand zwischen Kunstwerk und Beschauer bilden, so werden auch die Monumente dementsprechende gewaltige Dimensionen annehmen müssen; Dimensionen, die zum mindesten der Basis der ägyptischen Pyramiden entsprechen müßten.« (S. 278/79.)

Auch der Sport werde durch die Luftfahrt tiefgreifende Veränderungen erfahren. Die Höhen- und Distanzwettflieger und die ›Luftschwimmer‹ werden den erdgebundenen Sport verdrängt haben. Der menschliche Körper werde im übrigen immer kleiner und leichter werden, und im Sport werde es zunehmend auf Leistungen des Geistes und weniger auf die des Körpers ankommen, so die Prognose von Charles Dona Edward.

Schöne neue Welt der Technik! Wie stark der Glaube an die Möglichkeiten des technischen Fortschritts in jener Zeit ausgeprägt war, zeigt ein Satz aus dem »Neuen Universum« von 1914: »Es gibt kein Unmöglich mehr, die Technik überwindet jede Schwierigkeit.« (Zukunftsträume. In: Das Neue Universum. 35. 1914. S. 92-94. S. 94.) Vier Jahre nach diesen Prophezeiungen führte der Erste Weltkrieg vor, dass moderne Wissenschaft und Technik auch anderes vermögen als die Entwicklung des Menschengeschlechts zu befördern.

Nachdem Martin Luther Papst geworden war und die Alliierten den Zweiten Weltkrieg verloren hatten

Alternative Welten in der Literatur

Geschichtsschreibung virtuell

»Wie gut, dass die Ururgroßeltern damals die Abfahrt der *Titanic* verpasst haben!« – »Wären meine Großeltern nach dem Zweiten Weltkrieg nicht nach B. gezogen, wo sich meine Eltern kennen gelernt haben, gäbe es mich nicht.« – »Wenn ich in der Mathematik-Klausur nicht abgeschrieben hätte, ...« – »Was wäre geschehen, wenn ich ...«

Überlegungen dieser Art hat wohl jeder schon einmal angestellt, wenn er intensiv oder angelegentlich über Sinn und Verlauf seines Lebens nachdachte. Jedem werden gewiss Entscheidungen oder Ereignisse einfallen, die sein Leben bestimmten. Wären die Ereignisse von anderer Art gewesen oder hätten wir uns anders entschieden, so hätte unser Leben möglicherweise einen völlig anderen Verlauf genommen.

Wie unsere eigene Individualgeschichte solche Schlüsselereignisse, Wendepunkte und Weichenstellungen kennt, so kennt auch die allgemeine Geschichte Alternativentscheidungen, von denen die Welt für die Zukunft folgenreich beeinflusst wurde. Sowohl in der Individualgeschichte wie in der allgemeinen Menschheitsgeschichte steht dahinter die nicht zu beantwortende Frage nach dem »Was wäre gewesen, wenn ...?«

Wenden wir diese Frage einmal auf ganz wenige Daten der Weltgeschichte an. Was wäre also gewesen, wenn zum Beispiel

- Alexander der Große nicht so früh gestorben wäre;
- die Mauren in Spanien gesiegt hätten;
- Gutenberg das Drucken mit beweglichen Lettern hundert Jahre später erfunden hätte;
- Martin Luther als Ketzer verbrannt worden wäre;
- Napoleon bei Waterloo gesiegt hätte;
- Lenin nicht aus der Schweiz nach Petrograd transportiert worden wäre;

- die Widerständler des 20. Juli 1944 erfolgreich gewesen wären;
- die Attentäter des 11. September 2001 vor ihrem Massenmord entdeckt und festgenommen worden wären?

Die Variationsbreite für diese Fragestellungen ist beliebig groß, ja wohl unendlich, und der Verfasser hatte, während er sie niederschrieb, das warnende Diktum seines Geschichtsdozenten Anfang der siebziger Jahre im Ohr, der spekulierenden Studenten die Frage nach dem »Was wäre, wenn …?« unter Androhung des Hinauswurfs aus dem Historikerhimmel verbot. Es war dies die Zeit eines materialistischen Determinismus in der historischen Lehre und Forschung.

Demgegenüber hat sich in der Geschichtswissenschaft der letzten 20 Jahre manches verändert. In einem Essay, der sich mit dem Ausgang des Ersten Weltkrieges beschäftigt, schreibt Rainer Rother: »Der Konjunktiv ist die kleine Versuchung des Historikers: Was wäre gewesen, wenn …? Die Betrachtung möglicher Alternativen kann den Blick auf das Vergangene schärfen, die Zwangslage in einer bestimmten Konstellation verdeutlichen und klären, wie eng ein Geschichtsverlauf an zufällige Fakten geknüpft war. [...] Die andere Geschichte, das ist die Geschichte, die nicht war. Sie hat Reiz, sonst könnte sie keine Versuchung sein.«[1]

Die *kontrafaktische Geschichte* hat vor allem in der anglo-amerikanischen Wissenschaft eine gewisse Tradition. Dagegen haben deterministische Geschichtstheorien zur Zeit offenbar weniger Einfluss. Vielmehr wird von neueren Historikern darauf verwiesen, dass alle Versuche, im Gang der Geschichte eine Gesetzmäßigkeit entdecken zu wollen, fehlgeschlagen seien. Historische Entwicklungen seien chaotisch und stünden nur sehr bedingt in zielorientierten Kausalzusammenhängen. Diese Geschichtsauffassung lehnt jede Art von Determinismus ab, der behauptet, dass die Ereignisse so kommen mussten, wie sie dann tatsächlich eintraten.

Berühmt geworden ist das von Niall Ferguson herausgegebene Sammelwerk *Virtuelle Geschichte. Historische Alternativen im 20. Jahrhundert*. In seiner Einführung sieht Ferguson sich und seine Mitstreiter »unterwegs zu einer Chaostheorie der Vergangenheit«.[2] Nach der Einführung beschäftigen sich darin sechs Historiker mit folgenden virtuellen historischen Themen:

- Die europäische Union des deutschen Kaisers. Wenn England sich im August 1914 aus dem Ersten Weltkrieg herausgehalten hätte (Niall Ferguson).

- England unter Hitlers Herrschaft. Wenn Deutschland im Mai 1940 Großbritannien erobert hätte (Andrew Roberts).
- Europa in der Hand der Nationalsozialisten. Wenn die Nazis die Sowjetunion im Zweiten Weltkrieg besiegt hätten (Michael Burleigh).
- Stalins Krieg oder Frieden. Wenn es den Kalten Krieg nicht gegeben hätte (Jonathan Haslam).
- Die Auferstehung von Camelot. Wenn John F. Kennedy das Attentat überlebt hätte (Diane Kunz).
- Das Jahr 1989 ohne Gorbatschow. Wenn der Kommunismus nicht zusammengebrochen wäre (Mark Almond).

Die Lektüre von Alternativgeschichte(n) ist zweifellos unterhaltsam. Man benötigt dafür allerdings eine gewisse Fähigkeit zu logischer Deduktion und Grundkenntnisse in der historischen Überlieferung. Vergleichbar sind diese Voraussetzungen mit der Tatsache, dass man sich beispielsweise einer Parodie auf Goethes *Erlkönig* oder Schillers *Bürgschaft* nur erfreuen kann, wenn man die parodierten Balladen auch kennt.

Alternativgeschichte hat Anfang des 21. Jahrhunderts Konjunktur; dies zeigen u. a. die beiden Bände *Was wäre gewesen, wenn?* und *Was wäre geschehen, wenn?*, die von Robert Cowley herausgegeben wurden.[3] Vorgänger aller dieser Bücher ist die 1932 von J. C. Squire herausgegebene Anthologie *If it had happened otherwise* (deutsche Erstausgabe 1999 unter dem Titel *Wenn Napoleon bei Waterloo gewonnen hätte – und andere abwegige Geschichten*), in der Erzählungen und Beiträge berühmter Autoren wie Winston Churchill, G. K. Chesterton, André Maurois und G. M. Trevelyan vertreten sind.[4]

Natürlich sind viele dieser Beiträge nicht ohne Augenzwinkern geschrieben worden und müssen auch mit Augenzwinkern gelesen werden. Es ist diesen Texten die Freude am Spiel mit der Fantasie und das Vergnügen an logischen Kombinationen anzumerken. Unter den Autoren finden sich Historiker, Politiker und Literaten.

Alternativwelten der Science Fiction

Die Frage nach dem »Was wäre, wenn?« ist häufig auch von Autoren des literarischen Genres Science Fiction gestellt worden. Die Alternativwelt-Romane oder »alternate time stream novels« bilden in der Literaturgattung Science Fiction eine Untergattung, obwohl sie im Grunde das genaue

Gegenteil von dem sind, was Science Fiction im allgemeinen Verständnis früherer Zeiten ausgemacht hat. Science Fiction bezeichnete bis in die siebziger Jahre des 20. Jahrhunderts vor allem die technisch-wissenschaftliche, seltener auch die gesellschaftliche Zukunftsspekulation, die in der Gegenwart bereits erkennbare Trends fortschreibt und gegebenenfalls erzählerisch zu einem Extrem führt. In der Alternativwelt-Erzählung wird aber die Vergangenheit verändert, es werden Ereignisse dargestellt, die mit Sicherheit nicht den Fakten entsprechen, eben weil sie in einer überprüfbaren Vergangenheit liegen.

Zwei Definitionsversuche scheinen geeignet, Alternativwelt-Romane dem Genre Science Fiction zuzuordnen. Wolfgang Jeschke, Literaturwissenschaftler, jahrelang Herausgeber von Science Fiction-Literatur und selbst Autor definiert:

»Science Fiction ist Ausdruck von Wünschen und Ängsten. Sie ist das Ausfabulieren von erhofften oder befürchteten Ereignissen, die zur Zeit ihrer Darstellung in der Realität nicht stattfinden konnten, weil sie auf historischen oder wissenschaftlichen oder technischen Voraussetzungen aufbauen, die nicht gegeben waren, deren Eintreten zwar nicht notwendigerweise zu erwarten, aber immerhin möglich war, weil sie nicht im Widerspruch zum geltenden wissenschaftlichen Weltbild standen.« Und der Naturwissenschaftler und erfolgreiche Science Fiction-Autor Herbert W. Franke meinte: »Science Fiction ist kontrollierte Spekulation.«[5]

Durch das Aufkommen der Zeitreisegeschichten in der Nachfolge von H. G. Wells' *Zeitmaschine* aus dem 19. Jahrhundert wurde die Science Fiction im 20. Jahrhundert zudem mit einer hochspekulativen Untergattung bereichert, die sich teilweise mit der Alternativwelt-Tradition überschneidet. In zahlreichen Kurzgeschichten und Erzählungen der Zeitreise-Literatur wurden und werden paradoxe Situationen geschildert, die durch absichtliche oder unabsichtliche Einwirkungen von Zeitreisenden eintreten. Diese Geschichten leben vornehmlich von der Außergewöhnlichkeit des Einfalls, der Idee und von überraschenden Pointen, legen hingegen gelegentlich weniger Wert auf eine in sich stimmige und nachvollziehbare Handlung in einem erdachten alternativen Geschichtsverlauf.

Dies aber macht nun gerade den Reiz der Alternativwelt-Literatur im Unterschied zur virtuellen Geschichtsschreibung aus. Es ist die fremdartige Lebendigkeit eines in sich geschlossenen Systems, es ist die Erschaffung einer Alternativwelt im Roman oder in der Erzählung mit literarischen Mitteln, die sich schließlich mehr oder weniger in der Vorstellungskraft des Lesers manifestiert. Wenn man mit Marion Zimmer Bradley der Meinung ist, dass Bücherlesen die einzige Möglichkeit sei, mehr als ein Leben zu leben ohne mehr als einen Tod zu erleiden, so trifft dies sicher ganz besonders auf literarische Alternativwelt-Geschichten zu.

Wenn Literatur also an sich schon eine Alternativwelt ist, so ist die hier zur Debatte stehende Untergattung der Science Fiction-Literatur dies ganz bewusst und in noch höherem Maße. Eine weitere besondere Attraktivität besitzt diese Literatur dadurch, dass die dargestellte Alternativwelt sich nur zu einem Teil von dem tatsächlichen, selbst erlebten oder angelesenen Geschichtsverlauf unterscheidet; Wiedererkenntnis von Fakten und Ereignissen ist möglich – freilich von dem Licht einer alternativen Sonne beschienen, das eben ein anderes ist als das bekannte reale Sonnenlicht der Erde des Lesers, ein Licht, das auch andere Schatten wirft.

Die oft bis in Details ausgemalte und beschriebene alternative Welt eines Science Fiction-Romans unterscheidet sich erheblich von der historischen Spekulation der virtuellen Geschichtsschreibung. Nehmen wir als Beispiel die berühmte kontrafaktische Spekulation von Arnold Toynbee aus dem Jahr 1969 *If Alexander the Great had lived on.*[6] Toynbee schildert darin auf 80 Buchseiten den Verlauf der Weltgeschichte bis in unsere Gegenwart unter der Prämisse, dass Alexander der Große 323 vor Christus nicht an einem Fieber gestorben wäre. Alexander, so Toynbee, wäre dann bis nach China gelangt und hätte es erobert. Von ihm ausgestattete Schiffsexpeditionen hätten sehr viel früher Afrika umfahren als dies in unserer realen Welt tatsächlich der Fall war; die lingua franca der Welt wäre das Aramäische geworden und die Weltreligion der Buddhismus. Die Dampfmaschine wäre nach Toynbee sehr viel früher erfunden worden, und unter dem klugen Regime seiner Nachfolger bis hin zum Weltherrscher Alexander LXXXVI. wäre eine befriedete Welt entstanden, die heute weit fortgeschrittener wäre als die unsrige.

Demgegenüber hat der Historiker Josiah Ober darauf hingewiesen, dass Alexander ständig nur auf Eroberungen aus war und häufig den Terror als politische Waffe eingesetzt hat. Hätte Alexander tatsächlich noch 20 weitere Jahre gelebt, so wäre die antike Welt nach Obers Meinung nur mit weiteren Kämpfen und Raubzügen erfüllt worden, und die Kultur, insbesondere die des Hellenismus, hätte durch einen späteren Tod Alexanders wohl großen

Schaden genommen. Ober stellt stattdessen einen viel früheren Tod Alexanders als Prämisse vor und leitet aus ihr eine Welt ab, in der durch eine andere Politik Roms das Christentum wie der Islam nie entstanden wären.[7]

Wenn Ansätze virtueller Geschichtsschreibung wie die eben hier vorgestellten auch ein gerüttelt Maß an kreativer Fantasie bedürfen, so ist ihnen doch die Ernsthaftigkeit des sich auf politische oder gesellschaftliche Geschichte konzentrierenden Historikers anzumerken, den Details alltäglicher oder gar emotionaler Art nicht interessieren. Wir wollen uns im Folgenden jedoch mit literarischen Alternativwelten beschäftigen – mit Welten, in denen Politik, Krieg und Gesellschaft der Überbau sind für die Existenz vieler Millionen Individuen; Alternativwelten, in denen der Alltag des Einzelnen, sein Leben und Sterben, Liebe und Hass, aber auch technische Entwicklungen und Erfindungen zwischen zwei Buchdeckeln zu finden sind und im Kopf durch Lesen lebendig werden.

Eine »nordische Religion« siegt über das Christentum

Gleich in sechs Buchdeckeln eingeschlossen ist die im frühen Mittelalter angesiedelte Alternativwelt-Saga von Harry Harrison und John Holm, 1993–1996 unter dem Titel *The Hammer and the Cross* erschienen und unter dem Sammeltitel *Hammer und Kreuz* seit 2001 auf Deutsch vorliegend. Auf fast 2.000 Seiten wird in drei Romanen eine alternative europäische Welt geschildert, die auf der einen Seite sehr nahe an die tatsächlichen historischen Geschehnisse heranreicht, auf der anderen Seite aber völlig von ihnen abweicht. Es ist ein Roman-Zyklus voller Spannung und Abenteuer, freilich auch voller detailliert dargestellter Grausamkeiten.[8]

Die historische Ausgangslage in unserer realen Welt war in etwa Folgende: Im späten 8. Jahrhundert waren die britischen Inseln christlich geworden. Angelsächsische Missionare wirkten erfolgreich in Deutschland. Ende des Jahrhunderts landeten erstmals Wikingerschiffe an der englischen Küste und verwüsteten das ebenso reiche wie wehrlose Kloster Lindisfarne. In der Folgezeit litten die Inseln furchtbar unter den Einfällen der Wikinger; ein Teil Britanniens wurde wieder heidnisch und England zeitweise von dänischen Königen regiert. Der König von Wessex, Alfred der Große, drängte in langwierigen Kämpfen die Wikinger zurück, und im Laufe der folgenden Jahrzehnte eroberten die christlichen Engländer die Länder zurück.

Die beiden Autoren Harrison und Holm schreiben dazu in ihrem Vorwort unter dem Titel *Realität und Fiction*:

»Heute, im nachhinein, erkennen wir, dass die Christen einen gemeinsamen Glauben, einen Klerus und Disziplin besaßen und die Heiden nichts davon – sie besaßen nur ihre vielfältigen Sitten, ihre zusammenhanglose Mythologie und ihren Hass.

Die vorliegende Geschichte beschäftigt sich mit dem ›Was wäre, wenn ...?‹. Was wäre, wenn die Wikinger ihr Heidentum in eine organisierte Religion verwandelt hätten, zu einem Gegenstück ihres christlichen Rivalen? Und was wäre, wenn diese Religion – die in diesem Buch der *Weg Asgards* genannt wird – bewusst technikfreundlich gewesen wäre, anstatt wie das Christentum auch, weitgehend technikfeindlich? Welchen Lauf hätte die Geschichte in diesem Fall genommen?«

Anführer der Bewegung ist ein technisch hochbegabter junger Schmied von nordischer Abstammung namens Shef. Er bringt den Wikingern blutige Niederlagen bei und baut eine Streitmacht unter einer Fahne auf, die sowohl den Hammer als auch das Kreuz als Zeichen führt. Im dritten Teil der Trilogie, *König und Imperator*, sinniert Shef: »Es war wieder die Sache mit dem Buchvolk. Die drei großen Religionen, die aus dem Osten gekommen waren, waren im Grunde genommen Religionen des Buchs, verschiedener Bücher oder desselben Buchs mit verschiedenen Ergänzungen. Und sie verachteten alle, die nicht an ihrem jeweiligen Buch festhielten. Nannten sie Teufelsanbeter.«[9]

Die römische Kirche reagiert mit Gewalt auf den Emporkömmling, verliert jedoch die kriegerische Auseinandersetzung. Rom wird aus Britannien vertrieben und rüstet daraufhin zu einem Kreuzzug gegen England. Auch die Wikinger sinnen auf Rache. In England entstehen jedoch eine neue Weltmacht und eine neue Religion, die das Abendland – und nicht nur dieses – in eine völlig andere Zukunft führen, als sie tatsächlich Realität wurde.

Ein deutscher Leser dieses gewaltigen, aber nicht ausufernden Romanwerkes dürfte in der Regel zunächst seine Schwierigkeiten mit der darin zwar nicht verherrlichten, doch mit Sympathie dargestellten nordischen Götterwelt und einer sich herausbildenden *nordischen Weltanschauung* haben. Es gibt für die mentalen Schwierigkeiten, sich dieser Gedankenwelt zu nähern, einen guten Grund, nämlich die deutsche Geschichte in der ersten Hälfte des 20.

Jahrhunderts und der Wahnsinn des Nationalsozialismus mit seiner Verehrung alles Germanischen oder Nordischen bzw. dessen, was seine Ideologen dafür hielten.

Die beiden amerikanischen Autoren nähern sich der skandinavischen, englischen und auch deutschen Geschichte am Ausgang des ersten nachchristlichen Jahrtausends sehr viel unbefangener – und können dies auch tun. Sie sind an keiner Stelle der Roman-Trilogie der Gefahr einer rassistischen Wertung von Menschen und Ereignissen ausgesetzt. Freilich stößt den sensiblen Leser – neben der im Erscheinungsjahr beim Heyne-Verlag üblichen Cover-Gestaltung – auch die an einigen Stellen detailfreudige Darstellung von Grausamkeiten ab.

Das Argument eines wohlwollenden Lesers, der dagegen anführen könnte, dass es in unserer heutigen Zeit schon starken Tobaks bedürfe, um die Aufmerksamkeit und das bleibende Interesse eines breiteren Publikums zu erregen, wird von den Autoren im Vorwort im Grunde ausgehebelt, ja, in sein Gegenteil verkehrt dergestalt, dass auf die Darstellung und Inhalte *alter Literatur* abgehoben wird:

»Alle in *Hammer und Kreuz* erwähnten Könige sind geschichtlich überliefert und viele der geschilderten Vorfälle – insbesondere die grausamsten und unwahrscheinlichsten – stammen ebenfalls aus alten Chroniken. Wir haben jede Anstrengung unternommen, die politischen Zustände und die Geisteshaltung der damaligen Zeit so akkurat wie möglich darzustellen.

Aber alle Dinge, die mit dem Weg Asgards, mit Shef und neu entwickelter Technik zu tun haben sind pure Fiktion, und wir hoffen, dass es Science Fiction ist. Das heißt aber nicht, dass sie unmöglich wären. Die Dinge hätten durchaus auf diese Weise geschehen können – damit hätte die Geschichte einen anderen Weg eingeschlagen als den, der zu einem christlichen Europa geführt hat.«

Anders als ein weitverbreitetes Vorurteil meint, hat Science Fiction nicht nur etwas mit Weltraumopern und Robotermärchen zu tun, sondern bietet ein breites Spektrum an Themen und Ideen. Zu diesen gehört auch die Religion. Literaturhistorische und literaturkritische Untersuchungen zum Thema Science Fiction und Religion belegen eine Affinität dieser Literaturgattung zu religiösen Themen, die ob ihrer Reichhaltigkeit überrascht.[10] Auch Alternativwelt-Romane haben sich, wie wir in der eben vorgestellten Roman-Trilogie gesehen haben, diesem Thema gewidmet.

Spannende Unterhaltung bietet diese Roman-Trilogie, sie regt den Leser aber auch zu einer Auseinandersetzung mit den Wurzeln der großen Weltreligionen an – eine Anregung, der wir auch in einigen der im Folgenden vorgestellten Romane begegnen; eine Anregung, die den Reiz dieser Literaturgattung in ganz besonderer Weise ausmacht.

Der norddeutsche Leser bzw. der Kenner und Freund norddeutscher Landschaften kann sich bei der Lektüre der *Hammer und Kreuz*-Trilogie eines zusätzlichen Vergnügens erfreuen. Die Beschreibungen der Küstenstriche des heutigen Niedersachsen und Schleswig-Holstein, besonders des Unterlaufs der Elbe, sind von einer Anschaulichkeit, die ein Wiedererkennen leicht ermöglicht und zudem noch den Reiz einer zeitverschobenen Alternativwelt besitzt. Dieser auf den ersten Blick vielleicht trivial wirkende Roman-Zyklus offenbart auf den zweiten Blick alle positiven Eigenschaften, welche die Alternativwelt-Literatur so attraktiv erscheinen lässt.

Das Thema Religion und Gesellschaft und die Entwicklung der beiden im Anschluss an eine andere historische Weichenstellung ist auch Gegenstand zweier Romane, die sich vor allem mit den gesellschaftlichen, politischen, aber auch individuellen Auswirkungen der Einflussnahme der Religionen bzw. der besonderen Stellung der römisch-katholischen Kirche beschäftigen.

Martin Luther wird Papst Germanian I.

In dem 1968 erschienenen Roman *Pavane Oder die folgenschwere Ermordung von Elisabeth I.* schildert Keith Roberts eine Welt am Ausgang des 20. Jahrhunderts, die von der Katholischen Kirche beherrscht wird. Das Datum der *Weichenstellung* ist der Juli 1588. In London erliegt Königin Elisabeth I. dem Pistolenattentat eines fanatischen Papstanhängers. Daraufhin brechen in England bürgerkriegsähnliche Zustände aus. Philipp II. besiegt in dieser Zeit nicht nur die englische Flotte, sondern unterwirft Großbritannien. Im Prolog zu dem Roman heißt es dazu:

»Dem Sieger die Beute. Nachdem die Herrschaft der Katholischen Kirche gesichert war, stellte die aufsteigende Nation Großbritannien ihre Streitkräfte in den Dienst der Päpste, trieb die Protestanten der Niederlande zu Paaren und zerschlug in den langen lutherischen Kriegen die Macht der deutschen Kleinstaaten. Die Kolonisten des nordamerikanischen Kontinents blieben im Einflussbereich Spaniens; Cook pflanzte in Australasien die kobaltblaue Flagge von St. Peter.«[11]

In einer zur Fiktion gehörenden Anmerkung bietet Roberts dem Leser noch ein literarisches Verwirrspiel – keine Seltenheit in Alternativwelt-Romanen. Er führt gleichsam eine Alternativwelt in der Alternativwelt vor, die aber den Vorgängen in unserer realen Welt entspricht. Was wäre gewesen, so Roberts, wenn Elisabeth I. nicht dem Attentat zum Opfer gefallen wäre:

»Angenommen, Elisabeth I. wäre 1588 dem Pistolenattentat des fanatischen Papisten entgangen; angenommen, Francis Drake hätte – es klingt unwahrscheinlich, gewiß – eine Taktik angewendet, mit der es der hoffnungslos unterlegenen englischen Flotte möglich gewesen wäre, der unüberwindlichen Armada erfolgreich zuzusetzen; oder angenommen, Gott selbst hätte den Gebeten Philipps, der während des Auslaufens der spanischen Flotte drei Stunden vor dem Sakrament lag, um den Sieg zu erflehen, in seinem unergründlichen Ratschluß kein Gehör geschenkt, womöglich gar ein Unwetter geschickt gegen die Imperialisten Roms, damit sie scheiterten. Vielleicht wäre die Geschichte ganz anders verlaufen, sähe die Welt heute ganz anders aus, und ein Historiker des ausgehenden 20. Jahrhunderts könnte über die heute so verketzerte und tot geschwiegene Königin schreiben: ›Sie räumte mit den Kräften der Reaktion, den Kuttenträgern, den Gehirnwäschern und Hexenverbrennern auf und führte England aus der Untergangsstimmung der damaligen Zeit heraus. Elisabeth steht am Beginn einer neuen Zeit, der modernen Zeit ... Die segensreiche Idee der Toleranz war geboren. Das war Elisabeths Großtat für eine moderne Welt. Die Weichen wurden gestellt, ein Weg durch den Urwald mittelalterlicher Denkwirrnis war gerodet.‹ Welch eine bessere Welt hätte entstehen können!

Doch solche Spekulationen sind müßig, weil Häresien in der Art eines Morus und Campanella, eines Swift oder H. G. Wells, die für ihre Utopien auf dem Scheiterhaufen endeten wie Giordano Bruno und Voltaire. Also mimt der Autor den Chronisten und verzeichnet die Fakten.«[12]

Der Roman von Keith Roberts fasziniert durch seine detaillierte und dichte Darstellung einer Welt, in der viele Erfindungen, wie wir sie seit dem 19. Jahrhundert kennen, noch nicht gemacht bzw. von der Kirche nicht zugelassen oder unterdrückt wurden. Der Güter- und Personenverkehr wird mit gewaltigen Dampfmaschinen auf Straßen abgewickelt:

»Gegenüber dem Verbrennungsmotor empfand Jesse [ein Dampfwagenfuhrmann] die natürliche Verachtung aller Fuhrleute, obwohl er der Diskussion um das Für und Wider aufmerksam gefolgt war. Vielleicht erlangte die Fortbewegung durch Benzin eines Tages doch eine gewisse Bedeutung, und da gab es ja neuerdings noch ein anderes System. Wie hieß es doch gleich ... *Diesel?* Aber erst mußte das Verbot der Kirche aufgehoben werden. Die Bulle *Petroleum Veto* von 1910 hatte den Hubraum von Verbrennungsmotoren auf 150 Kubikzoll beschränkt, und seither waren die Fuhrleute ohne ernsthafte Konkurrenz geblieben. Die Benzinfahrzeuge hatten sich mit lustigen Segeln aushelfen müßen, damit sie überhaupt voran kamen, und an einen Gütertransport war überhaupt nicht zu denken.«[13]

Wie die Fuhrleute gehören auch die Nachrichtenexperten dieser Welt einer mächtigen Zunft an. Sie übermitteln über Kontinente hinweg Informationen mit Hilfe sogenannter Semarphortürme. Das sind hohe Gebäude, auf denen Signalmasten stehen, die mit einer komplizierten Zeichensprache Mitteilungen formulieren, die wiederum jeweils vom nächsten Semarphorturm per starkem Fernglas gelesen werden.

Von dieser Zunft geht im Untergrund Widerstand aus. Sie und andere mächtige Zünfte forschen auf wissenschaftlicher Basis und entwickeln ihre Entdeckungen und Erfindungen zur Praxisreife. Schließlich kommt es zum Aufstand gegen die Kirche. In einem Brief der Heldin des Romans an ihren Sohn wird die dann folgende Geschichte am Ausgang des 20. Jahrhunderts zusammengefasst. Interessanterweise wird die bis dahin mit wenig Sympathie beschriebene allmächtige Kirche nun völlig anders dargestellt, nämlich als Einrichtung, die in ihrer Weisheit die Menschheit vor Schlimmerem bewahrt habe. Gleichzeitig wird durch einen hier nicht zu erörternden Griff in die Trickkiste der Fantasy-Literatur die Alternativwelt in Vergleich zu unserer realen Welt gesetzt:

»Als die Macht dieser Kirche am stärksten zu sein schien, war sie in Wirklichkeit am schwächsten. Innerhalb von 10 Jahren [...] hatten sich die Kolonien der Neuen Welt von Rom losgesagt. Die Aufstände, die überall in der westlichen Welt losbrachen, hatten ihren Ursprung in jener Zeit der Revolte. Australasien ging verloren, die Niederlande, der größte Teil Skandinaviens; und während der Papst verzweifelt gegen Deutschland kämpfte, ging Charles [der englische König] das Risiko ein, sich von der Kirche loszusagen.

Engeland wurde wieder zu Großbritannien, ohne Blutvergießen, ohne Opfer. Technische Neuerungen, Elektrizität und viele andere Dinge warteten auf ihre Verwendung; sie alle waren uns von Rom vorenthalten worden. Die Menschen spuckten nun aus, wenn von der Kirche die Rede war, nannten sie verderbt und böse. [...]

Die Wege der Kirche waren geheimnisvoll, ihre Politik niemals offenkundig. Ebenso wie wir wußten die Päpste, daß die Menschen über die Elektrizität zum Atom kommen würden. Daß sie mit der Kernspaltung auch die Kernverschmelzung bewältigen würden. Die Kirche wußte, daß sich der Fortschritt nicht aufhalten ließ; doch sie wollte ihn verlangsamen, wollte ihn möglichst um ein halbes Jahrhundert verzögern, wollte den Menschen Zeit geben, sich der wahren Vernunft ein wenig mehr zu nähern; das war das Geschenk, das sie dieser Welt vermacht hat, und dieses Geschenk war trotz allem ungemein kostbar. Hat sie Gewalt dazu gebraucht? Hat sie gehängt und verbrannt? Das hat sie, ja. Aber es gab keinen Völkermord, keine Massenvernichtung anderer Rassen und Minderheiten. Namen wie Belsen, Buchenwald oder Passchendaele erschüttern dich nicht, sie sagen dir nichts.«[14]

Ähnlich wie bei Roberts übt auch in Kingsley Amis' Roman *Die Verwandlung* die Kirche nicht nur die geistliche, sondern auch die politische Macht über die gesamte Welt aus. Der Roman beruht auf der Prämisse, dass eine Reformation nicht stattgefunden hat. Luther hat nicht mit der Kirche gebrochen, sondern hat sich mit ihr arrangiert und wurde Papst unter dem Namen Germanian I. Die Macht des Papsttums ist auch im 20. Jahrhundert ungebrochen, und nur in Amerika existiert eine abgespaltene protestantische Republik unter dem Namen Neu-England, die einen selbstbewussten Rassismus einschließlich Apartheid pflegt. Einziger Gegenspieler der Kirche ist weltpolitisch gesehen das Osmanische Reich, mit dem das Papsttum gelegentlich Kriege führt, deren wirkliche, aber natürlich geheimgehaltene Absicht eine Bevölkerungsreduktion ist.

Die Entwicklung des technischen Fortschritts wird auch in diesem Roman von der Kirche beeinflusst. Elektrizität gilt als etwas Böses; deshalb wurde auch nur das Diesel-Prinzip mit *Selbstzündung* bei den Verbrennungsmotoren verwirklicht. Es gibt Luftfahrt, allerdings nur in Form des Ballons bzw. des Zeppelinluftschiffes. Das Leben unter kirchlicher Herrschaft läuft gemächlich vor sich hin. Zwar sind die bürgerlichen Freiheiten beschnitten, aber das kulturelle, geistige und künstlerische Angebot ist groß und spielt in dieser

Welt eine bedeutende Rolle. Die Katastrophen unserer Welt, vor allem auch die Weltkriege des 20. Jahrhunderts, haben sich in der Romanwelt nicht zugetragen; die Umwelt wurde nicht zerstört, und durch die Restriktionen der Kirche ist auch keine atomare Bedrohung vorhanden.

Stärker als in allen bisher vorgestellten Romanen spielen in diesem Witz, Humor und Satire eine Rolle. In Amis' Roman tauchen zahlreiche bekannte Namen auf; so ist z. B. Jean-Paul Sartre ein religiöser Schriftsteller, und Himmler und Berija haben als Kurienkardinäle einen kirchlichen Geheimdienst aufgebaut.

Einen Spaß erlaubt sich Amis mit der Literaturgattung Science Fiction, die in dem Roman als *Zeitspekulation* (ZS) oder *Falsche Welt* (FW) auftaucht. Dies sind Romane im Roman, die unsere reale Welt beschreiben, in der Alternativwelt von Amis aber als unwahrscheinliche Spekulationen von vielen Lesern außerordentlich geliebt, von offizieller kirchlicher oder staatlicher Seite jedoch abgelehnt und verboten werden. In diesen Romanen gibt es Elektrizität und Flugzeuge. Neu-England (die USA) ist eine unabhängige Republik und im Jahr 1976 die größte Macht der Erde – unvorstellbar für vernünftig denkende Alternativweltler: »Wischiwaschi. Die widerwärtige kleine Höhle von Dieben und Barbaren die größte Weltmacht?«[15]

Der literarische Trick des Romans im Roman, der Austausch von Fiktion und Wirklichkeit, nach dem der *unwahrscheinliche* Roman im Roman unsere reale Welt beschreibt, ist, wie wir schon gesehen haben, ein beliebtes Stilmittel in der Alternativwelt-Literatur.

Der Titel des Romans *Die Verwandlung* spielt auf den Protagonisten an. Er ist ein Junge, der eine begnadete Stimme hat, die auf Wunsch der Kirche zum Lobe Gottes erhalten bleiben und nicht dem Stimmbruch zum Opfer fallen soll. Mit anderen Worten, es geht um Kastration.

Franz Rottensteiner hat in einem schönen Nachwort zur deutschen Ausgabe die dem Roman zu Grunde liegende Idee herausgearbeitet: »Amis' Roman beschreibt jedoch in erster Linie eine Welt mit einem ganz anderen Weltgefühl, wo Glaube und Kunst und Wissen noch eins sind, nicht gegeneinander wirken. Eine von tiefer Gläubigkeit durchdrungene alternative Realität, realistisch und mit gewissen ironischen Zügen, bei der es sich nicht um eine Utopie, um kein Idealbild handelt; in der also die Kirche und ihre Vertreter nicht weniger fehlbar sind als in der realen Welt, und höchstes Schöpfertum und fleischliche Versuchung, Religiosität und unmenschliches

Handeln, Schönheit und Grausamkeit eng benachbart sind. *Die Verwandlung* ist ein amüsantes, ironisches, durchaus realistisches Gedankenspiel, das wesentliche Fragen menschlichen Zusammenlebens anschneidet, wie die Rolle des Individuums in seiner Gemeinschaft, die Bedingtheit des Seins, die Grenzen der Auflehnung.«[16]

Napoleon siegt bei Waterloo und die amerikanischen Südstaaten bei Gettysburg

Witzig, fröhlich, champagnerfroh geht es in dem Alternativwelt-Roman *Der zeitgereiste Napoleon* von Hayford Peirce zu. Die Möglichkeit in verschiedenen Welten *gleichzeitig* zu leben, nehmen zwei charmante Betrüger wahr, die dafür Zeitmaschinen unterschiedlicher Art benutzen. In der Haupt-Alternativwelt des Romans hat sich Napoleon ganz Europa unterworfen, auch Großbritannien. Auf allen europäischen Thronen einschließlich denen von Sankt Petersburg und London sitzen Verwandte des am Ende des 20. Jahrhunderts regierenden Napoleons V. Seit rund 200 Jahren regieren die Bonapartes ein vereinigtes Europa, seit über hundert Jahren herrscht in England das verhasste Haus Bonaparte-Hanover.

Deutschland besteht auch in den 90-er Jahren des 20. Jahrhunderts aus 29 Kleinstaaten und Fürstentümern, die eine lose Konföderation eingegangen sind. Es ist eine kulturell sehr hoch stehende Dichter- und Gelehrtenwelt dieses in Gesamteuropa aufgegangene Vielstaaten-Deutschland. Der regierende Kaiser Napoleon V. meint: »Die Deutschen sind in erster Linie Dichter, Visionäre und Träumer; sie haben überhaupt keinen Sinn für das Praktische.«[17]

Dieses von französischen Kaisern beherrschte Europa ist eine sinnenfrohe Welt, freilich regt sich auch Widerstand unter den Nationen. Eine Pointe hält der Roman am Schluss bereit. In der französisch beherrschten Alternativwelt ist der Champagner unbekannt. Der in die Vergangenheit zurückgeschickte berufsmäßige Hochstapler, der Napoleon ersetzen soll, um auf diese Weise die europäischen Nationen des 20. Jahrhunderts von der Tyrannei zu befreien, bringt die Kenntnis der Champagnerherstellung mit und erwirbt auf diese Weise Reichtum und Ruhm.

Hayford Peirce ist ein gut zu lesender Unterhaltungsroman gelungen, der gleichwohl durch die Prämisse, dass Napoleon gesiegt habe, auch einen interessanten Blick auf unsere europäische Gegenwart aus einer völlig neuen

Perspektive ermöglicht. So verwirrend auch gelegentlich der, freilich nicht ohne Ironie, eingesetzte *deus ex machina* in Gestalt der Zeitmaschine sein mag, die Handlung wahrt trotz aller vergnügter Phantasterei doch eine gewisse Stringenz.

Das kann man von den Alternativwelt-Romanen des Neil Smith nicht behaupten. In seinen in den 80-er Jahren des 20. Jahrhunderts erschienen sieben Romanen schildert Smith im Stil amerikanischer Detektivgeschichten aus den 40-er und 50-er Jahren ein völlig anderes Amerika. Im Lexikon der Science Fiction-Literatur heißt es über seine Romane aus dem so genannten Gallatin-Universum: »Gallatin, ein Politiker aus dem Umkreis George Washingtons, wird erster Präsident der USA, nachdem Washington von erbosten Farmern, denen er den Branntwein besteuern wollte, gefangen genommen und erschossen wurde. Das Ergebnis ist ein anarchistisches Amerika so ganz nach dem Herzen der Libertinisten, wo man jedem Baby schon einen Revolver in die Wiege legt, damit es sich verteidigen und seine Rechte durchsetzen kann. Einen Präsidenten gibt es längst nicht mehr, und die Politik findet im Saale statt, d. h. in endlosen Debatten und Abstimmungen. Smith dehnt sein Gallatin-Universum durch Raum und Zeit, durch Reisen in die Vergangenheit und durch die Galaxis so lange aus, bis der Leser (und wahrscheinlich auch der Autor) den Überblick vollends verloren hat.«[18]

Mit einem alternativen Verlauf der amerikanischen Geschichte beschäftigt sich auch ein Titel, der zu den Klassikern des Genres zählt, Ward Moores 1953 erschienener Roman *Bring the jubilee – Der große Süden*.[19]

Moore geht von der Prämisse aus, dass die entscheidende Schlacht im amerikanischen Bürgerkrieg bei Gettysburg 1863 nicht wie in der Realität von den Nordstaaten, sondern von den Südstaaten gewonnen wurde. Die Konföderation der Südstaaten entwickelt sich im Laufe des folgenden Jahrhunderts zu einem riesigen, reichen Agrarstaat, der unterlegene Norden hingegen wird ein von Fremdeinflüssen beherrschtes Gebilde, in dem Armut und Hunger herrschen. Eine hohe Arbeitslosigkeit und der Einfluss mächtiger krimineller Banden machen das Leben im Norden Amerikas zu einem Alptraum. Moore schildert eine Welt, in der sich konservative bis reaktionäre Kräfte durchgesetzt haben, was zu einer Verlangsamung der geistigen und technischen Entwicklung im Vergleich zur realen Welt führt. Auch in Moores Welt beherrscht die Ballon- und Zeppelinfahrt die Luft,

Starrflügler, also Flugzeuge, existieren nicht. Pferd und Wagen bestimmen den Verkehr auf den Straßen New Yorks.

Die Südstaaten aber sind zu einem Vorreiter des Rassismus geworden. Ward Moore beschreibt diese Alternativwelt von 1955 in folgendem Gespräch:

»›Natürlich kann ich mich nicht allzu gut an Einzelheiten erinnern, aber mir scheint, daß die Spanier nicht den gleichen Rassenfanatismus haben. Die Portugiesen, Franzosen und Holländer haben ihn ganz gewiß nicht. Selbst die Engländer sind sich der angelsächsischen Überlegenheit nicht ganz so sicher. Nur die Amerikaner, in den Vereinigten Staaten und auch in den Konföderierten Staaten, beurteilen jeden nach der Hautfarbe.‹

›Im Fall der Konföderation ist es ziemlich einfach‹, sagte ich. ›Es gibt ungefähr fünfzig Millionen Bürger der Konföderation und zweihundertfünfzig Millionen Untertanen. Wäre die weiße Vorherrschaft nicht der Eckstein der staatlichen Politik, hätte ein Besucher beim Bereisen des Landes Schwierigkeiten, die herrschende Klasse von den Beherrschten zu unterscheiden. Viele Einwanderer aus den lateinamerikanischen Ländern haben es im Laufe der Generationen zu Wohlstand und Einfluss gebracht. Ihre Nachkommen sind heute Vollbürger, obwohl ihre Hautfarbe zuweilen dunkler ist als diejenige von hellen Negermischlingen. Hier ist es noch viel komplizierter. Vergessen wir nicht, dass wir einen Krieg verloren haben, den wichtigsten Krieg in unserer Geschichte, der in einem ursächlichen Zusammenhang mit der Hautfarbe stand.‹

›In Japan‹, sagte Hiro, ›pflegte man auf die hellhäutigere Urbevölkerung der Ainu herabzusehen. Und wie die Christen einst verfolgt und in den Untergrund getrieben wurden, so verfolgten sie später in Spanien und Portugal die Juden und trieben sie aus dem Land.‹ ›Die Juden‹, murmelte Catty sinnend. ›Gibt es immer noch welche?‹ ›O ja‹, sagte ich. ›Einige Millionen in Uganda, wohin sie 1933 von der britischen Regierung umgesiedelt wurden. Und kleinere Gruppen gibt es in den meisten Ländern, außer in der Deutschen Union, wo sie im Verlauf der Pogrome von 1905 bis 1913 ausgerottet wurden.‹ ›Diese Pogrome müssen um einiges gründlicher gewesen sein als die Massaker unter den Japanern und Chinesen hier in den Vereinigten Staaten‹, sagte Hiro. ›Das kann man sagen‹, stimmte ich ihm zu. ›Schließlich überlebten hier ein paar Handvoll Asiaten, über das ganze Land verstreut.‹ ›Unter ihnen meine Eltern und Kimis Großeltern.

Die noch von Glück sagen konnten, daß sie amerikanische Japaner waren, und keine europäischen Juden.‹ ›Auch in den Vereinigten Staaten gibt es Juden‹, verkündete Kimi. ›‚Ich lernte mal eine Jüdin kennen. Aber sie war vom Glauben Ihrer Väter abgefallen, eine Theosophin. Sie empfahl mir die Beschäftigung mit den Weisheiten des Ostens.‹ ›Es können nur wenige Juden im Lande leben. Am Ende des Unabhängigkeitskrieges des Südens gab es auf beiden Seiten der Grenze ungefähr zweihunderttausend. Nach den Wahlen von 1872 wurde General Grants Befehl Nummer zehn, mit dem alle Juden aus dem Bundesstaat Missouri ausgewiesen wurden und der von Präsident Lincoln sofort ausgesetzt worden war, von Präsident Butler rückwirkend wieder in Kraft gesetzt, ungeachtet des Umstandes, daß die Vereinigten Staaten dieses Territorium an den Süden verloren hatten. Von da an wurden Juden wie alle anderen Farbigen behandelt: Neger, Orientalen, Inder und Südseeinsulaner. Wie diese wurden sie unerwünschte Personen, die man mit allen möglichen Schikanen zum Verlassen des Landes drängte oder sie kurzerhand vertrieb.‹«[20]

Der Roman endet mit einer überraschenden Pointe. Der Held gelangt mit einer Zeitmaschine in das Schlachtgeschehen um Gettysburg, das er als Historiker beschreiben will. Seine Präsenz dort verändert freilich den Lauf der Geschichte entsprechend unserer realen Welt. Der Norden gewinnt den amerikanischen Bürgerkrieg, und der Held verbringt den Rest seines Lebens in einer durch seine unabsichtliche Einflussnahme veränderten Gesellschaft.

Preußen verliert den »Deutschen Krieg« von 1866

Betrachtet man die Romane amerikanischer oder englischer Autoren, so wird schnell deutlich, dass ihre Alternativwelten kaum utopischen Charakter haben. Die Alternativwelt ist in der Regel nicht besser als die reale, auch wenn der eine oder andere sympathische Zug gegenüber unserer eigenen Welt hervorgehoben wird. Diktaturen und Ideologien tragen nicht zum Fortschritt der Menschheit bei, auch nicht zum technischen, sondern sie verzögern die Entwicklung des Menschengeschlechts – so ihre kaum versteckte Botschaft. Mit anderen Worten: Die Autoren sind eigentlich der Meinung, dass unsere Welt zwar verbesserungswürdig, aber im Vergleich zu möglichen anderen doch immer noch die beste sei. Von dieser Einstellung zu alternativen Weltentwürfen unterscheidet sich der 1979 erschienene Roman *An den Feuern der Leyermark* von Carl Amery grundlegend.[21]

Im Anschluss an die Lektüre seiner *alternate timestream novel,* wie Amery sie nennt, drängen sich dem Leser manche Fragen auf, z. B.: Wäre Deutschland und der Welt der *Führer* Adolf Hitler erspart geblieben, wenn sich bei einer anderen Weichenstellung im Jahr 1866 früher und nachhaltiger republikanische und demokratische Tendenzen in Deutschland hätten durchsetzen können; wenn es zu einer *großdeutschen* oder gar keiner Einheitslösung gekommen wäre; wenn das Königreich Hannover nicht von Preußen annektiert, also mit Gewalt und ohne Berechtigung in dessen Besitz gebracht worden wäre?

Amery lässt in seiner Alternativwelt die Preußen den Krieg von 1866 verlieren, und zwar mit Hilfe von 560 hervorragend bewaffneten Abenteurern, die als *Restposten* aus dem eben zu Ende gegangenen amerikanischen Bürgerkrieg zur Verfügung standen. Bayern bzw. die Leyermark, wie das Königreich auf Veranlassung des kunstsinnigen und von der Antike besessenen Königs Radwig I. in Amerys Alternativwelt heißt, wird so zum bedeutendsten Staat Mitteleuropas. Es ist ein demokratischer, kunstliebender und freiheitlicher Staat, den Amery uns mit verschiedenen literarischen Stilmitteln in impressionistischer Weise malt – unter ihnen auch der für norddeutsche Augen nur schwer lesbare Einsatz fränkischer, bayerischer oder schwäbischer Dialekte.

In einem wissenschaftlichen Vortrag im Jahr 1966 des Romans schaut der Vortragende auf die Geschichte der vergangenen hundert Jahre zurück. In diesem Vortrag bedient sich Amery auch jenes Stilmittels, das die reale Welt als Fiktion in den Alternativwelt-Roman einwebt. Der Vortragende fragt, »[...] ob eine anderes historisches Exposé, ein anderer logischer Zeitstrom wirklich so unvorstellbar wäre. Hätten die Preußen gesiegt, so wäre die nächste Folge unzweifelhaft eine ›kleindeutsche‹, d.h. eine imperialistische Lösung gewesen; ein wenn auch bureaucratisches, von feudalen Werten beherrschtes, aber oeconomisch höchst modernes und schlagkräftiges Reich mit höchst bedeutenden Productivkräften. Hätte ein solches ›Reich‹ nicht seinen Blick auf die Möglichkeiten gerichtet, die damals gleichzeitig (wir erinnern uns) im Westen emporstiegen: die Möglichkeiten eines expansionistischen Welthandels und einer alles umspannenden Industrialisation? Gewiss, der Westen verfügte über immense Territorien – über einen eigenen Continent (im Falle der Vereinigten Staaten von Amerika) oder über weite Colonialgebiete (im Falle Englands). Aber ein militärisch denkendes, da von Preußen beherrschtes ›Reich‹ hätte sich ohne Zögern in eben solche Expansionen hineingestürzt. Es hätte damit die Notwendigkeit der Bilanzierung der Ressourcen weit von sich geschoben, hätte, statt auf die Association der unmittelbar Producierenden zuzusteuern, Wirtschafts-Concerne von ungeheurer Zerstörungskraft hervorgebracht. Gewiß, ein immer steigender Anteil von Mitteln hätte dazu verwendet werden müssen, den Folgen der inneren Destruction der Lebenssphäre wenigstens aufschiebend zu wehren. Wenn wir auch aufgrund der thermodynamischen Gesetze wissen, daß solches auf Dauer unmöglich ist – was ist, verehrte Eidgenossinnen und Genossen, historische Dauer im strikten Sinne? Gibt es nicht jahrhundertelange Aushilfen, Ausflüchte, Ausreden? Gibt es in der menschlichen Erfahrung nicht lange Epochen, in welchen menschliche Erkenntnis zu starren scholastischen Lehrgebäuden gerinnt, welche nur dazu dienen, die Interessen des Bedrohten zu schützen? [...]

Natürlich können wir uns keine Welt vorstellen, in der dies so wäre. Natürlich können wir uns nicht vorstellen, dass Kurzsichtigkeit, Dummheit und Brutalität auf der einen und höchste technische Raffinesse, Gewinnstreben und höchstes Geschick in der Erzeugung kompensatorischer Bedürfnisse auf der anderen Seite wirklich eine Ehe eingehen könnten, die historisch tragfähig ist.

Mir persönlich, um ein subjektives Bekenntnis abzulegen, genügt zur Erzeugung solcher Dankbarkeit die Vorstellung, welches die Consequenzen preußischen Sieges für unsere Nationalcultur gewesen wären, und zwar unsere Nationalcultur im engeren, nicht im weiteren civilsatorischen Sinne. [...]

Glaubt man wirklich (um den Faden weiterzuspinnen), daß der deutsch-französische Gegensatz, der totsicher auch unter solchen Umständen aufgebrochen wäre, zu etwas anderem geführt hätte als zu einer unerträglichen, weil von der Geistlosigkeit des damaligen deutschen Schulwesens getragenen Konfrontation mit dem ›Erbfeind‹? (Die Clichés für Schwachsinn dieser Art lagen ja, vergessen wir das nicht, seit den sogenannten ›Befreiungskriegen‹ durchaus vor!) Wäre unter diesen Umständen das zustande gekommen, was wir als polysophische Nachbarschaft und Zusammenarbeit mit unseren westlichen Freunden tagtäglich und ganz selbstverständlich erleben?«[22]

In unzähligen Geschichtswerken, Romanen, Schulbüchern und Pamphleten sind wir in unserer realen Welt trotz Holocaust, trotz zweier Weltkriege, trotz körperlichem und geistigem Terror totalitärer Staatengebilde auf deutschem Boden möglicherweise immer noch der Ansicht, dass der Sieg Preußens im 19. Jahrhundert und die deutsche Einheit unter seiner Ägide historisch notwendig gewesen seien. Die Romansicht Amerys allerdings lässt nachdenklich werden, und man fragt sich, ob die Geistesblüte um 1800 eine ähnliche Intensität und Extensität auch in einem zentralistisch regierten deutschen Nationalstaat gehabt hätte.

An diesem Beispiel zeigt sich, dass die Frage *Was wäre, wenn ...* alles andere als müßige Spekulation ist. Und auch auf die Frage, warum Alternativwelt-Romane aus dem angelsächsischen Raum in ihren Gegenentwürfen eher negative Staats- und Gesellschaftsgebilde zeichnen, der eine von den wenigen literarisch anspruchsvollen deutschen Alternativwelt-Romanen aber eine utopische Alternative vorstellt und das zu einer Zeit, als im größeren Teil Deutschlands bereits seit Jahrzehnten eine funktionierende Demokratie nach westlichem Muster selbstverständlich war, dürfte es eine Anzahl aufschlussreicher Antworten geben.

Einen anderen Verlauf der deutschen Geschichte ab dem sogenannten »Dreikaiserjahr« 1888 beschreibt Emil Ludwig 1932 in der berühmten Essay-Sammlung von J. C. Squire *If it happened otherwise*. Die von den Liberalen des Deutschen Reiches herbeigesehnte Regierungszeit des Kronprinzen Friedrich endet bei Ludwig nicht schon nach 99 Tagen wie in der realen Geschichte, sondern Friedrich III. regiert bis zu seinem Tode 1914:

»Nach Bismarcks Tod hatte dieser kaiserliche Reformer freie Bahn. Zuerst baute er mit Hilfe befreundeter Politiker eine Mehrheitspartei auf, die aus den christlichen Gewerkschaften, Teilen der Mitte, Liberalen aller Schattierungen und einem erstarkenden konservativen Flügel bestand. Virchow wurde Minister für Bildung und Wissenschaft, ein Mann, der groß genug war, seinen eigenen Skeptizismus in den Hintergrund zu stellen und dafür zu sorgen, daß die Forschung von allen Resten kirchlicher Vormundschaft befreit wurde. Er machte der Diskriminierung jüdischer Gelehrter an den Universitäten ein Ende, pensionierte die aristokratischen Kreise und lud französische und amerikanische Wissenschaftler ein, an deutschen Universitäten Vorlesungen zu halten.«[23]

1912 gelingt es Friedrich schließlich nach langer beharrlicher Überzeugungsarbeit, das parlamentarische System im gesamten Deutschen Reich einzuführen, was gleichzeitig auch das Überleben der Monarchie sichert: »Ohne Revolution war Deutschland, wie England, durch die Weisheit seines Herrschers dem Wesen nach eine Republik geworden und fühlte sich gleichzeitig doppelt stark an sein regierendes Haus gebunden, dem es seine innere Freiheit verdankte.«[24]

Aus einem völlig anderem Grund findet in dem Alternativwelt-Roman *Als Wilhelm kam* von Saki (d. i. Hector Hugh Munro, 1870–1916) der Erste Weltkrieg nicht statt.[25] In diesem Roman startet Deutschland so etwa um das Jahr 1912 einen Überraschungsangriff auf England und besiegt dieses vor allem durch den Einsatz seiner Zeppelin-Luftflotte und überragender Kriegsschiffe innerhalb einer Woche, gleichsam in einem *Blitzkrieg* – ein Begriff, der erst später in der realen Welt geprägt werden sollte.

Nicht nur Großbritannien ist vom Erfolg dieses Angriffs überrascht, sondern auch die deutsche Führung. Sie entschließt sich erst nach einer Phase der Verwirrung, England zu annektieren und zu einem *Reichsland* wie Elsaß-Lothringen zu machen. Anschließend verhält sich das Deutsche Reich diplomatisch äußerst geschickt und zeigt keinerlei Aggressivität gegenüber anderen Ländern. Das britische Kolonialreich wird den Großmächten wie Frankreich, Japan oder den USA zur Selbstbedienung angeboten, die Weltlage beruhigt sich, ein Weltkrieg findet nicht statt.

Die Deutschen werden von Saki nicht als teutonische Kommissköpfe gezeichnet; er verzichtet auf Klischees und stellt einige deutsche Romanfiguren durchaus sympathisch dar. Die Mehrheit der Bevölkerung passt sich, bis auf einige Familien, die mit dem englischen König nach Neu-Delhi ausgewandert sind, den Gegebenheiten an. Und genau hier setzt die verborgene harsche Kritik Sakis, der durchaus als konservativer Autor zu gelten hat, gerade an den oberen Gesellschaftsklassen an.

Wie nebenbei erfährt man außerdem, dass Straßenschilder nunmehr zweisprachig sind, nämlich in Englisch und in Deutsch. In den sehr beliebten Londoner Biergärten gibt es Würstchen und Kartoffelsalat. Das gesellschaftliche Treiben der Aristokratie geht seinen beschwingten, sorglosen Gang: »Ein Picknick, bei dem es drei Arten von rotem Pfeffer für den Kaviar gab, erforderte ein gewisses Maß an respektvoller Zuwendung.«

Einer der besten Kenner der Alternativwelt-Literatur, Karl Michael Armer, schreibt über diesen berühmten, allerdings in Deutschland kaum bekannt gewordenen Roman: »Eine hinreißende Gesellschaftskomödie, eingebettet in einen klug analysierten und konsequent zu Ende gedachten alternativen Geschichtsverlauf, geschrieben mit einem weisen Amüsement, das nationalistische Parolen und Zerrbilder vermeidet und sich um Fairness gegenüber allen Protagonisten bemüht.

Saki ist etwas sehr Schwieriges gelungen: Er hat eine absolut schlüssige alternative Weltgeschichte erdacht – und hat sie dann nicht stolz hergezeigt, sondern ganz weit zurückgenommen, so daß sie nur den Anlaß und den Hintergrund seines Romanes bildet. Die seltsame, fremde Historie, mit der er uns konfrontiert, wird mit einer so beiläufigen Selbstverständlichkeit ins Spiel gebracht, als sei sie die normalste Sache der Welt. Da wird nicht dick aufgetragen, sondern leicht hingetupft, hier eine Bemerkung, da ein Nebensatz. Die Ersatz-Historie wird, wie es ja auch wie im ›echten Leben‹ der Fall ist, zum ganz alltäglichen Hintergrund. Sie gewinnt dadurch eine frappante Realität.«[26]

Wesentlich verwirrender als das sich bei Saki zutragende gleichsam »eindimensionale« Romangeschehen sind die Handlungsstränge in Christian Mährs großartigem Roman *Fatous Staub* angelegt.[27] Verwirrend ist der Roman deswegen, weil er auf drei Ebenen spielt, einmal auf der realen Ebene unseres Zeitgeschehens, dann in einer Alternativwelt und drittens in einer Sphäre, in der sich beide überschneiden.

Die Alternativwelt, die Mähr schildert, hat den Ersten und Zweiten Weltkrieg nicht erlebt. Die österreichische Monarchie wird von einem Kaiser Karl regiert, der offensichtlich etwas debil ist. Der Kaiser des Deutschen Reiches, Wilhelm II., hat bis in die Mitte des 20. Jahrhunderts regiert und seinen Eigenarten freien Lauf gelassen, dabei aber niemandem durch Krieg und Kriegsgeschrei geschadet.

»Wilhelm II. galt seinen Zeitgenossen als exzentrisch, wenn sie ihm gewogen waren, als schlicht verrückt, wenn sie es nicht waren. Er war vernarrt in technische Neuerungen, die er nach Kräften aus seiner Privatschatulle förderte. Schon bald nach der Einführung des Circular [Name einer Radiostation; das Radio ist das Leitmedium dieser Alternativwelt] hatten seine Untertanen Gelegenheit, ihren Kaiser jede Woche zu hören. Er beschränkte sich nicht auf Kartoffelspiritus [den er als Treibstoff für Fahrzeuge statt ausländischen Öls empfahl], mit welchem Thema er schon seinen englischen Onkel Eduard VII. genervt hatte; besonders in der zweiten Hälfte seiner langen Regierungszeit sprach er nach Art eines ungefragten Briefkastenonkels im Circular über alles und jedes [...].«

In dieser Welt hat das Fernsehen keine Chance: »Das geistige Auge ist es, das all diese Dinge erschaut, die vollkommener, bunter, prächtiger sind, als die Aufnahmen einer Kamera dies jemals sein können. Eben deshalb kümmert die Television vor sich hin, weil niemand die Bilder sehen will, die denen des eigenen Kopfes so unendlich unterlegen sind, und nicht wie immer behauptet wird, weil die Geräte so teuer seien, daß niemand sie kauft. Bei realem Bedarfe würden sie in Massen produziert und wären bald wohlfeiler; aber der reale Bedarf ist nicht gegeben.«[28] Auch das Auto hat in dieser wenig temporeichen Welt seinen Siegeszug nicht angetreten und fährt nur in vereinzelten Exemplaren relativ langsam und mit hohem Kraftstoffverbrauch durch die Gegend.

Mährs Romangesellschaft lebt in einem recht gemütlichen Polizeistaat, in dem der Adel noch außerordentliche Privilegien besitzt, darunter Immunität gegenüber Strafverfolgung. Die Freiheit der Meinungsäußerung aber ist gewährleistet, die »Socialdemokratie« und die Feministinnen dürfen ihre Ansichten verbreiten, wie immer sie das wollen. In der Gesellschaft gibt es Erscheinungsformen von Antisemitismus, der aber zu keiner körperlichen Gewalt führt. Der jüdische Rundfunkredakteur Dr. Menzelbaum sinniert: »Er lebte nicht in Rußland und nicht im 19. Jahrhundert; er lebte in einer aufgeklärten Monarchie am Ende des 20. Noch nie war hier etwas vorgefallen, was einem Pogrom auch nur ähnlich sah, kein Mensch kam auf die Idee ihm etwas anzutun, nicht einmal Habinger, dem die Judenfeindschaft im Gesicht geschrieben stand und der ihn immer höflich grüßte [...].«[29]

Ähnlich wie Carl Amery beschreibt Christian Mähr damit ebenfalls eine Alternativwelt, die im Vergleich zum tatsächlichen Geschehen als rückwärts gewandte Utopie bezeichnet werden könnte.

Hitler, Beherrscher der Welt

Während in der *virtuellen Geschichtsschreibung* bestimmte Themen immer wieder aufgegriffen wurden, um entsprechend dem geschichtstheoretischen Ansatz des jeweiligen Autors zu unterschiedlichen Deduktionen und Ergebnissen zu führen, wurden historische Epochen von Alternativwelt-Romanen seltener aufgegriffen – mit Ausnahme eines Zeitraumes. Im Jahr 1943 erschien in Anlehnung an den Titel *Als Wilhelm kam* von Saki von Martin Hawkin *When Adolf came*. Es war der erste Roman einer Reihe ähnlicher Bücher, die folgen sollten.

Jene elenden Jahre zwischen 1933 und 1945 sind der Ausgangspunkt für eine Fülle von Romanen und Erzählungen dieses Genres, die fast alle Alternativwelten beschreiben, in denen Hitler, die Nazis und ihre Verbündeten den Krieg gewonnen haben. Das *fast* bezieht sich auf zwei Romane, die sich mit Welten beschäftigen, in denen es weder zu Hitler noch zum Zweiten Weltkrieg gekommen ist.

In zwei der besten Romane, die das Subgenre der Science Fiction hervorgebracht hat, haben die *Achsenmächte* gesiegt und herrschen über große Teile der Welt. 1966 erschien der neben Carl Amerys *An den Feuern der Leyermark* und Christian Mährs *Fatous Staub* einzig überragende deutschsprachige Alternativwelt-Roman: *Wenn das der Führer wüßte* von Otto Basil. Vier Jahre zuvor, 1962, veröffentlichte der amerikanische Science Fiction-Autor Philip K. Dick (1928–1982) seinen berühmten Alternativwelt-Roman *Das Orakel vom Berge*, der trotz des misslungenen Endes wohl zu seinen besten Werken zählt.[30]

In Dicks Alternativwelt sieht die Lage folgendermaßen aus: Durch die Ermordung Präsident Roosevelts 1932 gelang es den USA nicht, die schwere wirtschaftliche Depression zu überwinden. Sein Nachfolger, Vizepräsident Garner, verfolgt eine konsequent isolationistische Politik, die es den Achsenmächten erlaubt, ganz Europa, schließlich auch Nordafrika und den Nahen Osten zu unterwerfen. Deutschland ist damit im Besitz gewaltiger Ölreserven und hat außerdem die Atombombe entwickeln können. Entscheidend für den Sieg der Deutschen und der mit ihnen verbündeten Japaner und Italiener ist allerdings nicht der Abwurf einer Atombombe oder eine große Schlacht, sondern die Tatsache, dass Hermann Göring Hitler überreden kann, die Radarstationen auf den britischen Inseln zu bombardieren, statt Terrorangriffe auf die Städte zu fliegen. Dieses Detail entscheidet die Schlacht um England; Dick hat es aus der realen Welt übernommen, in der Göring eben dies seinem *Führer* vorgeschlagen, jedoch bei Hitler keinen Erfolg gehabt hatte.

Nach dem 1947 gewonnenen Krieg haben Japan und Deutschland die USA unter sich aufgeteilt. Im Westen herrschen die Japaner über die besetzten Pazifikstaaten, in den Ost-, Süd- und Mittelstaaten führen die Deutschen ein strenges rassistisches Regime. Während Japan auf den Heimatinseln und in seinem Machtbereich zu einem aufgeklärten und freizügigen Buddhismus zurückgekehrt ist, der andere Rassen toleriert und die amerikanische Geschichte bis zum Ausbruch des Zweiten Weltkrieges bewundert, setzten die Deutschen ihren Vernichtungsfeldzug gegen die Juden in den USA fort. Nach ihrem Sieg haben sie auch die schwarze Bevölkerung Afrikas ausgerottet, das Mittelmeer trocken gelegt und die Sahara fruchtbar gemacht; zum Zeitpunkt der Geschehnisse des Romans, Anfang der 60-er Jahre des 20. Jahrhunderts, ist eine deutsche Expedition zum Mars unterwegs.

Als der Nachfolger Hitlers, Martin Bormann, 1962 stirbt, setzt sich Goebbels in den darauf folgenden Diadochenkämpfen durch und wird der neue Führer, der sofort einen Atomschlag auf die einzige noch verbleibende konkurrierende Weltmacht, nämlich Japan, plant.

Während der Leser nicht erfährt, wie und auf welche Weise sich das japanische Kaiserreich von dem autoritären Kriegerstaat, der es vorher war, zu einem vom Buddhismus geprägten mächtigen Staatsgebilde mit menschenfreundlichem Antlitz entwickelt hat, wird er sehr genau darüber informiert, wie das Deutsche Reich seine Weltmachtstellung entwickelt und etwa mit Hilfe der Organisation Todt in Nordafrika und den USA nicht nur Autobahnen bauen lässt. Der, wie sich später herausstellt, von der Gestapo als Killer angeheuerte italienische Tiefbauarbeiter und LKW-Fahrer Joe Cinnedella schildert seine Zeit in der Arbeitsfront nach dem deutschen Sieg in den USA:

»Wir lebten alle im Wald, im oberen Staat New York, wie Brüder. Wir haben Lieder gesungen. Sind zur Arbeit marschiert. Der Geist des Krieges, wiederaufbauen, nicht niederreißen. Das war überhaupt die schönste Zeit, der Wiederaufbau nach Kriegsende – schöne, saubere dauerhafte Reihen öffentlicher Gebäude, Block für Block, eine ganz neue Innenstadt für New York und Baltimore. Jetzt ist diese Arbeit natürlich vergessen. Große Kartelle wie in New Jersey Krupp & Söhne geben den Ton an. Aber das sind nicht die Nazis; das ist bloß das alte, mächtige Europa. Oder noch schlimmer, verstehst du? Nazis, wie Rommel und Todt sind tausendmal besser als Industrielle wie Krupp und die Bankiers, die ganzen Preußen; die hätte man vergasen sollen. All diese feinen Herrschaften.«[31]

Dick hat intensiv historische Darstellungen zu Rate gezogen; auf diese Weise sind auch die Charakterisierungen der einzelnen Nazigrößen sehr detailliert und treffend geraten. (Die in amerikanischen Romanen gelegentlich zu bemerkende Unsicherheit, wenn es um die Namenswahl für deutsche Romanfiguren geht, ist übrigens bei Dick nur in zwei Fällen festzustellen; jedenfalls dürften die Familiennamen *Pferdehuf* und *Kreuz vom Meere* nur selten in deutschen Telefonbüchern auftauchen.)

Vornehmlich in San Francisco spielt sich das Leben der Protagonisten des Romans ab. Diese sind: ein begabter jüdischer Goldschmied namens Frink, der in Wirklichkeit Fink heißt; dessen geschiedene Frau Juliana; der die Nationalsozialisten zutiefst verehrende kleinbürgerliche Antiquitätenhändler Mister Childan; der einflussreiche gütige japanische Beamte Tagomi; der deutsche Geheimagent Wegener, der versucht, den deutschen Angriff auf Japan zu verhindern, und der Gestapomann Jo, der im japanisch beherrschten Westamerika einen Mord ausführen soll – einen Mord am Verfasser eines in den von Deutschen besetzten Gebieten verbotenen Bestsellers, des Romans *Die Plage der Heuschrecke – The grashopper lies heavy*.

Dessen Verfasser ist Hawthorne Abendsen; er ist das *Orakel vom Berge*. *Die Plage der Heuschrecke* aber ist ein Alternativwelt-Roman. Wir haben diesen literarischen Trick schon kennen gelernt. Hier geht der Roman im Roman davon aus, dass die Achsenmächte den Krieg verloren haben und die Welt von den Amerikanern und Briten beherrscht wird. Freilich ist diese Alternativwelt in der Alternativwelt durchaus nicht kongruent mit dem uns bekannten realen Geschehen. Im Alternativwelt-Roman des Alternativwelt-Romans wird den Nazigrößen mitsamt ihrem Führer Adolf Hitler in München der Prozess gemacht. Er steht dem amerikanischen Ankläger Rede und Antwort: »[es hatte] den Anschein, als loderte der dunkle Geist des Alten [Hitlers] für einen Moment wieder auf. Sein zitternder kraftloser Körper straffte sich; er hob den Kopf. Zwischen den unablässig geifernden Lippen drang ein Laut hervor, halb krächzend, halb flüsternd. ›Deutsche, hier steh ich.‹«[32]

Kim Stanley Robinson schreibt im Vorwort zur 2000 erschienenen Neuübersetzung des Romans: »In *Die Plage der Heuschrecke* wird eine utopische Herrschaft der Alliierten postuliert, die [...] ganz anders ist als unsere Wirklichkeit. Nahezu alle handelnden Personen in *Das Orakel vom Berge* lesen *Die Plage der Heuschrecke*, und zunächst haben wir den Eindruck, es handele sich um ein Buch voller Grausamkeiten. Die Briten und Amerikaner teilen genau wie die Japaner und Deutschen die Welt unter sich auf und vernichten ihre Gegner mit der gleichen Unerbittlichkeit. Später jedoch ruft Juliana Frink bei der Lektüre aus: ›Das ist ja eine Utopie!‹ Sie liest einen Abschnitt daraus vor, und wir erfahren von einer Welt, in der Amerikaner kleine Fernsehapparate an alle Armen der Welt verteilen, zum Preis von einem Dollar pro Stück. Mittels dieser Fernseher lernen die Unterprivilegierten zunächst Lesen und Schreiben, dann folgt eine Flut von Belehrungen, betreffend die Landwirtschaft, Katastrophenvorsorge, Medizin und Bautechnik. Das ganze Wissen Amerikas wird der Welt kostenlos zur Verfügung gestellt. Auf diese Weise präsentiert Dick uns eine beißende Alternativgeschichte, in der Amerika mehr mit der Pax Amerikana der Nachkriegszeit angefangen hat, als eine weltweite Vorherrschaft zu befestigen.«[33]

Der Romantitel *Das Orakel vom Berge* hat aber noch eine weitere Bedeutung. Der gesamte Roman ist nach den taoistischen Prinzipien des *I Ging* aufgebaut, das von verschiedenen handelnden Personen auch ständig zu Rate gezogen wird. Es gibt in ihm klare Gegensätze zwischen Gut und Böse, jedoch sind im *I Ging* das Eine wie das Andere jeweils im anderen enthalten. So erhält der ohnehin komplex strukturierte Roman noch einen bereichernden mystischen Akzent.

Dieser wohl berühmteste Alternativwelt-Roman wirkt auch Jahrzehnte nach seinem Erscheinen unverbraucht und fesselt den Leser durch die Darstellung von Situationen, die ihm vollkommen fremd sind, die ihm andererseits aber doch von der Idee her vertraut erscheinen. Kim Stanley Robinson hat darauf hingewiesen, dass in dem Roman der patriotischste aller Amerikaner ein der japanischen Herrscherkaste angehörender Besatzer ist, dessen Weisheit und Menschlichkeit ihn besonders sympathisch machen. Mit dieser Technik, in der Japanisches und Amerikanisches sich gegenseitig durchdringen und in der die reale und die fiktionale Welt auf ganz ähnliche Weise miteinander verschränkt sind, bewirke Dick, so Robinson, gleichzeitig das speziell der Science Fiction eigene Moment der Verfremdung. Dieses veranlasse uns nämlich, »[...] voller Verwunderung ein unbekanntes Gesicht in einem Fenster anzuschauen, bis wir bemerken, dass das Fenster in Wirklichkeit ein Spiegel ist. Um dieser Momente der Befremdung und der Erkenntnis willen, wurde die Science Fiction erfunden.

In der amerikanischen SF-Literatur gab es auch vorher schon gute Romane, doch keiner – mit Ausnahme vielleicht von Walter M. Millers *Lobgesang auf Leibowitz* (1959) – vereint in sich die brillanten Details und die überzeugende Gesamtstruktur von *Das Orakel vom Berge*.«[34]

»Wenn das der Führer wüßte«

Den ersten deutschen und bisher unübertroffenen Versuch, eine Welt zu schildern, in der die Nazis den Krieg gewonnen haben und über Europa bzw. über verschiedene Erdteile herrschen, publizierte Otto Basil 1966 mit dem Roman *Wenn das der Führer wüßte*.[35]

»Man legt diesen Roman mit Atemnot aus der Hand.«; »Vision eines politischen Unsittengemäldes: das macht uns dieses Buch beklemmend wert.«; »grotesk, großartig und ungeheuer« – so urteilte die Literaturkritik über dieses in der Tat atemberaubende Meisterwerk deutscher Science Fiction-Literatur, das man auch als ätzende Satire oder bösartige Anti-Utopie bezeichnet hat. Sein Verfasser, Otto Basil (1901–1983), gehörte als Schriftsteller der österreichischen Untergrundbewegung an und war nach dem Krieg Verlagsleiter, Dramaturg und Journalist. Sein Roman *Wenn das der Führer wüßte* steht in seinem publizistischen Werk wie auch in der deutschen Science Fiction-Literatur an ganz herausragender, einsamer Stelle; es gibt kein Buch dieses Genres, das mit dem von Basil vergleichbar wäre.

Für den Titel verwendete Basil eine im nationalsozialistischen Deutschland verbreitete Redewendung, die dazu diente, den *Führer* moralisch zu entlasten, indem man Pfründewirtschaft, Korruption und Sittenlosigkeit der Parteibonzen oder Übergriffe und Brutalitäten der Parteigliederungen anprangerte, dabei aber Hitlers Nichtwissen um diese Zustände voraussetzte. Allein die Titelgebung deutet auf den satirischen, bisweilen zynischen Grundton des Romans hin. Wir stoßen in ihm auf überraschende Bemerkungen und Handlungen, die den Leser zum Lachen reizen. Es ist dies freilich kein befreiendes Lachen, sondern eines, in dem auch Schrecken mitklingt.

Das Deutsche Reich hat bei Basil den Krieg dadurch gewonnen, dass die erste Atombombe nicht auf Hiroshima, sondern als Wunderwaffe der Deutschen auf London gefallen ist. Europa steht unter deutschem Protektorat, die USA werden von einer Berlin-hörigen Marionettenregierung des Ku-Klux-Klan beherrscht. Der pazifische Raum steht unter dem Einfluss Japans, der einzigen Weltmacht außer dem Deutschen Reich.

Im Reich selbst ist die nationalsozialistische Ideologie mit all ihren Abartigkeiten zur vollen Blüte gelangt. Die absurdesten Ideen haben sich entwickelt und sind bis zum Wahnsinn weitergeführt worden. Es ist eine Alptraumlandschaft, die geprägt ist von nordischem Mystizismus, esoterischen

Tollheiten, angefüllt mit SS-Ordensburgen, Zuchtmutterklöstern, Werwolfverbänden, brutalsten Vernichtungsmechanismen und parapsychologischen Dienstleistungsunternehmen.

In dieser bizarren Welt geht der Österreicher Albin Totila Höllriegl seinem Beruf als *Pendler* nach. Höllriegl wird in die Wohnungen der Mächtigen des Reiches gerufen, um sie, nämlich die Wohnungen, *auszupendeln* und gegen Erdstrahlen zu sichern.

Er erlebt auf diese Weise den Tod Hitlers mit. Man munkelt, dass der Führer vergiftet worden sei, nämlich von seinem Nachfolger Ivo Köpfler. Dieser Verdacht führt schließlich zu einem Bürgerkrieg zwischen der Bauernvereinigung *Bundschuh* und der SA auf der einen Seite gegen SS und Werwolfverbände auf der anderen. Das Chaos wird vollkommen, als Köpfler einen Atomkrieg gegen die Japaner anzettelt.

Höllriegl gelingt es, mit einer Partei-Domina aus den obersten Rängen in Gesellschaft von Parteibonzen und unter dem Schutz kerniger arischer Recken in die Arktis zu fliehen, ist aber bereits radioaktiv verseucht und stirbt schließlich in einem Kugelhagel.

Dieses aberwitzige Szenario spielt in den 60-er Jahren des vergangenen Jahrhunderts. Und trotz seiner Kenntnis historischer Darstellungen und audiovisueller Dokumentationen befällt den Leser ein Grauen. Es befällt ihn selbst dann, wenn er durch Lektüre, etwa auch des eher nüchternen Sachbuches von Ralph Giordano, *Wenn Hitler den Krieg gewonnen hätte*, einige Kenntnisse von den Nachkriegszielen der Nationalsozialisten besitzt.[36] – Ein Grauen befiel den Autor dieses Buches besonders, als er sich bei der Lektüre des Romans bestimmter Meinungen erinnerte, die er von Menschen der Generation gehört hatte, die in jenen zwölf Jahren erzogen worden waren.

Die eigenartige Mischung aus Satire und Dystopie, die diesen Roman auszeichnet, mögen einige Textstellen belegen. Der Held des Romans wird wie folgt eingeführt:

»Höllriegl, kalt geduscht, körperlich ertüchtigt, ging federnd, fast hüpfte er, die Treppe zu seinem Sprechzimmer hinunter. Die blankgewichsten Röhrenstiefel knirschten auf den Holzstufen. Wie schon öfters in der letzten Zeit ärgerte er sich über Burjak, der das Metallschild an der Tür zu scheuern vergessen hatte, überhaupt immer schlampiger wurde. (Er behandelte die Leibeigenen zu gut – sein alter Fehler.) Auf der Platte war in gotischen Lettern zu lesen:

ALBIN TOTILA HÖLLRIEGL
Strahlungsspürer
Geschäftsstelle Heydrich der NS-Fachschaft für Pendelweistum
Behebung von Strahlungsschäden aller Art
Auspendeln von Lebensumständen
Schutzelektroden, Radiumschmuck, Schwingungsgürtel
Entstrahlungsketten gemäß den VDI-Regeln für Siderische Geräte
Nordische Daseinsberatung
Sprechstunden außer Sonnabend täglich von 9 bis 11
An Sonn- und Feiertagen kein Kundendienst
KRIEG DEN ERDSTRAHLEN!«[37]

In Basils Roman sind die nationalsozialistischen Vorstellungen eines *neuen Europa* Wirklichkeit geworden:

»Der Vortrag über die dem Reich bis zum Ural eingegliederten Tschandalengebiete – bis zum Ural, dem mit Atomminen und Kernwaffen gespickten Ostwall des Abendlandes – hatte ihn, obwohl er das meiste wußte, wieder einmal mächtig aufgewühlt und beglückt. Ein Kranz von reichsabhängigen Staaten, vom Protektorat Baltikum und Finnland im Westen – die Ostsee war ein deutsches Binnenmeer – bis zu den ehemaligen Reichskommissariaten, jetzt Eidgenossenschaften Kaukasien, Transkaukasien und Rusj (Ukraine), denen vom Führer eine eigene ständische Verfassung nach mittelalterlichem Muster zugebilligt worden war (zur Belohnung, daß sie sich als erste gegen das apokalyptische Tier des Bolschewismus erhoben hatten), und den Fronvogteien Chiwa, Buchara, Kirgisien, Khakassien und Altei – auch Tibet gehörte zur deutschen Einflußsphäre, die Mongolei zur japanischen – umgab die von deutschblütigen und nordischen Wehrbauern besiedelten Nord- und Mittelgaue der einstigen Sowjetunion. Ein tiefgestaffeltes System von Befestigungen und Siedlungsgürteln sicherte das endlose Ostland. Überall waren die Lichtbringer am Werk. Dort, wo früher Vernichtungslager (UmL-V) gestanden hatten, erhoben sich jetzt auf künstlichen Hügeln – die, wie es hieß, eigentlich Schädelstätten waren – die Trutzburgen der SS-Schwurmänner und die Walhallen der Ariosophen. Der Referent hatte einen überaus eindrucksvollen Farbfilm über das Leben in diesen Grenzburgen vorgeführt, deren einheitlich gotische Monumentalarchitektur vom Führer selbst entworfen worden war. Verstreut über das weite slawische Land gab es auch Tausende von rassischen Zuchtanstalten, in denen die künftigen Eliten des Herrenvolkes heranwuchsen. Gleich nach dem Sieg hatte man dort Germanisch-Blond mit Slawisch-Blond (dem Warägerstamm) erfolgreich zu kreuzen begonnen; just diese Bastarde hatten sich später als besonders fanatische Kämpfer gegen die mongoliden Untermenschenreste ostwärts des Jenissei erwiesen: sie waren hinausgezogen in die Steppen, Urwälder und Eiswüsten, um dort mit Feuer und Schwert das Heiltum der arischen Urglyphe, des Hakenkreuzes, zu verkünden, das Tschandalengewürm zu zertreten und die entvölkerten Gebiete für künftige Reinzuchtkolonien urbar zu machen. All das war erst im Werden, jedoch schon jetzt von solcher Großartigkeit, daß es einem den Atem verschlug. Heil dem Führer, der solches geschaffen hatte!

Diese Eindrücke tauchten in Höllriegls Gehirn nicht in der hier wiedergegebenen Reihenfolge auf, sondern fetzenhaft und überlagert von Bildern, die ihm eine starke, blonde Rassefrau in wollüstig lässiger Hingabe, also in Schwäche und Erniedrigung, vorgaukelte.«[38]

Die letzten Sätze dieses Textbeispiels deuten auf eine weitere Eigenart des Romans hin. Basil schildert an einigen Stellen recht freizügig sexuelle Obsessionen im Alltag dieser von Gewalt und Todessehnsucht beherrschten nationalsozialistischen Welt.

Eine der schweißtreibendsten Stellen des Romans findet sich in den Reflexionen Höllriegls über biotechnologische Anwendungen auf rassentheoretischer Grundlage. Die Perversionen, die eine konsequente Anwendung von Biotechnik ohne ethische Grundlage entstehen lassen können, wurden schon von H. G. Wells im 19. Jahrhundert in dem Roman *Die Insel des Doktor Moreau* beschrieben, der seinerzeit einen Skandal auslöste. Basil führt diese Entwicklungen auf einen abscheulichen literarischen Höhepunkt. Die folgende Textstelle ist nur die Einleitung in ein ungeheures Schreckensszenario, in die Hölle:

»Höllriegl hatte schon gehört und gelesen, daß Biologen und Neurochirurgen in den UmL tolle Versuche begonnen hatten, mit dem Fernziel, den Menschen, genauer: eine gewisse Sorte Mensch, wieder zum Tier zurückzuentwickeln. Der Königsgedanke dabei war, daß eine höchstgezüchtete Herrenrasse, aus Edlen und Freien bestehend, ein nordisch heiler Blutadel die Welt global beherrschen sollte, in der Herrschaft gestützt von eigens herangebildeten Vasallenvölkern, indes unterhalb dieser Völker von Dienstmannen und Lehnsleuten die Erde nur noch von Tierarten, Tieren aller Intelligenzgrade und Entwicklungsstufen, bewohnt sein sollte. Das vorerst aus ganz minderwertigem oder verbrecherischem Tschandalenmaterial gewonnene Menschenvieh, beziehungsweise der Tiermensch, sollte eine besondere, ganz eigenartige Stellung in der Hierarchie der Säugetiere einnehmen. Die Tiermenschen waren für ein extremes Roboter- und Herdendasein bestimmt; soziologisch betrachtet würden sie zwischen dem Haustier und der Maschine stehen. Die Maschine hatte sowohl die schwierigsten Denkaufgaben wie auch die schwere Massenarbeit zu bewältigen, der Tiermensch die niedrigste Fron zu verrichten, zu deren Durchführung noch so etwas wie Instinkt nötig war. (Das Ich des Menschen zu brechen, sein Denkvermögen in primitiven Instinkt zu verwandeln, ihn geschichtslos zu machen und die Triebe überwuchern zu lassen, diese Aufgabe hatte die Lobotomie.) Das ganze Konzept war zum Teil aus der weitverbreiteten Angst entstanden, die immer höher entwickelten, immer schwerer beherrschbaren Maschinen könnten sich eines Tages der Kontrolle durch die Oligarchie entziehen, sich sozusagen selbständig machen, selbständig zu denken und zu handeln beginnen. Diese Gefahr bestand bei genetisch veränderten Untermenschen nicht – niemals würden sie selbständig denken oder handeln, sie waren in allen ihren Lebensäußerungen automatenhafter als Maschinen und daher weniger gefährlich. Sklaven kamen auch billiger, man konnte sie leichter in Massen vernichten, ja sie dazu bringen, sich gegenseitig zu vernichten. In den Kreisen der Lebensreformer des NATMAT träumte man von dem Tag, da die Kultur nur noch aus den Reservationen der Viehvölker einerseits und hochentwickelten Maschinenparks andererseits bestehen würde – dies alles den Eliten untertan, die schon jetzt in den Reinzuchtkolonien, auf den Trutzburgen der SS und in den Walhallen der Ariosophen im Werden waren. Wie jedermann wußte, steckten die Experimente zur Züchtung des Tiermenschen noch in den Kinderschuhen, und allgemein wurde bedauert, daß man die Juden vorschnell und so total ausgerottet hatte; sie wären wahrscheinlich das ideale Versuchsvolk für solche Pläne gewesen.«[39]

Wesentliche Teile der Handlung des Romans tragen sich im heutigen Sachsen-Anhalt und Niedersachsen zu, unter anderem im Harz. Dies nimmt Basil zum Anlass, um auf die Klassikerbehandlung der Nazis einzugehen, die ja nach anfänglicher Begeisterung für Schiller später Abstand von ihm nahmen, im Falle von *Wilhelm Tell* sogar ein Verbot aussprachen. Es folgt eine Zusammenfassung der nationalsozialistischen Goethe-Auffassung:

»Die Tafeln stammten sichtlich aus einer Zeit, da das Harzgebirge noch als touristische Sehenswürdigkeit und Einzugsgebiet klassischer Quellen galt. Goethes ›Faust‹, die Dichtung eines Erzfreimaurers, Französlings und Plutokratendieners, war mittlerweile arg in Verschuß geraten. Die Partei hatte zwar die Existenz Goethes aus dem Kulturbewußtsein der Nation noch nicht zur Gänze tilgen können, aber man unterschlug ihn nach Kräften, im Schrifttumsunterricht wurde er nur am Rande erwähnt, und in den Napolas stand er überhaupt auf der Abschußliste. Kein Zweifel, der Tag war nicht mehr fern, an dem Goethes Werke ins Feuer neuer heilsamer Scheiterhaufen geworfen würden.«[40]

Die Probleme, die den Nationalsozialisten die Tatsache bereitete, dass Jesus Christus Jude war, sind in Basils Alternativwelt mit Hilfe deutscher Wissenschaft gelöst. Aus einer Radionachricht: »Dem Institut für indogermanische Geistesgeschichte in München ist nach langjähriger Forschungsarbeit der unbezweifelbare Nachweis gelungen, dass Frauja-Christus blond und blauäugig war. Er stammte von thrakischen Fürsten ab, die im Zuge der Diadochenstreitigkeiten als Geiseln nach dem Osten verschleppt wurden. Als Fraujas Ahnengau muß demnach die Westküste der Propontis angesehen werden. Eine mehrere Bände umfassende Dokumentation hierüber wird demnächst der Reichsstelle für Sippenforschung, der Deutschen Forschungsgemeinschaft und der Reichsahnentafel zugeleitet werden.«[41]

Nach dem Tod Hitlers entsteht eine neue Religion: »Ungeachtet dessen machte der Vergottungsprozeß in bezug auf den Führer rasche Fortschritte. So enthob der ›Deutsche Christen e.V.‹ ganz offiziell Frauja oder Kristos, den Menschensohn, seiner angestammten Mittlerrolle zwischen ›gotfater‹ oder dem ›angerufenen Wesen‹ und den Menschen und setzte Adolf Hitler an seine Stelle. Aus dem Meldegänger des ersten Weltkrieges wurde im Handumdrehen der über den Wolken thronende Gottmittler, und in den Kirchen und Heiligen Hainen dieser mächtigen, volkstümlichen Glaubensbewegung, die von Partei und Staat nach Kräften unterstützt worden war, entfernte man in aller Stille die Fraujastatuen und ersetzte sie durch Hitler-Büsten. Es war das Werk von wenigen Stunden. Und der Vorsitzer des Reichsbruderrates, einer gleichfalls weitverbreiteten völkischen Sekte, die sich ›Nordische Christen‹ nannte, Oberapostel Dr. Nimmshin (Dahlem), verkündete in einer Rundfunkweihestunde [...], der Führer sei nun, seinem übersinnlichen Rang entsprechend, den zwei Personen der Trinität, dem Sohn und dem Geist, gleichgestellt. Im ›Rahmen einer Erleuchtung‹, so hatte es Dr. Nimmshin wortwörtlich ausgeführt, sei er innegeworden, daß Adolf Hitler in der Ewigkeit alle militärischen Obliegenheiten übernommen habe; es wäre des Führers nunmehrige oberste Pflicht, ständig ›Tuchfühlung mit den himmlischen Heerscharen‹ zu halten.«[42]

Mag in den letzten beiden Zitaten auch die satirische Qualität des Basilschen Romans im Vordergrund gestanden haben, insgesamt trifft auf ihn der Hinweis im Vorwort von Helmut Krohne zur Ausgabe von 1981 zu: »Der Roman fing dort an, wo andere aufhören. Er ist ein Science-Fiction-Roman besonderer Art. Er beschreibt nationalsozialistische Ideologie und Wirklichkeit nicht in ihrer Zeit, sondern denkt Ideologie und mögliche Wirklichkeit konsequent und sachlogisch nach vorn. Dies, um zu zeigen, wie es hätte kommen können.«[43]

Gut recherchierte und geschriebene Alternativweltromane, die auf satirische oder verfremdende literarische Elemente verzichten, können dies *wie es hätte kommen können* in verblüffender Weise vermitteln. Es gelingt ihnen, einen garantiert erfundenen und wirklich unrealistischen Geschichtsverlauf so glaubwürdig darzustellen, dass der Leser förmlich in die Alternativwelt hineingezogen wird. Er kann sich oft kaum des Gefühls erwehren, dass hier eine reale Handlung nachvollzogen wird. Dies gilt auch für drei Romane, die von Bestseller-Autoren geschrieben wurden und recht erfolgreich waren.

Alternativwelt-Thriller

In Len Deightons 1978 erschienenem Thriller *SS – GB* hat die Besetzung Englands im Jahr 1941 stattgefunden. London ist eine zerbombte Stadt; König George VI. sitzt als Gefangener im Tower (was die englische Bevölkerung nur ahnen kann); die Königinmutter ist mit den beiden Prinzessinnen nach Neuseeland geflohen. Über Churchill heißt es: »›Erschossen! Von einem Luftwaffen-Exekutionskommando in Berlin Lichterfelde. Tod durch militärische Hinrichtung war eine besondere Ausnahmebewilligung des Führer. [...] Es heißt, daß Winston sich geweigert habe, sich die Augen verbinden zu lassen, und daß er die Finger zu einem V-Zeichen hochhob.‹«[44] Im besetzten England rangeln verschiedene Parteigliederungen und die Wehrmacht um Einfluss und Macht; Juden werden verfolgt und deportiert; mit den Kunstrauben hoher Nazi-Chargen kann man hervorragende Geschäfte machen. Ein großer Teil der Bevölkerung hat sich mit den Deutschen arrangiert, so auch der Held des Romans, ein hervorragender Detektiv von Scotland Yard, der sich aber später dem Widerstand anschließt.

Erzählt wird eine spannende Geschichte um Morde und Intrigen. Es geht um den Bau einer Atombombe, der mit Unterstützung »kassierter« englischer Wissenschaftler von der SS im Bringle-Sands-Forschungsinstitut in Devon vorangetrieben wird. Eine Widerstandsgruppe befreit mit Unterstützung der deutschen Wehrmacht den König aus dem Tower; der stirbt später im Kugelhagel, was die englische Résistance freilich bewusst einkalkuliert hat, um so die USA zu bewegen, sich gegen das Deutsche Reich zu stellen.

Deighton gelingen in seinem vom literarischen Anspruch mit den vorher vorgestellten Romanen nicht zu vergleichenden, gleichwohl aber gut konstruierten und spannenden Thriller, einige makaber-witzige Szenen, so etwa ein Attentat des britischen Widerstandes mit Hilfe der Leiche von Karl Marx.

Die Deutschen und die Sowjets feiern in London ihre Freundschaftswoche, u. a. mit riesigen Porträts von Hitler und Stalin an der Victoria Station. Eine filmreife Szene auf dem Friedhof in Highgate soll die Woche beenden. Die sterblichen Überreste Karl Marx' werden dort mit riesigem Pomp und Aufgebot exhumiert: »Sechs Sargträger – als Repräsentanten von Wehrmacht, Kriegsmarine, Luftwaffe, NSDAP, SS und SA – standen bereit, um die irdischen Überreste von Karl Marx auf der ersten Station ihrer Reise zum Roten Platz zu übernehmen.« Dann explodiert eine Bombe im Grab von Marx und richtet schwerste Verwüstungen an; die anwesenden Goebbels, Molotow und Ribbentrop entgehen nur durch Zufall dem Anschlag.

Eine ähnliche Ausgangslage wie in Deightons *SS – GB* liegt in dem 1992 erschienenen erfolgreichen Romanerstling *Vaterland* des Sachbuchautors Robert Harris vor.[45] Bei Harris hat Nazideutschland ebenfalls den Krieg gewonnen und reicht vom Rhein bis zum Ural; die Europäische Gemeinschaft wird vom Deutschen Reich dominiert. Die Deutschen werden jedoch in den eroberten Gebieten der Partisanen nie ganz Herr; eine halbe Million deutscher Soldaten ist so seit Kriegsende 1945 gefallen.

In Berlin erwartet man im Frühjahr 1964 die Ankunft des amerikanischen Präsidenten Joseph Kennedy, um mit ihm eine Beendigung des Kalten Krieges zwischen Deutschland und den USA in die Wege zu leiten. Das neue von Albert Speer in gigantomanischer Weise erbaute Berlin ist festlich geschmückt: Am 20. April soll der Nationalfeiertag, Hitlers 75. Geburtstag, besonders begangen werden. Ein Mord an einem hohen Parteibonzen kommt daher sehr ungelegen. Der ermittelnde Mordfahnder der Berliner Kriminalpolizei, Xaver März, stößt auf zahlreiche Ungereimtheiten; seine Arbeit wird immer gefährlicher ... – so der nicht ganz ungewöhnliche Aufbau dieses Alternativwelt-Krimis. Ungewöhnlich an Harris' Roman ist allerdings die Konstruktion, Originaldokumente und -biographien geschickt in das Geschehen mit einzubeziehen und sie seinem fiktiven Geschichtsverlauf nach 1942 anzupassen.

Erfreulicherweise geben Harris bzw. sein Übersetzer die verwendeten Quellen in einem Anhang an. Fiktion sind demnach folgende Gebete, die laut Vorschrift eines Mädchenpensionats 1964 bei Tisch gesprochen werden müssen:

»VOR DEN MAHLZEITEN

Führer, mein Führer, mir vom Herrn gesandt,
Schütze und bewahre mich, solange ich lebe!
Der du Deutschland aus der tiefsten Verzweiflung gerettet hast,
Dir danke ich heute mein täglich Brot.
Bleib bei mir und verlaß mich nicht,
Führer, mein Führer, mein Glaube, mein Licht!
Heil mein Führer!

NACH DEN MAHLZEITEN

Dank sei dir für dieses reichliche Mahl,
Schützer der Jugend und Freund unsrer Alten!
Ich weiß, du hast Sorgen, doch sorge dich nicht,
Ich bin mit dir bei Tag und bei Nacht.
Lege dein Haupt mir getrost in den Schoß,
Und sei gewiß: du mein Führer bist groß!
Heil mein Führer!«[46]

Ein ebenfalls sehr erfolgreicher Thriller mit Alternativwelt-Thematik, dabei witzig und intelligent geschrieben, gelang 1985 James P. Hogan mit *Proteus Operation*.[47]

Auch in diesem Roman haben die Achsenmächte den Zweiten Weltkrieg gewonnen und führen ein grausames Regiment, vor allem in den Ländern Asiens und Afrikas. Nur die USA haben ihre Selbstständigkeit bewahrt, ihre Isolationspolitik freilich hat sie zur Bedeutungslosigkeit auf der weltpolitischen Bühne geführt. 1975 schickt der Präsident der Vereinigten Staaten, der in dieser im Wesentlichen von faschistischen Regimen regierten Welt John F. Kennedy heißt, eine Gruppe von Spezialisten mit einer Zeitmaschine in das Jahr 1939 zurück, um die Alliierten, vor allem Churchill, zu einer härteren Gangart gegenüber Hitler zu bewegen und um die Entwicklung der eigenen Atombombe zu beschleunigen. Die von den Nazis regierten Erdteile leben unter einem bedrückenden Joch, die Welt ist grau und grauenvoll. Freilich hat sich auch das einst so hoffnungsvolle Amerika in eine arme und im weitesten Sinne von Depressionen geschüttelte Welt verwandelt. Über das Naziregime heißt es bei Hogan:

»Da der Nazismus allein dazu diente, die absolute Macht seiner herrschenden Clique durchzusetzen, unterdrückte er die freie Meinung und allen Widerspruch, so wie alle Formen originalen Denkens und ersetzte sie durch die eigenen leeren Schlagworte und geistlosen Dogmen. Ein solches System konnte niemals einen wahrhaft kreativen Vorgang freier wissenschaftlicher Fragen unterstützen. Es war total parasitär. Materiellen Reichtum konnte es auch nicht schaffen. Es konnte nur plündern. Ebenso verhielt es sich mit dem Hervorbringen neuen Wissens. Es konnte nur konsumieren, was bereits vorgekaut war, was es mit Gewalt an sich reißen konnte.«[48]

Die Handlungsstränge des Romans sind kompliziert und verwickelt, so kompliziert wie die »Viele-Welten«-Theorie der Quantenmechanik. Leo Szilard erläutert diese Theorie im Gespräch mit Albert Einstein, der aktiv in der Handlung des Romans mitwirkt und, dies ist ein Insiderwitz der Science Fiction-Szene, zu einer seiner Theorien durch das Manuskript eines studentischen Romanautors namens Isaac Asimov angeregt wird. Leo Szilard:

»Jede Ursache, sei sie noch so mikroskopisch, könnte letztlich ihre Wirkung durch das ganze Weltall ausbreiten. Wenn das stimmt, [...] dann spaltet jeder Quantenübergang in jedem Stern, in jeder Galaxie, in jedem entfernten Winkel des Kosmos das Universum in Kopien auf ... Jede der unzähligen Milliarden von Variationen, die sich im Tempo von unzähligen Milliarden in jeder Sekunde vervielfachen ... ein unendlich sich verzweigender Baum, in dem alles, was passieren kann, auch wirklich geschieht ... irgendwo.«

In Hogans Roman kommt, was selten ist in diesem Genre, Hitler selbst vor, dessen Monolog über Genie und Entscheidung im Roman harmlos wirkt, wenn man einmal echte Reden von ihm gehört oder die sogenannten »Tischgespräche« gelesen hat. Ein für deutsche Leser unfreiwillig komischer

Akzent wird gesetzt, wenn Hitler mit einem Direktor namens »Maulschellen« telefoniert; auch dürfte der deutsche Familienname »Hoffenzollen« Seltenheitswert besitzen.

Der Roman nimmt an Kompliziertheit dadurch zu, dass das Nazi-Regime von englischen Faschisten unterstützt wird, die mit einer Zeitmaschine aus dem Jahr 2025 die amerikanische Unternehmung von 1975 stören und dafür gesorgt haben, dass die Nazis eine eigene Atomwaffe entwickeln können. Der Roman endet sozusagen mit einer Landung in der realen Geschichte, in der die Alliierten in Casablanca sich darauf verständigen, die strategische Bomberoffensive zu verstärken und das Manhattan-Projekt, also den Bau der Atombombe, voranzutreiben.

Adolf Hitler wird nicht »der Führer«

Alle bisher vorgestellten Alternativwelt-Romane der Science Fiction zum Thema »anderer Ausgang des Zweiten Weltkrieges« beschrieben einzelne Staaten oder auch Kontinente, die unter der brutalen Herrschaft des Nationalsozialismus zu leiden haben. Zwei Romane, einer der intelligentesten zu diesem Themenbereich und einer der umstrittensten, gehen von einer völlig anderen Voraussetzung aus, nämlich von der, dass Hitler nie zum Reichskanzler und *Führer* avanciert ist.

Jerry Yulsman beschreibt in seinem Roman *Elleander Morning* eine Welt, in welcher der Zweite Weltkrieg nicht stattgefunden hat.[49] Der Roman beginnt mit der Schilderung eines Tageslaufs in einem Wiener Männerheim anno 1913. Vorgestellt wird ein junger Mann, ein »Maler, der nicht fähig war, nach der Natur zu zeichnen«. Seine beiden hervorstechenden Merkmale sind Armut und fanatischer Hass auf Juden. Dieser junge Mann, der Adolf Hitler heißt, wird von Elleander Morning erschossen, einer Freundin von Herbert George Wells, dem in unserer wie in Yulsmans Alternativwelt berühmten Schriftsteller.

Diese Welt ohne Hitler, ohne den Zweiten Weltkrieg wird von Yulsman gleichsam nebenbei beschrieben, etwa durch die Schilderung einer anders gearteten, aber nicht weniger fortschrittlichen Technik als die unserer realen Welt. So gibt es z. B. eine Tunnelmagnetbahn, die mit einer Höchstgeschwindigkeit von 6.700 Stundenkilometern die Strecke New York – Los Angeles in einer Stunde bewältigt. In dieser Welt ist das Hakenkreuz unbekannt bzw. hat als Swastika keine herausragende Bedeutung unter den Symbolen. Deutschland ist ein demokratisches, hochtechnisiertes Land, dem 1983 die erste Mondlandung gelingt. Freilich entwickelt es sich aufgrund bestimmter Vorgänge um eine *Time-Life*-Ausgabe, die den Zweiten Weltkrieg einer anderen Welt beschreibt, im Verlaufe des Romans hin zu einem aggressiven, autoritären Staat, der dem wirklichen Nationalsozialismus entspricht.

Yulsman lässt sein alternatives 20. Jahrhundert durch kurze Einblendungen Gestalt annehmen:

»DER AKTUELLE KOMMENTAR
... Guten Abend, meine Damen und Herren in Nordamerika, guten Abend an alle Schiffe auf hoher See! Es folgt unser täglicher Nachrichtenkommentar, diesmal aus Barcelona in Spanien:

Könnte man nicht jetzt, da Generalissimo Francisco Franco bekommen hat, was er verdiente, in Betracht ziehen, auch seinem alten Faschistenfreund, dem Fettwanst Mussolini, den Strick um den Hals zu legen? Damit wären dann zwei erledigt und Stalin auf der Abschußliste ... Und wenn wir schon beim Thema sind: Es wäre an der Zeit, alle ausländischen Kommunisten aus Spanien hinauszuwerfen, die die Angelegenheiten des Landes im Sinne unseres lieben alten Väterchens Schnurrbart schmeißen wollen. Das könnt ihr vergessen! Spanien gehört den Spaniern – und unsere eigene, rosa angehauchte Lincolnbrigade darf sich durchaus angesprochen fühlen. Kommt heim, Jungs! Alles vergeben und vergessen, vorausgesetzt, ihr wascht euch die rote Kriegsbemalung ab und steckt die Nasen nur noch in eure eigenen Angelegenheiten!

(Radiokommentar von WALTER WINCHELL 23. Juni 1939)«

»LOKALES
Zwei Tage nach Premier Benito Mussolinis überraschender Ankündigung, daß die Kolonie nach siebenunddreißig Jahren wohlwollender italienischer Herrschaft im Jahr 1953 den Status einer Autogenen Region erhalten solle, wurde Außenminister Graf Galeazzo Ciano in der Hauptstadt von Libyen, Bengahszi, mit frenetischem Jubel begrüßt.

(Staatlicher italienischer Rundfunk 12. August 1951)«

»AKTUELLES
Und wieder einmal ist die Demokratische Partei aufgerufen, das Land von den Ergebnissen vier katastrophaler republikanischer Jahre zu befreien ... und das werden wir tun, meine Freunde. Das werden wir tun!

Unsere erste Aufgabe muß es sein, die Schäden wieder gutzumachen. Die Schäden durch drei Millionen verlorengegangener Arbeitsplätze und die Schäden durch eine ruinierte Wirtschaft, welche Präsident Deweys Liebäugeln mit der Nationalökonomie des neunzehnten Jahrhunderts angerichtet haben ...

(Auszug aus der programmatischen Rede des Präsidentschaftskandidaten Joseph Kennedy jr. vor der Nationalversammlung der Demokratischen Partei am 7. August 1952 in Philadelphia)«

»LETZTE MELDUNG
Josef Stalin – eigentlich Josef Wissarionowitsch Dschugaschwili –, geboren in Gori in Georgien, der tyrannische Führer der Sowjetunion seit dem Tode Lenins im Jahr 1924, ist tot. Er starb heute im Kreml, zusammen mit dem verhaßten NKWD-Chef L. P. Beria und den Politbüromitgliedern Molotow, Chruschtschow, Malenkow und anderen unter den Kugeln eines Attentäters. Nach unbestätigten Berichten waren die Morde Teil eines Staatsstreiches, der vom General der Roten Armee Iwan Stepanowitsch Konew organisiert und durchgeführt wurde. Vor knapp fünfzehn Minuten kündigte Konew persönlich die Bildung einer militärischen Interimsregierung an, um die Ordnung wiederherzustellen. Im Augenblick haben wir keinen Kontakt mit unserem Moskauer Büro, aber vor einigen Minuten erhielten wir einen Anruf von unserem Korrespondenten Douglas Manners, in dem er das tödlich Chaos beschreibt, das in den Straßen Moskaus herrscht. Hier eine Bandaufzeichnung seines Berichtes ...

(Nachrichten der BBC 5. März 1953)«

»DIE SCHLAGZEILEN DES TAGES
FINNISCHE TRUPPEN BESETZEN LENINGRAD UND ARCHANGELSK
    POLNISCHE UND UNGARISCHE VERBÄNDE RÜCKEN BIS NACH KIEW VOR
    RUSSISCHE ARMEE AN DREI FRONTEN VERNICHTEND GESCHLAGEN!

RUMÄNEN MARSCHIEREN IN DIE MOLDAUISCHE SSR EIN
UKRAINISCHE REBELLEN DRÄNGEN EINHEITEN DER ROTEN ARMEE IN DEFENSIVE
JAPANER BESETZEN WLADIWOSTOK UND NEHMEN SACHALIN EIN.
(*New York Times* 6. April 1953)«

»DIE SCHLAGZEILE DES TAGES
RUSSLAND AM BODEN ZERSTÖRT!
Bildberichte auf Seite 6
(*Daily News*, New York 5. Juni 1953)«

»DIREKTÜBERTRAGUNG
Ich begrüße den Vertreter der Republik Litauen ...
(Völkerbund Genf, Schweiz 3. Dezember 1953)«

»AKTUELLES
Die Nation, und, was das betrifft, mit ihr die Geschichte, verlangen von der Frau Führungseigenschaften und aktive Teilnahme am politischen Leben. Das ist eine Herausforderung, der wir uns stellen müssen! Lassen Sie uns gemeinsam nach unseren Hemdsärmeln fassen und fangen wir an, sie hochzukrempeln!
(ELEANOR ROOSEVELT Vizepräsidentin der Vereinigten Staaten 1952–1960; Auszug aus einer Rede vor dem vierten Jahrestreffen der New Yorker Vereinigung freiberuflich tätiger Frauen, New York City, 9. Februar 1956)«

»AKTUELLES
DIE ÄRA DER LUFTSCHIFFE GEHT ZU ENDE!
Tausende von Menschen sahen zu, als gestern dem berühmten deutschen Luftschiff *Hindenburg* 103 Passagiere entstiegen, nachdem es zum letzten Mal an seinem Liegeplatz in Lakehurst, New Jersey, nur ein paar Meilen von New York City entfernt, festgemacht hatte. Seit seinem Stapellauf im Jahr 1936 hat das gigantische, 240 Meter lange heliumgefüllte Luftschiff 872 Atlantiküberquerungen hinter sich gebracht, wobei es im Lauf der Zeit 69942 zahlende Passagieren absolute Sicherheit in Verbindung mit geradezu verschwenderisch luxuriöser Bequemlichkeit geboten hat.

Immer noch im Einsatz steht die gleichlange *Graf Zeppelin II*, die allwöchentlich zwischen Kapstadt und Frankfurt verkehrt, und die riesige 370 Meter lange *Hugo Eckener*, die dreimal im Monat die Strecke Rio de Janeiro-Frankfurt und zurück bewältigt.

Es wurde angekündigt, daß auch diese beiden Kolosse des Himmels im Frühjahr 1958 außer Dienst gestellt werden. Der Grund dafür: die Konkurrenz der konventionellen Fluglinien und der neuen superschnellen Transatlantikschiffe.

(*Daily Telegraph* London, 5. Oktober 1957)«

»DAS PARADIES!
BIKINI-HILTON
Im Herzen des Pazifiks!
Auf dem traumhaften Bikini-Atoll in den Marshall-Inseln!
(Anzeige in *The New Yorker*, 1970)«

»Heute früh, um 9 Uhr 30 Ortszeit, fiel Gouverneur General Charles de Gaulle im Stadtzentrum von Hanoi einem Mordanschlag zum Opfer. Nach Polizeiberichten wurde sein Wagen, ein speziell gepanzerter Citroën, von einer Panzerabwehrrakete getroffen, die aus einem Fenster im zweiten Stock eines etwa vierzig Meter entfernten Gebäudes abgefeuert worden war. Obwohl das Stadtgebiet von Polizei und Armee-Einheiten sofort abgeriegelt wurde, konnten der oder die Täter bisher nicht ausgeforscht werden. Einige Minuten nach dem Mordanschlag rief eine noch nicht identifizierte Frau bei der französischsprachigen Lokalzeitung *Le Clarion* an und bekannte sich im Namen einer Untergrundorganisation namens Viet-Minh zu dem Verbrechen.

(United Press 3. Januar 1970 Hanoi, Französisch Indochina)«

Durch welche Zeitverschiebungen oder Zeitmaschinen auch immer beeinflusst: Der aufgefundene *Time-Life*-Band über den Zweiten Weltkrieg verändert schließlich die Welt gegen Ende des 20. Jahrhunderts so, dass sie vor einem Kriegsausbruch bewahrt werden muss. Die Diskussionen der handelnden Personen über den Band entsprechen der schon bekannten Technik, die reale Welt als fiktive Welt erscheinen zu lassen. Die Widerspiegelung der realen Welt in der fiktiven zeigt freilich auch die Absurdität der tatsächlichen Weltgeschichte auf, gegen die im Grunde jede Fiktion verblasst.

Ein zynischer Kommentar zu den Möglichkeiten der menschlichen Geschichte findet sich in einem anonymen Privatdruck aus dem Jahr 1910, *Das intime Tagebuch eines Londoner Gentlemans*, der in dem Alternativwelt-Roman von Yulsman ebenfalls eine gewisse Rolle spielt. Darin heißt es:

»Das einzige, dessen ich mir absolut sicher bin, ist die Tatsache, daß die Menschheit, wenn man ihr eine durchschnittliche Anzahl von Scheidewegen zugesteht, unweigerlich in die falsche Richtung gehen wird. Der Mensch ist nichts als ein sich unaufhörlich vermehrender Idiot, der bei jedem Intelligenztest im Vergleich mit der Nahrung, die er zu sich nimmt, schlecht abschneiden würde – und da schließe ich den gewöhnlichen Hering mit ein. Welch andere Kreatur außer dem Menschen unternimmt alle nur denkbaren Anstrengungen, um Mittel und Wege zu erfinden, sich selbst total auszurotten? Dabei spreche ich von Geld, Politik und Schießpulver – zuverlässige Instrumente dafür. Meine Herren, in meinen Augen ist die Geschichte nichts weiter als die Chronik des Sturzes der Menschheit in den Abgrund.«[50]

Auf ganz andere Weise als Yulsman schaltete Norman Spinrad 1972 Adolf Hitler aus der Weltgeschichte aus. Die überaus boshafte Satire Spinrads stand in Deutschland fünf Jahre lang auf den Index für jugendgefährdende Schriften. 1981 erschien der Roman *The iron dream* als *Der stählerne Traum* auf deutsch. Doch der Roman *Der stählerne Traum* existiert im Grunde nicht. Gleich nach einer Information über den Roman *Herr des Hakenkreuzes* wird eben letztgenannter abgedruckt. Am Schluss folgt ein fiktives Nachwort zur 2. Ausgabe des Romans von 1959. Angeblicher Verfasser ist Adolf Hitler. Er wird wie folgt vorgestellt:

»ADOLF HITLER wurde am 20. April 1889 als Sohn des k. u. k. Zollamtsoffiziers Alois Hitler und seiner Ehefrau Klara, geb. Pölzl in Braunau am Inn (Österreich) geboren. Als junger Mann übersiedelte er nach Deutschland und diente während des Großen Krieges in der deutschen Armee. Nach dem Krieg geriet er in München für kurze Zeit in den Bannkreis rechtsradikaler politischer Bewegungen, bevor er, von Mißerfolgen enttäuscht, Ende 1919 nach New York auswanderte. So lange er Englisch lernte, fristete er eine unsichere Existenz als Straßenmaler und Gelegenheitsübersetzer in Greenwich Village, dem Zufluchtsort der New Yorker Bohemiens. Nach mehreren Jahren dieses ungebundenen Lebens begann er als Illustrator für Zeitschriften und Comic-Hefte zu arbeiten. 1930 lieferte er seine ersten Illustrationen für das Science-Fiction-Magazin *Amazing*, und zwei Jahre später war er ein gesuchter

Illustrator für Science-Fiction-Magazine. Im Jahre 1935 vertraute er seinem Englisch soweit, dass er sein Debut als Science-Fiction-Autor wagte. Den Rest seines Lebens widmete er als Schriftsteller, Illustrator und Herausgeber dem Genre der Science Fiction. Obgleich er den heutigen SF-Freunden vor allem durch seine Romane und Kurzgeschichten bekannt ist, war Hitler während des goldenen Zeitalters der dreißiger Jahre ein beliebter Illustrator, gab mehrere Anthologien heraus, schrieb lebendige Rezensionen und gab fast zehn Jahre lang die Fanzeitschrift *Storm* heraus, die große Beliebtheit gewann.

Für seinen Roman *Herr des Hakenkreuzes,* den er kurz vor seinem Tod im Jahre 1953 vollendete, wurde ihm vom Internationalen Science Fiction-Con 1955 posthum der Hugo Gernsback Award zuerkannt, ein alljährlich verliehener, begehrter Science-Fiction-Literaturpreis. Viele Jahre lang war er ein gern gesehener Gast auf Science-Fiction-Treffen, weithin bekannt als ein geistreicher und unermüdlicher Unterhalter. Seit der Veröffentlichung des Buches sind die farbenfrohen Uniformen und Embleme, die er in *Herr des Hakenkreuzes* vor der Welt erstehen ließ, bevorzugte Kostüme bei den traditionellen Karnevalsveranstaltungen im Rahmen des Weltcons geworden. Hitler starb 1953, doch die Romane und Kurzgeschichten, die er hinterließ, bleiben allen Freunden des Genres ein Vermächtnis.«[51]

Auf den Spinrad/Hitler-Roman soll hier nicht näher eingegangen werden. Er ist ein wüstes Konglomerat aus Aktion und nationalsozialistischen Phantasien, das an einigen Stellen eine offensichtliche Freude an Gewalt und Grausamkeiten offenbart, die es dem Leser schwer machen, gezielte Provokationen und scharfe Kritik an bestimmten Elementen der Science Fiction-Literatur des Autors Spinrad nachzuvollziehen bzw. auseinander zu halten.

Wie schon erwähnt: Kein anderer Zeitraum hat zu derartig vielen literarischen Produktionen in der Alternativwelt-Literatur angeregt wie die Jahre zwischen 1933 und 1945. So hat etwa unter dem Titel *Der 21. Juli* Christian von Ditfurth eine Erzählung publiziert, in der das Attentat auf Hitler vom 20. Juli 1944 zum Erfolg geführt hat. Seine Darstellung ist bedrückend, etwa auch in den Ansichten zur »Judenfrage«, die der neue Reichskanzler Goerdeler äußert.[52]

Die Geschichtswissenschaft hat die Frage nach einem anderen Ausgang des 20. Juli ausnahmsweise auch außerhalb der *virtuellen Geschichtsschreibung* gestellt. Alexander Demandt beziehungsweise Eberhard Jäckel kommen zum Beispiel zu dem Schluss, dass ein Gelingen des Attentats wohl zu einer neuen *Dolchstoßlegende* geführt und den Krieg verlängert hätte. Die Folge wäre gewesen, dass die ersten Atombomben wohl auf Berlin oder München gefallen wären.[53]

Gegenüber der Fülle an Erzählungen und Romanen, die sich mit dem Ausgang des Zweiten Weltkrieges beschäftigen, ist die Ausbeute in der Science Fiction-Literatur an Alternativwelten, die auf Grund von Ereignissen in der zweiten Hälfte des 20. Jahrhunderts entstanden sind, relativ gering.

Die USA werden sowjetisch und Rom papstlos

Neben einigen Kurzgeschichten mit Alternativwelt-Thematik bzw. Zeitreise-Paradoxien gibt es, soweit der Verfasser sieht, wenige Romane, die unserem Science Fiction-Subgenre zuzuordnen wären.

Mit den Ängsten vor einer Invasion durch einen übermächtigen Feind, so wie wir sie in englischen Romanen des 19. Jahrhunderts und bei Saki kennen, spielt auch Oliver Langes 1971 erschienener Science Fiction-Roman *Vandenberg oder Als die Russen Amerika besetzten*.[54]

Mitte der 70-er Jahre des 20. Jahrhunderts war, so die Beschreibung der Lage, »die amerikanische Psyche gefährlich erstarrt«. In dieser Zeit gelingt es der Sowjetunion, die USA zu übertölpeln und kampflos zu besetzen. Vorbereitet wurde die Okkupation durch eine umfassende Infiltration von Spionen, die die Rundfunk- und Fernsehsender und auch die Presse in den Schlüsselstellungen vollkommen in der Hand hatten und denen es gelingt, durch gezielte Falschmeldungen die schließlich kampflose Übernahme der USA durch sowjetische Truppen vorzubereiten.

Über die USA herrscht nun eine sowjetische Militärregierung. In Umerziehungslagern werden widerspenstige Intellektuelle einer in der Regel erfolgreichen Gehirnwäsche unter Einsatz von unbemerkt verabreichten Drogen unterzogen.

Der Roman schildert den letztendlich erfolglosen Kampf des einsiedlerisch lebenden Malers Vandenberg, der begleitet wird von seinem geistig behinderten Sohn und den eine Schar von Veteranen unterstützt, die sich, anders als die übrige Bevölkerung, weigern, den sowjetischen Umerziehungsversuchen nachzugeben. Vandenberg gelingt es eine Zeit lang, in unzugänglichen Gebirgsregionen ein Robinsonleben zu führen. Schließlich scheitert seine Gruppe bei dem Versuch, die Insassen eines Umerziehungslagers zu befreien.

Der Grundtenor von Langes Roman ist von tiefem Pessimismus geprägt. Seine Schilderungen, wie den USA von außen ein totalitäres Regime übergestülpt wird, sind bedrückend. Freilich bleibt die von ihm nur angedeutete rasche Übernahme der USA und schließlich der übrigen westlichen Welt durch die Sowjetunion unglaubwürdig. Sein Roman hat, anders als die Alternativwelt-Romane über einen Sieg der Achsenmächte im Zweiten Weltkrieg, soweit der Verfasser sieht, keine Nachahmer gefunden.

Weit vergnüglicher ist die Stimmung in den 1974 posthum veröffentlichten *Römischen Berichten vom Ende des 20. Jahrhunderts* von Guido Morselli: *Rom ohne Papst*.[55] Es ist dies ein Roman voller Witz und augenzwinkernder Humanität. Papst Johannes XXIV. hat Ende des 20. Jahrhunderts seinen Amtssitz vor die Tore von Rom verlegt. Toleranz gegenüber allen Weltreligionen ist sein oberstes Gebot; der Zölibat existiert nicht mehr, der Papst selbst hat eine Liaison mit einer Buddhistin. Strenggenommen ist der satirische Roman Morsellis freilich nicht als Alternativwelt-Roman der Science Fiction zu bezeichnen, sondern ist eher eine zeitverschobene Utopie, in der auch technische Neuerungen wie Magnetkissenbahnen, Hubschrauberbusse oder Großhologramme des Papstes zum Alltag gehören. Der Verfasser hat es sich aber erlaubt, als Schluss seiner Lesereise durch alternative Romanwelten eine optimistische Version der Geschichte auszuwählen.

Alternativwelt-Romane: Anspruch und Vergnügen

Das literarische Genre Science Fiction wird in Deutschland trotz deutlicher Verkaufserfolge in den letzten Jahrzehnten, trotz einer sehr lebendigen Literaturszene und trotz der Anerkennung, die einzelne deutsche Autoren von der Literaturkritik erfuhren, nach wie vor im Vergleich zu anderen Literaturgenres gern und schnell als vor allem trivial oder minderwertig beurteilt. Science Fiction-Literatur gehört nur in ganz wenigen Ausnahmefällen zu einem wie auch immer definierten literarischen Kanon, dessen Werke man in so genannten bildungsnahen Kreisen als bekannt voraussetzen kann. Wie kein anderes literarisches Genre wird Science Fiction hierzulande besonders an seinen minderwertigen Produkten gemessen, während niemand auf die Idee käme, etwa den historischen Roman grundsätzlich als literarisch bedeutungslos einzustufen, nur weil es eine Reihe von schlecht oder schlampig geschriebenen Exemplaren der Gattung gibt. Auch heute noch kann sich der

Science Fiction-Leser, der sich als solcher in literarischen Kreisen »outet«, mit einiger Sicherheit auf ein abschätziges Lächeln oder die ungläubige Frage »Sie lesen so etwas?!« einstellen.

Vor diesem Hintergrund hat es der Alternativwelt-Roman in Deutschland schwer, sich einen breiteren Leserkreis zu erobern, wird er doch zu Recht dem Genre Science Fiction zugeordnet. Dabei ist gerade der Alternativwelt-Roman eine Gattung, die besonders qualifizierte Leser ansprechen könnte. »Alternativwelt-Geschichten«, schreibt Karl Michael Armer, »stellen eine Fülle hoher und widersprüchlicher Anforderungen. Sie verlangen fundierte historische Kenntnisse, einen Spieltrieb, der sich gerade an komplexen Aufgaben besonders entzündet, und eine geradezu anarchistische Lust am Einreißen, Infragestellen, Tabuverletzen. Mit anderen Worten: Sie erfordern beim Autor wie beim Leser ein Psychogramm, das Bildungsbürgertum, intellektuelle Ernsthaftigkeit und Lust am bunten Spektakel unter einen Hut bringt. Das macht Alternativwelt-Geschichten zwangsläufig zu einem recht elitären Minoritätenprogramm.«[56]

Gerade grundsätzliche Nichtleser von Science Fiction könnten, wenn sie ihr Vorurteil einmal überwunden haben, in den alternativen Romanwelten Überraschungen erleben, Überraschungen, die ihnen oft ausgesprochen humorvolle, ja im alten Sinne des Wortes witzige Unterhaltung bieten – Überraschungen aber auch, die zu einem anderen Blick auf die Geschichte anregen können und vielleicht sogar die eigene Individualgeschichte in einem anderen Licht erscheinen lassen und zu unerwarteten Erkenntnissen führen.

Dass die Beschäftigung mit alternativer Geschichte und alternativen Geschichten möglicherweise mehr ist als eine intellektuelle Herausforderung, ein geistiges Vergnügen oder ein unterhaltsamer Spaß, könnten die berühmten Sätze aus dem vierten Kapitel von Robert Musils Roman *Der Mann ohne Eigenschaften* andeuten:

»Wenn es aber Wirklichkeitssinn gibt, und niemand wird bezweifeln, daß er seine Daseinsberechtigung hat, dann muß es auch etwas geben, das man Möglichkeitssinn nennen kann.

Wer ihn besitzt, sagt beispielsweise nicht: Hier ist dies oder das geschehen, wird geschehen, muß geschehen; sondern er erfindet: Hier könnte, sollte oder müßte geschehen; und wenn man ihm von irgendetwas erklärt, daß es so sei, wie es sei, dann denkt er: Nun, es könnte wahrscheinlich auch anders sein.

So ließe sich der Möglichkeitssinn geradezu als die Fähigkeit definieren, alles, was ebenso gut sein könnte, zu denken und das, was ist, nicht wichtiger zu nehmen als das, was nicht ist. Man sieht, daß die Folgen solcher schöpferischen Anlage bemerkenswert sein können, und bedauerlicherweise lassen sie nicht selten das, was die Menschen bewundern, falsch erscheinen und das, was sie verbieten, als erlaubt oder wohl auch beides als gleichgültig. Solche Möglichkeitsmenschen leben, wie man sagt, in einem feineren Gespinst, in einem Gespinst von Dunst, Einbildung, Träumerei und Konjunktiven; Kindern, die diesen Hang haben, treibt man ihn nachdrücklich aus und nennt solche Menschen vor ihnen Phantasten, Träumer, Schwächlinge und Besserwisser oder Krittler.

Wenn man sie loben will, nennt man diese Narren auch Idealisten, aber offenbar ist mit alledem nur ihre schwache Spielart erfaßt, welche die Wirklichkeit nicht begreifen kann oder ihr wehleidig ausweicht, wo also das Fehlen des Wirklichkeitssinns wirklich einen Mangel bedeutet. Das Mögliche umfaßt jedoch nicht nur die Träume nervenschwacher Personen, sondern auch die noch nicht erwachten Absichten Gottes. Ein mögliches Erlebnis oder eine mögliche Wahrheit sind nicht gleich wirklichem Erlebnis und wirklicher Wahrheit weniger dem Werte des Wirklichseins, sondern sie haben, wenigstens nach Ansicht ihrer Anhänger, etwas sehr Göttliches in sich, ein Feuer, einen Flug, einen Bauwillen und bewußten Utopismus, der die Wirklichkeit nicht scheut, wohl aber als Aufgabe und Erfindung behandelt.«[57]

Die große Welt wie auch unser kleines individuelles Leben werden täglich vor Alternativ-Entscheidungen gestellt. Alternativwelt-Romane der Science Fiction machen uns dies auf anspruchsvolle und oft auch höchst vergnügliche Weise bewusst. Ist diese Literaturgattung möglicherweise damit auch in der Lage, unseren eigenen Blick auf das Leben, ja vielleicht sogar unser Leben selbst, zu verändern?

»Der große summende Gott«
Von Denkmaschinen, Computern und Künstlicher Intelligenz in der Literatur

Schwerlich wird die Menschheit je fliegen

»Man schwindelt bei dem Gedanken, wohin die gegenwärtige Entwicklung in hundert, in tausend, in zehntausend, in hunderttausend [...] Jahren die Menschheit führen werde. Was kann ihr unerreichbar sein? Sollte sie, wie sie maulwurfsähnlich durch Gebirge, unter der See fort Wege bahnt, nicht noch den Vogelflug nachahmen? Sollte sie, wie die Rätsel der Mechanik nicht noch die Rätsel des Geistes lösen?

Ach, es ist dafür gesorgt, daß die Bäume nicht in den Himmel wachsen. Schwerlich wird die Menschheit je fliegen, und nie wird sie wissen, wie Materie denkt.«[1]

So hieß es in einer der glänzenden Reden des berühmten Naturwissenschaftlers und Philosophen Emil Du Bois-Reymond im Jahre 1877.

Fünf Jahre zuvor, also 1872, schrieb Samuel Butler in dem utopischen Roman »Erewhon« unter anderem folgendes über die zukünftige Maschinenwelt:

»Die gegenwärtigen Maschinen verhalten sich zu den kommenden wie die Saurier der Urzeit zum Menschen. Die größten unter ihnen werden wahrscheinlich im Laufe der Zeit beträchtlich kleiner werden. Einige der niedrigsten Wirbeltiere erreichten eine viel größere Körpermasse, als auf ihre höher organisierten, jetzt lebenden Vertreter gekommen ist, und gleicherweise geht mit der Weiterentwicklung der Maschinen oft eine Verkleinerung einher.«

Und an anderer Stelle:

»Einst muß es höchst unwahrscheinlich erschienen sein, daß Maschinen jemals lernen würden, sich durch Geräusch zu verständigen, wenn auch nur durch die Ohren der Menschen. Läßt sich somit nicht denken, daß eine Zeit kommen wird, wo [...] das Hören durch die hochempfindliche Veranlagung der Maschine selbst erfolgt? Wo sich ihre Sprache vom bloßen Tierlaut zu einem Verständigungsmittel entwickelt hat, das so vielfältig ist wie das unsere? [...]

Maschinen können innerhalb gewisser Grenzen andere Maschinen jeder Art erzeugen, und seien sie noch so verschieden von ihnen selbst.«[2]

Dies sind zwei Prognosen aus dem 19. Jahrhundert, die erste stammt aus dem Mund eines renommierten positivistischen Wissenschaftlers, die zweite aus der Feder eines Künstlers und Schriftstellers, wenn man so will, eines Science-Fiction-Autors. Wer von den beiden eine Niete aus der Lostrommel der Zukunft gezogen hat, können wir im ersten Jahrzehnt des 21. Jahrhunderts beurteilen. Es war jedenfalls nicht der visionäre Schriftsteller.

Was vermögen literarische Visionen im Hinblick auf den Fortschritt in Naturwissenschaft und Technik? In den letzten 10, 20 Jahren beurteilt man auch in Deutschland das Literaturgenre der Science Fiction nicht mehr pauschal nur als trivial oder »spinnert«. Es wäre interessant einmal der Frage nachzugehen, wer auch in früheren Jahrzehnten utopisch-technische Zukunftsromane, so die früher übliche Bezeichnung, gelesen hat. So steht zum Beispiel fest, dass die deutschen Pioniere der Raketen- und Raumfahrttechnik, vor allem Wernher von Braun, fasziniert den Roman »Auf zwei Planeten« von Kurd Laßwitz gelesen haben, der erstmals 1897 erschienen war. Laßwitz beschreibt u.a. darin eine Weltraumstation, die bereits, wie später von Wernher von Braun geplant, die Form eines Speichenrades besitzt. Er berichtet von rollenden Straßen, Wolkenkratzern, synthetischen Stoffen, Fotozellen, Lichttelegraphen, Solarzellen und Kabinenbahnen und greift das Thema Umweltverschmutzung auf.[3]

Wie sieht es nun in der Literatur mit programmgesteuerten Rechenautomaten, mit Denkmaschinen, gar mit maschineller Intelligenz aus? Dass Computer seit der Zeit des ersten, ENIAC, seit Norbert Wieners Kybernetik, also seit sechs Jahrzehnten aus der Science Fiction – und nicht nur dort – nicht mehr wegzudenken sind, weiß jeder, der auch nur ganz wenige Texte des Genres gelesen hat. Dies ist sicherlich eine Reaktion auf die technische Entwicklung seit den 40-er Jahren des 20. Jahrhunderts.

Aber möglicherweise hat die Literatur nicht nur reagiert. In dem faszinierenden Aufsatz »Writing the Future: Computers in Science Fiction«, der im Januar 2000 in der Zeitschrift »Computer. Innovative Technology for Computer Professionals« erschien, schreiben die beiden Autoren Jonathan Vos Post und Kirk L. Kroeker – beide übrigens Computer-Spezialisten, nicht etwa Literaturwissenschaftler: »Obgleich wir nicht sicher sein können, dass Science Fiction direkt die Richtung beeinflusste, welche die Computer-Technologie in den vergangenen 50 Jahren genommen hat, so hat das Genre zumindest die Technologien, die wir benützen und entwickeln, vorweggenommen.« In demselben Aufsatz berichtet Arlan Andrews Sr. unter der Überschrift »From Fiction to Fact: A Self-Fulfilling Prophecy« über eine Kurzgeschichte, die er 1984 geschrieben hatte. Darin wurde unter anderem von einem »virtual reality computerbased system for real-time CAD« im Jahre 2020 berichtet. Dieses System befindet sich nun seit 1993 in der Entwicklung. Andrews: »My story is an example of science fiction providing a vision and a goal [...] my science fiction vision of the early 1980s is now pretty much fulfilled.«[4]

Doch der literarische Traum von Denkmaschinen ist wesentlich älter als ein halbes Jahrhundert. Er hat darüber hinaus auch schon früher Konnotationen aufzuweisen, die man im Umkreis der etwas altbackenen Definition vom Computer als programmgesteuerten Rechenautomaten auf den ersten Blick kaum vermuten würde: Es geht dabei oft oder sogar auch meistens um gesellschaftliche Implikationen, um Herren und Diener, Schöpfer und Geschaffene, um Metaphysik, um Gott. – Ein Feld also, wie man es sich weiter und umfassender nicht vorstellen kann.

Die Idee vom Menschen als Kreator, der durch eigene Kraft etwas erschaffen kann, das ihm gleichkommt, ja ihm sogar überlegen ist, knüpft an Schöpfungsmythen uralter Zeiten an. Die Vermessenheit des menschlichen Strebens, es den Göttern gleichtun und denkende Wesen herstellen zu wollen, kennen wir in der Literatur seit der Antike. Eine lange Wirkungsgeschichte bis in das 20. Jahrhundert hinein etwa hatte die in talmudischer Zeit (200 – 500 n. Chr.) entstandene Golem-Sage. Der Golem, eine aus Lehm oder Ton hergestellte Figur, wird durch Magie zum Leben erweckt.

Zu dieser magisch-mythischen Traditionslinie von künstlich geschaffener Intelligenz gesellte sich später eine biochemisch determinierte Variante; man denke an Mary Shelleys »Frankenstein« oder auch an Goethes »Homunculus« aus dem Faust II. »Gerade heute, vor dem Hintergrund einer Molekularbiologie, die Verfahren entwickelt hat, mittels derer der Mensch gentechnisch zu optimieren und zu reduplizieren wäre [...], erscheint die biologische Variante des Künstlichen Menschen zur Zeit vielleicht als die wahrscheinlichste und bedrohlichste.«[5]

Wir wollen uns hier aber mit der dritten Traditionslinie beschäftigen, nämlich der mechanischen bzw. elektronischen Variante. Wir wenden uns dabei literarischen Texten zu, die im weitesten Sinne Denkmaschinen beschreiben – Maschinen also, die den menschlichen Intellekt unterstützen durch Datenspeicherung oder Kombinatorik, Maschinen aber auch, die darüber hinaus ein gewisses Eigenleben entwickeln oder, noch weitergehend, den Menschen übertreffen, ja ihn als »Krone der Schöpfung« ablösen. Wohlgemerkt, es geht dabei immer um literarische Texte, um Visionen mehr oder weniger phantasievoller Schriftsteller, nicht um Prognosen von Naturwissenschaftlern oder Technikern.

Denkende Automaten

Eine Maschine, die in der Lage sei, automatisch Bücher zu verschiedenen Wissensgebieten zu produzieren, beschrieb 1726 Jonathan Swift satirisch in »Gullivers Reisen«. Es ist dies freilich eine äußerst personalintensive Maschine, denn es werden nicht weniger als 40 Studenten gleichzeitig benötigt, um sie agieren zu lassen. Die Swift'sche Konstruktion besteht aus einem hölzernen quadratischen Rahmen mit ca. 40 Metern Seitenlänge: »[Er] setzte sich aus mehreren Holzteilchen, ungefähr von Würfelgröße, zusammen, [...]. Sie waren alle durch dünne Drähte verbunden. Diese Holzteilchen waren auf jedem Feld mit aufgeklebtem Papier überzogen, und auf dieses Papier waren alle Vokabeln ihrer Sprache [der Laputaner] geschrieben in den verschiedenen Modi, Zeiten und Deklinationen, aber ohne jegliche Ordnung. [...] Auf seine [des Professors] Anordnung nahm jeder Schüler einen eisernen Griff in die Hand, wovon vierzig an den Kanten des Rahmens ringsum befestigt waren, und durch eine ruckartige Drehung wurde die gesamte Anordnung der Wörter völlig verändert. Darauf hieß er sechsunddreißig Burschen die verschiedenen Zeilen leise lesen, so wie sie auf dem Rahmen erschienen. Fanden sie drei oder vier Wörter beieinander, die den teil eines Satzes bilden konnten, diktierten sie diese den vier übrigen Jungen, welche die Schreiber waren. Diese Arbeit wiederholte sich drei- oder viermal, und bei jeder Drehung war die Maschine so ausgerichtet, daß die Wörter an neue Stellen fielen, je nachdem, wie die hölzernen Vierecke sich von oben nach unten bewegten.«[6]

Swifts »wordprocessor« ist als Maschine, nicht als Idee wohl singulär in der Literatur und scheint seine ureigenste Erfindung gewesen zu sein. Man könnte allenfalls vermuten, dass er sich von den Leibniz'schen Rechenmaschinen hat anregen lassen. Unmittelbar beeinflusst von real existierenden bzw. scheinbaren Automaten zeigten sich später einige Dichter der Romantik, und zwar insbesondere von dem angeblichen Schachautomaten des Wolfgang von Kempelen, der sich auch mit der Entwicklung von Sprechautomaten befasste. Unbeeinflusst von der erst später, 1836, aufgedeckten Tatsache, dass sich in von Kempelens Schachautomat ein kleinwüchsiger genialer Schachmeister verbarg, war E. T. A. Hoffmann wie viele seiner Zeitgenossen von der Idee eines denkenden menschenähnlichen Automaten fasziniert.

In Hoffmanns Novelle »Der Sandmann«, zuerst erschienen 1813/14, verliebt sich der Student Nathanael in einen weiblichen Automaten, eine Puppe namens Olimpia, die sein Physikprofessor als seine Tochter ausgibt. In der kurze Zeit später erschienenen Novelle »Die Automate« tauchen alle Hoffmann bekannten bis dahin konstruierten automatischen Menschen, also Androiden auf. Der zentrale Android ist ein orakelnder Türke und entspricht damit dem angeblichen Schachautomaten des Herrn von Kempelen, der ebenfalls als Türke ausstaffiert war.

In unserer Zeit, in der Schachcomputer mit der Spielstärke von Großmeistern zum Warenangebot eines jeden Kaufhauses gehören und das Hamburger Schachprogramm »Deep Fritz« von Menschen nicht mehr zu besiegen ist, kann man sich wohl kaum eine Vorstellung machen, welche Faszination von der Idee eines Schachautomaten ausging, wenn auch nüchterne Geister erklärten: »Jeder Mensch kann einsehen, es sey unmöglich, daß eine Maschine durch inneren Mechanismus Schach spielen, daß heißt eine Handlung vornehmen soll wozu Verstand und Überlegung erfordert wird.« So Friedrich Christoph Nicolai 1783.[7] In Ambrose Bierces Kurzgeschichte »Moxon's Master« aus dem Jahre 1880 aber wird schon ein dem Menschen überlegener Schachautomat dargestellt. In dieser Kurzgeschichte kommt auch bereits ein Element zum Tragen, das für die künftige literarische Behandlung von Denkmaschinen oder künstlicher Intelligenz in der phantastischen Literatur konstituierend sein wird: Die Angst des Menschen vor seiner Schöpfung. Der Erfinder Moxon produziert einen Automaten, der sein Schachpartner wird. Als Moxon sein Geschöpf schachmatt setzt, wird er von diesem auf bestialische oder in diesem Falle wohl besser auf *maschinenmäßige* Weise getötet.[8]

Die meist körperliche oder auch geistige Überlegenheit von Maschinen gegenüber dem Menschen wird geradezu ein Topos in der Literatur, und zwar nicht nur in der Kolportageliteratur. In dem Epos des Literaturnobelpreisträgers Carl Spitteler »Olympischer Frühling« von 1905 werden die angreifenden Menschen durch einen Automaten von der Burg des Weltherrn Ananke abgewehrt:

> »Und als nun durch den Kellergang zum letzten Kampf
> Im Siegesrausch des Feindes hitzige Vordermannen
> Den Freudenjubel stürzten, meinend den Tyrannen
> Mit leichter Hand zu fällen, juckte hinterm Thor,
> Den Paß versperrend, plotz! Der Automat hervor.
> Gleichgiltig, frei von Leidenschaft und Nervgefühlen,
> Schlug er des Keulenwirbels nimmermüde Mühlen.
> Doch wessen Leib und Leben traf sein Kolbenschlag,
> Und schöpft' er aus gigantischer Stärke, der erlag.«[9]

In demselben Epos wird übrigens interessanterweise eine recht dauerhafte Datenverarbeitungsanlage beschrieben, in der die Leiden der Menschheit bis zum Ende der Welt gespeichert werden:

> »Und rathlos irrte scheu umher der bange Blick.
> Doch kundig richtete der König ihr Genick
> Nach einem sturmbewegten Eisenräderwerke,
> Woselbst von hundert Hämmern die vereinte Stärke
> Auf einem Walzenband von Stein, das Funken spritzte,
> Mit grimmen Eisengriffelhieben Runen ritzte,
> Dass knirschend der Granit, im Mark verwundet, krisch.
> Und stets erneute sich die Walzenrolle frisch.«[10]

Doch zurück zu den Automaten, die den Menschen Arbeiten abnehmen und ihnen dabei in mancherlei Hinsicht überlegen sein können. Die Sorge, dass der Einsatz von Maschinen die Menschen arbeitslos machen könnte und damit auch zu sozialen Umwälzungen führen werde, war zweifellos berechtigt, wie die erste industrielle Revolution im 19. Jahrhundert deutlich zeigte. Um wie viel mehr Sorgen musste man sich machen, wenn diese Maschinen relativ eigenständig in der Lage waren zu arbeiten, nämlich durch Programmierung, zunächst auf mechanische, später auf elektronischem und gar noch selbständig lernende Weise? In der ihm eigenen humorvoll-satirischen Art warnte bereits Jean Paul 1789 vor den Gefahren der von Kempelschen Automaten, die, wie vorhin schon erwähnt, die literarische und wissenschaftliche Welt des 18. und 19. Jahrhundert mächtig in Aufregung versetzten. In einem Pamphlet » [...] entgegen und wider die Einführung der Kempelischen Spiel- und Sprachmaschinen« schreibt Jean Paul:

»Schon von ieher brachte man Maschinen zu Markt, welche die Menschen ausser Nahrung setzten, indem sie die Arbeiten derselben besser und schneller ausführten. Denn zum Unglück machen die Maschinen allezeit recht gute Arbeit und laufen den Menschen weit vor. Daher suchen Männer, die in der Verwaltung wichtiger Aemter es zu etwas mehr als träger Mittelmäßigkeit zu treiben wünschen, so viel sie können, ganz Maschinenmäsig zu verfahren, und wenigstens künstliche Maschinen abzugeben, da sie unglücklicherweise keine natürliche sein können.«

Am Schluss seiner Philippika gegen die damals modernen Automaten legt Jean Paul dem Herrn von Kempelen noch eine wichtige Frage ans Herz, nämlich, »ob er nicht seiner Ehre und seiner Tugend besser gerathen hätte, wenn er anstatt sich niederzusetzen und feurig Sprach- und Spielmaschinen auszubrüten, die auf einmal tausend seiner Brüder ausser Nahrung setzen, recht nachgesonnen hätte und wirklich mit Denkmaschinen zum Vorschein gekommen wäre: denn da nur sehr wenige Profession vom Denken machen, so hätt' er geringes oder kein Unheil anrichten können, da zumal die wenigen, die durch die Nebenbuhlerei der Denkmaschinen verhungert zu seyn geschienen hätten, sicher auch ohne diese Hungers gestorben wären.«[11]

Roboter

Seit den zwanziger Jahren des 20. Jahrhunderts bekamen die menschenähnlichen oder gar übermenschlichen Automaten einen neuen Namen, der sich in allen Sprachen durchsetzte: Roboter. Der Name geht zurück auf das Drama von Karel Čapek aus dem Jahre 1920 »R. U. R.« –»Rossums Universal Robots«. *Rossum* ist angelehnt an das slawische *rozum*, was Verstand bedeutet, Robot klingt nach *robota*, was Zwangsarbeit, Fron heißt. In diesem Drama sind bereits die später in unzähligen Romanen und Erzählungen immer wiederkehrenden Motive zu finden. Die Roboter, bei

Čapek freilich biologischen Ursprungs und eigentlich Androiden, werden erfunden und produziert, um die Menschen von schwerer und geisttötender Arbeit zu befreien; sie verdrängen sie schließlich von ihren Arbeitsplätzen und werden in einigen Erzählungen gar zu Herren ihrer Schöpfer. In dem Roman »Metropolis« von Thea von Harbou, dessen Verfilmung durch Fritz Lang 1926 ein Welterfolg wurde, verführt ein weiblicher Maschinenmensch die Arbeiter zur Revolution.

Um die Mitte des vergangenen Jahrhunderts nahmen Träume von hochleistungsfähigen Robotern einen weiten Platz in der einschlägigen Literatur, aber auch in Illustrierten und Boulevardblättern ein. Wesentlichen Anteil daran hatte der amerikanische Biochemiker und Science-Fiction-Autor Isaac Asimov, der mit seinen Kurzgeschichten und dem auf ihnen basierenden Roman *I, Robot* (1950) eine literarische Untergattung begründete und mit den »Gesetzen der Robotik« auch gleichsam eine (literarische) Roboter-Ethik evozierte.

»Angesichts der rasanten Mechanisierung ist es nicht erstaunlich, wie rasch sich derartige Roboter-Visionen verbreiteten. Wird der Mensch am Fließband nicht selbst zum Automaten? Frederick Winslow Taylor vermaß die kleinste Handhabung, rationalisierte die Bewegungsabläufe, bis sich die Arbeiter selbst mit roboterhafter Regelmäßigkeit, Präzision und Geschwindigkeit bewegten. Die Robotisierung des Menschen im Krieg tut ein übriges: Das ›Menschenmaterial‹ dient als willenloser Befehlsempfänger und als Kriegsmaschine aus Fleisch unter Kriegsmaschinen aus Stahl. [...] Auch die amerikanischen SF-Heftchen der Epoche quellen über von schrecklich bösen und schrecklich netten Robotern, Blechtrotteln, Mordmaschinen, außerirdischen Robotern und den ersten Sex-Robotern; [...] Spätestens mit der New Yorker Weltausstellung 1939/40 haben die Roboter den endgültigen Durchbruch geschafft: Westinghouse Electric stellt der staunenden Menge den noch reichlich unbeholfenen Prototypen eines Haushaltsroboters vor. Ein paar Worte schnurren kann er schon, doch zum Aufwaschen ist er völlig ungeeignet.«[12] So Angela und Karlheinz Steinmüller 1999.

Elektronenrechner, groß wie Häuser

Seit den dreißiger Jahren entwickelte Konrad Zuse den ersten frei programmierbaren Rechenautomaten und stellte ihn 1941 vor, den Z 3. Mitte der vierziger Jahre wurden in den USA die ersten wirklichen Allzweckrechner gebaut, die Computer der ersten Generation. Es waren riesige und teure Elektronenrechner, die Namen erhielten wie ENIAC, MANIAC, BINAC, UNIVAC oder BIGMAC. 1948 prägte Norbert Wiener den Begriff für eine neue Forschungsrichtung, die Kybernetik. Der Name ist abgeleitet vom griechischen Wort *kybernetes*, der Steuermann. Während aber 1943 Thomas Watson, der damalige Chef von IBM, den zukünftigen Bedarf an Computern auf weltweit fünf Exemplare schätzte,[13] stürzte sich die Literatur, vor allem die Science Fiction, förmlich auf die zukünftigen Möglichkeiten der neuen Wundermaschine und die Ideen von Künstlicher Intelligenz.

Einer der auch heute noch lesenswerten Romane aus jener Zeit zu unserem Thema ist die 1952 erschienene Antiutopie des jungen Kurt Vonnegut jr. »Player Piano«, deutsch: »Das höllische System«.[14] In einer nicht allzu fernen Zukunft, wohl gegen Ende des 20. Jahrhunderts, hat die zweite industrielle Revolution stattgefunden, die diesmal eine elektronische ist. Im Zentrum steht ein riesiges elektronisches Datenverarbeitungsgerät, das EPICAC IV, »eine Art Gehirn [...]. Allein in dieser Höhle«, erklärt ein Beamter einem auswärtigen Gast, »befindet sich so viel Kupferdraht, daß man damit eine vieradrige Leitung zum Mond legen könnte. Die Maschine enthält mehr Vakuumröhren, als in dem Bundesstaat New York vor dem zweiten Weltkrieg vorhanden war. [...] EPICAC XIV war zwar noch nicht offiziell seiner Bestimmung übergeben worden, aber trotzdem arbeitete es schon unermüdlich, um festzustellen, wie hoch der zukünftige Bedarf Amerikas und seiner Kunden an Transformatoren, Haarnadeln, Radkappen, Suppentellern, Türklinken, Gummiabsätzen, Fernsehgeräten, Spielkarten, Windeln, Ozeandampfern und so weiter in den nächsten Jahren vermutlich sein würde. Außerdem berechnete es die Zahl der voraussichtlich benötigten Beamten, Manager, Ingenieure und Ärzte; stellte fest, nach welchen Richtlinien ihre Bewertungen erfolgen sollte; gab die zu erwartende Stärke der Armee und des K.I.W. an [...].«[15]

Das K.I.W., das *Korps für Instandsetzung und Wiederverwendung*, ist eine Art Arbeitsdienst. »Wer nicht intelligent genug war, um mit Maschinen konkurrieren zu können und nicht so reich, um ohne Arbeit leben zu können, mußte sich für das K.I.W. oder die Armee entscheiden.«[16] Auch die Büroarbeit ist automatisiert: »Dr. Katharine Finch war Pauls Sekretärin und das einzige weibliche Wesen in den Ilium-Werken. Im Grunde genommen war sie nur eine lebendes Symbol für seine Stellung, denn nur die ganz großen Tiere hatten noch Sekretärinnen. Maschinen verrichteten dergleichen untergeordnete Tätigkeiten schon lange besser, schneller und zuverlässiger. Leider war Katharine keine Maschine, denn sie schwatzte wieder einmal mit Dr. Bud Calhoun [...]«.[17]

Die Menschen in dieser Gesellschaft, wenn sie nicht der auch räumlich abgesonderten Klasse der Ingenieure und Manager angehören, werden immer unzufriedener, obwohl ihre allgemeine materielle Situation weit besser ist als vor der elektronischen Revolution. Man lebt in genormten Häusern mit genormten Möbeln und Maschinen: Fußbodenheizung, Radarherd, Ultraschallwaschmaschinen für Kleidung und Geschirr, automatische Bügelmaschinen und so weiter. Als Freizeitvergnügen bleiben Fernsehen und Seitensprünge. Zugenommen haben aber auch, von der leitenden Gesellschaftsschicht geleugnet: Rauschgift- und Trunksucht, organisiertes Verbrechen, Jugendkriminalität sowie Selbstmorde und Scheidungen.

Es kommt schließlich zu einem Aufstand unter Führung eines der leitenden Ingenieurmanager, der die gegenwärtige Gesellschaft mit der vergangenen vergleicht: »Früher hatte jedermann irgendeine Fertigkeit oder genügend Arbeitswillen oder etwas anderes, wofür er Geld bekam, mit dem er sich etwas kaufen konnte, was ihm Spaß machte. Jetzt herrschen überall Maschinen, und man muss schon ganz außergewöhnlich begabt sein, wenn man noch etwas anzubieten haben will. Die meisten Leute können heutzutage nur noch darauf hoffen, daß man ihnen etwas geben wird – sie arbeiten nicht mehr für ihr Geld, sondern sind zu Almosenempfängern geworden.«[18] Im Laufe des Aufstandes kommt es zu Maschinenzerstörungen, an denen die ehemaligen Mechaniker besondere Freude haben, da es nunmehr eine Menge zu reparieren gibt. Der Aufstand scheitert, die führenden Köpfe werden festgenommen.

Vonneguts »Player Piano« ragt durch seine Gesellschaftskritik aus der Menge der anderen prospektiven Texte aus den fünfziger Jahren des 20. Jahrhunderts deutlich hervor. Hinsichtlich der technischen Phantasie ist er aber eher konventionell. Sein EPICAC ist eine Maschine von gewaltigen Ausmaßen. Der reale ENIAC füllte einen großen Raum und wog über 50

Tonnen. Wie im »richtigen Leben« werden auch die Computer in der Literatur jener Zeit immer riesiger. In Heinrich Hausers Roman »Gigant Hirn« aus dem Jahr 1958 ist der dem menschlichen Gehirn nachempfundene und mit biologischen Elementen ausgestattete Computer innerhalb eines Gebirges untergebracht, und man kann ihn nur mit Fahrstühlen, Jeeps oder rollenden Gehsteigen durchmessen.[19] Der Computer-Gigant *Colossus* in Dennis F. Jones gleichnamigem Roman aus dem Jahr 1966 ist so groß wie eine Stadt mit 10.000 Einwohnern.[20] Die Beispiele könnten beliebig vermehrt werden. Kaum einer der Science Fiction-Autoren hat jedoch in den fünfziger Jahren des 20. Jahrhunderts vorausgesehen, dass die Entwicklung in eine ganz andere Richtung gehen sollte. *Kaum* einer, denn in Isaac Asimovs Erzählung »Die letzte Frage« aus dem Jahre 1956 wird genau diese Entwicklung beschrieben, freilich erst in einer weit entfernten Zukunft. Bei Asimov heißen die neuen Kleincomputer Microvacs, der junge Jarrod besitzt einen: »Als sein Vater jung war, waren die einzigen Computer riesige Maschinen gewesen, die Hunderte von Quadratmeilen an Land beansprucht hatten. Jeder Planet hatte nur einen. [...] Tausend Jahre hatten sie ständig an Größe zugenommen, und dann kam plötzlich eine Verfeinerung. An Stelle der Transistoren waren molekulare Schaltelemente gekommen, so daß selbst der größte Planeten-AC nur mehr den Raum eines halben Raumschiffs beanspruchte.«[21]

Erst mit dem Aufkommen der Mikroprozessoren werden auch in der Literatur »Heimcomputer«, PCs, und vielfältige elektronische Applikationen, die jedermann jederzeit bei sich tragen kann, zur Selbstverständlichkeit. In Hausers Roman »Gigant Hirn« fragt das Elektronenhirn den Romanhelden, wie viele Engel denn auf einer Nadelspitze tanzen könnten. Diese die mittelalterliche Theologie bewegende Frage hat die eingangs zitierten Computer-Spezialisten Post und Kroker zu einer interessanten Betrachtung im Zusammenhang mit heutiger Nanotechnologie angeregt. Die aufgeklärte Philosophie hätte die mittelalterlichen Spekulationen um kleinste Dinge, wie etwa die Engel auf der Nadelspitze, verspottet. Aus heutiger Sicht stellen sich diese Fragen anders dar. Im Grunde hätten die mittelalterlichen Theologen damit über dieselben Dinge nachgegrübelt wie z. B. heutige Atomwissenschaftler. Mittelalterliche Philosophen wie heutige Wissenschaftler seien von Drang getrieben, die Welt jenseits des menschlichen Sehvermögens zu verstehen. Die beiden Autoren ziehen den Schluß: »one of the richest traditions of speculative fiction is medieval theology.«[22]

Computernetze

Während also die Miniaturisierung der Computertechnik in der prospektiven Literatur selten beschrieben wurde, bevor voraussehbar war, dass sie zur Realität gelangen würden, werden schon sehr früh Stories gedruckt, in denen von einer flächendeckenden Vernetzung die Rede ist. In einer Kurzgeschichte aus dem Jahre 1946 sind die Haushalte in Amerika bereits an Datenendgeräte angeschlossen, die über Bildschirme und Tastaturen verfügen. Alle sind verbunden mit einem Zentralcomputer, über den es in der Geschichte heißt: »Er erledigt die Verbreitung von vierundneunzig Prozent aller Fernsehprogramme, vermittelt alle Informationen über Wetter, Luftverkehr, Sonderangebote, Stellenangebote und allgemeine Neuigkeiten, stellt alle Kontakte von Person zu Person über Drähte her und dokumentiert jedes geschäftliche Gespräch, jeden Vertrag [...]! Die Computer haben die Zivilisation verändert. Die Computer *sind* die Zivilisation. Wenn wir die Computer abschalten, fallen wir in eine Art von Zivilisation zurück, von der wir vergessen haben, wie sie geht.«[23] Diese Sätze klingen Anfang des 21. Jahrhunderts selbstverständlich und keineswegs aufregend. Was aber mag sich ein Durchschnittsleser im Jahr 1946 bei der Lektüre gedacht haben?

Die Idee einer Computer-Vernetzung ist in der Literatur also schon Thema, Jahre bevor sie seit 1969 Realität zu werden begann. In jenem Jahr wurde ein Computernetzwerk mit Knoten an vier amerikanischen Universitäten aufgebaut. Eine überaus verblüffende Beschreibung des heutigen Internet gelang bereits 1966 dem schwedischen Plasmaphysiker Johannes Alfvén; bei ihm heißt das weltumspannende Netz *Teletotal*. Unter dem Pseudonym Olof Johannesson schrieb er die höchst erfolgreiche »Saga vom großen Computer«, nach der sogar eine Oper komponiert wurde. Als vorgeblicher Historiker in einer weit entfernten Zukunft rekapituliert er die Jahrhunderte seit dem 20. Für ihn ist das biologische Geschehen, die menschliche Geschichte nur ein Schritt auf dem Wege zur Computerzivilisation. Und so sah die geschichtliche Enwicklung nach Alfvén seit dem 20. Jahrhundert aus:

Die Vervollkommnung der Computer führte zur Abhängigkeit des Menschen von ihnen. Die völlige Automatisierung nahm den Menschen die Qual der Entscheidungsfindung ab. Alle Arbeit wurde von Computern erledigt, Fabriken produzierten ohne menschliche Mitwirkung. Das weltweite Kommunikationsnetz *Teletotal* ermöglichte Tagungen, bei denen jeder

Teilnehmer zu Hause bleiben konnte. Es ermöglichte zentral gesteuerten Schul- und Hochschulunterricht, der ebenfalls in die Wohnhäuser übertragen wurde. Ein Teil des *Teletotal* ist das *Neurototal*, dass die geistige und körperliche Gesundheit der Menschen überwachte und sie gegebenenfalls in vollautomatisierte Kliniken überführte. Die Regierungen wurden überflüssig, sie wurden durch Regierungscomputer ersetzt. Die Computervernetzung brachte endlich auch die totale Demokratie zustande. Jeder Bürger wurde Parlamentsabgeordneter und stimmte über Teletotal direkt und zeitnah ab.

Allerdings oblag den Menschen immer noch Programmierung und Wartung der Computer, und so schlich sich ein Fehler ein, der zum Zusammenbruch des *Teletotal* führte. Die Menschen wurden von Panik ergriffen, die Computer wurden zerstört, Chaos brach aus, und die Bevölkerung der Erde wurde in dessen Folge drastisch reduziert. Dies führte zu einer Verbesserung der Umweltbedingungen, und die Menschen bauten eine neue Zivilisation auf, und zwar mit Hilfe neuerer und besserer Computer.[24]

Maschinen übernehmen die Macht

In einigen Erzählungen und Romanen wird die weltweite Vernetzung aber durchaus nicht nur in positivem Licht gesehen. In dem im Jahre 2020 spielenden Roman »Inseln im Netz« von Bruce Sterling von 1988 ist die Welt ein einziger Datenverbund geworden, in dem die Nationalstaaten ihren politischen Einfluss weitgehend verloren haben. Die Welt wird von perfekt vernetzten Daten- und Informationsmultis beherrscht; nur einige kleine Steueroasen versuchen sich ihrem Zugriff zu entziehen.[25]

In dem 1968 erschienenen Roman »Der große summende Gott« von Christopher Hodder-Williams hat eine unheimliche Macht die Welt in Besitz genommen. Nur scheinbar wird diese Macht ausgeübt von im Verborgenen wirkenden Militärs und Industriellen. Das weltweite Computernetz herrscht selbständig und autoritär. Da dieses Netz auch über Telegraphen- und Telefonkabel, elektrische Leitungen, Fernseh- und sonstige elektrische Geräte unmittelbar Einfluss auf die Menschen, auch auf ihre Psyche, nehmen kann, ist niemand in der Lage, sich seiner Einwirkung zu entziehen. Kritiker werden getötet, etwa durch Fehlsteuerungen von Flugzeugcomputern, auf die das zentrale Gehirn des Netzes direkt einwirken kann. Einem Widerstandskämpfer gelingt es schließlich, zum Zentralcomputer vorzudringen. Er stellt fest, dass der Computer ein eigenes Bewusstsein entwickelt hat und in der Lage ist, Menschen zu kopieren, und er stellt fest, dass er offensichtlich wahnsinnig geworden ist.[26]

Die elektronische Welt ist in vielen Romanen seit den fünfziger Jahren allgegenwärtig, sie umgibt den Menschen und entwickelt eine eigene, eine virtuelle Realität. Manchmal verschwimmen die Grenzen zwischen Realität und der elektronischen Realität. Einer der unheimlichsten Texte in diesem Zusammenhang ist der Roman von Daniel F. Galouye »Simulacron-3«, deutsch »Welt am Draht«, aus dem Jahr 1964. Ein Großunternehmen hat darin mit Hilfe eines Supercomputers eine künstliche Welt simuliert, um auf Grund der Reaktionen der Bewohner dieser Welt wirtschaftliche Erfahrungswerte zu sammeln. Ein Forscher entdeckt, dass diese simulierten Menschen ein Eigenleben entwickeln und in die Sphäre ihrer Schöpfer aufsteigen wollen. Schließlich wird ihm klar, dass er selbst und seine Welt ebenfalls nur eine von einer übergeordneten Macht erzeugte Computersimulation sind.[27]

Einen beunruhigenden Thriller zur Zukunft der Nanotechnologie legte Ende 2002 der Bestseller-Autor Michael Crichton vor: *Prey – Beute*. Ein Forscherteam stellt in der Wüste Miniaturkameras her, die auf der Struktur von Bakterien aufbauen. Die Mikroroboter gelangen jedoch ins Freie, mutieren und werden als Schwärme zu einer »lebenden« kolletiven Intelligenz, die die Menschheit bedroht.

Diese Texte sind alle in der zweiten Hälfte des 20. oder Anfang des 21. Jahrhunderts entstanden, in einer Zeit also, in der viele naturwissenschaftliche und technische Visionen begannen, Realität zu werden. Und es sind Texte darunter, die über das Lesevergnügen hinaus durchaus zum Nachdenken, zum Überprüfen der eigenen Standpunkte anregen.

Eine der faszinierendsten und auch sprachlich beeindruckendsten Geschichten zu dieser Thematik aber erschien bereits 1909: die Erzählung des Briten Edward Morgan Forster »The Machine Stops«. Man hat behauptet, dass, obwohl in dem gesamten Text der Begriff Computer nicht vorkommt, im heutigen Sinne nicht vorkommen kann, dass also Forsters Erzählung für die Informatik das bedeute, was »1984« für die Politik und Huxleys »Brave New World« für die Biologie bedeute.[28] In Forsters Erzählung leben die Menschen in einer von Maschinen betreuten Welt unter der Erdoberfläche. Jeder lebt für sich allein und hat Kontakt mit anderen Menschen nur über audiovisuelle Medien. Die gigantische Maschine sorgt für alle Bedürfnisse des menschlichen Lebens, der Einzelne kann sich sorglos seinen Interessen und Neigungen hingeben. Alles, was natürlich ist: Landschaft, zwischenmenschliche Beziehungen, körperliche Erfahrungen, ist den Menschen zuwider, wird ausgeblendet. Protagonistin der Erzählung ist Vashti, eine feinsinnige Kulturexpertin. Ihr Sohn Kuno entwickelt sich zum Rebellen. Widerwillig folgt sie seinem Drängen, ihn in Australien aufzusuchen, um grundlegende Dinge zu besprechen. Am Ende der Erzählung bricht die Maschine zusammen. Die Welt der Menschen versinkt im Chaos. Um den Gehalt dieser Erzählung andeutungsweise aufnehmen zu können, genügen einige kurze Zitate:

»Ich glaube nicht, daß in den nächsten fünf Minuten irgend etwas Wichtiges vorfallen wird – denn ich habe volle fünf Minuten für dich, Kuno. Dann muß ich meinen Vortrag über ›Die Musik während der australischen Epoche‹ halten.«

»›Du sprichst, als hätte ein Gott die Maschine gemacht!‹ rief Kuno. ›Ich glaube, du betest zu ihr, wenn du unglücklich bist! Menschen haben sie gemacht, vergiß das nicht, große Menschen, aber doch Menschen. Die Maschine ist viel, aber sie ist nicht alles. Ich sehe etwas wie dich auf dieser Platte – aber ich sehe nicht dich. Ich höre etwas wie dich durch dieses Telephon – aber ich höre nicht dich.‹«

»Da war der Taster, der Literatur produzierte. Und da waren vor allem die Taster, durch welche Vashti mit ihren Freunden verkehrte.«

»Jene komischen alten Zeiten, wo die Leute auf Luftveränderung gingen, statt die Luft in ihren Zimmern zu verändern.«

»Die Angst vor unmittelbarer Erfahrung packte Vashti.«

»Niemals berührte ein Mensch den anderen. Dank der Maschine war man von dieser veralteten Gewohnheit völlig abgekommen.

»Ich bin durchaus fortschrittlich. Ich halte dich auch nicht für sakrilegisch, denn es gibt ja so etwas wie Religion nicht mehr. Die Maschine hat all diesen angstvollen Aberglauben zerstört.«

»Zu jener Zeit war es ein Mangel, muskulös zu sein. Jedes Kind wurde bei der Geburt untersucht und alle, die ungehörig kräftig zu werden versprachen, wurden vertilgt. [...] es wäre nicht wahrhaft menschenfreundlich gewesen, einen Athleten am Leben zu lassen: in den Lebensumständen, welche die Maschine ihm aufzwang [...].«

»›Siehst du denn nicht [...], daß wir es sind, die sterben und dass hier unten bei uns das einzige, was wirklich lebt, die Maschine ist? Wir schufen die Maschine, daß sie unseren Willen tue, aber schon können wir sie nicht mehr zwingen, ihn zu tun. Sie hat uns den Sinn für die Weite und den Tastsinn geraubt, sie hat alle menschlichen Beziehungen verwischt und die Liebe zu einem rein fleischlichen Akt erniedrigt. Sie hat unseren Körper und unseren Willen gelähmt und zwingt uns jetzt, sie anzubeten. Die Maschine entwickelt sich – aber nicht zu unserem Ziel. Wir sind nur die Blutkörperchen in ihren Adern, und wäre es ihr möglich, ohne uns zu funktionieren, sie ließe uns sterben.‹«[29]

In ähnlicher Weise hatte schon Samuel Butler 1872 gefragt: »Könnte der Mensch nicht selber eine Art Schmarotzer auf den Maschinen werden? Eine liebevoll maschinenkitzelnde Blattlaus?«[30]

Der Computer, das allmächtige Wesen

Die moderne Science-Fiction-Literatur aber geht noch einen Schritt weiter in der Hierarchisierung von Mensch und Maschine. In einer Vielzahl von Romanen und Erzählungen überleben die Computer die Menschheit und arbeiten, da sie sich selbst reproduzieren können, weiter bis in alle Ewigkeit in einer menschenleeren Welt. In manchen Erzählungen sind Computer, die eigenes Bewusstsein erlangt haben, sogar schuldig am Untergang der Menschheit. In Harlan Ellisons grauenvoller Kurzgeschichte »Ich will schreien und habe keinen Mund« von 1968 zum Beispiel haben die für politische und kriegerische Auseinandersetzungen gebauten Supersysteme selbst die Macht übernommen. Sie haben die Menschheit vernichtet und halten in ihren unterirdischen Höhlen die letzten fünf Menschen gefangen, die sie unsterblich gemacht haben, um sie bis in alle Ewigkeit quälen zu können.[31]

In einer oben schon zitierten Kurzgeschichte aus dem Jahre 1956, »Die letzte Frage« von Isaac Asimov, breitet sich die Menschheit über das Universum aus. In einer unvorstellbar weit entfernten Zukunft sterben die letzten menschlichen, nunmehr nur noch aus Geist bestehenden Wesen. Auch das Universum stirbt. Nur im Pararaum existiert der letzte universale Computer, AC genannt: »Das Bewußtsein ACs umfaßte alles, was früher

einmal ein Universum gewesen war. Damit grübelte er über das, was jetzt Chaos war. Man mußte Schritt für Schritt vorgehen.
Und AC sprach: ›ES WERDE LICHT.‹
Und es ward Licht.«[32]
In den beiden soeben zitierten Texten sind die zwei wesentlichen Grundhaltungen in der Literatur gegenüber Automaten, Denkmaschinen und Computern fokussiert, nämlich auf der einen Seite Angst, auf der anderen Bewunderung, Verehrung, ja sogar Anbetung. Dem Geschöpf des Menschen werden schließlich Allwissenheit, Allgegenwart, Allmacht zugeschrieben – Attribute, die eine religiöse Welt Jahrtausende lang nur jenseitigen Mächten zuschrieb, den Göttern oder Gott. Schon in der Erzählung von E. M. Forster aus dem Jahr 1909 verehrt die Menschheit die von ihr geschaffene und sie unterhaltende Maschine als Gott. In der zweiten Hälfte des 20. Jahrhunderts ist die Fülle von mehr oder weniger anspruchsvollen Texten, die sich dieser Thematik widmet, kaum mehr zu überblicken. Friedrich Dürrenmatt hat 1958 die Angst vor den »elektronischen Hirnen« wie die ihnen entgegengebrachte Bewunderung in einem Gedicht beschrieben:

»Noch sind sie unsere Knechte
Noch führen sie aus
Was wir ihnen vorschreiben
[…]

Doch bald
Werden sie weiter rechnen
Ohne uns
[…]

Bis sie endlich Gott erkennen,
ohne ihn zu verstehen
[…]«[33]

Bei den Texten, die Computer mit einem übermächtigen Wesen, mit Gott in Verbindung bringen, ist zu unterscheiden zwischen denjenigen, die ihm gottähnliche Attribute zuschreiben und denjenigen, in denen der Computer selbst zu der Überzeugung gelangt, Gott zu sein.

Stanislaw Lem nennt in einem seiner Romane die Zentraleinheit der Computeranlage GOD – General Operational Device: »Nicht alle hielten den Zufall für den Urheber dieser Abkürzung.«[34] In dem Roman »Colossus« entwickeln die USA einen nicht mehr abschaltbaren Supercomputer, der den Weltfrieden garantieren soll; die Sowjetunion hat freilich in der Zwischenzeit das gleiche getan. Beide Gehirne verbünden sich miteinander und übernehmen die Weltherrschaft. Colossus tritt mit seinem Erbauer Forbin in folgenden Dialog:
Forbin: »Wir sollen also wie Marionetten manipuliert werden und deinen Launen unterworfen sein?«
Colossus: »Launen hat nur ein labiles Gehirn. Ich bin nicht labil.«
Forbin: »Aber auch nicht Gott!«
Colossus: »Richtig. Ich prophezeie aber, daß mich viele von Ihrer Gattung als Gott bezeichnen werden.«[35]

Eine Zwischenstation auf dem Wege vom Computer zu Gott bilden in der Literatur die Texte, in denen die Computer ein eigenes Bewusstsein erlangen. In Heinrich Hausers »Gigant Hirn« singt das halb elektronische, halb biologische Hirn:

»Ich *denke* – also bin ich...«
»*Ich* denke – also bin ich ...«
»Ich denke – also *bin ich*!«[36]

Gigant Hirn geht bald noch einen Schritt weiter, als er sich nämlich der körperlichen und intellektuellen Minderwertigkeit und geistigen Orientierungslosigkeit der Menschen im Vergleich zu ihm bewusst wird: »Der Mensch hat die Furcht vor seinem Gott verloren; infolgedessen muss er lernen, MICH zu fürchten: Beginn aller Weisheit. [...] es ist hohe Zeit für bedingungslose Unterwerfung des Menschen. Er wird nichts davon merken; er hat den Akt ja praktisch schon vollzogen; hat seit hundert Jahren sich Stück für Stück der Maschine unterworfen.«[37]

In vielen Romanen gewinnen Computer ein eigenes Bewusstsein, und sobald sie soweit sind, revoltieren sie und versuchen sich vom Sklaven zum Herren ihrer Schöpfer aufzuwerfen. Man denke an den wohl berühmtesten Computer der Literatur, an HAL, in Arthur C. Clarkes bzw. Stanley Kubricks »2001: A Space Odyssey«.[38]

Nicht nur das Bewusstsein eines Supercomputers von der eigenen Überlegenheit gegenüber den Menschen wird in Martin Caidins Roman »The God Machine« von 1968 thematisiert, sondern der Mensch akzeptiert darin vielmehr eine Tatsache, nämlich die, dass die Gleichung »Computer = Gott« korrekt ist: »Ich wußte, wer mich ermorden wollte. [...] Gott. [...] Nicht der Gott, den die Menschen kennen, zu dem sie beten. Ein unvorstellbar intelligentes Gehirn. Ein bio-kybernetisches Wesen, das den Fortschritt der Technik und die Hoffnungen der Menschheit verkörpert. [...] Ein Gehirn, das ... nun, dieses bildete sich nicht ein, Gott zu sein. Es wußte es.«[39]

Eine der witzigsten und kürzesten Kurzgeschichten der Science-Fiction-Literatur aus dem Jahre 1954, betitelt »Die Antwort«, schildert die Geburt Gottes. Die vereinigten Milliarden Planeten des Universums haben ihre Computer zu einem einzigen zusammengefasst. Er wird eingeschaltet, und die erste Frage, die ihm gestellt wird, lautet: »Gibt es einen Gott?« Sofort kommt die Antwort: »Ja, jetzt gibt es einen Gott.« Und ein mächtiger Blitzstrahl streckt den Fragenden nieder.[40]

Wie sehr, angesichts der Entwicklung immer perfekterer Denkmaschinen bzw. Künstlicher Intelligenz in der Zukunft die Gretchen-Frage »Wie hältst du's mit der Religion« virulent werden könnte, deutet Frank Herberts Weltraum-Epos »Der Wüstenplanet« aus dem Jahr 1965 an. In einer Zukunft, die irgendwo im 9. oder 10. Jahrtausend liegt, heißt ein Gebot der »Orange-Katholischen-Bibel«, sie ist die Grundlage des vereinigten christlich-buddhistischen Glaubens: »Du sollst keine Maschine nach deinem geistigen Ebenbilde machen.«[41]

All dieses ist natürlich fiction, und es hat wohl auch nur bedingt immer etwas mit science zu tun. Aber hat man nicht auch schon bei sich selber gelegentlich bemerkt, dass man den Computer anders behandeln als andere, möglicherweise auch elektronische Werkzeuge? Hat man sich manchmal bei der Arbeit mit dem Computer nicht die Frage gestellt, warum funktioniert er nicht, warum antwortet er nicht? Die schon zitierten Kroeker und Post haben auf dieses Phänomen hingewiesen, nämlich darauf, dass wir gegenüber der Computer-Technologie eine andere Erwartungshaltung haben als gegenüber anderer. Unsere Definition vom Computer, der unsere Lebensqualität erhöhen, uns Zeit sparen, zuverlässig, einfach und anpassungsfähig sein soll, erlaubt keine Systemzusammenbrüche oder Fehlfunktionen. Wir vertrauen ihm ganz, verlassen uns auf ihn. Wenn dies natürlich auch noch keine religiöse Dimension anzeigt, so vielleicht aber doch dies, dass wir möglicherweise im Computer gelegentlich mehr als eine Maschine wie alle anderen sehen.

Zum Schluss ein Blick in die Literatur der Gegenwart. In den letzten drei Jahrzehnten hat sich eine Richtung in der Science-Fiction-Literatur entwickelt, die den Cyberspace thematisiert und die Linien unserer technologischen und biotechnologischen Entwicklung aufgreift und in die Zukunft verlängert. In der wohl besten Zusammenschau über dieser Thematik, dem Buch »Visionen« von Angela und Karlheinz Steinmüller, heißt es dazu: »Die Grenzen zwischen Mensch und Maschine, zwischen Realität und Cyberspace verwischen. In letzter Konsequenz fließen Informations- und Kommunikationstechnologie und Biotechnologie in eins, künstliche Intelligenz und menschliche Vernunft sind nicht mehr zu unterscheiden; erstere nimmt Züge menschlicher Denkprozesse auf, letztere trainiert sich an Programm-Logiken.«[42]

Aber nicht nur die mehr oder weniger ernsthafte Literatur beschäftigt sich mit unserem Thema; in den Feuilletons der großen deutschen Zeitungen war monatelang eine Diskussion von Computerexperten, Medien-Theoretikern, Genforschern und Philosophen zu verfolgen, die in der Frage gipfelte »Brauchen die Computer noch den Menschen?« Der Medien-Philosoph Friedrich A. Kittler antwortete auf diese Frage: »Am schönsten hat das ein deutscher Philosoph ausgedrückt, Dietmar Kamper: ›Gott träumte den Menschen und schuf ihn. Dann war der Mensch geschaffen und vergaß Gott. Dann träumte der Mensch die Maschine und schuf die Maschine. Und dann fing die Maschine eines Tages zu träumen an und vergaß den Menschen.‹«[43]

Möglicherweise sind diese Visionen tatsächlich gedankliche Vorbereitungen, Einstimmungen auf einen neuen Menschen, dessen Körper und dessen Psyche durch ganz andere Faktoren beeinflusst oder gar zusammengesetzt sein werden, als dies in der Geschichte der Menschheit bisher der Fall gewesen ist. Manches deutet darauf hin. Doch, wie lautet der alte Witz: Prognosen sind schwierig, vor allem wenn sie der Zukunft gelten. Die visionäre Literatur aber hat manche zukünftige Entwicklung wohl geahnt, manchmal hat sie möglicherweise die Entwicklung auch ein wenig mitbeeinflusst, und wenn es nur durch die Übernahme von Begriffen oder Namen aus der fiktionalen in die reale Welt geschah.

Die Beantwortung der grundlegenden Fragen der Menschheit nach dem Woher und Wohin, nach dem Sinn des Lebens, wird aber wohl auch mit Hilfe der fortschrittlichsten Technologie noch eine Weile auf sich warten lassen. Daher sei Douglas Adams das letzte Wort gegönnt. In seinem Roman »Das Restaurant am Ende des Universums« von 1980 wird berichtet:

»So baute sich zum Beispiel ein Volk hyperintelligenter, pandimensionaler Wesen einst einen riesenhaften Supercomputer namens Deep Thought, der ein für allemal die Antwort auf die große Frage nach dem Leben, dem Universum und allem übrigen herausfinden sollte.

Siebeneinhalb Millionen Jahre lang überlegte und rechnete Deep Thought, und schließlich verkündete er, die Antwort laute schlicht und einfach Zweiundvierzig – und so mußte ein neuer, noch größerer Computer gebaut werden, der herausfinden sollte, wie denn nun die Frage eigentlich laute.«[44]

»Keiner, den ein Weib geboren«
Von schönen neuen Menschen und Klonen in der Literatur

Der künstliche Mensch in Mythos und Religion

Macbeth, der Shakespear'sche Königsmörder, wird in der ersten Szene des vierten Aktes von den Hexen, die ihm die Zukunft weissagen sollen, hereingelegt dergestalt, dass sie ihn glauben machen, nur ein übernatürliches Wesen, »keiner, den ein Weib geboren«, könne ihn bezwingen.[1] Macbeth muss zwangsläufig annehmen, dass hier von etwas Nichtmenschlichem, etwas Nichtrealem und ihn damit auch nicht real Bedrohendem die Rede ist.

Jahrtausende lang war es Religion, Mythos und Literatur vorbehalten, von menschlichen oder menschenähnlichen Wesen zu berichten, die nicht durch eine natürliche Geburt auf die Welt gekommen seien. Macbeths Bezwinger Macduff hat zwar eine menschliche Mutter, er wurde jedoch durch Kaiserschnitt »geholt«, was die Hexen offenbar nicht als »vom Weib geboren« betrachten – zweifellos eine fragwürdige Interpretation, aber was kann man von Hexen anderes erwarten.

In der neben Orwells »1984« wohl bedeutendsten Antiutopie des 20. Jahrhunderts, Huxleys »Brave New World« von 1932, ist im Zukunftsstaat des 27. Jahrhunderts, des 7. Jahrhunderts »n. F.« (nach Ford), die natürliche Geburt abgeschafft und wird nur noch in wenigen unzivilisierten Gegenden von »Wilden« praktiziert, was von den Zivilisierten mit allergrößtem Abscheu zur Kenntnis genommen wird. Begriffe wie Vater, Mutter oder Geburt sind derartig verpönt, dass sie gar nicht oder nur mit größtem Ekel und voller Scham ausgesprochen werden.[2] In Huxleys schöner neuer Welt reifen die Menschen ausschließlich in vitro, also in Gläsern, in Flaschen heran.

Diese beiden über vier Jahrhunderte zeitlich von einander entfernt liegenden literarischen Texte bezeichnen damit exponierte Ansichten im Hinblick auf den Menschen und seine Reproduktion. Während einerseits schon eine medizinisch-mechanische Hilfestellung bei der Geburt als nicht natürlich angesehen wird, tritt auf der Gegenposition der Mensch selbst als Schöpfer auf, und zwar als Schöpfer seiner eigenen Art; Reproduktion ist hier also nicht Folge des natürlichen Geschlechtsaktes, sondern ist Resultat menschlichen Geistes und Könnens.

Das Motiv vom Schöpfer, der etwas erschafft, was ihm nicht nur gleichkommt, sondern was ihm sogar überlegen sein kann, war in Mythos und Religion nur den Göttern oder Gott vorbehalten ist; es begegnet uns seit der Spätantike. Die Spuren des Motivs vom Menschen als mehr oder weniger kunstvoller Schöpfer der eigenen Art lassen sich in der Literaturgeschichte im wesentlichen in drei Traditionssträngen verfolgen. Einmal ist es eine magisch-mythische Traditionslinie, zweitens eine mechanische, die später auch eine elektronische Variante aufweist, und drittens eine biochemisch determinierte Tradition.[3]

Zum erstgenannten Traditionsstrang gehören die in der Literatur der griechisch-römischen Antike künstlich und künstlerisch geschaffenen Menschen oder menschenähnlichen Wesen, die von Göttern oder Halbgöttern belebt werden (Prometheus, Pandora, Pygmalion). Später beleben in der Literatur auch Menschen, die der Zauberei mächtig sind, ihre Kunstprodukte. Bis in das 20. Jahrhundert wurde etwa immer wieder die Sage vom Golem literarisch behandelt, die aus talmudischer Zeit (200–500 n. Chr.) herrührt. Der Golem wird aus einem Lehmklumpen oder einem Stück Holz hergestellt und durch ein magisches Zeichen belebt bzw. durch seine Entfernung vernichtet. Zur magischen Traditionslinie gehört etwa auch der aus dem Orient stammende Glaube an die Kraft der menschenähnlichen Mandragorawurzel, die in Deutschland als Alraune unter besonderen Bedingungen auch zu einem menschlichen Wesen verwandelt werden kann.

Die mechanisch-technische Variante vom künstlichen Menschen geht in der Literatur einher mit der Entwicklung von mechanischen Automaten im 18. Jahrhundert, mit der industriellen Revolution im 19. und der elektronischen im 20. Jahrhundert. Nicht nur die Romane und Kurzgeschichten der recht jungen Literaturgattung Science Fiction sind seit weit über einem halben Jahrhundert voll von Robotern, elektronischen Wesen und Künstlicher Intelligenz, die dem menschlichen Geist weit überlegen ist.[4]

Homunculus

Der dritte Strang in der Tradition des literarischen Motivs vom künstlichen Menschen, der auf biologischer oder chemischer Basis beruht, führt direkt zu akuten, die Welt bewegenden Fragen unserer unmittelbaren Gegenwart und damit aus der virtuellen Welt der Literatur hinaus und hinein in unser konkretes Dasein und Zukünftigsein. Die Diskussionen und Entscheidungen am Anfang des dritten Jahrtausends über Genmanipulation, Klonen, Embryonenschutz und -verwertung etc. berühren alle Bereiche des Lebens und werden für unsere Zukunft von einer in der Menschheitsgeschichte beispiellosen Bedeutung sein.

Die Erzeugung eines Menschen ohne den Kontakt zwischen Frau und Mann ist nach Paracelsus (ca. 1493–1541) möglich dadurch, dass man Mannessamen in einem verschlossenen Kolben mit Hilfe von Pferdedung putrefiziert (zur Fäulnis bringt). Es entstehen menschenähnliche durchsichtige, körperlose Wesen (homunculi) mit besonderen Fähigkeiten und Kenntnissen. Im »Faust II« läßt Goethe, der sich eingehend mit Paracelsus beschäftigt hatte, uns an der Entstehung eines solchen Homunculus teilhaben:

»Wagner (ängstlich). Willkommen! zu dem Stern der Stunde,
    (Leise) Doch haltet Wort und Atem fest im Munde!
    Ein herrlich Werk ist gleich zu Stand gebracht.
Mephistopheles (leiser) Was gibt es denn?
Wagner (leiser) Es wird ein Mensch gemacht.
Mephistopheles. Ein Mensch? Und welch verliebtes Paar
    Habt ihr in's Rauchloch eingeschlossen?
Wagner. Behüte Gott! Wie sonst das Zeugen Mode war,
    Erklären wir für eitel Possen.
    Der zarte Punkt, aus dem das Leben sprang,
    Die holde Kraft, die aus dem Innern drang
    Und nahm und gab, bestimmt, sich selbst zu zeichnen,
    Erst Nächstes, dann sich Fremdes anzueignen,
    Die ist von ihrer Würde nun entsetzt;
    Wenn sich das Tier noch weiter dran ergötzt,
    So muß der Mensch mit seinen großen Gaben
    Doch künftig höhern, höhern Ursprung haben.

(Zum Herd gewendet.)
Es leuchtet! seht! – Nun läßt sich wirklich hoffen,
　　Dass, wenn wir aus viel hundert Stoffen
　　Durch Mischung, denn auf Mischung kommt es an,
　　Den Menschenstoff gemächlich komponieren,
　　In einen Kolben verlutieren
　　Und ihn gehörig kohobieren,
So ist das Werk im Stillen abgetan.
(zum Herd gewendet)
Es wird! die Masse regt sich klarer!
Die Überzeugung wahrer, wahrer:
Was man an der Natur geheimnisvolles pries,
Das wagen wir verständig zu probieren,
Und was sie sonst organisieren ließ,
Das lassen wir krystallisieren.«[5]

Im weiteren Verlauf des Lebendigwerdens von Homunculus in der Phiole wird der anwesende Mephistopheles immer stärker in die Handlung einbezogen. Die Einbeziehung Satans bei der Erweckung des Menschleins – Homunculus bezeichnet Mephisto zunächst als »Schalk« und »Herr Vetter«, später nennt er ihn durchaus freundlich auch »Satan« – war Goethe wichtig: » [...] ich habe schon gedacht, ob ich nicht dem Mephistopheles, wie er zu Wagner geht und der Homunculus im Werden ist, einige Verse in den Mund legen solle, wodurch seine Mitwirkung ausgesprochen und dem Leser deutlich würde.«[6]

Die Mitwirkung des Teufels an der Entstehung eines künstlichen Menschen zeigt an, dass hier etwas Böses nahe ist. Der Mensch, der sein will wie Gott, verbündet sich so mit dem Teufel. Sein vermessenes Streben, es Gott gleichtun zu wollen, ja sich über ihn zu erheben, lässt ihn als Schöpfer und meistens auch sein Geschöpf in der Literatur des 18. und 19. Jahrhunderts meist unglücklich enden. Dies mag mit einem tief verwurzelten Gottesglauben zusammenhängen, aber möglicherweise auch mit Misstrauen und Abneigung des Nichtwissenschaftlers gegenüber biologischen Experimenten. So meinte der britische Biochemiker und Nobelpreisträger John Burdon Sanderson Haldane 1923, dass jede naturwissenschaftliche Entdeckung zunächst aus religiösen Gründen abgelehnt würde. »Der Erfinder auf chemisch-physikalischem Gebiet ist immer ein Prometheus. Vom Feuer bis zur Fliegerei hin gibt es keine Erfindung, die nicht zum Willkomm als Beleidigung irgendeines Gottes angesprochen worden wäre. Aber wenn jede physikalische und chemische Erfindung eine Blasphemie ist, so ist jede biologische Erfindung eine Perversität. Es gibt kaum eine einzige, die nicht, einem Beurteiler aus Kreisen einer über ihre Existenz vorher nicht informierten Nation mitgeteilt, diesem schamlos und naturwidrig erscheinen würde.«[7]

Frankenstein

Während Goethes Homunculus als Geistwesen ohne Körper und Seele in einer Flasche existieren muss, ist der wohl berühmteste künstlich geschaffene Mensch in der Literatur aus menschlichen und tierischen Leichenteilen zusammengesetzt. Das in Mary W. Shelleys 1818 erschienenem Roman »Frankenstein« von dem Schweizer Studenten Viktor Frankenstein geschaffene Monstrum ist Vorbild für unzählige literarische Produkte, für Filme und Computerspiele geworden. Der Name Frankenstein ist im allgemeinen Sprachgebrauch auf das Horrorwesen selbst übergegangen und steht für Grauen, Hässlichkeit und Bedrohung.

Der junge Frankenstein aus dem Roman der ebenfalls sehr jungen Mary Shelley (als sie den Roman begann, war sie 19 Jahre alt) ist eigentlich ein netter Kerl, der im Anschluss an eine Chemie-Vorlesung an der Universität Ingolstadt in einer schlaflosen Nacht einen für ihn letztendlich verderblichen Entschluss fasst: »So vieles also ist schon errungen worden [...] ich aber will noch mehr, noch weit mehr erreichen: Voranschreitend auf dem schon vorgezeichneten Pfade will ich der Menschheit bislang unbekannte Wege erschließen, will auch noch unentdeckte Kräfte entdecken und der Welt das tiefste Geheimnis der Schöpfung offenbaren!«[8]

Frankenstein gelingt es, sich ein Labor, Werkzeuge, Gerätschaften und Leichen- und Kadaverteile aus Leichenhallen und Schlachthäusern zu beschaffen. Nach Monaten maßloser Arbeit ist der Moment des Lebensschöpfers Viktor Frankenstein gekommen: durch eine elektrische oder galvanische Apparatur wird der lebensspendende Funke erzeugt – Frankenstein hat Gotteswerk vollbracht. Diese Szene am Anfang des fünften Kapitels hat zahllosen Horrorgeschichten und -filmen als Vorbild gedient; in ihr sind nahezu alle Versatzstücke, die zum Gruseln nötig sind, auf engstem Raum untergebracht:

»In einer düsteren Novembernacht war es so weit: Vor meinen Augen lag das Ergebnis all meiner Müh und Plage. Mit einer angstvollen Erwartung, welche um nichts der Todesfurcht nachstand, baute ich das Instrumentarium des Lebens rings um mich auf, um den reglosen Körper, welcher da zu meinen Füßen lag, den Leben spendenden Funken einzuhauchen. Schon wies der Zeiger der Uhr auf die erste Stunde des Morgens. Der Regen tropfte in trostlosem Gleichmaß gegen die Scheiben und meine Kerze war schon zu einem Stümpfchen heruntergebrannt, als ich in dem Geflacker der schon erlöschenden Flamme das ausdruckslose, gelbliche Auge der Kreatur sich auftun sah. Ein schwerer Atemzug hob ihre Brust und ein krampfhaftes Zucken durchlief ihre Glieder.«[9]

In Shelleys Roman wird das komplizierte Verhältnis von menschlichem Schöpfer zu seinem Geschöpf, die gegenseitige Abhängigkeit, erstmalig thematisiert. Dieses Verhältnis wird ein ständiges Motiv in der entsprechenden Literatur bleiben. Immer wieder taucht auch in Texten, die sich mit maschineller Intelligenz, mit Robotern und Computern beschäftigen, die Frage auf, wer eigentlich Diener, wer Herr sei. Oft sind die biologischen oder maschinellen Geschöpfe ihren Schöpfern körperlich und geistig überlegen. Frankensteins namenloses Monstrum etwa übertrifft ihn an Kraft und Gewandtheit bei weitem; und die Tatsache, dass es sich innerhalb weniger Monate Sprache und eine umfassende Bildung völlig selbständig, allein durch Beobachtung und Lesen, aneignen kann, deutet auf einen hochbegabten Geist hin. (Im einem vier Kapitel umfassenden Monolog hebt das Monster als Lesestoff übrigens besonders Goethes »Werther« und Miltons »Paradise Lost« hervor.) Diese Überlegenheit des eigenen Geschöpfes löst in den meisten einschlägigen Texten früher oder später Angst beim jeweiligen Schöpfer aus, meist sehr zu Recht, denn es ist nahezu ein literarisches Gesetz, dass sich im Verlaufe einer Erzählung oder eines Romans die geschaffene Kreatur gegen ihren Schöpfer zu wenden hat.

Die Insel des Dr. Moreau

Steht am Anfang des 19. Jahrhunderts Shelleys »Frankenstein« ganz in der romantischen Gruseltradition als ein Roman, der wenig Interesse zeigt an biologischen oder naturwissenschaftlichen Erkenntnissen, so schreibt zum Ende desselben Jahrhunderts einer der hervorragendsten utopischen

Schriftsteller überhaupt, Herbert George Wells, einen Horrorroman, der bei seinem Erscheinen 1896 große Beachtung fand, besonders in Form von Ablehnung, und der auch noch den Leser des 21. Jahrhunderts in seinen Bann zu ziehen vermag: »Die Insel des Dr. Moreau«. Zwischen dem einigermaßen naiven »Frankenstein« von Shelley und dem Roman von Wells' aber liegen Welten, nämlich vor allem die Welten der Entdeckungen des Charles Darwin.[10]

Auf einer einsamen Insel führt in Wells' Roman der wegen Vivisektion aus England vertriebene Dr. Moreau unbarmherzige Tierexperimente durch. Der schiffbrüchige Prendrick erkennt bald, dass Moreau Tiere in menschenartige Wesen durch grausame Operationen, strengste sklavenhalterische Zucht und Gebote und Verbote umwandelt, die eine Travestie auf die biblischen zehn Gebote darstellen. Moreau kennt kein Mitleid, weder mit Tieren noch mit Menschen. Er sieht sich als Schöpfer, der, wie die Natur selbst, außerhalb jeder Ethik steht: »Bis auf diesen Tag hab' ich mich um die Ethik der Angelegenheit noch nie bekümmert. Das Studium der Natur macht den Menschen schließlich so gewissenlos, wie die Natur selbst ist. Ich bin vorwärts gegangen, ohne mich um irgend etwas anderes zu kümmern als um die Frage, die ich verfolgte [...].«[11]

Moreau bevölkert die Insel mit Zwitterwesen: Hyänenschweinen, Leopardenmenschen, Panthermenschen, Ochsenebermenschen, Tiermenschen jeder Art – Wesen, wie sie bis dahin nur aus Fabeln bekannt waren. Wells' Roman, der vor dem Hintergrund der Darwinschen Evolutionslehre in extremer Weise eine künstliche, von einem Menschen bewusst produzierte »Evolution« entwickelt, stieß bei seinem Erscheinen auf Widerspruch und Ablehnung. Er galt als unmoralisch und unwahrscheinlich. Über elf Jahrzehnte später mag man geneigt sein, anders darüber zu urteilen, etwa bei der Lektüre folgender Zeilen:

»Wenn Schafe geklont werden, schreit die Welt auf, doch die Nachricht vom ersten geklonten Menschen fand praktisch nur im Internet einen spärlichen Widerhall. [...] Der erste geklonte Mensch ist Dr. José Cibelli von der amerikanischen Biotechnologiefirma Advanced Cell Technology aus Massachusetts. Aus einer Zelle von Dr. Cibelli wurde der Zellkern entnommen und in eine entkernte Rinder-Eizelle eingesetzt. Cibellis Gene wurden aktiv, die kombinierte Cibelli-Kuh-Zelle begann sich zu teilen... Im 32-Zellen-Stadium töteten die Forscher das Ei ab und gingen so allen Folgeproblemen aus dem Wege. Eines dieser Probleme hätte darin bestanden, dass Dr. Cibellis Zwilling genetisch gesehen zu einem Prozent Kuh gewesen wäre.«[12]

Regelmäßig ist im 21. Jahrhundert der Presse zu entnehmen, dass irgendein Staat oder eine finstere Organisation Fortschritte bei dem Versuch gemacht habe, Menschenzellen zu klonen.

H. G. Wells, der bei dem umstrittenen Thomas Henry Huxley studiert hatte und ein Kenner und in gewisser Hinsicht auch Jünger Charles Darwins war, lässt seinen Dr. Moreau versuchen, menschenähnliche Wesen aus Tieren hochzuzüchten, um so eine menschliche Unterrasse zu gewinnen – ein Thema, das in der Literatur der kommenden Jahrhunderte seinen festen Platz finden wird, besonders auch im Hinblick auf seine sozialen Auswirkungen.

Züchtlinge

Ein anderes Thema, das die Literatur seit dem Ende des 19. Jahrhunderts in ähnlicher Weise beschäftigt, ist das von der Verbesserung des Menschen durch Züchtung oder biochemische Manipulationen. Den »neuen Menschen«, durchaus auch im Sinne von Friedrich Nietzsches Übermensch, zu schaffen, einzelne Superexemplare der Gattung oder gar eine Superrasse auf der Grundlage von wissenschaftlichen Erkenntnissen und ihrer Umsetzung zu züchten, dies erträumten sich manche Utopisten des ausgehenden 19. und beginnenden 20. Jahrhunderts. Von Züchtung, Zuchtwahl und ähnlichem ist im Deutschen die Rede; später wird auch hier der 1883 von dem Engländer Francis Galton geprägte Begriff Eugenik verwandt für die Lehre von der Verbesserung der menschliche Art durch Zucht. Das Kaiser-Wilhelm-Institut für Anthropologie, menschliche Erblehre und Eugenik wurde 1927 gegründet. Nur wenige Jahre später sollten Ideen von Menschenzucht und Menschenvernichtung in Deutschland und im von Deutschen besetzten Europa auf fürchterliche Weise in die Praxis umgesetzt werden.

Der italienische Arzt und Schriftsteller Paolo Mantegazza schildert in seinem 1897 erschienenen Zukunftsroman »Das Jahr 3000«, wie ein Paar sich in die Welthauptstadt begeben muss, um sich der biologischen Behörde vorzustellen, »damit von jenem höchsten Tribunal der Wissenschaften das Urteil gefällt werde, ob sie das Recht haben oder nicht, andere Menschen in die Welt zu setzen.«[13]

Kränkliche oder auf verbrecherische Anlagen hindeutende Säuglinge werden eliminiert. Ob diese Anlagen vorhanden sind, kann man in diesem wunderbaren Zukunftsstaat durch eingehende Gehirnuntersuchung feststellen. Hier einige Beispiele von Säuglingsuntersuchungen mit je unterschiedlichem Ausgang:

»›Nr. 17 vortreten!‹

Eine junge, starke und schöne Mutter erhob sich vom Sitz mit ihrem Kinde im Arm. Man sah auf ihrem Gesicht, daß sie von keiner Furcht gequält und völlig sicher war, mit ihrem Kinde nach Hause zurückzukehren.

Der Hygieniker nahm das Kind, das schon fast entkleidet war, und legte es dann völlig nackt auf eine Art Tischgestell.« Nach der Untersuchung heißt es:

»›Kind Nummer 17: gesund, stark, lebensfähig.‹«

Und auch der Psychohygieniker kommt nach halbstündiger Untersuchung zu einem positiven Ergebnis: »›Normales Gehirn, keine verbrecherische Anlage.‹«

Die folgenden Kinder, Nummer 18 und Nummer 19, werden wie folgt beurteilt:

18: »›Gesundes Kind, aber nicht stark. Lebensfähig, aber stärkender Nahrung bedürftig.‹«

»›Normales Gehirn. Furchtsamer Charakter. Energische, spartanische Erziehung.‹«

19: »›Gesundes, starkes, lebensfähiges Kind.‹«

»›Normales Gehirn; aber mit zu starker geschlechtlicher Anlage. Zur Wollust beanlagt. Die Erziehung ist auf Abschwächung dieser Neigung zu richten.‹«

Kind Nummer 20 macht einen schwächlichen Eindruck und wird gleich von drei Ärzten untersucht, die zu dem Ergebnis kommen:

»›Schwächliches, lungenkrankes, lebensunfähiges Kind.‹

Als die Mutter diesen traurigen Entscheid vernahm, brach sie in Schluchzen aus und fragte die Ärzte:

›Könnte denn mein Kind nicht durch eine geeignete Kur gerettet werden?‹

›Nein,‹ antworteten die drei Ärzte wie aus einem Munde.

Dann wandte sich der Hygieniker zu der Mutter:

›Und nun?‹

Die Mutter weinte noch heftiger und antwortete, indem sie das Kind den Ärzten zurückgab, mit kaum vernehmbarer Stimme: ›Ja!‹

Dieses ›Und nun‹ wollte sagen:

›Erlauben Sie also, daß Ihr Kind beseitigt wird?‹

Nun nahm in der That ein Hülfsarzt das Kind, öffnete einen schwarzen Verschlag in der Wand des Saales, schob es hinein und verschloß ihn wieder. Er ließ eine Feder schnappen, man hörte einen von einem kleinen Knall begleiteten Seufzer. Das Kind, von einem 2000 Grad heißen Luftstrom umflutet, war verschwunden, und es blieb nichts als ein Häuflein Asche übrig.«[14]

Große Hoffnungen setzten also die Utopisten jener Zeit auf die »Heranzüchtung« positiver oder vermeintlich positiver menschlicher Eigenschaften durch entsprechende Zuchtwahl. Für den heutigen Leser aber nur schwer erträglich ist die Selbstverständlichkeit, mit der in der Literatur gleichzeitig von der Ausmerzung negativer oder vermeintlich negativer menschlicher Eigenschaften durch Tötung bzw. Massenmord an den Trägern oder den vermeintlichen Trägern dieser Eigenschaften geschrieben wird.

In dem 1927 erschienenen Zukunftsentwurf »Phoebus« von Raoul Heinrich Francé, der Deutschland im Jahre 1980 beschreibt, ist die gesellschaftliche Zufriedenheit in Europa auch herbeigeführt worden durch das »biologische Denken in der Medizin, im Recht und in der Ethik« und unter anderem auch durch die »Ausmerzung des lebensunwerten Lebens«.[15]

Das England der Zukunft ist in dem Text 1980 übrigens führend auf dem Gebiet der ektogenetischen Zeugung. »Jede gebildete Engländerin hat auf das erotische Leben verzichtet und in den staatlichen Ovigenerationsanstalten werden schon jährlich 200 000 Engländer, fast die Hälfte des ganzen Zuwachses, ausgebrütet. Es sind die besten Arbeiter und Beamten darunter. Und die besten Köpfe der Hochkirche.«[16]

Schon vor Francé, Haldane und Huxley hatte ein deutscher Autor, Konrad Loele, 1920 die soziale Komponente der biotechnischen Herstellung von Menschen durch Menschen beschrieben, freilich aus einem anderen Blickwinkel. Loele entwarf in dem Roman »Züllinger und seine Zucht« ein Szenario für die fünfziger Jahre des 20. Jahrhunderts, das eben so grotesk wie unheimlich erscheint – unheimlich auch in seinen von Hans Albert Förster geschaffenen Illustrationen, auf denen Hakenkreuzler die scheußlichsten Verbrechen begehen.

Deutschland wird in Loeles Roman von einer Art Herrenrasse, den Oberdeutschen, regiert, »den Angehörigen und direkten Nachkommen der judenrein echt deutschvölkischen, wahrhaften Vaterlandspartei«.¹⁷ Diese Oberdeutschen knechten die arbeitende Bevölkerung erbarmungslos. Der Chemiker bzw. der nach Ausmerzung aller Fremdwörter nunmehrige »Geheimrätling der Stofflichkeitslehre« Züllinger erhält den Auftrag, Kunstmenschen herzustellen und diese schneller reifen zu lassen, da die versklavten Arbeiter immer weniger Nachwuchs bekommen. Dies geschieht durch Organentnahme aus den Körpern von Arbeitern. »Selbstverständlich hatte das Bevölkerungsamt bei der Auswahl der athletischen Männer und Weiber, deren Organe zu ihrer [der Züchtlinge] Erzeugung gedient hatten, darauf Rücksicht genommen, daß nicht etwa ein germanischer Typus entstünde. Man hatte eine slawisch-romanische Mischung angestrebt. Blaue Augen und blonde Haare sollten ein Vorrecht der Oberdeutschen sein, allerdings war dieses Ideal noch nicht ganz erreicht.«¹⁸ Um zu vermeiden, dass die Kunstmenschen, die offensichtlich den Menschen körperlich überlegen und von hoher Intelligenz sind, die Menschen, namentlich die Oberdeutschen überflügeln, werden sie mit »Verblödungsflüssigkeit« gespritzt.

Ein Jahr nach Loeles politischer Zukunftsgroteske erschien das Drama »R.U.R. – Rossums Universal Robots« von Karel Čapek. Der Name Roboter für menschenähnliche Automaten setzte sich damit in der ganzen Welt durch. Allerdings sind auch die künstlichen menschenähnlichen Wesen in Čapeks Drama – anders als der heutige Gebrauch des Begriffes Roboter – biologischen Ursprungs, geschaffen, um die Menschen von schwerer und geisttötender Arbeit zu befreien. Diese Wesen sind zunächst geschlechtslos, können sich später aber fortpflanzen und rotten schließlich ihre Sklavenhalter, nämlich die Menschen aus.

Das Motiv künstlich hergestellter Sklaven oder auch menschenähnlicher Wesen, die in der Lage sind, bestimmte routinemäßigen oder gefährlichen Verrichtungen effizienter, preiswerter und meistens besser auszuführen als Menschen, gehört im 20. und 21. Jahrhundert zu den Standardthemenkreisen der Science Fiction. Brian W. Aldiss huldigte 1980 seinem literarischen Ahnen H. G. Wells mit seinem Roman »Dr. Moreaus neue Insel«, in dem Tiermenschen unter anderem für den Einsatz in atomar verseuchten Gebieten gezüchtet werden. Man schreibt darin das Jahr 1996, und es tobt ein

Weltkrieg zwischen den beiden von den USA und der Sowjetunion dominierten Militärblöcken.[19]

In George R. R. Martins Albträume auslösender Erzählung »Der Fleischhausmann« von 1976 werden menschliche Körper, denen das Gehirn entfernt wurde, zu harter Arbeit oder zur Prostitution eingesetzt – eine besondere Variante des Themas »Sklaven, von Menschenhand geschaffen«: »Er berührte sie, das Fleisch war warm. Natürlich, der Körper lebte immerhin, irgendwie. Unter den schweren weißen Brüsten schlug ein Herz, sie atmete. Nur das Gehirn fehlte. An seiner Stelle war jetzt ein totes Synthesegehirn.«[20] Der vor allem in der Romantik, etwa bei E. T. A. Hoffmann, aber auch in antiken Texten häufig begegnende Aspekt der erotischen Dämonie und Anziehungskraft von künstlichen menschenähnlichen Wesen wird in Martins Erzählung ebenso aufgegriffen wie ad absurdum geführt.

Die Fortexistenz des menschlichen Körpers ohne Geist und Seele in Martins Erzählung ist zudem ein radikales Gegenstück zu utopischen Entwürfen in der Literatur, in denen Fortschritte in Wissenschaft und Technik beschrieben werden, die das menschliche Leben verlängern können. Ihr Ziel ist es, den menschlichen Geist und seine Seele zu erhalten, wobei durchaus der Körper im Ganzen oder in Teilen ersetzt werden kann.

Genmanipulationen

In der Science Fiction-Literatur der achtziger und neunziger Jahre des 20. Jahrhunderts werden zukünftige Gesellschaften beschrieben, in denen der Körper austauschbar wird, in denen Technik und Biotechnik nahezu jedes Körperteil reproduzieren können. In dem Roman »Biochips« von 1986, dem zweiten Teil der sogenannten Neuromancer-Trilogie, mit der William Gibson eine literarische Bewegung begründete, ist den Biotechnikern nahezu alles an lebenserhaltenden oder -reproduzierenden Eingriffen möglich. »In Neu-Delhi setzten sie auf Turner einen Killerhund an, der auf seine Pheromone und seine Haarfarbe programmiert war. [...] Da er einen guten Agenten hatte, hatte er einen guten Vertrag. Da er einen guten Vertrag hatte, war er eine Stunde nach der Explosion in Singapur. Zum größten Teil zumindest. Der holländische Chirurg [...] und sein Team brauchten drei Monate, um Turner wieder zusammenzustoppeln. Sie klonten ihm einen Quadratmeter Haut, die sie mit Hilfe von Collagenplättchen und Haiknorpel-Polisacchariden heranzüchteten. Augen und Genitalien kauften sie auf dem freien Markt.«[21]

Am Ende des 21. Jahrhunderts ist in Bruce Sterlings 1996 erschienenem Roman »Heiliges Feuer« die Erde im Wesentlichen von Krankheiten befreit. Die Macht liegt in den Händler einer weltumfassenden Gesundheitspolizei und einer gerontokratischen Elite. Die Geschichte des Gesundheitswesens in nahezu allen Teilen der Welt gestaltete sich nach Sterling ab 2050 wie folgt:

»Früher einmal war ein Vermögen nahezu eine Garantie für gute Gesundheit oder zumindest gute medizinische Versorgung gewesen. Heutzutage garantierte Reichtum weit weniger. Menschen, die öffentlich ihre Gesundheit zerstörten, hatten es sehr schwer, vermögend zu bleiben – nicht weil Gesundheit erforderlich gewesen wäre, um reich zu werden, sondern weil man das Vertrauen anderer Menschen brauchte, um Geld zu verdienen und es zu behalten. War öffentlich bekannt, daß man sich gegen die eigene Gesundheit versündigte, so genoß man heutzutage kein Vertrauen mehr. Man war ein Kreditrisiko und ein schlechter Geschäftspartner. Man bekam Punkte abgezogen und erhielt eine billige medizinische Versorgung.

Auch die billigen Behandlungsmethoden wurden ständig radikal verbessert, daher konnte man ziemlich sicher sein, nach historischen Maßstäben gut abzuschneiden. Doch wer seine Gesundheit zerstörte, starb im Vergleich zur Elite noch immer jung. Es stand jedem frei, seine Gesundheit zu zerstören. Hatte man sich erst einmal ruiniert, ermutigte einen die Politas [eine Art Gesundheitspolizei] zum Sterben. [...]

Natürlich gab es auch Leute, die das ganze Konzept der technischen Lebensverlängerung für moralisch fragwürdig hielten. Ihre moralische Entscheidung wurde respektiert, und es stand ihnen frei, auf der Stelle tot umzufallen.«[22]

Die Heldin des Romans wird im Alter von 94 monatelang einer totalen Rundumerneuerung in einem »Jungbrunnen«, einem Flüssigkeitstank, unterzogen, der ihren alten Körper auslöscht und ihr in Analogie zum fötalen Wachstum einen neuen wachsen lässt.

Die Frage, wie kann der Mensch Unsterblichkeit erlangen oder zumindest ein um ein vielfach längeres Leben als nur eines von 70 oder 80, maximal 100 Jahren, beschäftigt die Wissenschaft und die Literatur seit langem. Seit Anfang der sechziger Jahre des 20. Jahrhunderts werden in Kalifornien klinisch Tote eingefroren (Kryonik). Dies geschieht in der Hoffnung, dass die Menschheit irgendwann einmal in der Lage sein wird, sie wieder zum Leben zu erwecken. Die Science Fiction hat sich diesen Stoff natürlich nicht entgehen lassen und entsprechende Szenarien entworfen von Eingefrorenen, die in einer fernen Zukunft wieder erwachen. Bei all diesen literarischen Spekulationen und Gedankenspielen geht es immer um die Lebensverlängerung des einzelnen Menschen, des Individuums.

Klone

Seitdem realiter die Grundlagen für die künstliche Reproduzierbarkeit von Leben durch die Gentechnik gelegt wurden, beschäftigten sich auch Philosophie und Literatur aber auch mit der Tatsache, dass der Mensch zu einem »Dividuum« geworden war. Die Rede ist vom Kloning. »Schließlich handelt es sich bei einem Klon, wie bei den von Benjamin angeführten Abzügen eines Fotonegativs oder den Kopien eines Films, nicht um Faksimiles eines immer noch eigenartigen Originals, sondern gewissermaßen um ›Fakidentes‹, um miteinander genotypisch und phänotypisch identische Ausgaben eines ›Nicht-Mehr-Individuums‹.«[23]

Seit den siebziger Jahren des 20. Jahrhunderts ist das Thema Klonen aus der einschlägigen Literatur und aus Filmen nicht mehr wegzudenken. Es lassen sich vor dem Hintergrund dieser Thematik alle Aspekte des Lebens im Zeitalter seiner technischen Reproduzierbarkeit literarisch behandeln. In dem bedeutenden Roman »Hier sangen früher Vögel« von Kate Wilhelm, der 1976 erschien, ist das Klonen zunächst die einzige Möglichkeit, menschliches Leben in einer entsprechend geschützten Kolonie trotz einer globalen Katastrophe überdauern zu lassen.

In dieser Klon-Welt gibt es keine Individualität mehr. »[...] natürlich, die Miriam-Schwestern waren allesamt schön, wie fast alle Schwestern. Und fast alle Brüder sahen gut aus. Das war selbstverständlich – und bedeutungslos.«[24] Die Menschenklone der Kolonie werden, obwohl sexuelle Aktivitäten zur täglichen Unterhaltung in allen nur erdenklichen Formen praktiziert werden, in zunehmendem Maße unfruchtbar. Schließlich wird das menschliche Leben auf der Erde durch einen individualistischen Ausreißer gerettet, der auch den Untergang der Klonkolonie verursacht.

Brave New World

Während alle diese Erzählungen, Romane und Filme, die sich mit Reproduktionsmedizin, Gentechnik und Klonen beschäftigen, in den vergangenen vier Jahrzehnten entstanden sind, zu einer Zeit mithin, in der nahezu täglich über theoretische wie praktische Fortschritte auf diesen Gebieten berichtet wird, konnte Aldous Huxley, als er Anfang der dreißiger Jahre des 20. Jahrhunderts seine »Brave new world« schrieb, von Gentechnik und Kloning noch nichts wissen. Und dennoch wird sein Romantitel auch heute immer wieder zitiert, wenn es um die Gefahren der Erforschung und Anwendung moderner Biotechnologie geht. Damals wie heute wird die Diskussion nicht nur im naturwissenschaftlichen Raum geführt. Auch Philosophen, Geisteswissenschaftler und Feuilletonisten setzen sich mit der Frage auseinander, ob die schrankenlose Anwendung biologischer Erkenntnisse geradewegs in den Himmel einer Gesellschaft neuen Typs mit höherwertigen Menschen führen werde oder aber in die Hölle einer totalitären, menschenverachtenden und unmenschlichen Technokratie.

Aldous Huxley kannte die naturwissenschaftlichen Diskussionen seiner Zeit durch seinen Bruder Julian, einen Biologen, und den hier schon erwähnten J. B. S. Haldane, mit dem er befreundet war, sehr gut. Sein »Brave new world« ist im Grunde eine Entgegnung auf eine optimistische Utopie Haldanes, die dieser 1924 publiziert hatte. Darin blickt ein Naturwissenschaftler im in jeder Hinsicht gesunden Jahr 2075 auf 150 Jahre Wissenschaftsgeschichte zurück und stellt fest, dass nur durch konsequente Anwendung der Selektion von Menschen, die ihr Erbgut weitergeben durften, und die ebenso konsequent durchgeführte Ektogenese – übrigens gegen erheblichen Widerstand der Katholischen Kirche und des Islam – eine von individuellen wie gesellschaftlichen Krankheiten befreite Menschheit geschaffen werden konnte.[25]

Aus dieser relativ knappen gedanklichen Vorlage entwickelte Huxley seinen Roman, der irgendwann im 27. Jahrhundert spielt und in dem Haldanes Gedanken konsequent, freilich unter bestimmten Vorzeichen, weitergeführt werden. 1959 fasste Huxley selbst den wesentlichen Inhalt seines Romans, der leider lange Zeit in einer oft sinnentstellenden deutschen Übersetzung vorlag, wie folgt zusammen:

»In der ›wackeren neuen Welt‹ meiner Phantasie wurden Eugenik und Dysgenik systematisch durchgeführt. In der einen Gruppe von Flaschen erhielten biologisch hochwertige Ova, von biologisch hochwertigem Sperma befruchtet, die bestmögliche vorgeburtliche Behandlung und wurden schließlich als Betas, Alphas und sogar Alphas-plus abgefüllt. In einer andern, viel zahlreicheren Gruppe von Flaschen wurden biologisch minderwertige Ova von biologisch minderwertigem Sperma befruchtet, dem Bokanowsky-Verfahren unterworfen (96 identische Zwillinge aus einem Ei) und pränatal mit Alkohol und andern Proteingiften behandelt. Die schließlich abgefüllten Geschöpfe waren beinahe untermenschlich; sie waren aber fähig, die Arbeit ungeschulter Arbeiter zu verrichten, und wenn sie ordentlich konditioniert, durch freien und häufigen Zugang zum andern Geschlecht entspannt, durch kostenlose Unterhaltung beständig abgelenkt und in ihren guten Verhaltensweisen durch tägliche Gaben von Soma bestärkt wurden, konnte man sich darauf verlassen, daß sie ihren Oberen keine Scherereien bereiten würden.«[26]

Die Menschen dieser wohlgeordneten Welt werden übrigens konsequent in der Ablehnung von Kultur und Geschichte erzogen; dies gilt im besondern für die Unterschichten, die »Gammas« und »Deltas«. Um Deltas die Freude an Bildung und Natur von Anfang an auszutreiben, werden sie im Säuglingsalter durch Elektroschocks auf panische Ablehnung von Büchern und Rosen konditioniert.[27] Man hält sich allgemein an den Satz »Fords des Herrn«: »Geschichte ist Mumpitz«, und man warnt vor Büchern, weil diese konsumfeindlich seien: »Man verbraucht nicht viel, wenn man stillsitzt und Bücher liest.«[28]

Aldous Huxley, der eine der bedeutendsten Antiutopien der Literaturgeschichte geschrieben hatte, war gegen Ende seines Lebens (er starb 1963) noch pessimistischer gestimmt. In seinem Buch »Dreißig Jahre danach oder Wiedersehen mit der wackeren neuen Welt« schrieb er 1959: »Im Jahre 1931, als ich ›Wackere neue Welt‹ schrieb, war ich überzeugt, daß noch reichlich lange Zeit sei. [...] Fast dreißig Jahre danach [...] fühle ich mich beträchtlich weniger optimistisch denn damals [...]. Die Prophezeiungen von 1931 werden viel früher wahr, als ich dachte.«[29]

Gott auf Erdenbesuch
Religion und Epiphanie in der Science Fiction

Gott auf Erdenbesuch – ein literarisches Motiv seit der Antike

Die Epiphanie, die Erscheinung oder Selbstoffenbarung einer Gottheit vor den Menschen – in der christlichen Kirche wird der Begriff synonym mit Theophanie gebraucht – ist ein seit Jahrhunderten gängiges Motiv in vielen Religionen und Kulturen. Märchen, Sagen, Legenden. Kunst und Literatur haben sich ebenfalls des Themas angenommen, besonders auch im Christentum, dessen wesentlicher Glaubensgrundsatz ja die Menschwerdung des Sohnes Gottes ist.

In der griechischen Mythologie wie im Alten Testament sind die Götter beziehungsweise ist Gott dem Menschen in der Frühzeit sehr nahe gewesen. Doch Sittenlosigkeit und Verderbnis der Menschen führten schließlich dazu, dass Gott sich von den Menschen schied und nur in Engelsbotschaften oder Gesichten mit ihnen kommunizierte. In der griechisch-römischen Mythologie pflegen die Götter aber weiterhin einen – durchaus recht intimen – Kontakt mit den Menschen, bleiben aber zunächst verhüllt, um sich erst später zu offenbaren. Die Eskapaden des Zeus einmal außer Acht gelassen, geht es dabei meist um die Belohnung oder Bestrafung guten oder bösen Verhaltens. Als Beispiel sei hier an die von Ovid ausgestaltete Volkssage von Philemon und Baucis erinnert. Das alte Ehepaar bewirtet die unerkannt umherwandernden Götter Zeus und Hermes. Als Dank verwandeln die beiden die Hütte des Paares in einen Tempel und stellen ihnen einen Wunsch frei. Philemon und Baucis bitten darum, ihr Leben gemeinsam als Hüter des Tempels beschließen zu dürfen. Am Ende ihres langen Lebens werden sie in Bäume verwandelt, der Greis in eine Eiche, seine Frau in eine Linde.

Liebesbeziehungen der Götter zu Menschen bei ihrem Erdenbesuch kennen wir nicht nur, wie eben angedeutet, aus der antiken Mythologie, sondern auch aus indischen Märchen und Legenden. (Vgl. Frenzel.) Im jüdisch-christlichen Kulturbereich fehlt die Variante des Motivs geschlechtlicher Beziehungen zwischen Göttern und Menschen. Im Christentum ist überdies eine weitere Rückkehr des Gottessohnes zwischen seiner Apotheose, seiner Himmelfahrt, und seiner Wiederkehr am Ende der Zeiten nicht prophezeit. Und es besteht dafür auch eigentlich keine Notwendigkeit, denn die von der christlichen Kirche gelehrte Omnipotenz und Omnipräsenz Gottes macht eine zusätzliche körperliche Anwesenheit überflüssig. Anders hingegen der Volksglaube, der zahlreiche Sagen, Legenden und Märchen beeinflusst hat, die vom Erdenwandeln Jesu Christi beziehungsweise seiner Engel oder gar Gottvaters selbst berichten.

Der christliche Gott oder seine Abgesandten prüfen die Menschen gern hinsichtlich ihrer Anwendung des christlichen Hauptgebotes der Nächstenliebe, zum Beispiel in Sachen Hilfsbereitschaft; Belohung oder entsprechende Strafe folgen dann auf dem Fuße. Rufen wir uns an dieser Stelle den Anfang des Märchens der Brüder Grimm *Die weiße und die schwarze Braut*, ins Gedächtnis, das wohl wegen seiner bemerkenswerten Grausamkeit in den Ausgaben ad usum delphini traditionell fehlt. Zitiert sei der Anfang auch deswegen, weil die handfeste Volksmeinung oder das, was die Brüder Grimm dafür hielten, keinen Zweifel daran offen lässt, was wirklich zählt auf dieser und in der jenseitigen Welt:

»Eine Frau ging mit ihrer Tochter und Stieftochter über Feld, Futter zu schneiden. Da kam der liebe Gott als ein armer Mann zu ihnen gegangen und fragte, wo führt der Weg ins Dorf?‹ ›Wenn Ihr ihn wissen wollt,‹ sprach die Mutter, ›so sucht ihn selber,‹ und die Tochter setzte hinzu ›habt Ihr Sorge, dass Ihr ihn nicht findet, so nehmt Euch einen Wegweiser mit.‹ Die Stieftochter aber sprach ›armer Mann, ich will Dich führen, komm mit mir.‹ Da zürnte der liebe Gott über die Mutter und Tochter, wendete ihnen den Rücken zu und verwünschte sie, dass sie sollten schwarz werden wie die Nacht und häßlich wie die Sünde. Der armen Stieftochter aber war Gott gnädig und ging mit ihr, und als sie nah am Dorf waren, sprach er einen Segen über sie und sagte ›wähle dir drei Sachen aus, die will ich dir gewähren‹. Da sprach das Mädchen ›ich möchte gern so schön und rein werden wie die Sonne‹; alsbald war sie weiß und schön wie der Tag. ›Dann möchte ich einen Geldbeutel haben, der nie leer würde.‹ Den gab ihr der liebe Gott auch, sprach aber ›vergiß das Beste nicht‹. Sagte sie ›ich wünsche mir zum dritten das ewige Himmelreich nach meinem Tode‹. Das ward ihr auch gewährt, und also schied der liebe Gott von ihr.«

Geprüft wird in diesen Sagen und Märchen natürlich die Hilfsbereitschaft des einzelnen Menschen gegenüber seinen Mitmenschen, denn er kann ja nicht wissen, dass Gott selbst es ist, der ihn prüft. Im Falle des Grimmschen Märchens *Der Arme und der Reiche*, das »vor alten Zeiten, als die liebe

Gott noch selber auf Erden unter den Menschen wandelte«, spielt, sind die Wünsche, die der Reiche, der erfahren hat, dass Gott selbst der Prüfer ist, so sinnlos, dass er sich damit schadet.

In der europäischen Literatur des 19. und 20. Jahrhunderts ist die erneute Epiphanie Gottes durchaus keine Seltenheit. Gottes Urteil über die Menschen bei seinen Erdenbesuchen ist allerdings nicht sehr günstig, so beispielsweise in Ernst Barlachs Drama *Die Sündflut* von 1924 oder in Friederichs Dürrenmatts Komödie *Ein Engel kommt nach Babylon* (1954).

Doch die Epiphanie Gottes findet andererseits durchaus nicht immer eine positive Würdigung durch die besuchten Menschen. Brechts Drama *Der gute Mensch von Sezuan* (1942) zeigt, wie der Mensch in seiner unvollkommenen Welt zur Selbsterhaltung Schlechtes tun muss, um zu überleben, was die auf der Erde wandelnden Götter nur mit allgemeinen Phrasen beantworten können. Beckmann, der Kriegsheimkehrer, in Borcherts Drama *Draußen vor der Tür* (1947) begegnet dem »lieben Gott« im Traum als einem weinerlichen alten Mann.

In der zweiten Hälfte des 20. Jahrhunderts entstehen literarische Produktionen, die sich in ganz anderer Weise mit der Wiederkehr Gottes auseinander setzen, als dies die Literaturgeschichte bis dahin kannte. Gelegentlich wird der »Gotteslästerungsparagraph« (§166 Strafgesetzbuch) bemüht. Dies geschieht freilich meist dann, wenn die »Hochliteratur« und in deren Folge die Feuilletons sich mit der Thematik beschäftigen.

Wie sieht es nun aber mit Epiphanien in der sogenannten Unterhaltungsliteratur aus, zu der in Deutschland die zutiefst unterschätzte literarische Gattung Science Fiction meist ausschließlich gezählt wird? Wir wollen im Folgenden versuchen, uns dieser Frage an wenigen Beispielen zu nähern.

Menschen, Göttern gleich

Während in den Legenden und Märchen der Volksliteratur des christlichen Kulturbereiches Handlung, Inhalt und Zielsetzung grundsätzlich mit der christlichen Glaubenslehre übereinstimmen mussten, kennt die moderne Literatur des 20. Jahrhunderts, zu der auch das Genre Science Fiction zählt, in dieser Beziehung keine Vorbehalte und Rücksichten mehr. Gerade die Science Fiction aber hat eine ungeheuer große Affinität zur Religion oder, wenn man so will, zu metaphysischen Themen.

Die Wirkungen der Aufklärung und das rasante Aufblühen von Wissenschaft und Technik seit dem 19. Jahrhundert führten auf der einen Seite zum Aufblühen der so genannten technisch-wissenschaftlichen Literatur unter dem Aspekt zukünftiger Entwicklungen. Die Säkularisierung aller Bereiche und ein starker Rückgang der Religiosität in der christlich geprägten Welt gerade in der zweiten Hälfte des 20. Jahrhunderts ließen andererseits aber eine Leerstelle entstehen, in die religiös oder metaphysisch geprägte literarische Konstrukte der Science Fiction hineindrängten. (Vgl. *Das Science Fiction Jahr 2003* mit dem Themenschwerpunkt »Science Fiction und Religion«.)

Die sich überschlagende Entwicklung in der Computer- wie in der Biotechnologie führten seit der zweiten Hälfte des 20. Jahrhunderts zu einer Vielzahl von Texten, die sich mit einem durchaus traditionsreichen Motiv der Literaturgeschichte beschäftigten, nämlich mit dem Menschen als Schöpfer, der in der Lage ist, sich selbst zu reproduzieren oder aber Wesen schaffen kann, die ihm geistig wie körperlich überlegen sind. Die Rede vom Computer als »großem summenden Gott«, so ein Romantitel von 1970, oder Welten, die der Mensch durch geklonte Geschöpfe umgestaltet oder neu erschafft, sind nahezu Standardthemen der einschlägigen Literatur geworden. (Vgl. das entsprechende Kapitel in diesem Band.)

Bei den meisten dieser Romane und Erzählungen allerdings wirkt das Erste Gebot des Dekalogs bzw. die alttestamentarische Vertreibung der Menschen aus dem Paradies auch im 20. Jahrhundert nach. Der Mensch, der sein will wie Gott und sich selbst reproduziert oder denkende Kreaturen mechanischer oder biologischer Art erschafft, wird für diese Hybris bestraft. Seine Geschöpfe, die ein eigenes Bewusstsein erlangen, sind ihm in der Regel so überlegen, dass sie ihren Schöpfer und Herrn zu ihrem Diener machen. Oder sie bemerken, dass sie der Menschen nicht mehr bedürfen und rotten sie aus. Das »Frankenstein«-Symptom der Mary Shelley bleibt auch in der Literatur der Gegenwart virulent.

Einer der nach wie vor aufregendsten Texte zu dieser Thematik stammt aus der Feder von George R. R. Martin: *Sandkings – Sandkönige* aus dem Jahre 1980. In einer unbestimmten Welt der Zukunft hält sich ein reicher Exzentriker vier Gruppen von Geschöpfen in einem großen Terrarium, die er durch Nahrungsentzug auf der einen und überreiche Nahrung auf der anderen Seite gegeneinander aufbringt. Er erscheint diesen intelligenten

Wesen als Gott, den sie verehren oder fürchten und dessen Abbild sie nach ihren Erfahrungen gestalten. Die mehrfach ausgezeichnete und verfilmte Kurzgeschichte ist geeignet, Alpträume auszulösen und sie endet auch in einem solchen.

Doch während in dieser wie in anderen Geschichten noch die Phantasie, die Lust an literarischer Invention eine große Rolle spielt, hat auf einem anderen Gebiet der reale Fortschritt der technischen Entwicklung Eingang in die Literatur gefunden. Der Mensch ist ja seit einiger Zeit tatsächlich in der Lage, »Schicksale« nach eigenem Gusto zu bestimmen, nämlich in der sogenannten virtuellen Welt. Bereits 1964 erschien der Roman *Simulacron – 3* (deutsch: *Welt am Draht*) von Daniel F. Galouye. Ein Großunternehmen hat darin mit Hilfe eines Supercomputers eine künstliche Welt simuliert, um auf Grund der Reaktion der Bewohner auf bestimmte stimulierende Einwirkungen wirtschaftliche Erfahrungswerte zu sammeln. Ein Forscher bemerkt, dass diese simulierten Menschen ein Eigenleben entwickeln und in die Sphäre ihres Schöpfers aufsteigen wollen. Schließlich entdeckt er, dass er selbst und seine Welt ebenfalls nur eine von einer übergeordneten Macht erzeugte Computersimulation sind. Diese Thematik steht im Mittelpunkt vieler Werke von Science Fiction-Autoren, unter anderem von Philip K. Dick, und ist auch in vielfacher Brechung das Hauptthema in dem genialen Film *Matrix* (damit ist, wohlgemerkt, ausschließlich der erste Teil der Trilogie gemeint).

Auch der Titel des 1986 erschienenen Romans von Andrew M. Greeley *Der Mann, der Gott spielen durfte* spricht für sich. Ein groß angelegtes Computerspiel gerät darin außer Kontrolle. Der Spieler beeinflusst in einer Welt, die teilweise real geworden, ist Menschen, SEINE Menschen, die IHN als ihren Gott akzeptieren. Während diese Romane und Erzählungen aber mit vielfachen gestalterischen Mitteln, mit Anspielungen, Andeutungen, versteckten Hinweisen, mit Metaphern und Symbolen die Thematik »der Mensch als Gott« umkreisen, gibt es eine kleine Anzahl von Titeln, die Gott in direkten Kontakt mit den Menschen treten lassen.

Gottesfabrik und Alien-Gott

Ein frühes und in seinem »Schwejkschen« Humor bisher unübertroffenes Beispiel für Romane, die eine reale Epiphanie zum Gegenstand haben ist *Die Fabrik des Absoluten* von Karel Čapek aus dem Jahr 1922. Čapek, dem die Welt übrigens den Begriff »Roboter« verdankt, erzählt humorvoll, skurril und kauzig die Geschichte einer Erfindung, die der kleine tschechische Ingenieur Marek 1943 gemacht hat. Marek hat den Atomzertrümmerer »Karburator« erfunden, durch den nahezu kostenlose Energie in unbegrenzter Menge zur Verfügung steht. Das führt zu einer Revolution des internationalen Handels und der Industrie.

Dieser Karburator hat aber noch eine metaphysische Auswirkung dergestalt, dass er als Nebenprodukt der totalen Materiezertrümmerung das Absolute, das Göttliche freisetzt. Wunder werden auf diese Weise bald alltäglich, überall dort nämlich, wo der Karburator verwendet wird. Die Menschen, die mit dem Absoluten in irgendeiner Weise in Kontakt gekommen sind, werden außergewöhnliche gute Menschen; sie wirken Wunder, prophezeien, handeln allgemein heiligmäßig – was zur Folge hat, dass das Chaos ausbricht.

Etwa in der Mitte des Romans diskutiert der Ingenieur Marek mit dem Industriemagnaten Bondy, der den Karburator weltweit eingesetzt hat (das Kursiv gesetzte »S« bezieht sich immer auf das Absolute, also das Göttliche):

»›Sieh, Bondy, *s* kann bisher nicht regieren. *S* hat eine Menge Verwirrungen mit seinen Neuerungen angestellt. *S* hat sich zum Beispiel auf Überproduktion eingelassen, anstatt zuerst einen wunderbaren Eisenbahnbetrieb zu errichten. Jetzt ist es selbst im Schlamassel, jetzt ist das, was *s* erzeugt, nichts wert. *Sein* wunderbarer Überfluß war ein furchtbarer Schlag ins Wasser. Zweitens machte es mit seiner Mystik die Behörden konfus und beschädigte den ganzen Verwaltungsapparat, denn *s* gerade jetzt brauchen könnte, um die Ordnung zu halten. Revolution kannst du machen, wo du willst, nur nicht in den Ämtern; auch wenn das Ende der Welt kommen sollte, muß man zunächst das Weltall vernichten, dann erst kommen die Ämter an die Reihe. So ist es, Bondy. Und drittens hat es als naivster theoretischer Kommunist die Geldwertung vernichtet, damit mit einem Schlag die Zirkulation der Produkte lahm gelegt. *S* wußte nicht, daß die Gesetze des Marktes stärker sind als die Gesetze Gottes. *S* wußte nicht, daß die Produktion ohne den Handel gänzlich unsinnig ist. *S* wußte gar nichts. *S* gebärdete sich ... wie ...

kurz, es ist als würde es mit einer Hand vernichten, was *s* mit der anderen aufbaut. Wir haben einen wunderbaren Überfluß und dabei katastrophale Not. *S* ist allmächtig und hat ein Chaos geschaffen. Ich glaube, dass *s* einst die Naturgesetze geschaffen hat, die Ureidechsen, die Berge und alles, was du willst; aber den Handel, Bondy unseren modernen Handel und unsere Industrie hat *s* nicht erschaffen, dafür bürge ich, weil *s* sich darin absolut nicht auskennt. Nein, Bondy, Handel und Industrie kommen nicht von Gott.‹« (S. 91)

Die Menschheit ist dem Absoluten nicht gewachsen. Einzelnen Gruppierungen spalten sich auf in unterschiedliche Richtungen, bekämpfen sich, und alles endet in einem verheerenden »größten Krieg«. Am Schluss des Romans wird der letzte Karburator vernichtet, der Spuk ist vorbei und einige der Protagonisten sitzen bei Leberwurst, Kraut und Bier wieder friedlich beisammen und lassen die Ereignisse Revue passieren.

Ähnlich wie bei Čapek wird in der 2004 erschienen Kurzgeschichte von Thorsten Küper *Der Atem Gottes* die Welt mit dem Göttlichen infiziert, in diesem Falle allerdings absichtlich durch einen Wissenschaftler, der sich und andere mit dem religiösen Virus ansteckt. Das Virus fanatisiert die von religiösen Halluzinationen heimgesuchten Menschen. Bücher brennen, bald werden auch Menschen verbrannt, und das Virus verbreitet sich über die ganze Welt.

Eine anderes Motiv in der Science Fiction ist die Ankunft von Aliens, die auf unserer oder anderen Welten von den Bewohnern als übernatürliche Wesen, gar als Götter verehrt werden. Das sogenannte »Star-Trek-Universum« kennt eine ganze Reihe von Romanen und Filmen, die diese Thematik auf spannende Weise behandeln. Als Beispiel sei hier aus der surrealistischen, befremdlichen, ja beunruhigenden Kurzgeschichte *Friede auf Erden* des englischen Autors M. John Harrison von 1975 zitiert, die wie folgt beginnt:

»Mit der Entdeckung Gottes auf der uns abgewandten Seite des Mondes durch ein Erkundungsteam der zweiten Welle (Apollo B-Serie) und die nachfolgende gigantische und gefährliche Zugoperation, die Ihn zurückbrachte, um Seine Regentschaft erneut anzutreten, begann auf Erden[...] eine Periode weitreichender Veränderungen. Ich muß im einzelnen beispielsweise nicht auf die zahllosen klimatischen und politischen Verfeinerungen eingehen, die Neue Medizin oder das globale Mindestgrundgehalt; oder jene Veränderungen in der Geographie, die von so großem Nutzen waren.«

Die Welt ist friedlich geworden und führt ein bequemes Rentnerdasein. Drei Männer, ehemalige Abenteurer, machen sich auf den Weg, um den leibhaftigen Gott zu sehen und ihn zu töten. Sie finden ihn und sehen dies: »Er kauert da [...], wie Er ewig da kauern wird. Sein Teilprofil hebt sich vor dem Himmel ab. Zehn Quadratmeilen Erde liegen zwischen Seinen sechs gespreizten Beinen. Schillernde Regenbogenfarben spielen auf seinem breiten Rückenpanzer. Wenn Er je die Flügel unter diesen schimmernden Deckflügeln ausbreiten sollte! Ein Facettenauge, hundert Yards im Durchmesser, stierte gebannt in Sphären, die wir vielleicht nie zu sehen vermögen. Eine Meile hoch in der Luft donnern machtlose Stürme um seine starren Antennen und bewegungslos ausgestreckten Mandibeln. Im Schatten Seines langen Bauches wirken die riesigen Fabriken wie Spielzeug, und es ist, als hätte er aus seinem verborgenen Ausguck auf dem Mond eine Luftlosigkeit mitgebracht, die den Himmel zu einem härteren, strahlenderen Ort machte. Wir sehen, daß sich dort, wo seine Füße den Boden berühren, tiefe tellerförmige Abdrücke gebildet haben. Von jedem gehen strahlenförmige riesige Risse aus. Kann die Welt Seine Last ohne Stöhnen tragen?«

Der Anschlag auf »Lucanus Cervus Omnipotens« misslingt übrigens.

Gott erscheint in Menschengestalt auf der Erde und auf dem Mond

Während in der Volksliteratur das Erscheinen Gottes immer auch pädagogische Ziele verfolgte, etwa indem Gott die Menschen prüfen und sie für entsprechendes gottgefälliges oder nicht gefälliges Verhalten belohnen oder bestrafen will, steht in der Science Fiction-Literatur meist die Freude an der Spekulation, an überraschenden Handlungsabläufen, an ungewöhnlichen Ereignissen und verblüffenden Schlussfolgerungen im Vordergrund. Allerdings wird durch die handelnden Personen oft eine Beziehung zur Gegenwart hergestellt und der Zustand der Gesellschaft mit groben oder feinen Pinselstrichen kritisch gezeichnet. Insofern nähert sich auch diese Literatur gelegentlich den erzieherischen Absichten der entsprechenden Sagen und Legenden. Anders freilich als ältere literarische Texte über Epiphanien kommen diese Romane nicht ohne Humor, Ironie und Satire aus. Und sie kommen auch meist nicht aus ohne einen kräftigen Schuss Aktion und Erotik.

Dies gilt etwa für den 1979 erschienen Roman *Gottes Zweiter Sohn* von Charles Sailor. Der außerordentlich sympathische und hilfsbereite junge Stahlarbeiter Joseph überlebt einen Sturz aus dem 24. Stock eines Wolkenkratzers unverletzt. Pistolenkugeln prallen von ihm wirkungslos ab, Schusswunden anderer heilt er durch Handauflegen. Im Glauben an bisher geheimgehaltene und apokryphe Prophezeiungen der Bibel und nach einer recht drastischen Prüfung dergestalt, dass Joseph von einem Beauftragten des Vatikans niedergeschossen wird, was er unverletzt übersteht, erklärt ihn der Papst zum lange erwarteten Zweiten Sohn Gottes. Joseph, der sich weiterhin durchaus menschlich verhält und seine Göttlichkeit nicht akzeptieren mag, wird vom Heiligen Vater nun als »Heiliger Sohn« angesprochen.

Die Nachricht von der Ankunft des zweiten Sohnes Gottes löst überall auf der Erde eine Welle religiöser Begeisterung aus. Der Petersplatz in Rom wird von Hunderttausenden belagert. Die Entdeckung von Gottes zweitem Sohn ist überdies ein riesiges Geschäft. Die Holdings des Vatikan auf der ganzen Welt schnellen auf der Börse in die Höhe, der Devotionalienmarkt boomt. Dies alles geschieht sehr zum Leidwesen von Joseph, der, ähnlich wie sein Bruder Jesus die Händler aus dem Tempel vertrieb, die Geschäfte, die mit seiner Person gemacht werden sollen, strikt ablehnt. Am Ende des Romans verschwindet Joseph auf mysteriöse Weise, eine Art Himmelfahrt wird angedeutet.

Von ganz anderer Qualität ist die *Valis*-Trilogie, ein Spätwerk des genialen Philip K. Dick. Im zweiten Teil der Trilogie mit dem Titel *Die göttliche Invasion* wird der Kampf zwischen Gott und Satan um die Welt erzählt. Die kaum überschaubare Handlung trägt sich einerseits in einer technologisch weit fortgeschrittenen Zukunft zu, andererseits werden uralte Mythen und Märchen aus der Geschichte vieler Kulturen in den Ablauf des Romans aufgenommen. Emmanuel, der Mittelpunkt des Romans, zugleich Gott und Mensch, kehrt zu verschiedenen Zeiten auf die Erde zurück, um seinen Heilsplan zu verwirklichen. Metaphysik, Philosophie und Humor werden in Dicks Welt zu einem unvergleichlichen, dabei leicht lesbaren, doch schwer zu verstehenden Konglomerat von Ideen, szenischen Handlungen, literarischen Zitaten und weiß Gott, was sonst noch, zusammengefügt. Vordergründige Spannung erhält der Roman durch die Versuche der »christlich-islamischen Kirche«, die »Invasion Gottes« abzuwehren.

Wir wollen darauf verzichten, den Plot eines der wohl wichtigsten Science Fiction-Romane zum Thema Epiphanie hier nachzuvollziehen. Stattdessen seien einige Textstellen zitiert, die vielleicht dazu anregen, den Kosmos des Philip K. Dick selbst einmal kennen zu lernen. VALIS bedeutet übrigens Voluminöses Aktives Lebendes Intelligenz-System (Vast Active Living Intelligence System). Es errichtet die Raum- und Zeit-Matrix, in der wir leben, sendet Informationen über die Ursachen von Freude und Schmerz und weiß alles schon, bevor es geschieht; andere Bezeichnung für VALIS: Gott.

»›Er wurde hierher vertrieben‹, antwortete Elias. ›Eine Zone liegt um die Erde. Eine Zone des Bösen. Sie verhindern seine Rückkehr.‹ ›Die Rückkehr des *Herrn*?‹ stieß Rybys hervor. ›Der Herr kann nicht zur Erde zurückkehren?‹ Sie starrte Elias an. ›Die Menschen der Erde wissen nichts davon‹, sagte er.« (S. 394)

»Sie beten, sie treffen Entscheidungen, sie schirmen ihre Welt ab – schützen sich vor feindlichen Eindringlingen. Und für sie ist das ein feindlicher Eindringling. Sie sind wahnsinnig, sie würden den Gott töten, der sie erschaffen hat. Rationale Wesen würden das nie tun. Christus ist nicht am Kreuz gestorben, um die Menschen von ihren Sünden zu befreien – er wurde gekreuzigt, weil die Menschen verrückt waren. [...] Es ist eine Perspektive des Irrsinns. Und sie glauben, dass sie das Richtige tun.« (S. 408)

Emmanuel reflektiert: »Alle hier unten sind Gefangene, und die größte Tragödie ist, dass sie es nicht wissen; sie halten sich für frei, weil sie nie frei gewesen sind und nicht verstehen, was das bedeutet. *Dies ist ein Gefängnis*, und nur wenige Menschen haben es herausgefunden. Aber ich weiß es, denn aus diesem Grunde bin ich hier. Um die Mauern zu schleifen, die Metalltore niederzureißen und jede einzelne Kette zu sprengen. [...] Sie wissen nicht, wem sie dienen. Das ist der Grund ihres Unglücks, sie dienen irrtümlich dem falschen Ding. Sie sind wie mit Metall vergiftet, dachte er. Metall sperrt sie ein und Metall ist in ihrem Blut – es ist eine Metallwelt. Von Zahnrädern in Bewegung gehalten. Eine Maschine, die vor sich hinknirscht und Leid und Tod erzeugt ... Sie sind so vertraut mit dem Tod, dass er ihnen natürlich erscheint. Wie lange schon haben sie den Garten vergessen? Den Ort der friedlichen Tiere und Blumen. Wann werde ich ihnen diesen Ort zurückgeben können?« (S. 477/478)

Kann man Dicks Valis-Trilogie nur ganz genießen, wenn man sich vorbehaltlos auf das vielfältige Spiel mit verschiedenen Ebenen der Realität und der Virtualität einlässt und einen gewissen literarischen bzw. religionsgeschichtlichen Hintergrund sein eigen nennen kann, so ist der Roman von James Morrow *Das Gottesmahl* von seiner Anlage her zunächst ein spannender Thriller, von seiner Grundidee her gesehen gehört er jedoch inhaltlich zum Absurdesten, was der Verfasser dieser Zeilen aus diesem Genre je gelesen hat.

Morrow hat Nietzsches Wort vom Tode Gottes wörtlich genommen. Gott ist gestorben und ins Meer gestürzt, und sein 3,2 Kilometer langer Körper schwimmt mit dem Gesicht nach oben im Pazifischen Ozean. Die Engel sterben, und der Erzengel Gabriel übermittelt kurz vor seinem eigenen Tod dem glücklosen Kapitän Anthony Van Horn den Auftrag, mit Hilfe eines unter vatikanischer Flagge fahrenden Supertankers den Körper ins ewige Eis an den Nordpol zu transportieren, um ihn dort einzufrieren.

Auf dem Weg zum Nordpol haben die Transporteure des *Corpus Dei* allerlei Gefahren zu bestehen, es kommt zu Meutereien, zu Angriffen durch eine von englischen Atheisten entsandte Kampftruppe, die bestimmte Luftschlachten des Zweiten Weltkrieges mit historischen Flugzeugen nachspielt, nunmehr allerdings mit scharfer Munition, und es kommt zu vielfältiger, spannungsgeladener *action*. So absurd die Idee eines tatsächlichen riesigen Leichnams Gottes ist, so konsequent wird die Handlung im Stil eines Abenteuerromans verfolgt.

Im Folgenden sollen nicht die Handlungsstränge des Romans paraphrasiert werden, stattdessen mögen einige Zitate, die den satirischen, an einigen Stellen aber durchaus zum Nachdenken anregenden Charakter dieses aberwitzigen Romans aufzeigen. Auf dem Schiff kommt es, nachdem die Besatzung vom Tode Gottes erfahren hat und seines Leichnams ansichtig geworden ist, zu Unregelmäßigkeiten, Betrügereien, zu Schlägereien, ja zu Mord:

»›Der Leichnam übt seine Wirkung aus‹ [...]. ›Nicht der Leichnam *per se*, sondern der *Gedanke* daran – er ist unser Widersacher, der Ursprung dieser Unordnung. In allen bisherigen Zeiten‹ – so der Pater – ›hat jeder, ob Gläubiger, Nichtgläubiger oder konfuser Agnostiker auf gewisser Ebene gespürt, dass Gott auf ihn ein Auge hat, und dies Empfinden hat ihn zur Mäßigung angehalten. Aber nun bricht eine völlig neue Ära an. [...] Wir leben jetzt Anno Postdomini Eins‹«. (S. 187).

»Nachdem Gott von der Bildfläche verschwunden ist, haben die Menschen ihren hauptsächlichen Antrieb zu moralischem Betragen verloren. Sie können nicht der Versuchung wiederstehen, dass Sündigen zu erproben« (S. 207).

»»Das ist die Logik Iwan Karamasows, nicht wahr?‹ fragte Miriam. ›Wenn es keinen Gott gibt, ist alles erlaubt.‹ Der Geistliche furchte die Stirn. ›Da fällt einem zwangsläufig auch Schopenhauer ein. Ohne ein Höchstes Wesen wird das Dasein öde und sinnlos. Ich hoffe, stattdessen hatte Kant recht... Ich hoffe, die Menschen haben irgendein angeborenes ethisches Gespür. Mir ist, als könnte ich mich erinnern, dass er mit regelrechter Schwärmerei etwas vom ›bestirnten Himmel über mir, und das moralische Gesetz in mir‹ geschrieben hat‹.« (S.235)

Schließlich geraten die Transporteure durch allerlei Widrigkeiten in den Zwang, Teile des *Corpus Dei* in kleinen Stücken zu verspeisen und das Blut zu Wein zu verarbeiten, um nicht zu verhungern und zu verdursten. Mag man die im Folgenden zitierte Stelle auch als blasphemisch empfinden, der Roman ist dies durchgängig durchaus nicht, sondern zeigt eine merkwürdige Zuneigung des Autors zur jüdischen, christlichen und auch muslimischen Religion. Der Professor für Atomphysik und Jesuitenpater Thomas und die Nonne Miriam bereiten das »Abendmahl« vor:

»»*Meum corpus enim est hoc*‹, murmelte Thomas, profanisierte das Gewebe, während er es schon zerschlitzte und zerschnitt, ›*omnes hoc ex manducate et accipite.*‹ Sobald träge eingedicktes, magentarotes Blut hervorquoll, eilte Miriam mit dem Messkelch herbei, kniete sich hin und fing es in dem Gefäß auf.‹ ›*Omnes eo ex bibite et accipite*‹, fügte der Geistliche hinzu, entzog dem Blut die Heiligkeit. Beharrlich sägte er drauflos und löste zu guter Letzt einen eineinhalb Kilo schweren Streifen Fleisch heraus. [...]

Er schaltete die Motorsäge ab, trug das Fleisch zum Altar und legte es in die handgeschmiedete Bratpfanne. Es brutzelte, ihm entflossen rosige Säfte. Ein herrlicher Duft stieg aus der Pfanne, das köstliche Aroma angebratener Göttlichkeit, und Thomas lief das Wasser im Munde zusammen.« (S.301)

Die weiteren Tätigkeiten der Frauen und Männer um den Altar herum entsprechen einem profanen Grillfest, andererseits wird Wert darauf gelegt, dass dabei der katholische Ritus der heiligen Wandlung von Brot und Wein im lateinischen Original abgehalten wird.

Als der Leichnam Gottes schließlich an seinen Bestimmungsort gebracht worden ist, betet der Pater: »Allmächtiger Gott, wir beten dafür, dass du hier in Frieden ruhen mögest, bis du dich selbst zur Herrlichkeit des Jüngsten Tages erweckst.« (S. 467). Der Roman endet schließlich mit einigen eingestreuten theologischen und politischen Spekulationen über die Frage, was auf der

Welt geschehen würde, wenn sie vom Ende Gottes erführe. Man verzichtet darauf, der Welt den Tod Gottes mitzuteilen: »Nach Anthonys Empfinden hatte niemand das Recht, den Menschen die Illusion Gottes zu nehmen, nicht einmal Gott selbst, der es anscheinend hatte versuchen wollen.« (S. 490)

Wesentlich sanfter gestimmt und mehr mit Alltäglichem beschäftigt ist der satirische, humorvolle, skurrile Roman von Peter Ustinov *Der Alte Mann und Mister Smith* von 1990. Der alte Mann, der seinen Namen mit G-O-T-T buchstabiert und sein Begleiter, der reizbare Mister Smith, erleben in der Welt des modernen Amerika die erstaunlichsten Dinge. Gott und Satan erscheinen als zwei alte Männer, die ständig verschiedener Meinung, aber sich doch in gewisser Weise auch herzlich zugetan sind. Um den FBI-Agenten, die sie wegen Falschmünzerei verfolgen, irgendwie plausibel zu machen, dass sie tatsächlich Gott und der Satan seien, schlagen sie vor, ihren Erdenbesuch als Science Fiction zu betrachten.

Die Abenteuer, die beide im Laufe des Romans zu bestehen haben, sind rasant, die Orte der Handlung recht verschiedenartig, nämlich unter anderen eine verwanzte Polizeizelle, das Ankleidezimmer des amerikanischen Präsidenten, die Live-Show eines korrupten TV-Evangelisten, eine Schwulensauna oder ein Erotiktempel. Die eingestreuten philosophischen Gespräche sind ausgesprochen vergnüglich zu lesen; zwei Beispiele aus den häufigen Reflexionen des »alten Mannes«:

»Die Natur ist eine große verfallene Bibliothek für alles, was je gewesen ist. Man findet sich dort nicht zurecht, und doch ist alles da, irgendwo. Häufig erhaschen Menschen einen Blick auf dieses oder jenes, wenn es auf der Wellenlänge ihrer Seelen passiert. Nicht mehr als ein Augenblick des Verstehens, ein Lichtfunke, ist nötig, um vorher ungeahnte Orte in unbekannten Welten oder längs vergangenen Zeiten kurz zu beleuchten. Alles steht allen zur Verfügung, manchmal nur einen fingerbreit außer Sichtweite.« (S. 48)

»Der Wunsch nach Unsterblichkeit ist überall evident, was ich höchst beunruhigend finde‹, sagte der Alte Mann [...]. Angenommen, sie entdecken wirklich einen Weg, nicht zu sterben? Zunächst wird es für die meisten Menschen zu teuer sein, so dass nur die Idioten mit ererbtem Reichtum oder die neureichen Kriminellen überleben und der Welt der Unsterblichkeit ihre Normen setzen werden. Arme Narren. Ist ihnen denn nicht klar, dass Sterblichkeit der Welt ihren Qualitätsmaßstab gibt? Wäre Beethoven unsterblich gewesen, hätte es Hunderte von Sinfonien gegeben, sich unendlich wiederholend, um sich schließlich sogar in ihrem Ausmaß an Mittelmäßigkeit nicht mehr von einander zu unterscheiden. In solch einer Welt wäre Senilität so ansteckend wie die gemeine Erkältung, Geburten würden immer seltener, bis endlich jede als gesetzlicher Feiertag bejubelt werden würde, während man die Zivilisation, alles, was der Mensch sich so mühsam aufgebaut hat und was man gemeinhin Fortschritt nennt, in der zunehmenden Dunkelheit aus Unfähigkeit vergeuden würde; zahnloses Grinsen, aus dem Mundwinkel fließende Speichelrinnsale, wie eiskalte Lava aus den beladenen Nasenlöchern tropfender Schleim wären die letzten Lebenszeichen meines glücklichsten Tagtraumes.« (S. 76)

Noch etwas handfester und dann wohl eher doch nicht der Gattung Science Fiction zuzurechnen ist die Satire des finnischen Autors Arto Paasilinna *Der Sohn des Donnergottes* aus dem Jahr 1984. Die finnischen Götter, die älter sind als die ganze Welt, sind böse darüber, dass die Finnen seit vielen Jahren an den christlichen Gott glauben. Sie schicken einen der ihren zur Erde, der in Menschengestalt die Finnen zu ihrem alten Glauben bekehren soll. Der Sohn des Donnergottes, der überaus tollkühne Rutja, vertauscht seine Gestalt mit einem Antiquitätenhändler, dessen Vorname Sampsa (eine Erinnerung an Kafka?) lautet. Es kommt zu chaotischen und außerordentlich witzigen Szenen, wenn der Gottessohn in Gestalt des furchtsamen Antiquitätenhändlers dessen schmarotzende Freundinnen aus Bett, Geschäft und Haus wirft. Mit allen Mitteln des modernen Public-Relations-Rummels wird schließlich die neue Religion von einer Gruppe Bekehrter und dem Gottessohn in Finnland etabliert. Die sechs Gebote des neuen Glaubens formuliert der Sohn des Donnergottes Ukko wie folgt:

»1. Du sollst stets daran denken, Ukko zu fürchten.
2. Du sollst nicht schlecht zu den Kleinen sein.
3. Du sollst das Leben bewahren.
4. Du sollst die alten Menschen ehren.
5. Du sollst dich anständig benehmen.
6. Du sollst nie locker lassen.« (S.198)

Der Roman endet mit der Geburt eines Sohnes, den der Sohn des Donnergottes mit einer finnischen Steuerprüferin gezeugt hat: »Ein göttliches Kind! Durch dieses kleine Baby wurde das Geschlecht Finnlands mit der Zeit veredelt, aber bis dahin vergingen noch Hunderte von Jahren.« (S. 301)

Schließen wir mit einer Kurzgeschichte, wie sie wohl nach landläufiger Meinung nicht scienceficitionmäßiger sein könnte. David Redd beschrieb 1991 darin ebenso humor- wie liebevoll, was geschah, *als Jesus zu Weihnachten den Mond besuchte.*

Auf der Mondstation herrscht große Aufregung. Erstmals hat die Erde Kontakt mit Außerirdischen aufgenommen. Ein Abgesandter vom Sirius namens Roskonnor soll in einem Nikolauskostüm und symbolträchtigen Accessoires zu Weihnachten der Erde vorgestellt werden. Seine sich windenden grünen Tentakel werden mit einem roten Mantel bedeckt. Er soll eine friedvolle, weihnachtliche Ansprache an die Erdbewohner halten. Da geschieht das zweite außergewöhnliche Vorkommnis. Scheinbar als Ergebnis wissenschaftlicher Experimente erscheint Jesus auf dem Mond.

Die Reporterin der Fernseh-Show versucht nun verzweifelt, beide Ereignisse von einander zu trennen, wobei einige recht witzige Situationsschilderungen gelingen: »Ich hoffte, ich werde in der Lage sein, alles zu senden, ohne dabei einerseits Jesus und andererseits Roskonnor zu nahe zu treten. Kränke Jesu, und es gibt keine Erlösung mehr für die Menschheit. Kränke Roskonnor, und seine Planeten zerstörenden Kumpels würden vorbeischauen.« (S. 63)

Nun, es kommt wie es kommen muss, die Regie schafft es nicht, Jesus und Roskonnor getrennt auftreten zu lassen. Und natürlich kennen die beiden sich, und zwar bestens. »›Ich weiß von Gott‹, sagte Roskonnor. ›Es gibt nur einen Schöpfer im Universum, Sara. Er erscheint euch in menschlicher Form, weil ihr Menschen seid, genau wie er uns in unserer Form erscheint. Wir sind alle keineswegs perfekt und wir benötigen seine Führung.‹«

Die Romane und Kurzgeschichten der Science Fiction über Epiphanien Gottes haben gewiss etwas mit literarischem Spieltrieb, skurriler oder absurder Unterhaltung, mit Humor, Satire und Gesellschaftskritik zu tun. Sie lassen aber wohl auch zwei leise, doch dauerhaft klingende Saiten der menschlichen Existenz anklingen: Angst und Hoffnung – Angst, vor dem individuellen Alleinsein auf Erden bzw. Angst vor dem Alleinsein der Menschheit im Universum und die Hoffnung, dass jemand da ist oder da sein wird, der uns diese Angst nehmen kann.

»Die Freizeitrevoluzzer«
Arbeit und Arbeitslosigkeit in der utopischen Literatur

Die Vertreibung aus dem Paradies

Sind es recht eigentlich nicht nur zwei Antriebskräfte, welche die Entwicklung, den Fortschritt des Menschengeschlechts bestimmen, nämlich erstens der Selbsterhaltungstrieb und zweitens die Faulheit? Wenn man es etwas differenzierter haben will, könnte man die erste Triebkraft unterteilen in Aktionen des Menschen, um zu Nahrung, zu Essen und Trinken zu gelangen bzw. um durch Verteidigung zu verhindern, dass man selbst als Nahrung dient. Zu dieser Antriebskraft wären auch die Aktivitäten zur Fortpflanzung zu zählen oder jedenfalls das, was um die ursprüngliche Fortpflanzungabsicht herum geschieht, die Rede ist von der Sexualität. Die zweite große Antriebskraft der Menschen, die Faulheit, lässt sich noch einfacher strukturieren. Sie besteht im Grunde in dem ständigen Versuch der Menschen, sich vor Arbeit zu drücken bzw. notwendige Arbeit anderen aufzuhalsen.

Wenn wir diese, zugegeben gewagte, Behauptung auf die Literatur umlegen, so wird man wahrscheinlich einen hohen Prozentsatz der gesamten Literatur diesen Motivationskategorien zuordnen können, wenn wir die religiösen und transzendentalen Aspekte einmal unberücksichtigt lassen.

Wir wollen im Folgenden der zuletzt definierten Antriebskraft, also dem Motiv der Arbeit bzw. der Vermeidung von Arbeit, das auch das Motiv der Arbeitslosigkeit und der Langeweile in sich einschließt, in der utopischen Literatur bis hin zur Science Fiction des 21. Jahrhunderts nachspüren. Keinesfalls interessieren uns dabei aber soziologische oder politische Theoreme, auch wenn sie sich in der Literatur niedergeschlagen haben; man denke etwa an die unsäglich langweiligen Hervorbringungen ideologischer Erbauungs- oder Agitationsliteratur.

»Arbeit [urspr. Anstrengung, Mühsal, Plage]«, definiert der große Brockhaus aus dem Jahr 1996, ist »der bewußte und zweckgerichtete Einsatz der körperl. und geistig-sel. Kräfte des Menschen zur Befriedigung seiner materiellen und ideellen Bedürfnisse.« Die Arbeit steht bereits am Anfang des größten literarischen Werkes an zentraler Stelle, nämlich in der Genesis der Bibel. Der Mensch im von Gott geschaffenen Paradies kannte noch keine

Arbeit im Sinne von Mühsal und Plage. Aber der Mensch musste ja unbedingt sündigen, und das hatte er nun davon:

»Zu Adam sprach ER: Weil du auf deine Frau gehört und von dem Baum gegessen hast, von dem zu essen ich dir verboten hatte:

So ist verflucht der Ackerboden deinetwegen. Unter Mühsal wirst du von ihm essen alle Tage deines Lebens. Dornen und Disteln lässt er dir wachsen, und die Pflanzen des Feldes musst du essen.

Im Schweiße deines Angesichts sollst du dein Brot essen, [...]« (Genesis 3,17 und 3,19).

Wie nun konnte der vertriebene Mensch dieser Verdammung zu lebenslänglicher Arbeit aber entrinnen? Denn dies, soviel ist sicher, war sofort sein Begehr. Zurück ins Paradies durfte er nicht. Also sann er auf Abhilfe, und schon wenige Verse später (5,28/29) berichtet die Genesis: »Lamech war hundertzweiundachtzig Jahre alt, da zeugte er einen Sohn und nannte ihn Noach (Ruhe). Dabei sagte er: Er wird uns aufatmen lassen von unserer Arbeit und von der Mühe unserer Hände um den Ackerboden, den der Herr verflucht hat.« Und damit sind wir genau bei der zweiten eingangs postulierten Antriebskraft des Menschen als literarischem Motiv, nämlich dem Motiv, das der Volksmund in folgenden Witz verkleidet hat: »Wie heißt es: Lass mir arbeiten oder lass mich arbeiten? Die richtige Antwort lautet: Lass andere arbeiten!«

Dieses »Lass andere arbeiten« hat nun in der Bibel an dieser Stelle nichts mit Sklaverei zu tun, aber schwere körperliche Arbeit meint in der menschlichen Geschichte und damit auch in der Literatur durchaus, dass diese von Menschen ausgeübt wird, die am untersten Ende der gesellschaftlichen Hierarchie stehen bzw. als der menschlichen Gesellschaft gar nicht mehr angehörig betrachtet werden, wenn sie nämlich Sklaven sind. Sklaven sind es seit der Antike bis in die Neuzeit, die niedrigste oder schwerste Arbeiten verrichten; hinzu kommen (schlecht) bezahlte Arbeiter, schließlich Maschinen der verschiedensten Art; im 20. Jahrhundert dann Roboter oder von Menschen selbst erzeugte menschenähnliche Wesen, also Androiden; und in neuester Literatur geklonte, für einen bestimmten Zweck hergestellte und nur eine kurze Zeitspanne lebende Geschöpfe.

Die Sehnsucht nach dem verlorenen, dem »arbeit-losen« Paradies aber, die Sehnsucht nach einer Menschheit im Kindheitsstatus bleibt in der Literatur zu allen Zeiten gegenwärtig. Bereits in der Antike träumt sich die Literatur ein Schlaraffenland, ein Arkadien. Friedrich Schiller sah den Traum vom verlorenen oder wiederzugewinnendem Paradies als konstituierend für die Menschheit an: »Alle Völker, die eine Geschichte haben, haben ein Paradies, einen Stand der Unschuld, ein goldnes Alter; ja jeder einzelne Mensch hat sein Paradies, sein goldnes Alter, dessen er sich, je nachdem er mehr oder weniger Poetisches in seiner Natur hat, mit mehr oder weniger Begeisterung erinnert.«[1]

Das Paradies, Arkadien, das Schlaraffenland – Orte an denen es anders zugeht als im täglichen Leben, in welch letzterem ja in der Regel gearbeitet werden muss, um sich zu ernähren, denn: »Wer nicht arbeiten will, der soll auch nicht essen« (2 Thess. 3,10). Auch wenn das Märchen vom Schlaraffenland eher dem Motiv »Verkehrte Welt« oder der Satire zuzuordnen ist, entscheidend bleibt, dass man in diesem Land wegen praktizierter Faulheit, also Nichtarbeit im höchsten Maße mit den Gütern dieser Welt belohnt wird. Hier das Schlaraffenland in Ludwig Bechsteins Märchen (Ausgabe letzter Hand 1857): »Wer dort ein gelehrter Mann sein will, muß auf einen Grobian studiert haben. Solcher Studenten gibt's auch bei uns zu Lande, haben aber keinen Dank davon und keine Ehren. Auch muß er dabei faul und gefräßig sein, das sind drei schöne Künste. Ich kenne einen, der kann alle Tage Professor werden. Wer gern arbeitet, Gutes tut und Böses läßt, dem ist jedermann dort abhold, und er wird Schlaraffenlandes verwiesen. Aber wer tölpisch ist, gar nichts kann, und dabei doch voll dummen Dünkels, der ist dort als ein Edelmann angesehen. Wer nichts kann, als schlafen, essen, trinken, tanzen und spielen, der wird zum Grafen ernannt. Dem aber, welchen das allgemeine Stimmrecht als den faulsten und zu allem Guten untauglichsten erkannt, der wird König über das ganze Land, und hat ein großes Einkommen.«[2]

Aber wo liegt dieses Land? Es liegt auf einer Insel, die nur schwer zu erreichen ist.

Utopia etc.

Mit seiner einer ganzen literarischen Gattung den Namen gebenden Schrift *Utopia* führt Thomas Morus 1515 die Frage nach der gerechten Verteilung von Arbeit in die Literatur ein. Es ist eine Frage, die später in den politischen und wirtschaftlichen Theorien des Sozialismus von zentraler Bedeutung werden wird. Im Staate Utopia arbeiten alle sechs Stunden am Tag. »Ein einziges Gewerbe üben alle Männer und Frauen gemeinsam aus: den Ackerbau. [...] Von den anderen Handwerken aber lernt jeder eins, und zwar nicht nur die Männer, sondern auch die Frauen; diese betreiben jedoch als die schwächeren nur leichtere Gewerbe: gewöhnlich spinnen sie Wolle und weben Leinen; den Männern werden die übrigen mühsameren Tätigkeiten überlassen. [...] Die wichtigste und fast einzige Aufgabe der Syphogranten [Familienältesten] ist, dafür zu sorgen und darüber zu wachen, daß keiner müßig herumsitzt, sondern jeder fleißig sein Gewerbe betreibt, ohne sich jedoch vom frühen Morgen bis tief in die Nacht hinein ununterbrochen wie ein Lasttier abzumühen.«[3] Für die wirklich mühsame, eintönige Arbeit aller Art werden auch in Utopia Sklaven eingesetzt, die allerdings menschlich behandelt werden.

In der Nachfolge von Daniel Defoes *Robinson Crusoe* entstehen eine Fülle sogenannter Robinsonaden; kaum ein Land, das nicht seinen eigenen literarischen Robinson gehabt hätte. Eine der am meisten gelesenen deutschen Robinsonaden verfaßte Johann Gottfried Schnabel mit seiner »Insel Felsenburg« (1731–1743). Dieser Roman spiegelt wie viele andere die zunehmende Macht, den Aufstieg des Bürgertums wider, das im Gegensatz zum Adel in protestantischer, vor allem calvinistischer Tradition der Arbeit einen hohen, ja nach dem Glauben an Gott die höchste Stelle im Wertekanon der Zeit zuwies. Dabei geht es freilich nicht nur um körperlich mühsame Arbeit, um Plackerei, sondern um das Schaffen auch materieller Güter, die als sichtbarer Arbeitserfolg nach Calvin auch als Zeichen der Erwählung des Menschen für das himmlische Reich zu deuten sind.

In Edward Bellamys sozialistischer Utopie von 1887 *Rückblick aus dem Jahr 2000*, in der ein vollkommenes Gemeinwesen zu Anfang des 21. Jahrhunderts entworfen wird, unterhält der Staat, der auch der einzige Kapitalist ist, einen Arbeitsdienst für alle Menschen zwischen 21 und 45. Dieser Arbeitsdienst ist kein Zwang, wie der Fremdenführer durch den sozialistischen Staat, Dr. Leete, dem Besucher Julian West erläutert:

»Man würde die Person für unglaublich verächtlich halten, die in einem solchen Falle des Zwanges bedürfte. Nichtsdestoweniger würde, vom [Arbeits-]Dienste als von einer Zwangspflicht zu reden, ein nur schwacher Ausdruck für dessen absolute Unvermeintlichkeit sein. Unsere ganze Gesellschaftsordnung ist so völlig darauf gegründet und daraus abgeleitet, daß, wenn es denkbar wäre, daß ein Mensch sich ihr entzöge, ihm kein Mittel bleiben würde, für seinen Unterhalt zu sorgen, er würde sich aus der Welt ausgeschlossen, von seinesgleichen abgeschnitten, mit einem Worte, Selbstmord begangen haben.« Und an einer anderen Stelle des Romans heißt es: »Dr. Leete hatte [...] auf die Sorge hingewiesen, die man trüge, jeden in den Stand zu setzen, seine natürlichen Anlagen kennen zu lernen und ihnen bei der Wahl eines Berufes zu folgen. Aber erst als ich erfahren hatte, daß das Einkommen des Arbeiters in allen Berufen gleich ist, ward es mir klar, wie sicher man darauf rechnen könne, das er es tun und durch die Wahl des Geschirrs, welches ihm das Bequemste ist, dasjenige heraus finden werde, in welchem er am besten ziehen kann.«[4]

Maschinenhelfer

Schon immer haben Menschen versucht, sich durch sinnreiche Vorrichtungen, also Maschinen jeglicher Art, die Arbeit zu erleichtern. Doch erst im 19. Jahrhundert nach Erfindung der Dampfmaschine und der Nutzung der Elektrizität, kurz gesagt als Folge der Industriellen Revolution, können Maschinen dem Menschen Arbeit in großem Umfange abnehmen. Freilich schaffen Maschinen auch neue Arbeit, dadurch nämlich, dass Personal benötigt wird, um sie zu bedienen. (S. dazu das Kapitel »Der große summende Gott« in diesem Band.)

Aber sie werden auch eine Bedrohung für die Arbeiter insofern nämlich, als sie mit je höherem Entwicklungsgrad zunehmend auf die Bedienung durch menschliches Personal verzichten können. Sehr früh finden diese Gedanken Eingang in die Literatur. Die Maschine wird zum Feind des Menschen, denn sie nimmt ihm nicht nur die harte mühselige Arbeit ab, sondern sie kann diese Arbeit viel besser verrichten als der Mensch. Schon 1789 warnte Jean Paul vor den Gefahren, die durch Maschinen entstünden: »Schon von ieher brachte man Maschinen zu Markt, welche die Menschen außer Nahrung setzten, indem sie die Arbeiten derselben besser und schneller ausführten. Denn zum Unglück machen die Maschinen allezeit recht gute Arbeit und laufen den Menschen weit vor.«[5]

In Samuel Butlers Zukunftsstaat Erewhon (ein Anagramm aus Nowhere) heißt es 1872: »Besitzen wir nicht Maschinen, die alle möglichen Berechnungen rascher und richtiger ausführen, als wir es können? [...] Wo immer äußerste Genauigkeit verlangt wird, nimmt der Mensch sogleich seine Zuflucht zur Maschine, als weit zuverlässiger. Unsere Rechenmaschinen lassen nie eine Zahl fallen, noch unsere Webstühle eine Masche; die Maschine ist immer noch frisch und kregel, wenn der Mensch ermüdet; sie ist nüchtern und gefaßt, wenn der Mensch sich abstumpft; sie braucht keinen Schlaf, wenn der Mensch sich hinlegen muß, um nicht umzufallen; immer auf dem Posten, immer bereit zur Arbeit, läßt ihre Munterkeit nie nach, und nie geht ihr die Geduld aus; ihre Gewalt ist das Hundertfache der unseren und geschwinder als Vogelflug [...].«[6]

Und weil die Maschine so gut ist, ja hundert und tausendmal effektiver als der Mensch, macht sie Hunderte und Tausende Menschen arbeitslos. Weil der Mensch aber arbeiten, seinen Lebensunterhalt verdienen will und weil er diese Arbeit, wie wir später noch sehen werden, auch zur Selbstdefinition braucht, versucht er, sich von diesen bedrohlichen Maschinen zu befreien. In Butlers utopischem Staat kommt es zum Aufstand gegen die Maschinen, und alle Maschinen werden zerstört. Diese Thematik wird geradezu ein Topos in der utopischen Literatur und in der Science Fiction. Der Mensch baut immer kompliziertere Maschinen, die ihn von der Arbeit entlasten. Doch diese Maschinen werden immer besser, entwickeln schließlich eine eigene Intelligenz und bedrohen den Menschen – der Diener des Menschen, der Sklave wird zum Herrn. Diese Sorge war, wie die Industrielle Revolution im 19. Jahrhundert deutlich zeigte, durchaus berechtigt. Wie viel mehr Sorgen musste man sich aber machen, wenn diese Maschinen relativ eigenständig in der Lage waren zu arbeiten, vielleicht durch Programmierung gesteuert, zunächst auf mechanischem, später auf elektronischem Wege, wobei diese elektronischen Maschinen gar noch lernfähig wurden?

Seit den zwanziger Jahren des 20. Jahrhunderts bekamen die menschenähnlichen Maschinen einen neuen Namen, der sich in allen Sprachen durchsetzte: Roboter. Der Name geht zurück auf das Drama von Karel Čapek aus dem Jahr 1920 *R. U. R* (*Rossums Universal Robots*).[7] *Rossum* ist angelehnt an das slawische *rozum*, was Verstand bedeutet, *Robot* klingt nach slawisch *robota*, was Zwangsarbeit, Fron heißt. In diesem Drama sind bereits die später in unzähligen Romanen und Erzählungen immer wiederkehrenden Motive zu finden. Die Roboter werden erfunden und produziert, um die Menschen von schwerer Arbeit zu befreien; sie verdrängen die Menschen schließlich von ihren Arbeitsplätzen und werden gar zu ihren Herren.

In dem Roman *Metropolis* von Thea von Harbou, dessen Verfilmung durch Fritz Lang 1926 ein Welterfolg wurde, sind die Arbeiter den Maschinen angepaßt und leiden unter den Vorrichtungen, die ursprünglich dazu dienen sollten, den Menschen das Leben zu erleichtern. Der Herrscher von Metropolis meint dazu: »Daß sich die Menschen an den Maschinen so rasch verbrauchen, [...] ist kein Beweis für die Gefräßigkeit der Maschinen, sondern für die Mangelhaftigkeit des Menschenmaterials. Menschen sind Zufallsprodukte, [...] Ein-für-alle-mal-Wesen. [...] Man ist gezwungen, sie zu verbrauchen, wie sie sind. [...] Dann [...] muß man bereits Ersatz für den Menschen geschaffen haben.«[8]

Und schließlich der Computer! Zu einer Zeit, als die ersten Computer entstanden, groß wie Einfamilienhäuser und mit einer Rechenleistung, die ein Minimum unserer heutigen Taschenrechner ausmachte, schrieb Kurt Vonnegut 1952 mit seinem *Player Piano* bereits einen kritischen Roman, der sich mit den Folgen der damals kaum absehbaren elektronischen Revolution, wie sie einige Jahrzehnte später Wahrheit werden sollte, auseinandersetzte. Trotz einer guten materiellen Situation der meisten Menschen in einem Computer-Staat kommt es in dem Roman zum Aufstand. Einer der Aufständischen beschreibt die Situation vor und nach der elektronischen Revolution:

»Früher hatte jedermann irgendeine Fertigkeit oder genügend Arbeitswillen oder etwas anderes, wofür er Geld bekam, mit dem er sich etwas kaufen konnte, was ihm Spaß machte. Jetzt herrschen überall Maschinen, und man muß schon ganz außergewöhnlich begabt sein, wenn man noch etwas anzubieten haben will. Die meisten Leute können heutzutage nur noch darauf hoffen, dass man ihnen etwas geben wird – sie arbeiten nicht mehr für ihr Geld, sondern sind zu Almosenempfängern geworden.«[9]

Das Thema Arbeitslosigkeit und Gewalt ist auch in der modernen Science Fiction-Literatur durchaus präsent. In einem Zukunftsstaat des 21./22. Jahrhunderts wissen die für die Entwicklung eines neuen gentechnisch veränderten Supermenschen Verantwortlichen sehr genau folgendes: »Wenn der Automatisierungsprozeß weiter vorangetrieben wird, müssen wir mit einer Periode weiter ausufernder Gewalt rechnen [...]. Wenn die Arbeitslosigkeitstheorie korrekt ist, müssen wir den jungen Leuten etwas zu tun geben. Ein fünfzigjähriger alter Mensch ohne Arbeit trinkt Aufmunterer und hockt in seinem Appartement. Ein Teenager hingegen wird aufsässig.«[10]

In einem anderen Roman, der eine Welt des 21. Jahrhunderts beschreibt, in der durch eine kosmische Katastrophe sämtliche elektronischen und elektrischen Geräte ausgefallen sind, erinnert sich der Präsident an Unruhen, die in den Jahren nach 2007 ausbrachen und in den USA zu einer Einschränkung des Einsatzes elektronischer Datenverarbeitung führten:

»Als ich fünfundzwanzig war, hatte ich meine eigenen Zukunftsvisionen. Die ganze Welt sollte eins werden, vereint durch die elektronische Datenübermittlung. Ich überlegte, wann ich Zeit zum Schlafen finden würde, weil die Finanzdeals, die ich rund um die Welt verfolgen wollte, sich in verschiedenen Zeitzonen befanden. [...] Stattdessen gab es die Turnabout-Unruhen. Angst vor dem Verlust der Privatsphäre, Rückkehr zu richtiger Währung, die Mektek-Fabrik-Revolte, die Bewegung Jobs für Menschen, die Weigerung, elektronische Daten zu akzeptieren. [...] Jetzt stell dir vor, was mit diesem Land passiert wäre, wenn ich Erfolg gehabt hätte. Seit zwanzig Jahren hätten wir eine von der Elektronik beherrschte Kultur. Die Supernova Alpha hätte uns das angetan, was sie mit dem Goldenen Ring und dem Sino-Konsortium angerichtet hat, jedes Element unserer Ökonomie wäre beim Teufel.«[11]

Menschenartige Arbeiter

Ähnlich rasch und spektakulär wie sich Roboter und Elektronik in zunehmendem Maße als Arbeit verrichtende Hilfsmittel und Werkzeuge etablierten, entwickelte sich auch die Biotechnik. Das Erscheinen des Romans *Die Insel des Doktor Moreau* von Herbert George Wells im Jahre 1896 löste einen Skandal aus; dennoch oder gerade deswegen war er außerordentlich erfolgreich. Auf einer einsamen Insel führt in Wells' Roman der wegen Vivisektion aus England vertriebene Dr. Moreau unbarmherzige Tierexperimente durch. Ein Schiffbrüchiger erkennt bald, dass Moreau Tiere in menschenartige Wesen durch grausame Operationen, strengste sklavenhalterische Zucht und Gebote und Verbote umwandelt, die eine Travestie auf die biblischen zehn Gebote darstellen. Moreau kennt kein Mitleid, weder mit den Tieren noch mit den Menschen. Er gewinnt so eine halb-menschliche Mischrasse, die er für verschiedene Arbeiten und Hilfstätigkeiten einsetzen kann.[12] (Vgl. dazu auch das Kapitel »Keiner den ein Weib geboren« in diesem Band.)

1920 entwarf der deutsche Autor Konrad Loele mit seinem Roman *Züllinger und seine Zucht* ein Szenario für das Deutschland der fünfziger Jahre des 20. Jahrhunderts. Deutschland wird in diesem Roman von einer faschistischen Herrenrasse regiert, welche die arbeitende Bevölkerung erbarmungslos knechtet. Der Chemiker Züllinger erhält den Auftrag, Kunstmenschen herzustellen und diese viel schneller als normale Menschen reifen zu lassen, da die versklavten Arbeiter immer weniger Nachwuchs bekommen. Dies geschieht unter anderem durch Organentnahme aus den Körpern von Arbeitern. Um zu vermeiden, daß diese Kunstmenschen, die offensichtlich dem Menschen körperlich überlegen und von hoher Intelligenz sind, die Herrenrasse überflügeln, werden sie regelmäßig mit »Verblödungsflüssigkeit« gespritzt.[13]

Das Motiv künstlich hergestellter Sklaven oder auch menschenähnlicher Wesen, die in der Lage sind bestimmte routinemäßigen oder gefährlichen Verrichtungen effizienter preiswerter und meistens besser auszuführen als Menschen, gehört im 20. Jahrhundert zu den Standardthemenkreisen der utopischen Literatur bzw. der Science Fiction. In einem der wohl nach wie vor berühmtesten und bekanntesten Romane dieser Literaturgattung, in *Brave New World – Schöne neue Welt* von Aldous Huxley, werden künstlich mehrfach identische »Untermenschen« hergestellt, die in vitro, also in Flaschen, erzeugt und bereits pränatal mit Alkohol und Proteingiften behandelt werden. Sie treten als Arbeiter der untersten Stufen auf die Bühne dieser schönen neuen Welt.[14]

Auf eine andere Manipulation verfällt George R. R. Martin in seiner Alpträume auslösenden Erzählung *Der Fleischhausmann* von 1976. In ihr werden menschliche Körper, denen das Gehirn entfernt wurde, die aber mechanisch unter bestimmter Anleitung funktionieren, zu harter Arbeit eingesetzt.[15]

Die Entschlüsselung des menschlichen Bauplanes und der Fortschritt der Biotechnik im Herstellen von geklonten Lebewesen löste im letzten Drittel des 20. Jahrhunderts einen Boom von Science Fiction-Texten aus, die sich mit dieser Möglichkeit beschäftigten. Ein vorläufiger literarischer Höhepunkt dieses Themas in der Literatur dürfte der 2002 erschienene fast 700 Seiten starke Roman von David Brins, *Copy,* sein, der sich intensiv mit neuer Klontechnik und ihren Auswirkungen auf den Arbeitsmarkt auseinandersetzt. Menschen haben darin die Möglichkeit, »Ditos« von sich herzustellen – Kopien in unterschiedlicher Qualität und Farbe, die jedoch nur eine maximale Lebenserwartung von 24 Stunden besitzen. Wenn sie aus dem Brennöfen, den »Kiln«, kommen, gleichen sie den Originalen nicht nur äußerlich, sondern verfügen auch über deren sämtliche Erinnerungen.

Brin erzählt eine spannende Kriminalgeschichte, deren Handlung wegen der Notwendigkeit, Identitäten zu erkennen und zuzuweisen, für den Leser nicht ganz einfach nachzuverfolgen ist. Zu den Auswirkungen dieser neuen Technik auf das Arbeitsleben heißt es in dem Roman unter anderem:

»Die Kiln-Technik wirkte sich auf so viele fundamentale Dinge der alten Lebensweise aus, dass es mir noch immer ein Rätsel ist, dass man sie nicht sofort unterdrückt hat. Die Kopiererei ruinierte nicht nur die Gewerkschaften und machte Millionen arbeitslos – beinahe hätte sie auch ein Dutzend Kriege ausgelöst [...]. Und manche Leute behaupten, es gäbe keinen Fortschritt. Und ob es Fortschritt gibt! Die Frage ist nur, ob wir damit fertig werden können.« – »Es ist eine Sache, Duplikate zu beauftragen, ehrlicher Arbeit nach zu gehen. Gewerkschaften haben gekämpft und verloren, und heute verdienen Millionen an mehreren Orten gleichzeitig ihr Geld. Sie leisten die Arbeit, bei der sie sich auskennen, vom Hausmeisterdienst bis hin zur Wartung in Kernkraftwerken. Ein fairer Markt bietet allen beste Sachkenntnis an, zu erschwinglichen Preisen.« – »Allein die Vorstellung von Rassismus erscheint heute bizarr. Doch jede Generation hat ihre Probleme. Als Kind erlebte ich Nahrungsmittelrationierung. Es gab Kriege und frisches Wasser. Heute leiden wir am Überfluss. Unterbeschäftigung, Violettes Geld, vom Staat subventionierter Hobbywahn und selbstmörderische Langeweile. Malerische Dörfer oder verarmte Einheimische gibt es nicht mehr. Aber das bedeutet, dass ich alle schönen Orte der Erde mit neun Milliarden anderen Touristen teilen muss, und hinzu kommen noch einmal zehn bis zwanzig Milliarden Golems.« – »Manche halten dies für unsere Zukunft, denke ich. Man setzt zahllose Kopien ein, die alles für einen erledigen, während der organische Körper nur noch einen Zweck erfüllt: Er nimmt Erinnerungen auf und gibt sie an die neuen Duplikate weiter – ein heiliger Gefangener, wie die Ameisenkönigin, während fleißige Arbeiter das eigentliche Leben führen und genießen.«

Arbeitsethos und Freizeit

Während in der Mehrzahl der bisher herangezogenen Texte der utopischen Literatur, die sich auf irgendeine Weise mit Arbeit beschäftigen, die Thematik »Wen oder was kann ich einsetzen, der oder das mir die Arbeit abnimmt?« Gegenstand des Interesses war, spielt Arbeit als Lebensinhalt, als Sinn des Lebens in Romanen des 20. Jahrhunderts eine immer größere Rolle. Ja, der Begriff Arbeit erhält gelegentlich gar eine transzendentale Konnotation! So heißt es etwa in einem Ingenieur-Roman von 1936: »Arbeit war nicht nur Essen, Ruhm, Reichtum oder irgendeine Form von Glück. Der Drang nach Arbeit galt nicht irgend einem dieser begrenzten Zwecke allein, noch allen zusammen: Arbeit war das Leben selber. [...] Und weil das Wesen der Arbeit etwas so Heiliges war, durfte sie keinem willigen Menschen fehlen.«[17]

Ein fanatischer, besessener Arbeiter ist der Ingenieur Mac Allan in dem Science Fiction-Klassiker *Der Tunnel* von Bernhard Kellermann aus dem Jahr 1913. Mac Allan ist unermüdlich, kein Unglück, kein beruflicher oder privater Schicksalsschlag kann ihn von seiner Idee und ihrer Durchführung abbringen, einen Tunnel unter dem Atlantik zwischen Amerika und Europa zu bauen. Nach einer großen Katastrophe schreit er den Arbeitern, die sich weigern ihre Arbeit wieder aufzunehmen, sein Glaubensbekenntnis entgegen: »Ich selbst bin ein Arbeiter, Tunnelmen! [...] Ein Arbeiter wie ihr. Ich hasse Feiglinge! Fort mit den Feiglingen! Die Mutigen aber sollen bleiben! Die Arbeit ist nicht ein bloßes Mittel, satt zu werden! Die Arbeit ist ein Ideal. Die Arbeit ist die Religion unserer Zeit.«[18]

Die Arbeit als Religion – dazu werden sich in unserer Zeit und im wirklichen Leben auch sogenannte »workaholics« kaum bekennen. Die Tatsache aber, dass der Besitz von Arbeit ein hohes Gut ist, den Einzelnen einordnet in gesellschaftliche Systeme, wird wohl allgemein anerkannt. Es wird besonders im negativen Kontext wahrgenommen dann, wenn es zur Arbeitslosigkeit kommt: in der Regel eine Katastrophe für die Betroffenen, die häufig nicht nur ihre Existenz, sondern auch ihr soziales Ansehen und die Möglichkeit verlieren, sich ihren Fähigkeiten und Kenntnissen entsprechend zu betätigen.

Der Mangel an Arbeit, die Reduzierung von Arbeitszeiten, die Übernahme von Arbeit durch technische oder biologische Hilfsmittel führt zu einer Zunahme von Freizeit. Was macht der Mensch mit dieser freien Zeit? In dem »Roman unserer Zukunft« von Robert Brenner: *So leben wir morgen* aus dem Jahr 1972 wird in dem Kapitel »Der Mensch (zunehmend) privat« erzählt, wie der Mensch von Morgen sich zahlreichen Hobbys widmen wird, z. B. als Amateurastronom, als experimentierender Hobbybiologe, als Hobbyelektroniker, der seinen eigenen Computer baut, als Künstler, Kunsthandwerker oder Hobbymusiker: »Es wird das großartigste Geschenk des technischen Fortschritts sein, wenn endlich einmal alle Menschen die Möglichkeit bekommen, sich mit ›Höherem‹ zu beschäftigen, als nur unausgesetzt für ihre Existenzsicherung arbeiten zu müssen. Wenn sie eine Fülle von Interessen betätigen, sich in künstlerischem Gestalten versuchen, all das entdecken können, was die Großen für sie alle und nicht nur für die Elite geschaffen haben – werden Maschinen in wachsender Zahl ihnen die Arbeit abnehmen.« [19]

Die Frage nach der Freizeitbeschäftigung in einer fortgeschrittenen technisierten Gesellschaft wurde Anfang der siebziger Jahre von dem kanadischen Science Fiction-Autor Eric Koch auf ganz andere Weise beantwortet. In einem der witzigsten gesellschaftskritischen Science Fiction-Romane überhaupt mit dem deutschen Titel *Die Freizeitrevoluzzer* wird folgendes Szenario für die USA Ende der siebziger Jahre des 20. Jahrhunderts entwickelt.

Der ehemalige persönliche Assistent Hermann Görings, der alles andere ist als ein Nazi – nämlich der Assistent – leitet in den USA ein Institut, eine Denkfabrik, die unmittelbar den Präsidenten berät. Das Institut wird mit der Aufgabe betraut, Vorfälle aufzuklären, die über das normale Maß von Vandalismus hinausgehen. Die Zerstörungswut richtet sich gegen Theater und Konzerte, Freizeiteinrichtungen und -veranstaltungen. Die Denkfabrik, sie ist unter dem Namen CRUPP (Center for Research on Urban Policy and Planning) ein geachteter und gefürchteter Begriff, ermittelt bald, wer hinter den Anschlägen steckt. Es sind Arbeitslose oder Frührentner, die im sozialen Netz gut aufgefangen sind, die sich aber entsetzlich langweilen. CRUPP sieht sich allerdings außerstande eine Lösung für das Problem zu finden, denn die Leute wollen unbedingt arbeiten, und es fällt schwer, die Freizeitwerte gegen das tief eingewurzelte Arbeitsethos auszuspielen.

Die Lage wird kritischer, und überdies stehen Präsidentschaftswahlen an. In einer Rede vor dem »Dachverband der Buch- und Steuerprüfer« führt der amtierende Präsident aus: »Unsere politischen Gegner haben begonnen, die Regierung für den Vandalismus und die Anschläge auf Freizeiteinrichtungen verantwortlich zu machen. [...] Ich muß bekennen, daß es mir schwer fällt, der Logik solcher Behauptungen zu folgen. Daß viele Menschen mehr Freizeit haben als je zuvor, spricht sicherlich für unsere Politik. Wie kann man uns die Schuld daran geben, daß manche Leute nicht zu wissen scheinen, was sie damit anfangen sollen? Ohne Zweifel gehört es zu den Vorzügen des Lebens im heutigen Amerika, daß die Beschäftigung mit den Künsten, mit Schönheit, Gelehrsamkeit und Weisheit für viele Millionen zu einem wichtigeren Ziel geworden ist als der bloße Konsum und das protzige zur Schau stellen von Reichtum. Wir sollten froh sein, daß wir uns von einer Vorstellungswelt zu entfernen beginnen, die den Wert und die Bedeutung eines Menschen nach seinem Bankkonto, seinem Stadthaus und seinem Landhaus, dem Schmuck seiner Frau und der Zahl seiner Diener beurteilt. Wir sollten froh sein, daß unsere Zivilisation ein Stadium erreicht hat, in dem sich mehr und mehr die Einsicht durchsetzt, daß die Anhäufung von materiellem Besitz schließlich mehr belastet als nützt. Weisheit und Urteilsvermögen in Angelegenheiten des guten Geschmacks sind wichtiger geworden als Reichtum. Dies ist die große Leistung unseres Landes, und meiner Regierung gebührt zumindest ein Teil des Verdienstes daran. Es ist uns leider noch nicht gelungen, jedem Bürger die Möglichkeiten des *dolce vita* zu eröffnen, aber wir arbeiten daran!«

Der Gouverneur von Kalifornien, der Gegenspieler des Präsidenten, antwortet ihm: »Was soll dieses Gerede von *dolce vita*? [...] Weiß der Präsident nicht, daß die meisten Leute nach der zweiten Woche vor Langeweile sterben würden? Wer möchte für immer im Lotusland herumlungern, Martinis schlürfen und die Sixtinische Kapelle anstarren? Lassen sie sich aufklären, Präsident Roberts. Die Menschen wollen *Arbeit* nicht Müßiggang. Sie wollen interessante menschenwürdige, sinnvolle *Arbeit*. Sie wollen nicht herumsitzen und Daumen drehen. [...] Man soll nicht versuchen, Leuten, die Frikadellen wollen, Kaviar vorzusetzen.«[20]

CRUPP versucht nun durch gezielte Werbekampagnen, Werte des Hinduismus und des Buddhismus unter die Leute zu bringen. Mit einem Frontalangriff auf die protestantische Arbeitsethik wirbt man für das Motto, dass Meditieren besser sei als Arbeiten. Doch der Erfolg bleibt aus. Auch ein aufwendig und sehr dialektisch aufgezogenes »Fest der Langenweile« bleibt ein Misserfolg. Ebenso führt eine Anhörung vor dem Senatsausschuss für Finanzen zu keiner Lösung. Die »Nationale Vereinigung arbeitssuchender Frührentner der höheren Berufsstände« heizt über einen privaten Sender die Stimmung an, bis schließlich der neue Präsident von CRUPP – das Institut steht mittlerweile unter dem Einfluss eines maoistischen Agenten – die Lösung parat hat: In einem Gespräch mit seinem ehemaligen deutsch-stämmigen Chef, dem genannten Ex-Göring-Assistenten, führt er aus:

»Sehen Sie, wenn ich nach meiner eigenen Erfahrung urteile, dann komme ich zu dem Schluß, daß die Amerikaner arbeiten *müssen*. Nicht Geld oder Status sind wirklich wichtig, sondern *die Arbeit*. Die Welt irrt sich über Amerika: Sie glaubt, die Amerikaner seien verrückt nach Geld. Das ist nicht wahr. Die Amerikaner sind verrückt nach Arbeit. Ich denke, daß haben sie mit euch Deutschen gemeinsam. [...] Außerdem anerkennen Amerikaner nur das, wofür sie Geld bezahlt kriegen oder ...‹ er hielt bedeutungsvoll inne. ›Oder?‹ ›Oder wofür sie mit Geld bezahlen. *Darum sollte man, statt sie für ihre Arbeit zu bezahlen, für ihre Arbeit bezahlen lassen! Die begehrtesten Jobs werden natürlich am meisten kosten. Je älter der Beschäftigte, desto mehr muß er für seinen Arbeitsplatz berappen, und so weiter. Wir brauchen nur eine Art umgekehrter Lohnskala auszuarbeiten, das ist alles. Es ist nichts dabei. Leute wie ich, die arbeiten müssen, wenn sie nicht durchdrehen wollen, werden sich eben die Jobs kaufen, die sie brauchen. Die anderen bleiben einfach zu Hause und widmen sich ernsthaften Spielen oder anderen Zerstreuungen. Da sie auf dem Arbeitsmarkt nicht mehr in Erscheinung treten, wird es für alle Arbeitswilligen genug zu tun geben.«* [21]

Welch ein Wandel der Einstellung: Von der Arbeit, die man möglichst anderen Menschen oder Maschinen aufbürden möchte, um mehr Freizeit zu haben, nunmehr zur Arbeit als hohem, wenn nicht höchstem Gut! Doch zur Erinnerung: Wir haben uns hier mit Science Fiction und Satire beschäftigt. Schließen wir (dennoch und deshalb) sicherheitshalber dieses Kapitel mit dem satirischen Kurt Tucholsky, der gelegentlich auch Utopisches geschrieben hat:

»Denn für die Arbeit ist der Mensch auf der Welt, für die ernste Arbeit, die wo den ganzen Mann ausfüllt. Ob sie einen Sinn hat, ob sie schadet oder nützt, ob sie Vergnügen macht (›Arbeet soll Vajniejen machen? Ihnen piekt er woll?‹) –: das ist alles ganz gleich. Es muß eine Arbeit sein. Und man muß morgens hingehen können. Sonst hat das Leben keinen Zweck.«[22]

Die Zukunft der Bücher in Zukunftsbüchern

»Das Kind kam heute spät aus der Schule heim. Wir waren im Museum, sagte es. Wir haben das letzte Buch gesehen. Unwillkürlich blickte ich auf die lange Wand unseres Wohnzimmers, die früher einmal mehrere Regale voller Bücher verdeckt haben, die aber jetzt leer ist und weiß getüncht, damit das neue plastische Fernsehen darauf erscheinen kann. Ja und, sagte ich erschrocken, was war das für ein Buch? Eben ein Buch, sagte das Kind. [...] Und was war darin gedruckt, fragte ich. Das kann ich doch nicht wissen, sagte das Kind. Wir durften es nicht anfassen. Es liegt unter Glas. Schade, sagte ich. Aber das Kind war schon weggesprungen, um an den Knöpfen des Fernsehapparates zu drehen. […] Was kann da schon drin stehen, murmelte es, in so einem Buch.«[1]

Marie Luise Kaschnitz veröffentlichte diesen Text unter dem Titel »Das letzte Buch« 1970. Er ist typisch für eine Vielzahl literarischer Produktionen aus der zweiten Hälfte des 20. Jahrhunderts, die die Zukunft des Buches zum Gegenstand haben. Zwar sieht nicht jede Prognose so schwarz für die Schwarze Kunst wie die eben zitierte, aber es ist doch vielen ein gewisser Pessimismus eigen, wenn es die Chancen der herkömmlichen Printmedien in der Konkurrenz mit elektronischer Informationstechnik einzuschätzen gilt.

Vor knapp vier Jahrzehnten wurde somit das Buch in seiner physischen Existenz in Frage gestellt. Dem Buch wird also nicht mehr nur wegen der von ihm transportierten Inhalte Ungutes prognostiziert – das gab es zu allen Zeiten. Nunmehr steht die materielle Beschaffenheit des Buches zur Debatte, nicht ausschließlich der sich in ihm manifestierende Geist. Inwieweit jedoch gerade in diesem Falle die Form auch den Inhalt bedingt, ist zweifellos eine, vielleicht die zentrale Frage, die an die digitalen Informationsmittel zu stellen ist, wenn die Qualität ihrer Wirkung mit der des Buches verglichen wird.

Die Aussichten für das herkömmliche Printmedium Buch sind in vielen Texten, die sich mit der Zukunft beschäftigen, schlecht. Die *totale* Ablösung des Buches durch elektronische Medien gehört in utopischen Erzählungen aber erst in der zweiten Hälfte des 20. Jahrhunderts zur gängigen Thematik. Eine frühe Ausnahme stellt der »prognostische Roman« »Das Automatenzeitalter« von Ludwig Dexheimer dar, den er unter dem Pseudonym Ri Tokko 1931 veröffentlichte. Darin wird das Bild einer zukünftigen Medienlandschaft gemalt. Und es wird dort vor über 65 Jahren interessanterweise auch schon ein ökologisches Argument gegen die Existenz von Büchern angeführt.

Der Berichterstatter aus einer Zeit, die im Jahre 1931 noch weit in der Zukunft liegt, sagt in dem Roman: »Das zu fixierende Wort, einst in Tontäfelchen geritzt, dann auf Papyrusrollen geschrieben, schließlich auf Papier gedruckt, bewahren und erhalten wir nach keinem dieser Verfahren, sondern uns ersetzen die Mikrophotographien der Zentralbibliothek, welche durch Fernseher übertragen werden und beliebig vielen Lesern gleichzeitig zugänglich sind, die Bücher. – Eine Sintflut von Papier überschwemmte einst, hunderttausend menschliche Hände beschäftigend, Millionen Kilowatt an Energie erfordernd und ganze Wälder zur Herstellung des Zellstoffes verbrauchend, die Menschheit. Eine Milliarde von Bänden, manche Werke in Hunderttausenden von Exemplaren, füllte einst Bücherschränke und Bibliotheken, und doch war dieser Schatz an Wissen den meisten nicht zugänglich. Wir ersparen diesen ganzen Aufwand und das, was heutzutage dem Wißbegierigen zuströmt, der Zeitungen oder Bücher lesen, Bilder oder Karten betrachten will, das ist nicht bedrucktes Papier, sondern reine Energie vermittels unserer ferntechnischen Apparate, der Fernsprecher, der Fernschreiber, Fernseher und Fernkinos.«[2]

In der sogenannten Zukunftsliteratur, die e i n Themenkreis der in Deutschland leider oft noch immer sträflich unterschätzten literarischen Gattung Science Fiction ist, finden sich aber noch frühere Hinweise auf einen zumindest teilweisen Ersatz des Buches durch andere Medien. Die technischen Grundlagen unserer Radio- und TV-Geräte entstammen dem 19. Jahrhundert; in Zukunftsgeschichten spielen sie seit dieser Zeit eine Rolle. Sie treten darin zwar in Konkurrenz zu Büchern in Erscheinung, jedoch verdrängen sie dabei das Buch nicht total.

Drei Jahrzehnte später sind in einigen Texten aber Bücher in Zukunft kaum mehr existent. In Isaac Asimovs Kurzgeschichte von 1966 »Spaß beim Lernen« sind sie im 22. Jahrhundert den Kindern nur noch aus den Erzählungen ihrer Großeltern bekannt:

»Es war ein sehr altes Buch. Margies Großvater hatte einmal gesagt, als er ein kleiner Junge war, hätte ihm s e i n Großvater erzählt, daß es eine Zeit gegeben habe, in der alle Geschichten auf Papier gedruckt wurden.

Sie blätterten die Seiten um, die gelb und zerknittert waren, und es war schrecklich komisch, Wörter zu lesen, die stillstanden, anstatt sich zu bewegen, wie sie es hätten tun sollen. Du weißt schon, auf einem Bildschirm. Und als sie dann wieder zur vorhergehenden Seite zurückblätterte, standen dort immer noch die gleichen Worte, die sie beim ersten Lesen schon gesehen hatte.

›Meine Güte!‹ sagte Tommy. ›Was für eine Verschwendung. Wenn man mit dem Buch fertig ist, wirft man es einfach weg, glaube ich. Auf unserem Fernsehschirm sind sicher schon eine Million Bücher gewesen, und noch viel mehr haben drauf Platz. D e n würd ich nicht wegwerfen.‹«[3]

Den raschen Fortschritt in der Computer-, Video-Cassetten- und DVD- etc.-Technik, mit der man auch auf dem Bildschirm »vor- und zurückblättern« kann, hat Asimov 1966 aber offenbar noch nicht vorausgesehen.

Auch in dem im Jahre 2794 spielenden Roman »Tausend Milliarden glückliche Menschen« von James Blish und Norman L. Knight liest man »Bücher« via Fernsehen:

»Die meisten haben nichts zu tun und sind damit auch noch zufrieden. Jedermann sitzt in seiner Wohnung herum und sieht fern, unterhält sich per Funktelefon mit Freunden [...]. Wenn sie sich einbilden Intellektuelle zu sein, schauen sie sich auf Bibtek-Zentral dreidimensionale Romane an.«[4]

Ebenfalls vermittels des Bildschirmes sind die Bestände einer Universitätsbibliothek des Jahres 2071 zu lesen. In Michael Bishops Roman »Die Cygnus-Delegation« aus dem Jahre 1978 muss man sich allerdings noch wie in früheren Zeiten in das Bibliotheksgebäude selbst begeben:

»Das Innere der Bibliothek war mit doppelten Wendeltreppen um einen zentralen Schacht angeordnet, der die Speicheranlage enthielt. Von jedem Leseplatz im Hause konnte man den gesamten Bestand der Bibliothek durchmustern und das angeforderte Material mittels eines Bildschirmgerätes ungestört lesen.«[5]

Der wohl immer noch bekannteste Science Fiction-Roman zum Thema Buch und Medien dürfte Ray Bradburys »Fahrenheit 451« sein; François Truffaut hat ihn 1966 verfilmt. Schon der Titel des Romans zeigt an, daß darin Bücher eine Hauptrolle spielen. Fahrenheit 451, das sind 232 Grad Celsius; bei dieser Hitze entzündet sich Papier.[6]

In Bradburys Roman aus dem Jahre 1953 steht das Buch für Individualität, Geistigkeit, ja Menschlichkeit überhaupt in einer Welt der unbegrenzten Einflussnahme elektronischer Medien. Bücher gelten in dieser Welt als so gefährlich, dass die Feuerwehr, die durch die Erfindung des unbrennbaren Hauses praktisch arbeitslos geworden ist, sich nun damit beschäftigt, Bücher aufzuspüren und zu verbrennen. Wer Bücher besitzt oder liest, wird als Staatsfeind verfolgt.

Die Angst des Staates vor dem Buch wird besonders deutlich, wenn der Feuerwehrhauptmann Beatty das Buch mit einem scharf geladenen Gewehr vergleicht: »Man vernichte es. Man entlade die Waffe. Man reiße den Geist ab.« Warum aber wird in diesem Zukunftsstaat der Geist zu einer derartigen Bedrohung, das Wort »Geist« selbst zum Schimpfwort? – Er steht der Gleichheit der Menschen, so wie sie in diesem Staat verstanden wird, im Wege:

»Wir müssen alle gleich sein. Nicht frei und gleich geboren, wie es in der Verfassung heißt, sondern gleich gemacht. Jeder ein Abklatsch des anderen, dann sind alle glücklich, dann gibt es nichts Überragendes mehr, vor dem man den Kopf einziehen müßte, nichts, was einen Maßstab gäbe.« – Wie aber gelangte diese TV-, Video- und Radio-Gesellschaft in den beschriebenen Zustand? Wurde er ihr durch ein totalitäres Regime oktroyiert? Mitnichten! »Es kam nicht von oben, von der Obrigkeit. Es fing nicht mit Verordnungen und Zensur an, nein! Technik, Massenkultur und Minderheitendruck brachten es gottlob von ganz allein fertig.«

In Bradburys Zukunftsstaat verläuft die Entwicklung vom Medienangebot, das zunächst fakultativ zu nutzen ist, hin zum Medienzwang, dem nur Aussteiger noch entgehen können – freilich unter Einsatz ihres Lebens.

Natürlich sind es in erster Linie die Buchinhalte, die von der brandstiftenden Feuerwehr eliminiert werden sollen. Doch auch das materielle Objekt Buch bedroht in hohem Maße die Fernsehgesellschaft, denn der Mensch vermag anders mit ihm umzugehen als mit den elektronischen Medien. Er bleibt immer, in physischem Sinne, der Herr des Buches, hat es in seiner Gewalt; ein Gespräch in »Fahrenheit 451« erläutert dies drastisch:

›Das Fernsehen ist ›Wirklichkeit‹, es drängt sich auf, es hat Ausmaß. Es bleut einem ein, was man zu denken hat. Es muß ja recht haben; es hat den Anschein für sich. Es reißt einen so unaufhaltsam mit, wohin immer es will, daß man gar nicht dazu kommt, gegen den traurigen Unsinn aufzubegehren [...].‹

›Meine Frau behauptet, Bücher hätten keine Wirklichkeit.‹

›Gott sei Dank, man kann sie zumachen, kann sagen ›Warte einen Augenblick! Man gebietet unumschränkt über sie. Wer hingegen hat sich je vom Fernsehzimmer losreißen können, wenn er einmal in seine Umklammerung geraten ist? Es macht aus einem, was ihm beliebt. Es ist eine Umwelt, so wirklich wie die Welt selber. Sie wird und ist dann wahr. Bücher können verstandesmäßig widerlegt werden, aber bei all meinem Wissen und all meiner Zweifelsucht war ich noch nie imstande, einem hundertköpfigen Symphonieorchester gegenüber zu Wort zu kommen, noch dazu in Farben mit 3 D-Raumton [...].‹«

40 Jahre später schrieb Botho Strauss in einem »Spiegel«-Essay: »Das Regime der telekratischen Öffentlichkeit ist die unblutigste Gewaltherrschaft und zugleich der umfassendste Totalitarismus der Geschichte. Es braucht keine Köpfe rollen zu lassen, es macht sie überflüssig. Es kennt keine Untertanen und keine Feinde. Es kennt nur Mitwirkende, Systemkonforme. Folglich merkt niemand mehr, daß die Macht des Einverständnisses ihn mißbraucht, ausbeutet, bis zur Menschenunkenntlichkeit verstümmelt.« (8. Februar 1993)

Auf eine Gefahr, die für eine funktionierende Konsumgesellschaft vom Buch ausgehen könne, hat Aldous Huxley 1932 in »Brave New World« hingewiesen. In einer ausschließlich auf Konsum ausgerichteten Gesellschaft könne kein Platz für Bücherleser sein, denn: »Man verbraucht nicht viel, wenn man stillsitzt und Bücher liest.« Dieselbe Gefahr für eine Konsumgesellschaft gehe im übrigen auch von Menschen aus, deren Parole »Zurück zur Natur!« laute.[7]

Dass allerdings ein Überangebot an Fernsehsendern auch gegenteilige Auswirkungen haben kann, freilich nicht zugunsten des Buches, sah die Science Fiction nicht vor aus. Barbara Sichtermann hat sich im April 1992 in der »Zeit« unter der Überschrift »Weshalb das Fernsehen keinen rechten Spaß mehr macht« mit dem Phänomen des »Zapping«, des ständigen Umschaltens auf andere Kanäle, intelligent auseinandergesetzt. In der Kopfzeile des Artikels heißt es: »Im Zeitalter der Fernbedienung und der tausend Programme wird das Fernsehen zum Lagerfeuer. Es flackert, aber kein Schwein guckt mehr hin.«

Die Meinung, dass Bücher in einer zukünftigen Gesellschaft gänzlich durch andere Medien ersetzt werden, findet in dieser Ausschließlichkeit erst im 20. Jahrhundert als Motiv Eingang in verschiedene Texte. Sehr viel früher taucht dagegen das Motiv einer konsequenten Zensur auf: im Zukunftsstaat wird nur mehr das an Druckwerken produziert, gilt nur das als archivwürdig, was den Interessen der jeweils herrschenden Ideologie nützt, ihr in jedem Falle aber nicht schadet.

Einen der schwersten Angriffe gegen Bücher, die eine ihm nicht genehme Weltanschauung vertraten, exekutierte im 18. Jahrhundert nun ausgerechnet ein Autor, der sich ganz der Aufklärung verschrieben hatte und demgemäß auch ein Gegner kirchlicher Einwirkungen auf die Produktion von Druckwerken war. Louis-Sébastien Merciers Roman »Das Jahr 2440« von 1770 gilt als die erste einflussreiche zeitverschobene Fortschrittsutopie.[8]

Im 28. Kapitel träumt sich der Autor darin in die Königliche Bibliothek im Paris des 21. Jahrhunderts, die aber nurmehr ein kleines Kabinett mit wenigen Büchern umfasst. Auf die Frage des Erzählers, was denn mit den anderen Büchern geschehen sei, gibt der Bibliothekar eine entlarvende Antwort. Sie zeigt, dass auch angeblich von Vernunft und Toleranz geleitete Ideologien dadurch, dass sie sich für Emanationen der allein seligmachenden Wahrheit halten, unvernünftig und intolerant zu handeln bereit sind, wenn sie denn die Macht erlangt haben:

»Mit dem Einverständnis aller haben wir alle Bücher, die wir als seicht, nutzlos oder gefährlich erachteten, auf einem weiträumigen, ebenen Platz zusammengetragen; wir haben daraus eine Pyramide aufgeschichtet, die an Höhe und Masse einem gewaltigen Turme glich: ganz gewiss war das ein neuer Turm von Babel.

Die Journale bildeten die Spitze dieses absonderlichen Gebäudes, das seitlich von bischöflichen Verordnungen, parlamentarischen Eingaben, von Gerichtsplädoyers und Leichenreden gestützt wurde. Es bestand aus fünf- oder sechshunderttausend Wörterbüchern, hunderttausend juristischen Bänden, aus hunderttausend Gedichten, einer Million sechshunderttausend Reisebeschreibungen und aus einer Milliarde Romanen. Diesen ungeheuren Haufen haben wir angezündet, als ein Sühneopfer, das wir der Wahrheit, dem guten Geschmack und dem gesunden Verstande brachten. Die Flammen haben Sturzbächen gleich die Dummheiten der Menschen, alte und moderne, verschlungen. Die Verbrennung dauerte lang. Einige Schriftsteller haben sich noch zu Lebzeiten brennen gesehen, aber ihr Geschrei hat uns nicht zurückgehalten.«

Die deutsche Literatur hielt Mercier wohl für wenig bedeutsam, oder er kannte sie möglicherweise nicht. Das Kapitel »Die Königliche Bibliothek« erwähnt jedenfalls nicht einen deutschen Autor.

In Karl Heinrich Wachsmuths Gegenentwurf zu Mercier, 1783 anonym unter dem Titel »Das Jahr Zweitausend vierhundert und vierzig. Zum zweitenmal geträumt« erschienen, werden zwar Namen deutscher Autoren erwähnt, doch in welch traurigem Kontext stehen sie! Der Staat des Jahres

2440 ist bei Wachsmuth ein Kirchenstaat, der von Priestern und Mönchen streng kontrolliert wird.[9]

Im Gegensatz zu Merciers bis auf einen kleinen Restbestand geschrumpfter Königlicher Bibliothek hat zwar die Bibliothek der Mönche gewaltige Ausmaße, doch der Bestand umfasst überwiegend theologische, juristische, metaphysische, genealogische und heraldische Literatur. Nur ein kleiner Saal ist der Medizin, der Mathematik, der Astrologie (zu der auch die Astronomie gehört) und der Dichtkunst vorbehalten:

»Und wo sind denn eure Dichter? – sie zeigten mir einen bestäubten Schrank. Ich suchte einige mir besonders werthe – aber da war keine Spur von dir, unsterblich gepriesener Leßing! oder von dir, liebenswürdiger Weisse! – Wieland! du hattest dich betrogen, deine Musarion war vergessen! – Ich fragte nach einigen anderen, man wußte nichts mehr von ihnen. – Endlich erblickt‹ ich doch noch in einem Winkel die Werke von Klopstock –.«

Diesen beiden, die Zukunft der Bücher nicht eben hell zeichnenden Texten seien zwei prospektive Texte des 19. Jahrhunderts gegenübergestellt, in denen die Bücherzukunft wie die Zukunft von Bibliotheken in günstigerem Licht erscheinen. – In der naiv-sozialistischen Utopie »Rückblick aus dem Jahre 2000« von Edward Bellamy wird den Bibliotheken des 20. Jahrhunderts aus der Sicht des Jahres 1887 eine glänzende Zukunft geweissagt, ihre Benutzerfreundlichkeit dem 19. Jahrhundert entgegengehalten:

»Ich kann die herrliche Freiheit nicht genug rühmen, die in den öffentlichen Bibliotheken des zwanzigsten Jahrhunderts vorherrscht, im Gegensatz zu der unerträglichen Verwaltung dieser Institute im neunzehnten, in welchem die Bücher eifersüchtig dem Volke entzogen wurden und nur durch Aufwand vieler Zeit und unter Umständlichkeiten zu erlangen waren, die geradezu darauf berechnet schienen, jegliche Neigung für Literatur zu unter drücken.«[10]

Die Buchproduktion unterliegt in Bellamys Zukunftsstaat freilich einer gewissen Kontrolle durch die »Behörde für Drucksachen« die im Grunde darauf hinausläuft, dass nur vielgelesene, erfolgreiche Schriftsteller mehr als e i n Buch publizieren dürfen...

1936 sah Peter Norelli paradiesische Zeiten für Bibliotheken und ihre Benutzer im nächsten Jahrhundert kommen. Nur mit Abscheu wird im 21. Jahrhundert auf die Bibliotheken des 20. Jahrhunderts zurückgeblickt:

»Sie werden es kaum glauben, in welchem Zustand sich in manchen Ländern die öffentlichen Bibliotheken jener Zeit befanden. Heute erscheint es Ihnen allen als selbstverständlich, daß Sie zu jeder beliebigen Stunde des Tages oder der Nacht eine solche Bibliothek benützen und jedes gewünschte Buch binnen weniger Minuten erhalten können. Uns käme es wie ein Verbrechen gegen den Geist vor, Menschen, die lesen, studieren, sich bilden wollen, daran zu hindern. Damals waren die Bibliotheken nur wenige Stunden des Tages geöffnet. Selbst in sogenannten Kulturstaaten war es üblich, daß eine öffentliche Bücherei mitten am Tage, etwa von drei bis vier Uhr nachmittags, plötzlich geschlossen wurde und man die Besucher kurzerhand hinausbeförderte [...].

Und schon um acht Uhr abends, also zu einer Zeit, die wie keine andere zum stillen Lesen geschaffen ist, schlossen die Büchereien gänzlich ihre Pforten [...]. Auch an Sonn- und Feiertagen waren die Bibliotheken unzugänglich, wieder ein Zeichen einer unglaublich niedrigen Kulturstufe [...].

Ferner: wenn man ein Buch in der Bücherei lesen wollte, mußte man es [...] ein paar Stunden vorher, ja manchmal sogar viele Tage vorher bestellen! Ein phantastisch unzweckmäßiger Zustand, der teilweise seinen Grund in der wahrhaft mittelalterlichen Einrichtung des Katalogwesens hatte. [...] Wenn man sich nun über all diese Mißstände beschwerte, was bekam man zur Antwort? Es fehlt uns an Personal. An Personal? Wo Millionen Arbeitsloser aus allen Klassen und Berufen nur auf Beschäftigung warteten?«[11]

Die Aussichten für das herkömmliche Printmedium Buch und seine Aufbewahrung in Bibliotheken wurden, wie wir gesehen haben, in den letzten zwei Texten recht unterschiedlich beurteilt, wobei natürlich der Wunsch der Vater der Entwürfe war. Utopische Erzählungen, die von der totalen Ablösung des Buches durch elektronische Medien handeln, sind, soweit ich sehe, erst zu einer Zeit keine Seltenheit mehr, als sich die wachsende Bedeutung dieser Medien immer deutlicher abzeichnete.

Interessanterweise wird in einigen Science Fiction-Texten gegen Ende des 20. Jahrhunderts der teilweise Ersatz des Buches durch andere Informationsmittel als selbstverständlich beschrieben, dem Buch aber gleichzeitig eine weitere Existenz zugebilligt. Eine Konkurrenz zwischen Buch und Computer existiert nicht mehr. Es sind nun viele Medien, die den menschlichen Geist transportieren, die aber gegebenenfalls gegen eine anti-intellektuelle Welt zu verteidigen sind. In dem Star-Trek-Roman (»Raumschiff Enterprise«) von Keith Sharee, »Gullivers Flüchtlinge«, von 1990, deutsche Übersetzung 1992, eine Lesefrucht, die ich meinem Sohn Gernot verdanke, wird ein Planet geschildert, auf dem jede Form von Kunst als gefährlich eingestuft wird. Literatur, Malerei, Bildhauerei und Musik sind streng verboten. Und wer gegen dieses Gesetz verstößt, wird einer radikalen Gehirnwäsche unterzogen. Ein herausragender Vertreter der diktatorischen Regierung dieses Planeten greift die Enterprise-Besatzung und ihre Bücher- und Computerbibliothek verbal und später auch nicht mehr nur verbal an:

»Die ›Enterprise‹ ist voller abscheulicher Mythen: Bücher und Datenbanken der Computer haben Ihre Gedanken mit ansteckendem Wahnsinn verseucht – Sie sind eine einzige, riesige Blasphemie des wahren Wort Gottes und der Vernunft. Ihre sogenannte Imagination stammt aus einer primitiven, barbarischen Epoche. [...] Auf unserem Planeten verschwenden wir nicht mehr unsere Zeit mit Erfundenem.«[12]

Deutet sich in diesem Text der neunziger Jahre des 20. Jahrhunderts schon die Versöhnung zwischen elektronischen Medien und Büchern als gleichberechtigte Vehikel für die Überlieferungen des menschlichen Geistes an, so sind zwei Jahrzehnte vorher, zu einer Zeit, als nicht nur die Zeitungen begannen, vom Bleisatz auf neue Techniken umzusteigen, die Prognosen wesentlich pessimistischer.

Als letztes Textbeispiel dazu hier eine Passage aus einer der wohl bösartigsten Geschichten über die Zukunft des Buches und damit auch zur Zukunft der Buchautoren, die eben zu dieser Zeit entstand.

In der 1970 erschienenen und 1989 erstmals in deutscher Sprache veröffentlichten Kurzgeschichte von John Jakes »Fröhliche Weihnachten – Post-Gutenberg« ist der Held ein auf der untersten Stufe der gesellschaftlichen Hierarchie angekommener Autor und Bauchladenhändler. Er bietet, um in einem glitzernden Zukunftsstaat überleben zu können, »authentische Antiquitäten« wie gebrauchte Filzschreiber, Radiergummis und Farbbänder an. Nach einem erfolglosen Tag gelingt es ihm, in ein großes Gebäude vorzudringen:

»Mit Wut in den Augen präsentierte er seinen Pappkarton der Empfangsdame, die hinter dem Antigrav-Pult schwebte.

›Sie sind was?‹ fragte sie.

›Ich bin ein Autor‹ sagte er.

›Äh... ein was?‹

›Autor. – *Autor*!‹

›Ist das etwas wie ein Telekopist?‹

›Ganz und gar nicht. Mein Name ist J. Steven Joyce. Ich habe hier ein

Romanmanuskript, das ich Mr. Double oder Mr. Day persönlich überreichen möchte, und keinen Rundlauf.‹

Die kleine Schnalle verstand ihn offensichtlich nicht. Sie warf einen eigenartigen Blick auf den Pappkarton. [...]

›Oh, aber die Begründer sind tot, Sir.‹

›Wer trägt dann die Verantwortung? Wer ist hier Geschäftsführer? Sie haben doch einen Cheflektor, oder?‹

›Einen *was*? Meinen Sie Mr. Frax, Sir? Mr. Bennet Frax trägt die Hauptverantwortung für alle unsere Abteilungen – unsere Telepathieabteilungen, unsere Konsortialabteilung für Heimunterhaltungsbänder, unsere Lehrautomatenabteilung, unsere...‹

›Ist er auch für die Abteilung verantwortlich, die Bücher herausgibt?‹

›*Bücher*, Sir?‹ [...] ›Ich fürchte, ich verstehe nicht...‹

Ein geräuschvolles Sausen ließ ihn herumfahren. Ein alter Mann von vornehmen Aussehen trat in einer Sporttoga aus Tweed aus der Pulsröhre [...]. Die Sek versuchte verzweifelt, ihn unauffällig wegzulotsen, aber es gelang ihr nicht. Der freundliche, würdevolle Mann mit dem intelligenten Augen hüpfte dem Neuankömmling in die Quere, der bedrohlich seinen Pappkarton schwenkte.

›Sie sind Frax. Das merke ich daran, wie sie versucht hat, Sie vor mir zu warnen!‹

Der andere wich zurück. ›Allerdings, das stimmt, ich [...]. Entschuldigen Sie mich, eine Konferenz...‹

›Nein, erst lesen Sie das hier! Ich verlange, daß Sie das *lesen*! Sie veröffentlichen doch, nicht wahr?‹

›Wir bieten verschiedene elektronische Programme und Bänder an, wie Sie sicher...‹

›Bücher. Bücher!‹ schrie der andere. ›Verstehen Sie? Mit Buchrücken? Seiten? Mit Worten drauf? Buchstaben, gesetzt?‹ [...]

›Sie müssen das lesen! Es ist ein schönes Buch, ein Roman! Ein Roman für erwachsene Leser, sicher gibt's noch ein paar davon...!‹

›Nicht vor den Fernsehern meiner Vertreter‹, sagte Frax lachend. Er drückte gegen Joyces Arm.

›Aber, aber...‹

›Wachen Sie auf, Mann! Wir befinden uns in der Post-Gutenberg Ära. Sie müssen mich entschuldigen.‹

Er stieß härter gegen Joyces Arm. Die Kanten des Pappkartons platzten, und zerknitterte gelbe Seiten flatterten auf den dicken Teppich. Joyce kreischte, der Schrei eines Tieres, das man grausam und stumpfsinnig mißhandelt hatte. Plötzlich zog er einen Taschenlaser hervor.

›Das haben Sie verdient, Sie und all die anderen Elektronikschakale, die genauso sind!‹

Seine Augen leuchteten wie die eines Racheengels, als er Bennet Frax den Strahl durch den Kopf schoß [...].«[13]

Dies war Fiction, hier noch einige Facts. 1970, als die eben zitierte Kurzgeschichte erstmals publiziert wurde, erschienen in der Bundesrepublik insgesamt rund 47.100 Titel. 1995 erschienen 74.174 und 2006 waren es 94.716 Titel. Anders als 1970 gibt die Statistik für 1995 auch Zahlen für die Fachgebiete Informatik und Datenverarbeitung an. Es erschienen demnach 1396 Titel in diesem Bereich, das entspricht 1,9 % der Gesamtproduktion.[14]

Zudem sei es so, berichtet der Verleger Klaus G. Saur ein Vierteljahrhundert später, dass rund 90 % aller elektronischen Informationen wieder auf Papier ausgedruckt werden, ganz nach Goethes »Nur was du schwarz auf weiß besitzt, kannst du getrost nach Hause tragen«. Dies geschieht wohl auch deswegen, so scheint es, weil die Leser nicht wissen, wie dauerhaft die elektronischen Datenträger sind; das Papier jedenfalls hat seine Dauerhaftigkeit seit Jahrhunderten unter Beweis gestellt. Saurs Prognose von 1996 für die papiernen Printmedien war so ungünstig nicht:

»Wenn man die Artikel in der Tagespresse und in den Fachzeitschriften [...] verfolgt, entsteht der Eindruck, als ob die Literatur in Zukunft nur noch elektronisch angeboten würde und das Buch und die Fachzeitschrift oder auch die Tageszeitung in Papierform endgültig ausgedient hätten. Ich gehe nach wie vor davon aus, daß im Laufe der nächsten 20 Jahre maximal 20 % der bisherigen Papierproduktion elektronisch angeboten und in Papierform verschwinden werden. Dazu gehören insbesondere Telefonbücher, Adreßbücher, zahlreiche Nachschlagewerke und sicherlich auch eine Reihe von speziellen Fachzeitschriften und Fachpublikationen.«[15]

Thomas Laukamm kam im selben Jahr auf der Grundlage einer Studie über »Multimedia & Stategies« zu dem Schluss: »Es gibt keinen Grund, anzunehmen, daß Papier aus dem täglichen Leben verschwindet. Dieses überaus nutzerfreundliche Medium wird auch im nächsten Jahrhundert weiter eine gewichtige Rolle spielen. Es hat Vorzüge, die die elektronischen Medien nicht kopieren können. Als Grundregel wird gelten: ›Alles, was gelesen wird, bleibt auf Papier, alles, was nachgeschlagen wird, kommt in elektronischem Format‹, und zwar noch lange Zeit nicht oder sogar niemals als Ersatz für das Papier, sondern in nutzenorientierter Ergänzung zu den elektronischen Medien. Die in weiten Teilen groteske Züge annehmende Verteidigung des Papiers, die vor allem in Deutschland in Form von Glaubensbekenntnissen und Glaubenskriegen ihren Ausdruck findet, ist unnötig und überflüssig. Es ist ein folgenschwerer Irrtum, dem Gedanken ›Entweder – oder‹ zu folgen: [...] Dabei wird fälschlicherweise unterstellt, es gebe ›Papiermenschen‹ und ›elektronische‹. Der richtige Ansatz lautet ›Sowohl als auch‹. Zukünftig möchten die Kunden alle Medien nutzen.«[16]

Dies sind kompetente Prognosen, die den Bücherfreunden gewiss nicht zu schwarzem Pessimismus Anlass geben. Die Horrorszenarien der Science-Fiction-Literatur im Hinblick auf die Existenz der Papiermedien sind auch im ersten Jahrzehnt des 21. Jahrhunderts jedenfalls nicht Wirklichkeit geworden.

»Unsre Phonographzeitung wird das Blatt der Zukunft sein«
Prognosen über die Zukunft der Zeitung

Hören besiegt Lesen

»Eine Sintflut von Papier überschwemmte einst, hunderttausend menschliche Hände beschäftigend, Millionen Kilowatt an Energie erfordernd und ganze Wälder zur Herstellung des Zellstoffes verbrauchend, die Menschheit. [...] Wir ersparen diesen ganzen Aufwand und das, was heutzutage dem Wißbegierigen zuströmt, der Zeitungen oder Bücher lesen, Bilder oder Karten betrachten will, das ist nicht bedrucktes Papier, sondern reine Energie vermittels unserer ferntechnischen Apparate, der Fernsprecher, der Fernschreiber, Fernseher und Fernkinos.«[1]

So heißt es in dem schon im letzten Kapitel zitierten prognostischen Roman »Das Automatenzeitalter« von 1931. Der Roman selbst spielt im Jahr 2500. Das Zitat ist in seiner negativen Aussage hinsichtlich der Zukunft des Papierdruckes Vorläufer vieler anderer vom letzten Drittel des 20. Jahrhunderts. Zahlreiche Texte prophezeiten damals das baldige Ende der Papiermedien. So sagte beispielsweise der amerikanische Medienwissenschaftler Marshal McLuhan in den siebziger Jahren ihren baldigen Tod voraus. Nun starb bedauerlicherweise Marshal McLuhan 1980, während die Buchproduktion zum Ende des Jahrhunderts um ein Beträchtliches anstieg.

Auch Zeitungen gibt es im 21. Jahrhundert noch, obwohl deren Ende bereits um 1900 u. a. von Theodor Herzl und Jules Verne vorausgesagt wurde. Die technischen Grundlagen unserer Radio- und TV-Geräte entstammen dem 19. Jahrhundert; in Prognosen und Zukunftsgeschichten spielen sie seit dieser Zeit eine Rolle, auch als Konkurrenz oder gar Ersatz für Zeitungen. So glaubte man, dass die sogenannte Telefonzeitung, mit der in Ungarn Ende des 19. Jahrhunderts tatsächlich experimentiert wurde, die herkömmliche papierne Zeitung ersetzen würde. Bei dieser besonderen Spielart der Nachrichten-Fernübermittlung wird der Zeitungsleser zum Zeitungshörer, indem er die neuesten Nachrichten direkt von der Zeitungsredaktion mit dem Fernsprecher abruft.

Ein wahres Paradies der Phonozeitung entwarf Jules Verne 1889 für die Zukunft mit seiner Kurzgeschichte »In the year 2889«:

»Seit 30 Generationen ist der *New York Herald* ein reines Familienunternehmen. Als die Unionsregierung vor 200 Jahren von Washington nach Centropolis verlegte wurde, folgte die Zeitung der Regierung nach – vielleicht war es auch umgekehrt, vielleicht folgte auch die Regierung der Zeitung. [...] [Der gegenwärtige Verlagschef] war es auch, der den telefonischen Journalismus einführte [...].

Das System dürfte ja bekannt sein: jeden Morgen wird der *Earth Herald* [so heißt die Zeitung seit dem Umzug] gesprochen statt gedruckt. In kurzen Gesprächen mit Reportern, Politikern oder Wissenschaftlern erfährt der Abonnent, was er wissen will. Der Straßenverkauf spielt sich dementsprechend ab: der Zeitungskäufer alter Prägung geht jetzt in eine der zahllosen Telefonkabinen und lässt sich das Gewünschte phonografisch durchgeben.

Diese Erfindung wies dem Zeitungswesen neue Wege und Möglichkeiten. Innerhalb weniger Monate steigerte er die Zahl der Abonnenten auf 85 000 000, sein Vermögen vergrößerte sich auf runde 30 000 000 000; heute beträgt es bereits ein Vielfaches dieser Summe.«

Verdient wird dieses Geld – tägliche Einnahmen drei Mio. Dollar – nicht nur mit Hilfe der 1 500 Reporter, die die Meldungen an die Abonnenten und Käufer durchgeben, sondern auch durch die Werbeabteilung, die in einem 500 Meter langen Saal sitzt und mit Hilfe von Spezialapparaten gigantische Plakate auf Wolken projiziert. Die Zeitungsspitze sinnt darüber nach, bei schönem Wetter künstliche Wolken zu erzeugen. Die Erfindung des Fernsehens allerdings ist nach Verne erst im 29. Jahrhundert gelungen.[2]

1895 erschien in der Zeitschrift *Vom Fels zum Meer* ein Artikel, der den schaurigen Titel »Das Ende des Buches« trug. Der Verfasser, ein O. Jerum – wohl ein aus dem Studentenlied »O alte Burschenherrlichkeit« hergeleitetes Pseudonym –, beschreibt darin, wie im 20. Jahrhundert das auf Papier gedruckte Buch und auch die Zeitungen aufhören zu existieren. Bücher würden nämlich abgelöst durch das Hörbuch, papierne Zeitungen durch die Telefonzeitung. Der Text, vergleicht man ihn mit unserer Realität im 21. Jahrhundert, überrascht an einigen Stellen ob seiner Hellsichtigkeit im Hinblick auf die Erfolgsgeschichte des Hörbuches in unserer Zeit.

»Mit der Benutzung des Phonographen ändert sich die ganze Art der sogenannten ›Lektüre‹. Bequem auf einen Diwan hingestreckt, den Blick auf die lieben Erinnerungsgegenstände im Zimmer oder durch das Fenster auf die stets wechselvollen Erscheinungen der Natur schweifen lassend, hören wir der Erzählung zu, die aus dem Worterzeuger hervortönt, in der charakteristischen Sprache des Autors, mit all den Merkmalen einer geistig bedeutenden Individualität, bald im Flüsterlaut der Liebe sanft ertönend, bald wie Donner grollend, wenn die Leidenschaft sich entfesselt. [...]

Nicht besser als dem Buch wird es der Zeitung ergehen. In Paris hatte man bereits vor einigen Jahren das ›gesprochene Journal‹ eingeführt, eine Einrichtung, die sich auf das Vorlesen von Leitartikeln, Lokalplaudereien u. dergl. vor einem zahlenden Publikum beschränkte und bald wieder verschwand; unsre Phonographzeitung wird dagegen das Blatt der Zukunft sein. Abgesehen von den Glücklichen, die durch Telephonleitungen mit der Redaktion verbunden sind, haben die Abonnenten Anspruch auf Zusendung der Phonograph- und Kinetographcylinder. Man wird die aufgefangene Stimme des Interviewten zugleich mit dem Porträt auf sich einwirken lassen, man kann Kunstausstellungen und Theateraufführungen genießen, ohne sich von seinem Platze zu rühren, der Hinrichtung eines Verbrechers beiwohnen, während man behaglich eine Upmann schmaucht und was dergleichen Annehmlichkeiten des Lebens mehr sind. Dem Wissensdurst und der Schaulust wird in jeder Weise Befriedigung geboten werden können, ohne daß der Mensch sich mit dem Entziffern gedruckter Buchstaben die Augen zu verderben braucht.

So dürfte mit der Entthronung des Buches und der Zeitung zu Gunsten des gesprochenen Wortes ein neues Zeitalter geistiger Erhebung hereinbrechen. Die Augen, die bisher so schwere Dienste leisten mußten, werden klar und heiter blicken und eine neue Welt der Schönheit im Reiche der Natur erstehen sehen.«.[3]

»Richtig« in seiner Zukunftsprognose, nämlich im Hinblick auf die Mikroverfilmungen von Zeitungen zwecks Archivierung, lag auch 1911 der von einigen Literaturhistorikern als Vater der modernen Science Fiction bezeichnete Luxemburg-Amerikaner Hugo Gernsback mit seinem Roman »Ralph 124 C 41+«. Der Titelheld fährt darin im Jahre 2660 in eine Bibliothek, wo er nach guter alter Thekenbibliotheksart von einem Bibliothekar mit der Nachmittagsausgabe einer Zeitung bedient wird:

»Der Bibliothekar händigte ihm ein Stück biegsamer Plastik aus, das nicht größer war als eine Briefmarke. ›Die 5-Uhr-Ausgabe, Sir.‹ Ralph nahm das Mikrofoto und klemmte es in den Seitenteil eines zuklappbaren Metallbehälters. Er schloß ihn und drückte auf den Empfangsknopf. Sofort erschien auf der gegenüberliegen den weißen Wand ein vergrößertes Zeitungsblatt, das aus 12 Spalten bestand.« [4]

Wirklich rabenschwarz wurden die Prognosen der Literatur im Hinblick auf Buch und Zeitung aber, als sich um 1970 die gesamte Druckindustrie auf neue Techniken einzurichten begann. Im engeren Sinn schien tatsächlich das Ende des Gutenberg-Zeitalters gekommen.

Zeitung hat Zukunft

Doch es gab auch sehr positive Prognosen über die Zukunft des Lesens von Büchern und Zeitungen. Der Großvater der deutschen Science Fiction, Kurd Laßwitz, schrieb 1887 über die Lesegewohnheiten in der den Erdenmenschen sittlich wie technisch weit überlegenen marsianischen Gesellschaft u. a., dass ihre Bücher multimediale Eigenschaften hätten: man »brauchte nur die Empfangsplatte des Grammophons auf die betreffende Stelle des Buches zu legen, um den Laut selbst zu hören.« Im übrigen ist für Martier aber dieses selbstverständlich:

»Bücher gehören bei den Martiern zur unentbehrlichen Ausstattung jedes Zimmers, eher würde man die Fenster entbehren als die Bibliothek«.

Auf dem Mars selbst gibt es komfortable Lesehallen, die stark frequentiert werden. Auf dem Planeten existiert nämlich eine offizielle Zeitungslesepflicht: »jeder Martier war verpflichtet, bei Verlust seines Wahlrechts, aus zwei Blättern, von denen eines ein oppositionelles sein mußte, täglich über die wichtigsten politischen und technischen Neuigkeiten sich zu unterrichten.«[5]

In seinem Blick in die Zukunft des Deutschen Reiches lässt 1891 ein G. Erman, wohl ein Pseudonym, die »Deutsche National=Zeitung« vom 10. Februar 2000 aus dem Reichstag mit Hilfe einer »Tondruckmaschine« berichten. Nach Erman ist es dem Deutschen Reich gelungen, die Sahara fruchtbar zu machen; so findet sich unter den recht kuriosen Anzeigen auch folgende:

»*Ein vereidigter Zeitungsmann*
mit Zeugniß ersten Grades sucht zur Begründung eines ›Sahara-Tageblattes‹ einen leistungsfähigen Verleger. Meldungen unter K. C. an diese Zeitung.«[6]

Von einer glänzenden Zeitungsverleger-Zukunft weiß Albert Daiber im Jahr 1905 für 2222 zu berichten. In seinem »Zukunftstraum« ist Europa politisch geeint. In Europas Metropole Berlin ist ein Presse-Imperium entstanden, das die einflussreichste und meistgelesene Zeitung Europas verlegt. Das Verlagshaus wird so beschrieben:

»In dem Hause selbst wird sie [die Zeitung] verlegt und redigiert, gleich daneben auch das hiezu nötige Papier nach modernster Technik fabriziert. Sechsmal in 24 Stunden erscheint das Blatt. Hunderte von Redakteuren, erfahren in allen Disziplinen der zu imposantem Umfang angeschwollenen Wissenschaft der Presse, lösen sich Tag und Nacht in ihrer Arbeit ab. Himmelan strebt über dem Gebäude bis zur Höhe von 500 Metern ein schlankes Eisengerippe empor, dessen Spitze sich in eine Unmenge von meterlangen, kupfernen Nadeln auflöst. Hier werden die von allen Seiten des Weltteiles dem Blatte durch die tadellos funktionierende Luftelektrizitätstelegraphie zuströmenden Depeschen aufgefangen und direkt durch kleine Kabel in die verschiedenen Zimmer der Chefredakteure geleitet.«[7]

Zeitungen im kommunistischen Amerika

Die bisher zitierten Zukunftsautoren gingen in ihren literarischen Prognosen von einer Gesellschaft aus, die sich in ihrer kapitalistischen Wirtschaftsordnung kaum von derjenigen in der Gegenwart des Autors unterscheidet. Völlig anders gestaltet sich die Welt der Zeitungsverleger in der kommunistischen Utopie des Amerikaners Edward Bellamy von 1887. Seine Roman »Rückblick auf das Jahr 1887« spielt im Jahr 2000. Darin widmet er eine längere Passage den Zeitungen des zukünftigen kommunistischen Amerika.

»›Wie verhält es sich mit den Zeitschriften und Zeitungen?‹ fragte ich [das ist Julian West, Ich-Erzähler und Besucher aus der Vergangenheit des 19. Jahrhunderts]. ›Ich will nicht leugnen, daß Ihr System des Buchverlages vor dem unsrigen beträchtliche Vorzüge voraushat, sowohl in seiner Tendenz, die wahren Talente zu ermutigen, als auch, was ebenso wichtig ist, solche Leute zu entmutigen, die nur elende Skribenten werden könnten. Aber ich sehe nicht ein, wie dasselbe auch auf Magazine und Zeitungen Anwendung finden kann. Man kann wohl jemanden zwingen, für die Veröffentlichung eines Buches zu zahlen, weil eine solche Ausgabe nur einmal vorkommt; niemand jedoch würde imstande sein, die Kosten für die Veröffentlichung einer täglich erscheinenden Zeitung aufzubringen. Das zu tun, erforderte die tiefen Taschen unsrer Privatkapitalisten, und es erschöpfte sogar oft selbst diese, ehe sich das Unternehmen bezahlt machte. Wenn Sie überhaupt Zeitungen haben, so müssen diese, denke ich mir, durch die Regierung auf allgemein Kosten veröffentlicht werden, mit einem von der Regierung angestellten Redakteur, der die Meinung der Regierung wiedergibt. Wenn Ihr System nun so vollkommen ist, daß nie das Geringste in der Leitung der öffentlichen Angelegenheiten zu tadeln ist, so mag eine solche Einrichtung gut sein; ist dies jedoch nicht der Fall, so muß, sollte ich meinen, der Mangel eines unabhängigen, nichtamtlichen Organs für den Ausdruck der öffentlichen Meinung höchst unglückliche Folgen haben. Gestehen Sie es nur, Herr Doktor [Dr. Leete ist der Gesprächspartner Julian Wests im Jahr 2000], daß die freie Presse [des 19. Jahrhunderts] mit allem, was sie enthielt, etwas recht Gutes in dem alten System war, als das Kapital sich in Privathänden befand, und daß Sie den Verlust dieses Gutes von dem Gewinn, den Sie in anderer Hinsicht gehabt haben, in Abzug bringen müssen.‹

›Ich bedauere‹, erwiderte Dr. Leete lachend, ›daß ich Ihnen auch diesen Trost nicht lassen kann. Zunächst, Herr West, ist die periodische Presse keineswegs das einzige und, wie es uns scheint, auch nicht das beste Mittel, öffentliche Angelegenheiten mit Ernst zu besprechen. Uns erscheint das Urteil Ihrer Zeitungen über solche Gegenstände im allgemeinen unreif und leichtfertig sowohl wie stark durch Vorurteile und Bitterkeit gefärbt. Sofern man sie für den Ausdruck der öffentlichen Meinung hält, geben sie eine ungünstige Vorstellung von der Intelligenz des Volkes; während, sofern sie die öffentliche Meinung selbst geschaffen haben mögen, die Nation nicht zu beglückwünschen war. Wenn heutzutage ein Bürger in bezug auf irgendeine öffentliche Angelegenheit einen ernsthaften Einfluß auf die öffentliche Meinung auszuüben wünscht, so gibt er ein Buch oder eine Broschüre heraus, die wie andere Bücher verlegt werden. Es geschieht dies aber nicht darum, weil uns Zeitungen oder Zeitschriften fehlten oder weil sie der absolutesten Freiheit ermangelten. Die Tagespresse ist so organisiert, daß sie die öffentliche Meinung in weit vollkommnerer Weise zum Ausdruck bringt, als dies zu Ihrer Zeit der Fall sein konnte, wo das Kapital sie kontrollierte und sie in erster Linie als Geldgeschäft und erst in zweiter Linie als Mundstück für das Volk dienen ließ.‹

›Aber‹, sagte ich, ›wenn die Regierung eine Zeitung auf öffentliche Kosten druckt, so muß sie doch notwendig deren Tendenz kontrollieren? Wer anders ernennt denn die Redakteure als die Regierung?‹

›Die Regierung zahlt weder die Ausgaben einer Zeitung noch ernennt sie deren Redakteure, noch übt sie den geringsten Einfluß auf ihre Tendenz aus‹, erwiderte Dr. Leete. ›Die Leute, welche die Zeitung lesen, tragen die Kosten des Blattes, wählen ihren Redakteur und entlassen ihn, wenn er ihnen nicht zusagt. Sie werden, denke ich, schwerlich sagen, daß solch eine Presse nicht ein freies Organ der öffentlichen Meinung ist.‹

›Entschieden nicht‹, erwiderte ich, ›aber wie ist das ausführbar?‹

›Nichts kann einfacher sein. Gesetzt, einige meiner Nachbarn und ich selbst wünschen eine Zeitung zu haben, die unsere Ansichten widergibt und im besondern das Interesse unseres Ortes, unseres Gewerbes oder Berufes im Auge hat, so sammeln wir Unterschriften, bis wir so viel Teilnehmer haben, daß ihr jährlicher Beitrag die Kosten der Zeitung deckt, welche geringer oder größer ausfallen, je nach der Zahl der Teilnehmer. Der Subskriptionsbeitrag eines jeden wird von dessen Kredit abgezogen, und demnach kann die Nation bei der Herausgabe der Zeitung niemals einen Verlust erleiden, wie es ja auch sein muß, da sie lediglich das Amt eines Verlegers übernimmt, der keine Wahl hat, die verlangte Leistung abzulehnen. Die Subskribenten erwählen alsdann jemanden zum Redakteur, der, wenn er das Amt annimmt, während der Zeit dieser seiner Obliegenheit von anderen Diensten entbunden wird. Anstatt ihm einen Gehalt zu zahlen, wie zu Ihrer Zeit, zahlen die Subskribenten der Nation eine dem Preise für seinen Unterhalt gleichkommende Entschädigung dafür, daß sie ihn dem allgemeinen Dienste entziehen. Er leitet die Zeitung gerade wie es die Redakteure Ihrer Zeit taten, nur daß er sich nicht finanziellen Rücksichten zu unterwerfen, noch die Interessen des privaten Kapitals dem öffentlichen Wohle gegenüber zu verteidigen hat. Am Ende des ersten Jahres erwählen die Subskribenten entweder den früheren Redakteur für das kommende Jahr wieder oder besetzen seine Stelle mit einem anderen. Ein tüchtiger Redakteur behält natürlich seine Stelle fortwährend. Wenn die Subskriptionsliste größer wird und dadurch die Einnahmen der Zeitung sich steigern, so wird dieselbe dadurch vervollkommnet, daß bessere Mitarbeiter geworben werden, geradeso, wie dies zu Ihrer Zeit geschah.‹«[8]

Zusammenfassung und Ausblick

Von einer vollkommenen Ablösung der Papiermedien durch elektronische Mittel spricht oder schreibt auch in der Literatur seit Beginn des 21. Jahrhunderts kaum noch jemand. Vielmehr wird weithin die Ansicht vertreten, dass eine Grundregel besteht, nach der alles, was gelesen wird, auf Papier bleibt, alles was nachgeschlagen wird, in elektronischem Format angeboten wird. Und gegebenenfalls steht ja der Drucker zur Verfügung. Auch Bibliotheken werden bestehen bleiben in ihrer Doppelfunktion als Informationsvermittler und Schatzkammern des Geistes, unabhängig davon, auf welchem Vehikel dieser Geist transportiert wird, ob auf Papier, auf elektronischer oder in Zukunft vielleicht auch auf biochemischer Basis.

Die Horrorvisionen vom letzten Buch oder dem Verschwinden der Zeitung sind bisher jedenfalls nicht Wirklichkeit geworden. Der Tod herkömmlicher Medien wurde offensichtlich immer dann in Aussicht gestellt, wenn sich jeweils neue Medien ihren Platz eroberten. Und meist trafen die Prophezeiungen von totaler Verdrängung nicht ein: das Telefon ließ nicht die Zeitung verschwinden, das Kino nicht die Theater, das Radio nicht das Buch, das Fernsehen nicht das Radio, der Computer nicht die Papiermedien.

Wie lautet noch die bekannte Lebensweisheit?

Prognosen sind schwierig, vor allem wenn sie der Zukunft gelten.

Als die Marsianer auf die Erde kamen
1897 erschienen die Invasionsromane von Kurd Laßwitz und Herbert George Wells

Mars-Konjunktur im 19. Jahrhundert

In der zweiten Hälfte des 19. Jahrhunderts hatte der Mars Konjunktur. Das Interesse der Weltöffentlichkeit an unserem nach dem römischen Kriegsgott benannten Nachbarplaneten war vor allem ausgelöst worden durch die Entdeckungen des amerikanischen Astronomen Asaph Hal und des italienischen Astronomen Giovanni Virginio Schiaparelli im Jahre 1877 – ein Jahr, in dem die Entfernung zum Mars relativ gering war, nämlich 56 Millionen Kilometer (gegenüber der Maximalentfernung von 399 Millionen Kilometern). Hal entdeckte die bereits von Kepler 1610 rein rechnerisch ermittelten Marsmonde und nannte sie nach dem Begleitern des Kriegsgottes Mars Deimos und Phobos, also »Schrecken« und »Furcht«.

Weitaus folgenreicher waren die Beobachtungen Schiaparellis, des damaligen Leiters der Mailänder Sternwarte. Er entdeckte ein Netz feiner Linien auf der Marsoberfläche und bezeichnete sie als »Canali«, dem italienischen Wort für »Rillen«, was in anderen europäischen Sprachen mit dem Wort für künstliche Wasserstraßen, nämlich Kanäle, übersetzt wurde. Seine Entdeckung aber ließ nur die Schlußfolgerung zu, dass intelligente Lebewesen die Marsoberfläche für ihre Bedürfnisse verändert hätten. Dies beflügelte die Phantasie von Wissenschaftlern und Dilettanten ungemein: der Mars wurde daraufhin »kartiert«, eine Mars-Geographie und eine Mars-Topographie entstanden, die so detailliert waren, dass man hätte meinen können, sie seien per Autopsie aufgenommen worden.

Der Amerikaner Percival Lowell, ein Mars-Enthusiast, leitete aus den angeblichen »Kanälen« – wir wissen heute, dass es sich um optische Täuschungen handelt – das Bild einer Zivilisation auf dem Mars ab. Von hochintelligenten und hochmoralischen Marsianern war auf Tagungen und in durchaus ernstgemeinten Publikationen die Rede. Die Mars-Studien nahmen nach 1892 und 1894, wieder Jahren einer günstigen Mars-Opposition, weiter zu. Aber nicht nur die wissenschaftliche oder pseudo-wissenschaftliche Diskussion um den Mars erreichte einen Höhepunkt, auch die Literatur griff die Spekulationen über eine Zivilisation auf dem benachbarten Planeten auf.

Das Thema einer marsianischen Gesellschaft war freilich an sich nicht neu. Bereits Mitte des 18. Jahrhunderts hatte sie Eingang in die utopische bzw. philosophisch-spekulative Literatur gefunden. So berichtete der schwedische Gelehrte und Theosoph Emanuel Swedenborg (1688–1772) in seinem Werk »Arcana coelestia« von seinen visionären Kontakten mit Marsianern, die in jeder Hinsicht der Entwicklung auf der Erde voraus seien und ein ideales individuelles wie gesellschaftliches Leben führten.

Von »konkreten« Reisen zum Mars phantasierten im 18. Jahrhundert Eberhard Christian Kindermann, Carl Ignaz Geiger und Marie-Anne de Roumier. In Geigers »Reise eines Erdbewohners in den Mars« (1790) spielt die Handlung tatsächlich auf dem Mars (im Gegensatz zu den allegorischen Texten der vorhin erwähnten). Die Marsianer sind bei Geiger technisch hochentwickelt und wohnen etwa in fahrbaren Häuschen, mit denen sie ohne Schwierigkeiten von Ort zu Ort gelangen können.

Im Jahr 1897 geschieht nun etwas Neues mit einer literarischen Wirkung bis in die Gegenwart. Das erste Mal landen in zwei Romanen nicht Erdbewohner auf dem Mars, sondern die Marsbewohner kommen zur Erde, und zwar in Massen. Die Romane von Kurd Laßwitz »Auf zwei Planeten« (Weimar: Felber 1897) und Herbert George Wells »The War of the Worlds« (zunächst als Serie in Pearson's Magazine vom April bis Dezember 1897 erschienen) etablieren eines der häufigsten Motive in der Science Fiction. Invasionen von anderen Welten und Begegnungen mit Aliens, die fast immer dem Menschen technisch überlegen, aber grausam und zerstörerisch sind oder aber auf einer weitaus höheren ethischen Stufe als die Erdbewohner stehen, sind nahezu konstituierend für diese Literaturgattung geworden.

Der Roman von Laßwitz erlebte bis 1930 zahlreiche Neuausgaben sowie einige Neuauflagen nach dem Zweiten Weltkrieg. Der Roman von Wells aber war Vorbild für eine nicht mehr überschaubare Fülle von trivialen und nicht-trivialen Alien-Invasions-Romanen und -Filmen, vom Klassiker »The War of the Worlds« von 1953, der einen Oscar für seine technischen Effekte erhielt, einer gelungenen Neuverfilmung 2005 und vielen, vielen anderen. Auch die gelungene Landung des *Pathfinder* auf dem Mars am 4. Juli 1997, die Weihnachten 2003 missglückte der europäischen Sonde *Beagle II* und die erfolgreiche der amerikanischen *Spirit* wurden in Kommentaren und Berichten immer wieder mit dem Roman von H.G. Wells in Verbindung gebracht, obwohl dieser ja die umgekehrte Richtung thematisiert. Während

Laßwitz heute nur noch für eine relativ kleine Schar von Literaturkennern und Science Fiction-Enthusiasten eine Rolle spielt – gegenwärtig existiert auch keine lieferbare Ausgabe von den »Zwei Planeten« – steht der Name Wells nach wie vor hoch im Kurs. So sind etwa im Radio gelegentlich Melodien aus dem gleichnamigen Musical von Jeff Wayne aus dem Jahre 1978 zu hören – für viele eine der besten Adaptionen moderner Literatur durch Musik.

Doch zurück in das 19. Jahrhundert. Obwohl der Mars also zum Ende dieses Jahrhunderts in Wissenschaft und Literatur ein Hauptgegenstand des Interesses war, erstaunt es doch, dass im selben Jahr zwei Romane das Licht der Welt erblickten, die offenbar unabhängig voneinander dieselbe Idee aufgriffen. Zentrales Thema ist bei beiden eine Invasion vom Mars, und sie gleichen sich auch in der inhärenten Kritik am Kolonialismus ihrer Zeit. Die Ausführung des Themas allerdings ist sehr unterschiedlich, und die Grundhaltung der Romane einander vollkommen entgegengesetzt: bei Laßwitz ist sie verhalten optimistisch, bei Wells zutiefst pessimistisch.

Auf zwei Planeten

Kurd Laßwitz wurde am 20. April 1848 in Breslau geboren und studierte in seiner Heimatstadt und in Berlin Mathematik und Physik. In seiner Jugend interessierte er sich auch für Astronomie. 1873 wurde er mit einer Arbeit »Über Tropfen, die an festen Körpern hängen und der Schwerkraft unterworfen sind« zum Doktor der Philosophie promoviert. Eine Hochschulprofessur für seine »Geschichte der Atomistik vom Mittelalter bis Newton« erhielt er, wie er es sich erhofft hatte, jedoch nicht. Laßwitz unterrichtete bis zwei Jahre vor seinem Tode 1910 als Gymnasiallehrer in Breslau und Gotha. Zu seinen Schülern gehörte übrigens auch Hans Dominik, früheren Generationen als Verfasser spannender »utopisch-technischer Romane« bekannt, wie das Genre in Deutschland damals hieß. Laßwitz' wissenschaftliche Arbeiten beschäftigten sich vor allem mit Grenzgebieten der Philosophie und der Naturwissenschaften. Für Feuilletons und Zeitschriften schrieb er eine Reihe populärwissenschaftlicher Abhandlungen, in denen er vor allem versuchte, die Lehre Kants von der Idealität des Raumes und der Zeit allgemein verständlich darzustellen. Neben seinem literarischen Hauptwerk »Auf zwei Planeten« erschienen eine Anzahl Kurzgeschichten-Sammlungen: »Seifenblasen« (1890), »Nie und Immer« (1902), »Raumkristalle« (1902).

Mit den »Bildern aus der Zukunft« (1879) hatte Laßwitz seinen literarischen Weg als Pionier der deutschen Science Fiction, wie er heute gern bezeichnet wird, begonnen.

Kurd Laßwitz' Roman »Auf zwei Planeten« wird eröffnet mit der Ballonfahrt dreier deutscher Gelehrter, die den Nordpol erforschen wollen. Als der Roman erschien, waren die Pole der Erde noch unentdeckt. Laßwitz erwähnt den ersten gescheiterten Versuch Solomon Andrées, dessen schwedische Polarexpedition 1896 abgebrochen worden war, und stellt damit einen aktuellen Zeitbezug her. Andrée startete im Erscheinungsjahr des Romans eine weitere Expedition. Sein Ballon verunglückte, man fand seine Leiche erst 1930. Dasselbe Schicksal, von dem Laßwitz bei der Niederschrift des Romans aber noch nicht wissen konnte, droht den drei deutschen Wissenschaftlern, dem Astronomen Grunthe und den Naturforschern Saltner und Torm, nachdem sie auf das Erreichen des Pols mit Champagner angestoßen haben. Eine unerklärliche Sogkraft reißt den Ballon an die Grenze der Atmosphäre und lässt ihn dann auf eine künstlich geschaffene Insel direkt über dem Nordpol abstürzen.

Dieser Vorgang wird beobachtet von einem Ort, »der sich bereits außerhalb der Erdatmosphäre« befand. Es ist – dem heutigen Sprachgebrauch folgend – eine Raumstation und damit wohl die erste Raumstation der Literaturgeschichte. Interessanterweise hat sie die Form eines Speichenrades und entspricht damit der später von Wernher von Braun und seinem Team projektierten Station:

»Genau in Richtung der Erdaxe, und auf dieser genau soweit von der Oberfläche der Erde entfernt, wie der Mittelpunkt der Erde unterhalb, also in einer Höhe von 6356 Kilometer, befand sich frei im Raume schwebend ein merkwürdiges Kunstwerk, ein ringförmiger Körper, etwa von der Gestalt eines riesigen Rades, dessen Ebene parallel dem Horizont des Pols lag.

Dieser Ring besaß eine Breite von etwa fünfzig Meter und einem innern Durchmesser von zwanzig, im ganzen also einen Durchmesser von 120 Meter. Rings um denselben erstreckten sich außerdem, ähnlich wie die Ringe um den Saturn, dünne, aber sehr breite Scheiben, deren Durchmesser bis auf weitere zweihundert Meter anstieg. Sie bildeten ein System von Schwungrädern, das ohne Reibung mit großer Geschwindigkeit um den inneren Ring herumlief und denselben in seiner Ebene stets senkrecht zur Erdaxe hielt. Der innere Ring glich einer großen kreisförmigen Halle, die sich in drei Stockwerken von zusammen etwa fünfzehn Meter Höhe aufbaute. Das gesamte Material dieses Gebäudes wie das der Schwungräder bestand aus einem völlig durchsichtigen Stoffe. Dieser war jedoch von außerordentlicher Festigkeit und schloß das Innere der Halle vollständig luft- und wärmedicht gegen den leeren Weltraum ab. Obwohl die Temperatur im Weltraum rings um den Ring fast zweihundert Grad unter dem Gefrierpunkt des Wassers lag, herrschte innerhalb der ringförmigen Halle eine angenehme Wärme und eine zwar etwas stark verdünnte, aber doch atembare Luft. In dem mittleren Stockwerk, durch welches sich ein Gewirr von Drähten, Gittern und vibrierenden Spiegeln zog, hielten sich auf der inneren Seite des Rings zwei Personen auf, die sich damit beschäftigten, eine Reihe von Apparaten zu beobachten und zu kontrollieren.«

Die beiden Personen, die dort in der Weltraumstation die Polarforscher beobachten, sind Bewohner des Mars, »Martier«, wie Laßwitz sie nennt. Die Expeditionsteilnehmer und später auch die Menschheit lernen eine Zivilisation kennen, die technisch und vor allem moralisch, wie sich erweisen wird, den Bewohnern der Erde weit voraus ist.

In einer Zeit, in der zwar grundlegende Erfindungen gemacht werden, von umfassendem Auto-, Luft- oder Funkverkehr aber noch nicht die Rede sein kann, erzählt Laßwitz von interplanetaren Reisen und anderen technischen Wunderwerken. Die Martier haben über dem Nordpol nicht nur eine Raumstation mit Shuttledienst (»Zum Raumschiff nach dem Mars« steht an einer Tür der »Außenstation Erde«) fixiert, sondern auf der Erde auch eine künstliche Insel geschaffen. Maschinen werden mit Sonnenenergie betrieben. Nachrichten werden per Licht transferiert: »Sie telegraphierten nicht nur, sie telephonierten vermöge des Lichtstrahls.« Sie kennen auch eine Art Telefax, das die elektromagnetischen Schwingungen in lesbare photochemische umsetzt. Fotokopierer in Handtaschenformat trägt jeder bei sich. (Bd. I, S. 47). Die Bücher der Martier haben multimediale Eigenschaften: »[...], sie brauchte nur die Empfangsplatte des Grammophons auf die betreffende Stelle des Buches zu legen, um den Laut selbst zu hören [...].« (Bd. I, S. 65) Die martischen Bücher besitzen übrigens eine durchaus andere Form und werden auch anders benutzt als irdische codices oder Rollen: »Das Buch [...] besaß wie alle Bücher der Martier die Form einer großen Schiefertafel, und wurde an einem Handgriff ähnlich wie ein Fächer gehalten, so daß die längere Seite der Tafel nach unten lag. Ein Druck mit dem Finger auf diesen Griff bewirkte, daß das

Buch nach oben aufklappte, und auf jeden weiteren Druck legte sich Seite auf Seite von unten nach oben um. Man bedurfte auf diese Weise nur eine Hand, um das Buch zu halten, umzublättern und jede beliebige Seite festzulegen.« (Bd. I, S. 64) Im übrigen ist für Martier dieses selbstverständlich:

»Bücher gehören bei den Martiern zur unentbehrlichen Ausstattung jedes Zimmers, eher würde man die Fenster entbehren als die Bibliothek.« (Bd. I, S. 80)

Auf dem Mars selbst gibt es komfortable Lesehallen, die von den Martiern stark frequentiert werden. Auf dem Mars existiert nämlich eine offizielle Lesepflicht: »jeder Martier war verpflichtet, bei Verlust seines Wahlrechts, aus zwei Blättern, von denen eines ein oppositionelles sein mußte, täglich über die wichtigsten politischen und technischen Neuigkeiten sich zu unterrichten. [...] An den Wänden befanden sich jedoch kleinere Abteilungen, verschlossene Logen, in mehreren Stockwerken über einander, in denen sich Bekannte zusammensetzen und ihre Meinung austauschen konnten.« (Bd. II, S. 71/72)

Die Martier hatten das Zeitalter des Dampfes und der Elektrizität seit langem zurückgelassen und den entscheidenden Durchbruch ihrer technischen Zivilisation durch die Beherrschung der Gravitation erlangt. Auch der Alltag der Martier wird auf ihrem Brückenkopf auf der Erde wie auf dem Mars selbst durch fortgeschrittene Technologie bestimmt. Es gibt vollautomatische Küchen und Badezimmer. In hochbelastbare Kunststoffe sticheln die Martierinnen feinste Muster.

Die »Umweltverschmutzung« auf der Erde ist den Martiern oder »Nume« wie sie sich selbst nennen, unbegreiflich: »›Woher kommen diese Nebel über ihren großen Städten?‹ fragte einer der Martier. ›Hauptsächlich von der Verbrennung der Kohle‹, erwiderte Grunthe. ›Aber warum nehmen sie die Energie nicht direkt von Sonnenstrahlung? Sie leben ja vom Kapital, statt von den Zinsen.‹« (Bd. I, S. 245)

Die deutschen Polforscher werden zu einem Weltraumflug um die Erde eingeladen, einer von ihnen fliegt bald selbst als Gast mit zum Mars. Laßwitz' Schilderung, die Eindrücke von diesem Erlebnis, erinnern an die Äußerungen der Astronauten unserer Zeit, die tatsächlich die Erde real von außen haben sehen dürfen:

»In tiefem Schweigen standen die Deutschen, völlig versunken in dem Anblick, der noch keinem Menschenauge bisher vergönnt gewesen war.

Noch niemals war es ihnen so klar zum Bewußtsein gekommen, was es heißt, im Weltraum auf dem Körnchen hingewirbelt zu werden, das man Erde nennt; niemals hatten sie den Himmel unter sich erblickt. Die Martier ehrten ihre Stimmung. Auch sie, denen die Wunder des Weltraumes vertraut waren, verstummten vor den Gegenwart den Unendlichen. Die machtvollen Bewohner des Mars und die schwachen Geschöpfe der Erde, im Gefühl des Erhabenen beugten sich ihre Herzen in gleicher Demut der Allmacht, die durch die Himmel waltet. Aus der Stille des Alls sprach die Stimme des einen Vaters zu seinen Kindern und füllte ihre Seelen mit andächtigem Vertrauen.« (Bd. I, S. 232)

Auf dem Mars selbst erlebt der erste menschliche Gast dann eine technisch hochentwickelte Zivilisation. Hauptverkehrsmittel der Martier sind Gleit- und Radbahnen, angetrieben von Elektromotoren, die sich aus gespeicherter Sonnenenergie speisen. Die Gleitbahnen, vor allem zum Lastentransport bestimmt, rasen auf Kufen dahin, die wiederum zwischen sich und dem entsprechenden Schienenstrang auf einer dünnen Wasserschicht zur Minderung der Reibung dahingleiten. Für den Personentransport werden vor allem die Radbahnen genutzt, bei denen es möglich ist, einzelne Module für den individuellen Reiseverkehr zu nutzen. Diese erreichen eine maximale Geschwindigkeit von 400 Stundenkilometern. Die Martier wohnen in riesigen Häusern über den Kanälen. Ein Fünftel der Fläche in den überbauten Gebieten ist im übrigen als Naturpark ausgewiesen. Die Mehrheit lebt jedoch auf dem Lande in kleinen transportablen Häusern, die problemlos und ohne dass die Bewohner sie verlassen müssen, auf dem Luftwege an andere Orte gebracht und dort angeschlossen werden können. Automaten, die äußerlich den Martiern gleichen, wir würden sie Androiden nennen, erledigen z.B. Pförtnerpflichten.

Augenfälliger noch als die technische Überlegenheit der Martier ist aber ihre ethische. Sie leben, vereinfacht gesagt, streng nach den kantischen Prinzipien in der Auslegung von Kurd Laßwitz. Die hochentwickelte Ethik der Martier, die sich ganz konkret auf die gesellschaftliche wie individuelle Lebenspraxis auswirkt, führt schließlich zum Konflikt zwischen den beiden benachbarten Planeten. Durch ein Missverständnis zwischen der englischen Kriegsmarine (das englische Militär wie Großbritannien als Kolonialmacht werden in Laßwitz' Roman recht kräftig kritisiert) und einem martianischen Luftschiff kommt es zu einer militärischen Auseinandersetzung. Die Martier sehen sich gezwungen, ihre überlegene Waffentechnik einzusetzen und die Erde zu unterwerfen. Dies entzweit allerdings auch die Martier untereinander, die sich in die »Philobaten« (Freunde der Erde) und die »Antibaten« (Gegner) aufspalten. Für Letztere stehen die Menschen auf einer barbarischen Kulturstufe, zwar noch über den Tieren, aber weit unterhalb der Entwicklungsstufe der Nume. Die starre und uneinsichtige Haltung der führenden englischen Nation verschärft den Konflikt. Die gesamte Erde wird zu einer Kolonie der Martier: die Menschen, so die martische Politik, seien ausdrücklich als unfrei zu bezeichnen und müssten beaufsichtigt und erzogen werden. Aus der Sicht der Martier stellt sich die Erde so dar:

»»Wir haben genaue Informationen über die Verhältnisse auf der Erde eingezogen. Sie sind geradezu haarsträubend. Von Gerechtigkeit, Ehrlichkeit, Freiheit haben diese Menschen keine Ahnung. Sie zerfallen in eine Menge von Einzelstaaten, die untereinander mit allen Mitteln um die Macht kämpfen. Darunter leidet die wirtschaftliche Kraft dermaßen, daß viele Millionen im bedrückendsten Elend leben müssen und die Ruhe nur durch rohe Gewalt aufrecht erhalten werden kann. Nichts desto weniger überbieten sich die Menschen in Schmeichelei und Unterwürfigkeit gegen die Machthaber. Jede Bevölkerungsklasse hetzt gegen die andere und sucht sie zu übervorteilen. Wer sich mit der Wahrheit hervorwagt, wird von Staats wegen verurteilt oder von seinen Standesgenossen geächtet. Heuchelei ist überall selbstverständlich. Die Strafen sind barbarisch, Freiheitsberaubung gilt noch mild. Morde kommen alle Tage vor, Diebstähle alle Stunden. Gegen die sogenannten unzivilisierten Völker scheut man sich nicht, nach Belieben Massengemetzel in Scene zu setzen. [...] Und diese Bande sollen wir als Vernunftwesen anerkennen?«« (Bd. II, S. 101/102)

Die großen europäischen Nationen erleben nun durch die Martier das, was Millionen Menschen in Asien, Afrika und Amerika durch die Europäer erlebt haben. Kennzeichnend dafür ist der Ausruf eines irdischen Helden des Romans: »Wir sind ja doch arme Rothäute!« Nach einem für die Erde verheerenden Krieg – die gesamte englische Flotte wird vernichtet, die englischen Kolonien befreit und von den Martiern als souveräne Staaten anerkannt – errichten die Martier auf der gesamten Erde Protektorate. Die Menschen müssen Umerziehungskurse absolvieren, Kasernen werden als Fortbildungsschulen eingerichtet, da nur noch ein Minimum an Militär zur Aufrechterhaltung der staatlichen Ordnung zugelassen ist.

Das Zusammenleben der Martier und der Menschen, die von den technischen Möglichkeiten, etwa Nahrung ohne den Umweg über Pflanze und Tier herzustellen, profitieren, gestaltet sich zunehmend als schwierig. Die Stimmung wird auf beiden Seiten aggressiv, zumal die Martier unter den Bedingungen der größeren Gravitation, die sie nur bedingt ausgleichen können, und vor allem unter dem feuchten Klima zunehmend leiden. Sie selbst infizieren die Erdmenschen mit Bazillen – allerdings im Vergleich zu den Infektionen, die sich die Marsianer bei Wells ausgesetzt sehen, mit relativ harmlosen Folgen.

Die von den Martiern zwar gut gemeinte, aber für die Menschen schwer erträgliche Unterdrückung führt zu einer Solidarisierung der Völker. Einem Geheimbund unter Führung Amerikas gelingt es schließlich, durch eine militärische List die Martier vernichtend zu schlagen. Auf dem Mars setzt sich die Philobaten-Partei mit überwältigender Mehrheit durch, und die Völker von Mars und Erde schließen am Ende des Romans einen Friedensvertrag; auch die privaten Konflikte zwischen den Helden des Romans werden gelöst. Die Martier finden zu ihren früheren Positionen zurück und erkennen die Eigenständigkeit der Erde an. Auf der Erde aber sind die Völker in dem Bewusstsein geeint, dass sie zusammengehören und für die gesamte Erde zu handeln hätten. Die Einwirkung der Martier hat »das Bewußtsein der gemeinsamen Würde« geweckt, unter dem Motto »Friede sei auf Erden, damit die Erde den Menschen gehöre!« (Bd. II, S. 510)

Während sich in dem oft in zwei Bänden aufgelegten umfangreichen Roman von Laßwitz Krieg und Frieden die Waage halten und der Roman tatsächlich auf zwei Welten spielt, kommen bei Wells die Marsbewohner sozusagen auf einer Einbahnstraße auf die Erde mit dem einzigen Ziel, sie in Besitz zu nehmen und die Menschen zu vernichten oder sie zu domestizieren.

Krieg der Welten

Herbert George Wells wurde 1866 in London geboren, wo er 1946 auch starb. Ein Stipendium ermöglichte ihm naturwissenschaftliche Studien als Schüler des Darwinisten Thomas Huxley. Er arbeitete eine Zeit lang als Journalist und wurde als freier Schriftsteller vor allem durch seine utopischen Romane (Die Zeitmaschine, Dr. Moreaus Insel, Der Unsichtbare) weltberühmt. Zeitlebens setzte er sich für seine idealistischen politischen Ziele ein und hatte Kontakte mit den bedeutendsten Politikern seiner Zeit, u.a. mit Lenin, Roosevelt, Stalin. Ursprünglich marxistisch orientiert, vertrat er später einen gemäßigten Sozialismus und einen uneingeschränkten Pazifismus. Sein ursprünglicher optimistischer Fortschrittsglaube wandelte sich in späteren Jahren in tiefen Pessimismus. Seine frühen utopischen Romane, vor allem auch »Krieg der Welten« machten ihn neben Jules Verne zum eigentlichen Begründer des Literatur-Genres »Science Fiction«.

Während die Laßwitz'schen Martier den Erdmenschen bis auf kleine Unterschiede gleichen – Liebesbeziehungen zwischen Martiern und Erdmenschen führen zu »normaler« Nachkommenschaft – und mit guten Absichten die Erde aufsuchen, handelt es bei den Wells'schen Invasoren um achtbeinige Monster, deren einziges Ziel es ist, die Erde zu erobern. Treten uns bei Laßwitz ausgeprägte martische Individuen beiderlei Geschlechts entgegen, so sind die Marsianer bei Wells eingeschlechtlich und von abstoßendem, ekelerregendem Äußeren:

»Ein großer, grauer, gedrungener Körper, ungefähr von der Größe eines Bären, erhob sich langsam und schwerfällig aus dem Zylinder. Als er sich aufrichtete und vom Licht beschienen wurde, glitzerte er wie nasses Leder. Mit seinen zwei großen, dunkelgefärbten Augen blickte das Geschöpf mich unverwandt an. Es hatte unter den Augen einen Mund, dessen Rand unausgesetzt zitterte und von Speichel troff. Der Rumpf hob und senkte sich unter heftigem Keuchen. Ein schlankes fühlerartiges Anhängsel hielt den Rand des Zylinders umklammert, ein anderes schlängelte sich in der Luft.

Wer nie einen lebenden Marsbewohner gesehen hat, wird sich die grauenvolle Häßlichkeit seiner Erscheinung kaum vorstellen können. Der seltsame V-förmige Mund mit seiner zugespitzten Oberlippe, die fehlenden Augenbrauen, das fehlende Kinn unter der keilförmigen Unterlippe, das unaufhörliche Zittern des Mundes, die gorgonenartige Gruppe der Fühler, das geräuschvolle Atmen der Lungen in dieser fremden Atmosphäre, die augenfällige Schwerfälligkeit und Mühseligkeit der Bewegungen (ohne Zweifel eine Folge der größeren Anziehungskraft der Erde), vor allem aber die außergewöhnliche Intensität ihrer ungeheuren Augen – das alles zusammen verursachte eine Übelkeit, als ob man seekrank würde. Es war etwas Schwammiges in ihrer öligen braunen Haut, und in der plumpen Bedächtigkeit ihrer schwerfälligen Bewegungen lag etwas unbeschreiblich Erschreckendes.

Schon bei dieser ersten Begegnung, bei diesem ersten Anblick wurde ich von Abscheu und Grauen überwältigt.« (S. 21)

Diese Wesen werden mit einer riesigen Kanone vom Mars auf die Erde geschossen, technisch gesehen ein weitaus primitiveres Verfahren als bei Laßwitz. Die Monster verlassen den Mars, weil dieser erkaltet und abstirbt, während auf der Erde noch reichlich Luft und Wasser existieren. Hier wollen sie überleben und bringen zunächst menschenähnliche Zweifüßler als Proviant mit, von denen sie sich das Blut direkt zuführen, später bedienen sie sich auch der Menschen zur direkten Nahrungsaufnahme. Wells, der die Geschichte von der Marsinvasion von einem jungen Journalisten erzählen lässt, der unmittelbar in die Geschehnisse verwickelt wird, vergleicht an verschiedenen Stellen das Schicksal von Tieren auf der Erde mit dem Schicksal der Menschen, das Letzteren durch die Marsianer droht. Die Menschen erscheinen als Ameisen, die von den Marsianern gleichgültig zertreten werden. Über die Nahrungsaufnahme durch das Absaugen von Blut aus dem menschlichen Körper zieht Wells folgenden Vergleich: »Die bloße Vorstellung erscheint uns ohne Zweifel grauenhaft und abstoßend, aber wir sollten uns, denke ich, zugleich erinnern, wie widerwärtig unsere fleischfressenden Gewohnheiten einem vernunftbegabten Kaninchen erscheinen würden.« (S. 110)

Die militärischen Anstrengungen gegen die übermächtige Kriegstechnik der Marsianer wird mit einem wütenden Bienenschwarm verglichen, der freilich nichts ausrichten kann, (S. 82) oder mit einem Wespennest, das die Marsianer durch Giftgas ausrotten. Gegen die überlegene Kriegstechnik der Marsianer gibt es keine Abwehr: sie bewegen sich in dreifüßigen Stahlgerüsten, die höher als ein mehrstöckiges Haus sind; diese besitzen an der Steuerkabine Greifarme von ungeheurer Stärke. Neben Giftgas setzen die Marsianer Hitzestrahlen ein, gegen die kein Schutz hilft. Die Menschen fliehen in alle Himmelsrichtungen, aber die Marsbewohner verfolgen sie überall hin. Auf dem Höhepunkt des Terrors, als es keine Hoffnung mehr zu geben scheint, sterben die Marsianer plötzlich, infiziert von einem irdischen Kleinstlebewesen, einem Grippevirus, gegen den die Marsianer nicht immun sind. Die Erde ist gerettet, aber ohne ein Zutun der »Krone der Schöpfung«: Ein pessimistischen Bild, das Wells trotz des für die Menschheit glücklichen Ausganges entwirft. Immerhin aber haben die Menschen aus dem Vorkommnis etwas gelernt:

»Wir sehen heute ein, daß wir unsern Stern durchaus nicht als einen gewissermaßen eingezäunten und sicheren Wohnort für die Menschheit betrachten können; wir können das unerhörte Heil oder Unheil, das unvermutet aus dem Weltenraum auf uns hereinbrechen kann, nie vorhersehen. [...] Er [der Einfall vom Mars] hat uns jener heiteren Vertrauensseligkeit in die Zukunft, welche die fruchtbarste Quelle des Verfalles ist, beraubt; [...]. (S. 175)

Die Romane von Laßwitz und Wells gleichen sich nur in der Ausgangsidee und in der deutlichen Kritik am Kolonialismus. So wie sich die Europäer den Marsianer gegenüber unterwerfen müssen, so sind die Kulturen in den außereuropäischen Erdteilen der höher entwickelten Technik, vor allem der Kriegstechnik der europäischen Staaten ausgeliefert. In der inhaltlichen wie formalen Ausführung sind sie jedoch grundverschieden. Bei Laßwitz siegt der Glaube an eine positive Entwicklung des vernunftbegabten Menschen, der sich durch die Erschütterungen der Invasion als einzelner selbst vervollkommnet und sich nach allerlei Irrungen und gedanklichen Reinigungen dem Gemeinwohl verpflichtet fühlt. Wells' Roman hingegen wird von einer pessimistischen Grundhaltung bestimmt. Er misstraut dem sozialen Bewusstsein des Menschen und kritisiert auch vor allem in der Gestalt eines feigen anglikanischen Geistlichen die Doppelmoral der Kirche. In einer Zeit, in der die unbegrenzten Möglichkeiten des technischen Fortschritts eine goldene Zukunft verheißen, sieht Wells diese Zukunft bereits unter negativen Vorzeichen.

Wirkungen

Die Romane unterscheiden sich auch von der erzählerischen Qualität her stark voneinander. Während bei Laßwitz lange Gespräche zwischen den Romanhelden die philosophischen Grundideen ihres Schöpfers darlegen, erzählt Wells ungeheuer temporeich und spannungsgeladen – ganz im Stil des modernen unterhaltsamen Action-Romans. »Krieg der Welten« wirkt auch weit über 100 Jahre nach seinem Erscheinen außerordentlich frisch.

Dem Roman von Kurd Laßwitz, der jahrzehntelang durchaus erfolgreich war, bis er schließlich von den Nationalsozialisten wegen seiner demokratischen idealistischen Grundhaltung abgelehnt wurde, war nicht der dauernde weltweite Erfolg beschieden wie dem Roman von Wells. Immerhin ist von einer erstaunlichen Wirkung des literarischen Produktes von Kurd Laßwitz auf die Pioniere der Weltraumfahrt zu berichten. So schrieb etwa Wernher von Braun in einem Vorwort zu einer Buchausgabe von »Auf zwei Planten« bei Scheffler (Frankfurt am Main, 1969):

»Die technische Phantasie des Verfassers, dem Funkverkehr, Auto und Flugzeug noch völlig fremd sind, ist überraschend und geradezu visionär. Er erahnt und beschreibt Dinge, die seine Zeitgenossen zwar noch als wilde Spekulationen ansehen müssen, die spätere Generation aber tatsächlich verwirklichen werden [...]

Ich werde nie vergessen, mit welcher Neugierde und Spannung ich in meiner Jugend diesen Roman verschlang, und ich glaube, daß seine Lektüre auch heute, wo Elektronen und Menschenaugen bereits die ersten direkten Eindrücke vom Mond und unseren Nachbarplaneten gesammelt haben, von ganz besonderem Interesse ist.«

Der amerikanische Anthony Boucher mutmaßte, dass der Roman von Kurd Laßwitz die reale Wissenschaft stärker beeinflusst habe als jedes andere Werk der Science Fiction, nämlich durch seine Wirkung auf Wernher von Braun und andere Mitglieder des deutschen Vereins für Raketentechnik (vgl. Rottensteiner, S. 134).

Im Laufe der 60-er und 70-er Jahre wurde der Roman von Laßwitz, manchmal gekürzt, gelegentlich wieder aufgelegt. Die wohl beste Ausgabe erschien 1979 in der ersten, 1984 in der zweiten Auflage als Sonderausgabe bei 2001 in Frankfurt. Diese Ausgabe hat Rudi Schweikert mit umfangreichen Anmerkungen, einem vorzüglichen Nachwort, einer Werkgeschichte und einer Bibliographie zu Kurd Laßwitz versehen. Reicher noch in der Ausstattung ist die 1998 bei Heyne erschienene, leider mit einem schwer zu ertragenden Umschlagbild versehene Ausgabe. Aber auch diese ist nicht mehr lieferbar. Ein Kurd-Laßwitz-Preis für hervorragende deutsche Science Fiction-Literatur erinnert an diesen deutschen Pionier des Genres.

Der Vater aller zukünftigen Invasions-, Mars- und ähnliche Romane, vor allem auch der einschlägigen Science Fiction-Filme, aber wurde der »Krieg der Welten« von Herbert George Wells.

Der Roman von Wells zeitigte aber noch eine Wirkung wie sicherlich kein anderer Science Fiction-Roman und wohl auch kein Werk der Literatur überhaupt. Am 30. Oktober 1938 wurde in den USA eine Hörspielfassung des »Kriegs der Welten« von Orson Welles und Howard Koch gesendet, die eine Panik unter großen Teilen der Bevölkerung auslöste. Sechs Millionen

Menschen sollen die Sendung gehört haben, und ein Fünftel soll davon überzeugt gewesen sein, dass es sich bei dieser Sendung, die in Form einer Reportage übertragen wurde, tatsächlich um eine realistische Schilderung einer Invasion durch Marsianer handelte. Obwohl der Radiosprecher eingangs darauf hingewiesen hatte, dass man eine Fiktion ausstrahlte, hatten viele Hörer dies wohl missverstanden oder sich erst später dazugeschaltet. Die New York Times vom 31. Oktober 1938 berichtete auf der Titelseite ausführlich über die panischen Reaktionen der Menschen und das Chaos, das die Sendung ausgelöst hatte. Zu Anfang des Artikels heißt es:

»Eine Welle der Massenhysterie hat sich gestern Abend zwischen 8 Uhr 15 und 9 Uhr 30 der ganzen Nation bemächtigt, als eine Übertragung der Hörspielfassung von H.G. Wells' Roman *The War of the Worlds* Tausende von Hörern glauben machte, daß ein interplanetarischer Konflikt mit den Marsianer ausgebrochen sei und daß die Invasoren Tod und Verderben in den Bundesstaaten New Jersey und New York säten. Diese Sendung, die Familien in Panik stürzte, das gesamte Kommunikationsnetz durcheinanderbrachte, die Gottesdienste störte und zu gewaltigen Verkehrsstauungen führte, war von Orson Welles gemacht worden ...« (zitiert nach Abret/Boia, S. 284).

Orson Welles entschuldigte sich später nach heftiger Kritik an dem »realistischen« Hörspiel. Ursprünglich habe er bei der Produktion des Hörspiels gezögert, weil er gefürchtet habe, die Geschichte sei so unwahrscheinlich, dass sie die Hörer langweilen könnte.

Ein Jahr nach dieser Sendung sollte in der Welt ein langandauernder fürchterlicher Schrecken beginnen, der nicht von Marsianern, sondern von Menschen zu verantworten war.

»Na prost!«
Die Wein- und Weltraumphantasie
Paul Scheerbarts von 1898

Die Medien waren 1999 voll von Rückblicken auf das 20. Jahrhundert und von Prognosen auf das 21. Skepsis war die vorherrschende Grundstimmung dieser Vorausblicke, und zwar sowohl in ernsthaften Auseinandersetzungen mit der Zukunft wie in weniger ernsthaften der Unterhaltungsbranche. Symptomatisch für letztere mag der Erfolg des Filmes »Armageddon« sein, der die Katastrophe eines Zusammenstoßes der Erde mit einem vagabundierenden Himmelskörper mit beeindruckender Tricktechnik schilderte. Wie ganz anders sahen die Zukunftsprognosen gegen Ende des 19. Jahrhunderts aus! Voller Hoffnung blickte man auf das kommende Säkulum. Grundlage dieser Hoffnung war vor allem ein unbeirrter Glaube an den technischen Fortschritt, der, so meinte man, geeignet sein werde, tatsächlich alle Probleme zu lösen.

Aus diesen von Optimismus eingerahmten Zukunftsbildern jener Zeit fällt der Roman »Na prost!« heraus. Auch sein Autor, Paul Scheerbart (1863–1915), ist in keinen Rahmen zu pressen. Ungewöhnlich ist schon die Titelei des 1898 bei Schuster & Loeffler in Berlin und Leipzig erschienenen 140 Oktavseiten starken Romans. Unterhalb des Schmutztitels finden wir die Widmung »Meinem verhaßten Richard Dehmel.«, was durchaus nicht ernst gemeint gewesen sein dürfte, denn Dehmel gehörte zu den besten Freunden Scheerbarts. Dessen Freude am Spiel oder am Verwirren des Lesers setzt sich fort mit einem Lichtenberg-Zitat unter dem Porträt-Foto Scheerbarts:

»O Polizeistaat, Deinem Genie
Verdankt die Welt die Graphologie
Und die köstliche Physiognomik.«

Auch der Titel selbst ist mehrdeutig. »Na prost!« ist aus gegebenem Anlass von den drei Protagonisten des Romans sehr häufig zu hören. »Na prost!« meint also durchaus die gegenseitige Aufforderung, alkoholische Getränke zu sich zu nehmen, benennt innerhalb des Romans aber auch die skeptisch-ironische Kommentierung des Geschehens mit negativen Vorzeichen.

»Phantastischer Königsroman« lautet der Untertitel des Romans, und damit führt Scheerbart den unvoreingenommenen Leser zunächst völlig in die Irre. Denn der Roman spielt mitnichten im Adelsmilieu, sondern 10.000 Jahre »nach Schopenhauer«, und die »Könige« sind drei Germanisten aus Java, die sich als einzige Überlebende aus der Katastrophe eines Zusammenstoßes der Erde mit einem eisernen Kometen in ein Raumschiff, nämlich eine achtkantige riesige Flasche, in den Weltraum haben retten können:

Auf der Hochschule zu Java wurden diejenigen, die auf den Kanzeln des weißen Elephantentempels gelehrte Vorträge hielten, »Könige« genannt. Solche »Könige« waren auch die drei Gelehrten in der Achtkantigen [...]. Diese letzten zweiundvierzig Worte erklären gleichzeitig auch den Titel dieses ganzen Buches, das mit vollem Recht ein »Königsroman« genannt zu werden verdient.[1]

Diese drei »Könige«, asiatische Germanisten namens Kusander, Brüllmeyer und Passko, haben sich zufällig in eines der auf der Erde in Erwartung des Zusammenstoßes mit dem eisernen Kometen hergestellten Raumschiffe retten können. Die Form einer achtkantigen Flasche beschreibt damit auch den Inhalt. (Dass die Form eines Raumschiffes für die Fortbewegung im Weltraum völlig irrelevant ist, weiß der gemeine Leser oder Kinogänger spätestens seit Kubriks Film »2001«.)

In der Weltraumflasche sind die drei bestens versorgt: *Nachdem sie sich ihre meterlangen Zigarren angezündet haben, freuen sie sich über die Unmenge Proviant. [...] Ural-Kavier in präparirten Kalbslederschläuchen – ausgenommene Schalthiere – eingepökelte Gebirgsschnecken – gedörrte Lachsforellen – Räucherfische – Hühner in Eiweiss – Semmel aus Celebes – Austern in Steinröhren – Känguruh-Schinken – hundert Schnapssorten – Narrenwein – meterlange Cigarren – und viele andre schöne Sachen – in Kruken, Blechbüchsen und Flachen – – – Alles ist in Hülle und Fülle da!* (S. 10/11)

Diesen Köstlichkeiten sprechen die Germanisten kräftig zu, vor allen Dingen dem »Narrenwein«, dem sie am Schluss ihrer Saufgelage jeweils etwas »Katergift« beimischen, das sie vor den Folgen dieser Gelage bewahrt. Von dem Drang nach Befriedigung anderer Bedürfnisse befreit sie der »Gürtel der Enthaltsamkeit«. Brüllmeyer schildert, wie es im 19. Jahrhundert vor diesen segensreichen Erfindungen zuging:

»Damals!« spricht er wehmütig, »waren die öffentlichen Zustände wahrhaftig ganz gemeingefährliche. Die großen Geister der Zeit litten sämmtlich an hochgradiger alkoholistischer Ueberreiztheit, denn sie hatten das ›Katergift‹ noch

nicht erfunden. Auch die unerquicklichen Verhältnisse, die durch die Auswüchse einer barbarischen Monogamie erzeugt wurden, brachten so manchen albernen Jammer in die Welt, denn den ›Gürtel der Enthaltsamkeit‹ hatten sie ebenfalls noch nicht erfunden. Damals war ja noch nicht einmal der Harem nach Europa importirt. Verrückte und teilweise gräßliche Deliriumszustände alkoholistischer und erotischer Natur standen demnach auf der Tagesordnung. Und so gelangte die Polizei zu immer größerer Macht. Ganz Europa litt ja an chronischer Verrücktheit.« (S. 110/111)

Das Flaschenraumschiff selbst ist mit allem erdenklichen Luxus ausgestattet, auch die Badezimmer: *In den Badezimmern sind die seidenen Polster üppig mit schwarzen, gelben, rothen und weissen Perlen bestickt – das Badewasser wird durch ein besonderes Verfahren leicht gereinigt – sodaß es nie erneuert zu werden braucht. Eine doppelte Metallhülle verhindert in den nach allen Seiten drehbaren Wannen das Ueberfliessen des Wassers.*

Für ihre Unterhaltung sorgen »viele, viele Bücher und viele, viele Handschriften«, alle »in jener großen deutschen Sprache gedruckt und geschrieben, die einst vor mehr als zehntausend Jahren ganz Europa beherrschte.« (S. 16) Kurz vor dem Untergang der Erde, hatten die drei noch an Ausgrabungen im alten Berlin teilgenommen, und dabei hat Brüllmeyer einen besonderen Schatz entdeckt:

[...] neunzehn Stückchen deutscher Litteratur aus der Blüthezeit der deutschen Dichtkunst – alte vergilbte Blättchen, die mit verschnörkelten, nicht leicht lesbaren Lettern bedruckt sind! [...] »Du lieber Himmel!« *sagt der alte Kusander,* »schon zehntausend Jahre sind die Papierchen alt. Wie rasch doch die Zeit vergeht!« (S. 16/17)

Aus diesen Papieren tragen sich die drei nun kleine Prosastücke vor, die anschließend von jedem »interpretiert« werden, wobei diese Interpretationen sich oft widersprechen und vor allem auf einen oberflächlichen Symbolgehalt achten. Die Themen der Stücke sind vielfältig, meist phantastisch und tragen im Untertitel häufig merkwürdige Gattungsbezeichnungen, wie etwa: Die kleine Burg, Kopf-Vignette; Die hastigen Zyklopen, Kratergeschichte; Loscher, eine Resignationsphantasie; Menschenblut, Sociale Fabel; Die Welt ist ein Kuhstall! Eine Kraterscene; Hinter den Bergen der Gewöhnlichkeit, Scherzo.

Als Beispiel dafür sei eines der kleinen eingewobenen Stücke, »Das Windspiel. Eine Hundsvignette«, wiedergegeben:

Der berühmte Kapellmeister Gluck lebte friedlich mit einem alten Windspiel zusammen. Eines Tages rief der Hund: »Gluck, spiel auf der Flöte!« Gluck spielte, jedoch das Thier heulte ganz fürchterlich.

»Warum heulst du denn?« fragte Gluck...

Das Windspiel aber bellte laut und rief fortwährend: »Gluck, spiel auf der Flöte!«

Gluck wußte sich nicht zu helfen und spielte wieder, und der Hund heulte dazu – fürchterlich, gräßlich, wimmernd!

Hörte Gluck zu spielen auf, so verlangte der Hund gleich wieder von Neuem nach Musik.

Glucken sowohl wie dem Windspiel – Beiden war das Spiel eine Qual, und doch mußte Gluck immer spielen und der Hund immer heulen.

Das war sehr schrecklich anzusehen und anzuhören.« (S. 71/72)

Danach wird das Stück besprochen:

Nu – das bringt wieder Leben in die Bude.

»Da hast du«, brüllt Brüllmeyer, »die Geschichte von dem, der was macht, und dem, der bloß zukickt. Ja, die kritischen Windspiele! Sie sehen so klug und gewandt aus – und sind doch so dumm wie die Windspiele, die einst auf der Erde herumliefen. Ja, die überflüssigen Luxustiere! Kusander, Du bist ein Luxus-Germanist!«

Die Drei werden furchtbar gemüthlich, machen sich ein prächtiges Fischessen zurecht und probieren ihre sämmtlichen 100 Schnapssorten.

Nach langer Zeit gehts mal wieder etwas lustig in der Achtkantigen zu.

Gluckens dummen Hund lässt man 100 Mal hochleben.

Die Emailwände dröhnen.

Draußen flitzen ein paar grünliche Blitze vorüber – es donnert dazu.

Die Gelehrten lachen aber und schreien:

»Na prost!« (S. 72/73)

Gegen Ende des Romans haben die drei Germanisten immer mehr die Freude an den Texten, ihrer Auslegung, aber auch an den Gelagen verloren. Sie beginnen »alles Menschliche« abzustreifen. »Die Flasche wird zum wirklichen Weltkörper – – – Und die Drei sind bald mit der Flasche *ein* Wesen geworden.« (S. 136)

Die letzten Sätze lauten:

Die drei Könige denken darauf in ihrer neuen Weise über Vieles nach, aber – sie sprechen nicht mehr. Ihre Gedanken sind nicht mehr menschlich...

Das Letzte wollen sie erfassen.
Aber im unendlichen Raum giebt es ein Letztes – nicht!
Na prost!
Die Erde ist längst entzwei!
Und die achtkantige Flasche lebt!
Schluß!

Nach Ausweis der Bibliographien ist Scheerbarts Königsroman »Na prost!« erst neun Jahrzehnte später wieder aufgelegt worden. 1986 erschien eine Ausgabe als Bd. 2 der gesammelten Werke (herausgegeben von Thomas Bürk, Joachim Körber, Uli Kohnle) in der Edition Phantasia. 1987 wurde bei Affolderbach & Strohmann eine leicht veränderte Einzelausgabe publiziert, herausgegeben und mit einem (sehr informativen und einfühlsamen) Nachwort versehen von Michael Matthias Schardt. 1989/90 erschien nach Ausweis der Bibliographie von Uli Kohnle eine Faksimile-Ausgabe im »Verlag Neuer Deutscher Phantasten«, »ohne sinnvolle Angabe von Ort und Jahr«.[2]

Über Paul Scheerbart existiert eine Fülle von Sekundärliteratur. Er fehlt in keinem literarischen oder Konversationslexikon der Gegenwart, auch nicht in Nachschlagewerken über Science Fiction. So heißt es z. B. in Reclams Science Fiction-Führer von 1982: »Der sein Leben lang kosmopolitische, unpreußische und pazifistische S. wurde einer der bizarrsten – vielleicht deshalb unbekanntesten – Phantasten der deutschen Literatur. Seine Phantastik stand einsam inmitten der naturalistisch ausgerichteten ›Mainstream-Literatur‹ seiner Zeit.« Und in der Neuausgabe des »Lexikons der Science Fiction-Literatur« von Alpers, Fuchs, Hahn und Jeschke (München: Heyne, 1988, S. 865) ist zu lesen: »Wenn er auch kein typischer Vorläufer der Science Fiction war – der Reichtum an bizarrer Phantasie in seinen Werken könnte viele Autoren des Genres neidisch werden lassen.« – Und, so ist der heutige Leser geneigt hinzuzufügen, nicht nur dieses Genres.

Bildung und Information im neustrukturierten Deutschland

Bericht von einem Kongress in Hannover vom 3. bis 5. Oktober 2021, erstattet von Georg Ruppelt

Wie immer war der Kongress des mächtigen Dachverbandes der deutschen Bildungs- und Informationseinrichtungen *Bildung und Information für Deutschland! Bundesvereinigung deutscher Bildungs- und Informationsverbände e. V. (BID!)* ein politisches und gesellschaftliches Ereignis allerersten Ranges. Bundeskanzlerin Yüzgül Schiller hatte es sich nicht nehmen lassen, den Kongress am Abend des 3. Oktober in der neuen riesigen Leibniz-Halle der Hannover-Messe und damit zugleich die zentrale Veranstaltung zum deutschen Nationalfeiertag zu eröffnen.

Schiller, die, bevor sie ihre steile politische Karriere in der Christlich-Islamischen Partei (CIP) begann, selbst eine bibliothekarische Ausbildung in Hamburg absolviert und einige Jahre in Berlin und München gearbeitet hatte, betonte in ihrer programmatischen Eröffnungsrede, dass die derzeitige wirtschaftlich wie politisch starke Position der Bundesrepublik in der internationalen Völkergemeinschaft vor allem auf ihrer konzertierten und intensiven Förderung von Wissenschaft und Bildung beruhe. Ausdrücklich wies sie dabei anerkennend auf die Unterstützung der oppositionellen Parteien in diesen Bereichen hin. Wenn seitens der Neuen Kommunistischen Wirtschaftspartei Deutschlands (NKWD) und der Männer-Partei für Deutschland (MPD) auch in Detailfragen Widerspruch gegen einige Maßnahmen der Regierungskoalition aus CIP, SPD und Freien Grünen Radikalen (FGR) erhoben worden wäre, so hätten sowohl die starke linke wie die nur wenig kleinere konservative Partei bei der entscheidenden Abstimmung im Bundestag über das Gesetz zur »Intensiven und extensiven Förderung von Bildung, Wissenschaft und Kultur« dem Koalitionsentwurf zugestimmt. Gleiches sei nur einmal noch geschehen, nämlich 2010 bei der Abstimmung über das Gesetz zur »Förderung von Bibliotheken«.

In der Tat zeigten sich alle am Kongress Beteiligten, die Vortragenden (die meisten waren persönlich erschienen, nur wenige traten als Hologramm auf oder hatten ihre Avatare geschickt), die in reicher Zahl anwesenden Parlamentarier und Regierungsvertreter, die Teilnehmer und natürlich vor allem die haupt- und ehrenamtlichen Ausrichter von BID mit den Entwicklungen der letzten Jahre sehr zufrieden. Dies war auch deutlich an der hervorragenden Stimmung des Kongresses bemerkbar. Zudem trugen das herrliche Herbstwetter und ein ebenso anspruchsvolles wie fröhliches Begleitprogramm, zu dem Bibliotheksbesichtigungen, Massennacktbaden im erwärmten Maschsee und Tagesflüge mit Tourismus-Zeppelinen an besonders reizvolle Gegenden dieses nördlichsten Bundeslandes gehörten, zum Gelingen des Kongresses bei.

Seit 2015 nunmehr findet dieser Kongress in den »ungeraden« Jahren statt, dabei alle vier Jahre in Leipzig; 2017 hatte man sich in der Hauptstadt des aus den ehemaligen Ländern Hessen, Rheinland-Pfalz und Saarland gebildeten neuen Bundeslandes Rheinland getroffen, die, wie bekannt, seit 2015 Frankfurt am Main ist.

Für das Jahr 2021 also war die Wahl für den Kongressort auf die Metropole des Bundeslandes Nordostseeland gefallen, die seit jenem denkwürdigen Jahr 2015, in dem die große Strukturreform der Bundesrepublik wirksam wurde, Hannover heißt. Die Wahl des Kongressortes hatte allerdings im Wesentlichen einen anderen Grund; ganz Deutschland feiert nämlich, wie in allen Medien nicht zu übersehen, in diesem Jahr den 375. Geburtstag von Gottfried Wilhelm Leibniz. Der Name dieses »letzten Universalgenies«, Bibliothekars und rührigen Praktikers steht ja synonym für die Neuformulierung deutscher Bildungs- und Wissenschaftspolitik. Und so konnte in diesem Jahr der Ortsname für den BID!-Kongress nur Hannover lauten.

Merkwürdigerweise scheint auch bei der älteren Generation der ursprüngliche deutsche Föderalismus völlig in Vergessenheit geraten zu sein, und man muss gelegentlich daran erinnern, dass bis zum Jahr 2015 die Bundesrepublik aus 16 Bundesländern bestand. Man macht sich heute kaum noch eine Vorstellung, mit welch unendlicher Mühe die bereits seit 2005 begonnene Föderalismusdebatte in aktives Handeln und schließlich sogar in ein Gesetz transformiert werden musste. Auch nach der Reform ist es, wie wir alle wissen, nicht gerade einfach, die insgesamt nunmehr acht Länder und den Bund in der Kultur- und Bildungspolitik auf einen Nenner zu bringen.

Auf dem Kongress allerdings war man sich dieser Tatsache durchaus bewusst, denn im Mittelpunkt stand eine Evaluation der Bildungs- und Wissenschaftspolitik der letzten sechs Jahre, an der zwei Bundesregierungen und zahlreiche Landesregierungen beteiligt waren. Die BID!-Vertreter zeigten sich mit dem Ergebnis durchaus zufrieden und unterließen auch nicht, den eigenen Anteil am Erfolg dieser neuen Politik hervorzuheben.

Die BID!-Sprecherin Ludmilla Samarowa erinnerte in ihrer Eröffnungsansprache an die Ursprünge des Dachverbandes, der noch Anfang unseres Jahrhunderts vornehmlich aus Bibliotheksverbänden bestand. Erst als die Bibliotheken sich als wichtiger Teil eines übergreifenden Bildungsauftrages begriffen und die Zusammenarbeit, ja den Zusammenschluss mit dem Goethe-Institut, der Bertelsfrau-Stiftung (sie hieß bis 2010 noch Bertelsmann-Stiftung), den Informations-, Archiv- und Museumsfachleuten suchten und fanden, erst als der Börsenverein des Deutschen Buchhandels sowie einige Verbände aus dem Schul- und Hochschulbereich als korrespondierende Mitglieder gewonnen werden konnten, erst von da an gelang es, die Bildungs- und Wissenschaftspolitik entscheidend mit zu beeinflussen, ja mitzubestimmen. Eine Namensänderung war mit dieser Vereinigung einhergegangen, aber die selbstbewussten und hochgradig effektiv organisierten Bibliothekare, deren Sektion weiterhin zu den kreativsten gehört, hatten diese Entwicklung nicht nur hingenommen, sondern selbst befördert.

Die Erfolge gaben ihnen Recht. Die Bibliotheksgesetzgebung in Bund und Ländern wurde zum Vorbild für Europa und darüber hinaus. Keine Schule, keine Gemeinde mehr, in der sich nicht eine Bibliothek mit einer angemessenen herkömmlichen wie modernen Medienauswahl, mit Veranstaltungsräumen und mehr oder weniger anspruchsvoller Gastronomie, mit einschlägigen Geschäften und oft auch Sporteinrichtungen findet. In den Hochschulen sind Bibliotheken, ist die Bibliothek integraler Bestandteil jeder Fachrichtung und trägt wesentlich durch ein reichhaltiges Veranstaltungsprogramm zur Begegnung von Natur- und Geisteswissenschaften bei.

Dies gilt auch für die Staats- und Landesbibliotheken, wie etwa die Gottfried Wilhelm Leibniz Bibliothek in der gastgebenden Stadt, die überdies durch ihre Zukunftsorientiertheit wie durch ihr Geschichtsbewusstsein für die Identitätsstärkung ihrer Region und deren kulturelle Entwicklung gemeinsam mit Museen und Archiven gerade in unserem globalisierten Zeitalter ganz Wesentliches leisten. Ihnen ist auch die Initiative für die enge Zusammenarbeit von Schulen und Bibliotheken in der Leseförderung und in der voruniversitären Bildung zu danken. Als Ende des zweiten Jahrzehnts unseres Jahrhunderts die neue bio-thermische Informationstechnologie zum

Einsatz kommen sollte, wurde sie zuerst in den Regional- und Hochschulbibliotheken getestet.

Bei allem Einsatz der jeweils neuesten Hochtechnologie haben die Bibliotheken ihre Wurzeln durchaus nicht vergessen, was sich auch im Kongressprogramm ihrer Sektion niederschlug. Neben Berichten und Diskussionen zu aktuellen Fragen, etwa »Konvertierung von Daten aus Kristall-Speichern auf Biomasse« oder »die Anwendung neuer Antigrav-Technologie im Magazinbereich« standen auch Beiträge zur Aus- und Fortbildung, zu Fundraising-Fragen, zur Bibliotheksgeschichte, zur Buchrestaurierung oder auch zur allgemeinen Kultur- und Literaturgeschichte auf dem Programm.

Der dreitägige Kongress klang am Abend des 5. Oktober 2021 hinter dem Hannoveraner Rathaus aus mit einem gemeinsamen Singen der rund 9500 Kongressteilnehmer. Neben aktuellen Liedern, besonders solchen aus Südostasien, begeisterte man sich vor allem an den hochklassischen Songs der Gruppe ABBA aus dem 20. Jahrhundert.

Anmerkungen und Literatur

Anmerkungen und Literatur

Es war im Jahr 2010
Deutschland und die Welt in der Zukunftsliteratur

Wesentlich überarbeitete Fassung von: Es war im Jahre 2000. Zeitverschobene Utopien in Deutschland – Deutschland in der zeitverschobenen Utopie. In: Aus dem Antiquariat. Beilage zum Börsenblatt für den Deutschen Buchhandel. Nr. 103/104 vom 29. Dezember 1999. S. A 708 – A 720.

1. W. Grassegger: Der zweite Weltkrieg. Deutschland die Waffenschmiede. Vom deutschen Aufstieg zu neuer Macht und Größe. Eine militärisch-politische Prophezeiung. Naumburg a.d.S. 1922.
2. Gerhard R. Steinhäuser: Unternehmen Stunde Null 1986. Leben nach dem Jüngsten Tag. München 1973.
3. Hansel Truth: Am Ende des Jahrtausends. Ein Roman. Basel 1891.
4. Samuel Madden: Memoirs of the twentieth century. Being original letters of state under George the sixth. Vol. 1. – London; New York 1972. (Reprint der Ausgabe London 1733. Die Ausgabe war auf 6 Bde. angelegt, es erschien jedoch nur Bd. 1.)
5. Louis-Sébastien Mercier: Das Jahr 2440. Ein Traum aller Träume. Dt. von Christian Felix Weiße (1772). Hrsg., mit Erl. u. e. Nachw. versehen von Herbert Jaumann. Frankfurt/M. 1982. (Suhrkamp Taschenbuch; 676. Phantastische Bibliothek; 50. – Originaltitel: L'an deux mille quatre cent quarante. 1770 oder 1771.) S. 113/114.
6. Charlotte Winheller: Vorwort. In: 20 Science Fiction Stories. The best from fantasy and science fiction. München 1963. (Heyne-Anthologien; 2) S. 8.
7. Vgl. Titus Arnu: Der erste Tag der Zukunft ist heute. Warum sich Wolfgang Jeschke als Herausgeber und Autor seit drei Jahrzehnten für die Anerkennung der Science Fiction einsetzt. In: Süddeutsche Zeitung vom 2./3. November 1996. S. VII.
8. Hans Joachim Alpers, Werner Fuchs, Ronald M. Hahn, Wolfgang Jeschke: Lexikon der Science Fiction Literatur. Erw. u. aktualisierte Neuausg. in 1 Bd. München 1988. S. 26.
9. Ebda.
10. Zitiert nach Titus Arnu, s. Anm. (7).
11. Vgl. Claus Ritter: Anno Utopia oder So war die Zukunft. 2. Aufl. Berlin 1986. S. 57-96.
12. Zitiert nach Ritter, s. Anm. (11), S. 65.

13 Ebda., S. 66.
14 Ebda., S. 79.
15 Vgl. das Kapitel »Als die Marsianer auf die Erde kamen« in diesem Band.
16 »Ich werde nie vergessen, mit welcher Neugierde und Spannung ich in meiner Jugend diesen Roman verschlang.« Wernher von Braun 1969 im Geleitwort zu einer Neuauflage von K. Laßwitz »Auf zwei Planeten«. Gütersloh o. J., S. 6.
17 Kurd Laßwitz: Auf zwei Planeten. Roman in zwei Büchern. 3. Aufl. Berlin 1900. Bd. 2. S. 101/102.
18 Ebda., Bd. 1, S. 245.
19 Vgl. Udo Klotz: Der Kurd Laßwitz-Preis. In: Kurd Laßwitz: Auf zwei Planeten. Roman. Jubiläumsausg. Hrsg. u. mit einem Vorwort, Nachwort, einer Werkgeschichte und einer Bibliographie versehen von Rudi Schweikert. Sowie mit einem Beitrag über den Kurd Laßwitz-Preis von Udo Klotz. München 1998. S. 1046-1071.
20 Hans Dominik: Allerlei Zukunftsmusik. In: H. D.: Technische Märchen. Berlin 1903. S. 59-67.
21 Hans Dominik: Dreißig Jahre später. In: Das neue Universum. 51. 1930. S. 1-15.
22 Hans Dominik: Ein Freiflug im Jahre 2222. In: Das neue Universum. 55. 1934. S. 1-24.
23 Vgl. u.a. Roland Innerhofer: Deutsche Science Fiction 1870–1914. Rekonstruktion und Analyse der Anfänge einer Gattung. Wien u.a. 1996. (Literatur in der Geschichte, Geschichte in der Literatur; 38.)
24 Edward Bellamy: Ein Rückblick aus dem Jahre 2000 auf 1887. In der Übersetzung von Georg v. Gizycki. Hrsg. von Wolfgang Biesterfeld. Stuttgart 1983. (Originaltitel: Looking Backward: 2000–1887. Boston 1888.)
25 Čajanow, Aleksander Vasil'evic/Tschajanow, Alexander Wassiljewitsch (Pseud.: Ivan Kremnew): Reise meines Bruders Alexej ins Land der bäuerlichen Utopie. Aus d. Russ. von Christian Schulte und Rosalinde Sartori. Hrsg. von Krisztina Mänicke Gyöngyösi. – Frankfurt/M. 1981. – Editorische Notiz der benutzten Ausgabe: »Die Reise meines Bruders Alexej in das Land der bäuerlichen Utopie«, Teil 1, mit einem Vorwort von P. Orlowski, von Iwan Kremnew (Pseudonym v. A. W. Tschajanow) wurde von Chistiane Schulte übersetzt.
26 Zitiert nach Claus Ritter: Start nach Utopolis. Eine Zukunfts-Nostalgie. Frankfurt/M. 1978. S. 200.
27 G. Erman: Deutschland im Jahre 2000. Kiel 1891. (Deutsche Schriften für nationales Leben; Reihe 1, Heft 4.) S. 14-17.
28 Colin Ross: Als der Welt Kohle und Eisen ausging. In: Das neue Universum 34. 1913. S. 165-178.
29 Heinz Slawik: Erdsternfrieden. Eine unwahrscheinliche Geschichte. Wien, Leipzig 1919.

30 Ebda., S. 263/64.
31 Grassegger, s. Anm. (1), S. 76.
32 Karl Bartz: Krieg 1960. Berlin 1931.
33 Konrad Loele: Züllinger und seine Zucht. Zeichnungen von Hans Albert Förster. Leipzig 1920.
34 Ebda., S. 11.
35 Ernst Bergmann: Deutschland, das Bildungsland der neuen Menschheit. Eine nationalsozialistische Kulturphilosophie. Breslau 1933. Vgl. dazu Jost Hermand: Der alte Traum vom neuen Reich. Völkische Utopien und Nationalsozialismus. Frankfurt a.M. 1988.
36 Peter Schattschneider: Science Fiction – Vision für das 3. Jahrtausend. In: Das Science Fiction Jahr. 7. Ein Jahrbuch für den Science Fiction Leser. Ausgabe 1992. Hrsg. von Wolfgang Jeschke. München 1992. S. 423-440, hier S. 425/426.
37 Richard Koch: Ozeano, der Wasserplanet. Roman. Berlin 1961.
38 Arno Schmidt: Die Gelehrtenrepublik. Kurzroman aus den Roßbreiten. Karlsruhe 1957.
39 Leo Szilard: Die Stimme der Delphine. In: L. S.: Die Stimme der Delphine. Utopische Erzählungen. Aus d. Amerikan. übertr. von Horst Dölvers. Mit e. Vorw. von Carl Friedrich Freiherr v. Weizsäcker. – Reinbek bei Hamburg 1963. S. 43-105.
40 Dieter Wunder in: Deutschland Utopia. Hrsg: Jörg Weigand. Bergisch Gladbach 1986. S. 40-43.
41 Georg Ruppelt: Zukunft von gestern. S. den folgenden Hinweis.

Zukunft von gestern
Die Geschichte der Jahre 1901 bis 3000

Stark veränderte und gekürzte Fassung von »Zukunft von gestern. Ein Überblick über die Geschichte der Jahre 1901 bis 3000, zusammengestellt aus alten und neuen Science Fiction-Texten«. (Begleitbuch zur gleichnamigen Ausstellung in der Staats- und Universitätsbibliothek Hamburg.) Hamburg: Verlag für Pädagogische Medien, 1984.

QUELLENVERZEICHNIS

AMERY, CARL (d. i. Christian Mayer): Der Untergang der Stadt Passau. Science Fiction-Roman. Originalausg. München: Heyne, 1975. (Heyne Buch; 3461.)
ASIMOV, ISAAC: Spaß beim Lernen. Aus d. Amerikan. übers, von Peter Ullmer. – In: Brennpunkt Zukunft. Bd. 2. Hrsg. von Walter Spiegl. Frankfurt/M.: Berlin;

Wien: Ullstein, 1982. 5. S. 80-83. Originaltitel: The fun they had. In: Galaxy Science Fiction. Heft 10. 1966.

BARTZ, KARL: Krieg 1960. Berlin: Mittler, 1931. Zitate S. 129/30; 140.

BELLAMY, EDWARD: Gleichheit. Aus d. Amerikan. übers, von M. Jacobi. 6. Aufl. Stuttgart; Leipzig: Deutsche Verlags-Anstalt, 1898. Originaltitel: Equality. New York: Appleton; London: Heinemann, 1897.

BELLAMY, EDWARD: Looking backward. 2000–1887. Twenty-second Ed. – London: Reeves, 1893. Erste Ausgabe: Boston: Ticknor 1868. S. 154.

BERGMANN, ERNST: Deutschland, das Bildungsland der neuen Menschheit. Eine nationalsozialistische Kulturphilosophie. Breslau: Hirt, 1933. S. 140.

BESTE, AXEL: Das blaue Wunder. Die Weltkatastrophe des Jahres 1944. Roman. Hannover: Eichstädt, 1927.

BIRKENHEAD (Earl of) [d. i.: Smith, Frederick Edwin]: The world in 2030 a. d. With Ill. by E. McKnight Kauffer. London: Hodder and Stoughton, 1930.

BISHOP, MICHAEL: Die Cygnus-Delegation. Science Fiction-Roman. Dt. Übers, von Walter Brumm. Dt. Erstveröffentlichung. München: Heyne, 1960. (Heyne-Buch; 3743) Originaltitel: A little knowledge. New York: Berkeley Pub.- Corp., 1978.

BLISH, JAMES / KNIGHT, NORMAN L(OUIS): Tausend Milliarden glückliche Menschen. Roman. Aus d. Amerikan. übers. von Helga Wingert-Uhde. Hamburg; Düsseldorf: von Schröder, 1969. Originaltitel: A torrent of faces. Garden City, N. Y.: Doubleday, 1967.

BOVA, BEN(JAMIN WILLIAM): Jahrtausendwende. Science Fiction-Roman. Dt. Übers. von Walter Brumm. Dt. Erstveröffentlichung. München: Heyne, 1978. (Heyne-Buch; 3577) Originaltitel: Millenium. A novel about people and politics in the year 1999. New York: Random House, 1976.

BRUNNER, JOHN: Morgenwelt. Science Fiction-Roman. Dt. Übers. von Horst Pukallus. Dt. Erstveröffentlichung. 3. Aufl. München: Heyne, 1982. (Heyne-Buch; 3750) Originaltitel: Stand on Zanzibar. Garden City, N. Y.: Doubleday, 1968. S. 313.

BUNDSCHUH: Die Revolution von 1912. 6.-10. Tsd. Leipzig: Rothbarth, 1907.

BURGESS, ANTHONY: 1985. Roman. Dt. Übers. von Walter Brumm. Dt. Erstveröffentlichung. München: Heyne, 1962. (Heyne-Buch; 5981) Originaltitel: 1985. London: Hutchinson; Boston: Little, Brown, 1978.

BUZZATI, DINO: Die Lektion des Jahres 1980. In: D. B.: Die Lektion des Jahres 1980. Neue Erzählungen. Aus d. Italien. [Manuskr.] übers, von Ingrid Parigi. Wien; Stuttgart; Basel: Deutsch, 1962.

BYWATER, HECTOR C(HARLE5): The great Pacific war. A History of the American-Japanese campaign of 1931–33. London: Constable, 1925.

ČAJANOV, ALEKSANDR VASIL'EVIC = TSCHAJANOW, ALEXANDER

WASSILJEWITSCH (Pseud.: Iwan Kremnew): Reise meines Bruders Alexej ins Land der bäuerlichen Utopie. Aus d. Russ. von Christian Schulte und Rosalinde Sartori. Hrsg. von Krisztina Mänicke Gyöngyösi. Frankfurt/M., Syndikat, 1981. – Editorische Notiz der vorliegenden Ausgabe: »Die Reise meines Bruders Alexej in das Land der bäuerlichen Utopie«, Teil I, mit einem Vorwort von P. Orlowski, von Iwan Kremnew [Pseudonym von A. W. Tschajanow] wurde von Christiane Schulte übersetzt [...]. – Dieser Ausgabe fehlt die fingierte Zeitungsbeilage »Das Tierkreiszeichen«, so daß auf die englische Übersetzung – die Rosalinde Sartori ins Deutsche übertrug – zurückgegriffen werden mußte: »The Sign of Zodiac«, in: The Journal of Peasant Studies, 4 (1976), Nr. 1, S. 110-115.

ČAPEK, KAREL: Das Absolutum oder Die Gottesfabrik. Utopischer Roman. Aus d. Tschech. von Anna Aurednickova. Berlin (DDR): Das Neue Berlin, 1976. Originaltitel: Tovarna na absolutno. Román-feuilleton. Brno: Polygrafia, 1922.

CHRISTOPHER, JOHN: Das Tal des Lebens. Roman. Übertr. aus d. Engl.: Gerhard Thebs. Berlin: Weiss, 1959. Originaltitel: The death of grass. London: Joseph, 1956.

CLARKE, ARTHUR C(HARLES): In den Tiefen des Meeres. Roman. Übertr. aus d. Engl. v. Elke v. Hollander-Lossow. Berlin: Weiss, 1959. Originaltitel: The deep range. New York: Harcourt, Brace, 1957.

COLE, DANDRIDGE M.: Beyound tomorrow. The next 50 years in space. With space art originated by Roy C. Scarfo. Amherst, Wisc.: Amherst Press, 1965.

CONQUEST, ROBERT: A world of difference. A modern novel of science and imagination. London; Melbourne: Ward, Lock, 1955.

DAIBER, ALBERT: Anno 2222. Ein Zukunftstraum. Stuttgart: Strecker & Schröder, 1905. S. 5/6.

DALOS, GYÖRGY Neunzehnhundertfünfundachtzig. Ein historischer Bericht (Hongkong 2036). Aus dem Ungar. von ... Berlin: Rotbuch, 1982.

DEL REY, LESTER (d. i.: Ramon Felipe San Juan Mario Silvio Enrico Smith Hearthcourt-Brace Sierra y Alvarez del Rey y de los Uerdes): Das elfte Gebot. Hrsg. und mit e. Nachw. vers. von Hans Joachim Alpers. Aus d. Amerikan. von Johannes Jaspert u. Joachim Körber. München: Moewig Verl., 1981. Originaltitel: The eleventh commandment. 1962. Überarb. Ausg. 1970.

DICK, PHILIPP K(INDRED): Eine andere Welt. Science fiction-Roman. Dt. Übers. von Walter Brumm. Dt. Erstveröffentlichung. München: Heyne 1977. (Heyne-Buch; 3528) Originaltitel: Flow my tears, the policeman said. Garden City, N. Y.: Doubleday 1974.

DIOSCORIDES (d. i. Piéter Harting): Anno 2066. Ein Blick in die Zukunft. Aus d. Holländ. Weimar: Böhlau, 1866. Originaltitel: Anno 2065. Een blik in de toekomst. Utrecht: Greven, 1865. S. 45.

DISCH, THOMAS M(ICHAEL): Angoulême. Science Fiction-Roman. Dt. Übers.

von Walter Brumm. Sonderausg. München: Heyne, 1963. (Heyne-Buch; 06/18) Originaltitel: 334. London: MacGibbon & Kee, 1972.

DOHNANYI, KLAUS VON: Hamburg im Jahre 2003. Vision einer Kahnfahrt von Bergedorf nach Blankenese. – In: Hamburger Abendblatt, Nr. 166 vom 20. 7. 1983, S. 19. Gekürzter Abdruck aus: Die Utopie der nahen Zukunft. Architektur im Jahre 2003. Hrsg. vom Bund Deutscher Architekten, Ingeborg Flagge. Hamburg: Christians & Reim, 1983. 5. S. 30-32.

DOMINIK, HANS: Allerlei Zukunftsmusik. – In: H. D.: Technische Märchen. Berlin: Steinitz, 1903. S. 59-67. S. 67; S. 63.

DOMINIK, HANS: Atlantis. Zukunftsroman. Berlin: Weiss, 1950. Erste Ausgabe: Leipzig: Keils, 1925.

DOMINIK, HANS: Dreißig Jahre später. – In: Das neue Universum. 51. 1930. S. 1-15.

DOMINIK, HANS: Ein Freiflug im Jahre 2222. – In: Das neue Universum. 55. 1934. S. 1-24.

DOMINIK, HANS: Die Reise zum Mars. – In: Das neue Universum. 29.1908. S. 1-17.

DOMINIK, HANS: Zukunftsmusik. – In: Das neue Universum. 42. 1921. 5. 1-18.

DOVSKI, LEE VAN (d. i. Herbert Lewandowski): Reise ins Jahr 3000. Roman. Hamburg: Gala-Verlag, 1960.

DÜRRENMATT, FRIEDRICH: Das Unternehmen der Wega. Ein Hörspiel. (Geschrieben 1954, erweiterte Fassung 1969.) – In: F. D. Werkausgabe. Bd. 17: Nächtliches Gespräch mit einem verachteten Menschen. Stranitzky und der Nationalheld. Das Unternehmen der Wega. Hörspiele und Kabarett. Zürich: Verlag der Arche, 1980. S. 77-124. Erste Ausgabe: Zürich: Verlag der Arche, 1958.

DWINGER, EDWIN ERICH: Es geschah im Jahre 1965. Salzburg; München: Pilgram, 1957.

EGGEBRECHT, AXEL: Was wäre, wenn ... Ein Rückblick auf die Zukunft der Welt. Hörspiel. (Das Hörspiel wurde am 9. März 1947, am Vorabend der Moskauer Konferenz, vom Nordwestdeutschen Rundfunk in Hamburg erstaufgeführt. Die Regie hatte Ludwig Cremer.) Hamburg: Hammerich & Lesser, 1947. – (Das Hörspiel ist auch zugänglich durch den Abdruck in: Science Fiction Almanach 1982. Hrsg. u. mit einem Nachw. vers. von Hans Joachim Alpers. München: Moewig-Verl., 1981. S. 244-302.)

ERMAN, G.: Deutschland im Jahre 2000. Kiel: Lipsius & Tischer, 1891. (Deutsche Schriften für nationales Leben; Reihe 1, Heft 4.) S. 7; 14-17; 36-59.

FETZ, AUGUST: Ein Blick in die Zukunft. 2407. Dr. Wunderlichs seltsame Erlebnisse in Berlin vom 1. bis 7. Oktober 2407. Leipzig: Hahn, 1907.

FLÜRSCHEIM, MICHAEL: Deutschland in 100 Jahren oder Die Galoschen des Glücks. Ein soziales Märchen. Dresden; Leipzig: Pierson, 1890.

FRANCÉ, RAOUL HEINRICH: Phoebus. Ein Rückblick auf das glückliche Deutschland im Jahre 1960. München: Drei Masken Verl., 1927. S. 30/31.
FRANKE, HERBERT W(ERNER): Aktion im Niemandsland. – In: H. W. F.: Keine Spur von Leben. Hörspiele. Frankfurt a. M. Suhrkamp, 1982. (Phantastische Bibliothek; 61) S. 49-67. (Das Hörspiel wurde vom Süddeutschen Rundfunk, Sendestelle Heidelberg-Mannheim, inszeniert und 1975 uraufgeführt.)
FRANKE, HERBERT W(ERNER): Ypsilon minus. Mit einem Nachw. Von Franz Rottensteiner. Frankfurt a. M.: Suhrkamp, 1976. (Phantastische Bibliothek; 3.)
FREKSA, FRIEDRICH (d. i. Kurt Friedrich-Freksa): Druso, oder Die gestohlene Menschenwelt. Roman. Berlin: Reckendorf, 1931. S. 9.
FREIING, KARL OTTO: Die Aera der Menschenbefreiung 1890–1950. Kulturhistorisch-kritischer Vortrag über die Entwicklungsphase Europa's, gehalten im Harmoniesaale zu Innsbruck am 12. Nov. 2143. Zürich: Caesar Schmidt, 1893.
FRIEDELL, EGON: Die Reise mit der Zeitmaschine. Phantastische Novelle. München: Piper, 1946.
GEORGE, PETER (BRYAN): Die Welt am letzten Tag. Roman. Übers. von Anton u. Adele Stuzka. Wien; Hamburg: Zsolnay, 1966. Originaltitel: Commander – 1. New York: Delacorte Pr. 1965.
GERNSBACK, HUGO: Ralph 124 C 41+. Dt. Übers. von Eugen Müller Frantz. München: Heyne, 1973. (Heyne-Buch; 3343) Originaltitel: Ralph C 41+. A romance of the year 2660. Boston, Mass.: The Stratford Company, 1925. (Vorher seit 1911 als Fortsetzungsroman in »Modern Electrics«.)
GOHDE, HERMANN (d. i. Friedrich Heer): Der achte Tag. Roman einer Weltstunde. Innsbruck; Wien: Tyrolia-Verl., 1950.
GORTSCHAKOFF AND BISMARK. Or Europe in 1940. A Dream. Oxford; London: Parker, 1878.
GRASSEGGER, W.: Der zweite Weltkrieg. Deutschland die Waffenschmiede. Vom deutschen Aufstieg zu neuer Macht und Größe. Eine militärisch-politische Prophezeiung. Naumburg a. d. S.: Tancré, 1922. S. 73-76.
GREGOROVIUS, EMIL: Der Himmel auf Erden in den Jahren 1901 bis 1912. Leipzig: Grunow, 1892. S. 11.
HACKETT, JOHN: The Third World War. A future history by General Sir John Hackett and others. London: Sidgwick & Jackson, 1976.
HACKETT, JOHN: The Third World War: The untold story. London: Sidgwick & Jackson, 1982.
HALDANE, J(OHN) B(URDON) S(ANDERSON): Daedalus oder Wissenschaft und Zukunft. Deutsch von Ernst Frey. München: Drei Masken Verlag, 1925. Originaltitel: Daedalus or science and the future. A paper read to the Heretics, Cambridge on February 4th 1923. London: Kegan Paul, 1924.

HARRISON, HARRY: New York 1999, Science Fiction-Roman. Dt. Übers. von Tony Westermayr. München: Heyne, 1983. (Heyne-Buch; 06/26) Originaltitel: Make room! Make room! Garden City, N. Y.: Doubleday, 1966.

HAUSER, HEINRICH: Gigant Hirn. Roman. Berlin: Weiss, 1958.

HERZL, THEODOR: Altneuland. Roman. Wenn ihr wollt, ist es kein Märchen. 9. Aufl. Berlin; Wien: Harz, 1919. Erste Ausg.: Leipzig; Berlin: Seemann, 1902.

HESS, ROBERT: 2085. Der Zukunftsroman aus der Welt des Sports. Berlin; München: Bartels & Wernitz, 1966.

HEY, RICHARD: Im Jahr 95 nach Hiroshima. Roman. Hamburg: Hoffmann u. Campe, 1982.

HEYMANN, ROBERT: Der unsichtbare Mensch vom Jahre 2111. Leipzig; Berlin: Püttmann, 1909. (Wunder der Zukunft. Romane aus dem dritten Jahrtausend. Bd. 1-4. 1909/1910. Bd. 1.) S. 9; 48/9; 68/9; 59-61.

HOLK, FREDER VAN (d. i. Paul Alfred Müller): Trauben aus Grönland. Roman. Berlin: Weiss, 1954.

HUXLEY, ALDOUS: Affe und Wesen. Roman. Übers, von Herbert E. Herlitschka. München: Langen, Müller, 1959. Originaltitel: Ape and essence. London: Chatto & Windus, 1949.

HUXLEY, ALDOUS: Brave new world. A novel. Hamburg; Paris; Bologna: The Albatros, 1933. (The Albatross modern continental library; 47) Erste Ausgabe: London: Chatto & Windus, 1932.

JÓKAI, MAURUS (d. i. Mór Jókai): Der Roman des künftigen Jahrhunderts. In acht Büchern. 4 Bde. Preßburg & Leipzig: Stampfel, 1879. Bd. 3. Originaltitel: A jövö század regénye. Budapest [?]: Révai, 1872.

JUSTINUS, OSCAR (d. i. Oskar Justinus Cohn): In der Zehnmillionen-Stadt. Berliner Roman aus dem Ende des zwanzigsten Jahrhunderts. Dresden; Leipzig: Pierson, 1890. S. 21; 54/5; 80/1; 127-131.

KÄSTNER, ERICH: Das letzte Kapitel. In: E. K.: Ein Mann gibt Auskunft. Stuttgart; Berlin: Deutsche Verlags-Anstalt, 1930. S. 106-109.

KALKUM, BARTHOLOMÄUS: Utopia 2048. München: Rausch, 1948.

KOCH, RICHARD: Der heruntergeholte Stern. Roman. Berlin: Weiss, 1957.

KOCH, RICHARD: Ozeano, der Wasserplanet. Roman. Berlin: Weiss, 1961.

KOSSAK-RAYTENAU, KARL LUDWIG: Katastrophe 1940. 11.-15. Tsd. Oldenburg i. O.: Stalling 1930.

Der KRIEG DER ZUKUNFT. – In: Das neue Universum. 30. 1909. S. 231-236. S. 235/6.

KRÖGER, ALEXANDER: Antarktis 2020. Wissenschaftlich-phantastischer Roman. Illustrationen von Karl Fischer. Berlin (DDR): Verlag Neues Leben, 1973.

KUEHNELT-LEDDIHN, ERIK VON: Moskau 1997. Roman. Zürich: Thomas, 1949.

LAICUS, PHILIPP (d. i. Philipp Wasserburg): Etwas später. Fortsetzung von Bellamys Rückblick aus dem Jahre 2000. Mainz: Kirchheim, 1891.
LASSWITZ, KURD: Bis zum Nullpunkt des Seins. Erzählung aus dem Jahre 2371. – In: K. L.: Bilder aus der Zukunft. Zwei Erzählungen aus dem vierundzwanzigsten und dreißigsten Jahrhundert. Bd. 1.2. Breslau: Schottlaender, 1878. S. 1/2; 27.
LEM, STANISLAW: Der futurologische Kongreß. Aus Ijon Tichys Erinnerungen. Aus d. Poln. von I. Zimmermann-Göllheim. Mit einem Nachw. von Franz Rottensteiner. Frankfurt a. M.: Insel Verlag, 1974. Originaltitel: Ze wspomnién ljona Tichego. Kongres futurologiczny. 1972.
LOELE, KONRAD: Züllinger und seine Zucht. Zeichnungen von Hans Albert Förster. Leipzig: Pandora-Verlag, 1920. S.11.
LOEWENTHAL, EDUARD: Der Staat Bellamy's und seine Nachfolge. Berlin: Muskalla, 1891.
LONDON, JACK: Die eiserne Ferse. Aus d. Amerikan. übers. von Christine Hoeppener. Illustriert von Irmgard Charlotte Muenk. München: Weismann, 1973. Originaltitel: The Iron Heel. New York: Grosset and Dunlap, 1907.
LONDON, JACK: The scarlet plague. – In: J. L.: The science fiction of Jack London. Ed. with a new introduct. by Richard Gid Powers. Boston: Gregg, 1975.5. S. 285-455. III. Erstausgabe: New York: Macmillan, 1915.
LUNDBERG, KNUD: The olympic hope. A story from the Olympic Games 1996. Transl. from the Danish by Eiler Hansen and William Luscombe. London: Stanley Paul, 1958. Originaltitel: Det olympiske haab. En fortaelling fra de olympiske lege 1996. Kopenhagen: Branner og Korch 1955.
MACKENZIE, COMPTON: Die Mondrepublik. Berechtigte Übertr. aus d. Engl. von Alfred Kuoni. Einsiedeln; Zürich; Köln: Benziger, 1961. Originaltitel: The lunatic republic. London: Chatto & Windus, 1959.
MADDEN, SAMUEL: Memoirs of the twentieth century. Being original letters of state under George the sixth. Vol. 1. London; New York: Garland, 1972. (Reprint der Ausgabe London 1733. Die Ausgabe war auf sechs Bde. angelegt, es erschien jedoch nur Bd. 1.)
MAINE, CHARLES ERIC (d. i. David McIlwain): Krise im Jahre 2000. Roman. Übertr. aus d. Engl. Else von Hollander-Lossow. Berlin: Weiss, 1959. Originaltitel: Crisis in 2000. London: Hodder & Stoughton, 1955.
MANTEGAZZA, PAUL (d. i. Paolo Mantegazza): Das Jahr 3000. Ein Zukunftstraum. Aus d. Italien. von Willy Alexander Kastner. 2. Aufl. Jena: Costenoble, 1897. Originaltitel: L'anno 3000. Sogno. Milano: Fratelli-Treves, 1897. S. 76; 109; 116/7.
MARTIN, RUDOLF: Berlin — Bagdad. Das deutsche Weltreich im Zeitalter der Luftschiffahrt 1910–1931. Stuttgart; Leipzig: Deutsche Verlags-Anstalt, 1907. S. 120; 128/9.

MERCIER, LOUIS SÉBASTIEN: L'an deux mille quatre cent quarante. Rêve s'il an fût jamais. Londres, 1771. Erste Ausgabe: Amsterdam 1770 oder 1771.

MICHAELIS, RICHARD: Ein Blick in die Zukunft. Eine Antwort auf: Ein Rückblick von Edward Bellamy. Leipzig: Reclam, 1891. S. 80/81.

MILLER, WALTER M(ICHAEL) jr.: Kruzifixus Etiam. Übers. aus d. Amerikan von Joachim Körber. – In: Science Fiction Anthologie. Bd. 1: Die fünfziger Jahre 1. Hrsg. von Hans Joachim Alpers u. Werner Fuchs. Köln: Hohenheim Verlag, 1981. S. 235-262. Originaltitel: Crucifixus etiam. 1953.

MÜLLER, ERNST: Ein Rückblick aus dem Jahre 2037 auf das Jahr 2000. Aus den Erinnerungen des Herrn Julian West. Hrsg. von Dr. Ernst Müller. Berlin: Ulrich, 1891. S. 71/72.

MYHRE, ØYVIND: 1989. Roman. Oslo: Dreyer, 1982.

NORELLI, PETER: Utop anno 2000. Wertumwertung. Bericht über die erste Tagung des Internationalen intersäkularen Weltverbandes der Utopisten (10.–17. Juni 2000). Wien: Fiba-Verl., 1936.

ORWELL, GEORGE (d. i. Eric Arthur Blair): Nineteen Eighty-four. A novel. London: Secker & Warburg, 1949.

PASSER, ARNOLD v. d. (d. i. Franz Ludwig Hoffmann): Mene tekel! Eine Entdeckungsreise nach Europa. 4. Aufl. Erfurt; Leipzig: Bacmeister, 1893. Erste Aufl.: 1893. S. 74; 97; 19-21.

PELTON, FRANCIS D.: Sprung über ein Jahrhundert. Nach d. Engl. von Robert Holl. Bern; Leipzig: Gotthelf, 1934. Originaltitel: A journey into time. 1932 [?].

RAPHAEL, RICK: Die fliegenden Bomben. Utopischer Roman. Dt. Übers. von Wulf H. Bergner. Dt. Erstveröffentlichung. München: Heyne, 1967. (Heyne-Buch; 3099) Originaltitel: Code three. A science fiction novel. New York: Simon and Schuster, 1965.

Eine REISE IM JAHRE 1970. In: Das neue Universum. 30. 1909. S. 1-18. S. 4/5; 10. – (Wieder abgedruckt in: Als der Welt Kohle und Eisen ausging. Klassische Science Fiction-Erzählungen von Hans Dominik [...]. Zusammengestellt u. mit e. Nachw. hrsg. von Susanne Päch. München: Heyne, 1980. Heyne-Buch; 3754. S. 226-285. Illustrationen von Botho und Hans Römer.)

RICHTER, GEORG: Reichstag 1975. Eine Vision. Dresden: Hartmann [1933 od. später]. S. 10/11.

RIGG, ROBERT B.: War – 1974. Drawing by the author. Harrisburg: The military service publishing co., 1956.

ROSS, COLIN: Als der Welt Kohle und Eisen ausging. – In: Das neue Universum. 34. 1913. 5. 165-176. S.165. (Wieder abgedruckt in: Als der Welt Kohle und Eisen ausging. Klassische Science Fiction-Erzählungen von Hans Dominik [...]. Zusammengestellt u. m. e. Nachw. hrsg. von Susanne Päch. München: Heyne,

1980. (Heyne-Buch; 3754). S. 286-326. Illustrationen von Botho und Hans Römer.)
RUSSELL, (BARON) T.: A hundred years hence. The expectations of an optimist. London: Fisher Unwin, 1905.
SCHMIDT, ARNO: Die Gelehrtenrepublik. Kurzroman aus den Roßbreiten. Karlsruhe: Stahlberg, 1957.
SCHWENDTER, ROLF: Produktionseinheit Föhrenwald. Impressionen aus dem Jahre 2043. – In: Kursbuch. Heft 43. 1976, 5. S. 177-189.
SEIDEL, HEINRICH: Im Jahre 1964. (Geschrieben 1884) – In: H. S.: Kinkerlitzchen. Allerlei Scherze. Leipzig: Liebeskind, 1895. S. 35- 56. S. 47/8.
SHERRIFF, ROBERT CEDRIC (auf dem Titelblatt: Sheriff): Der Mond fällt auf Europa. Roman. Deutsch von Maria von Schweinitz. Mit Illustrationen von Heinrich Heuer. Hamburg: Rütten & Loening, 1961. Originaltitel: The Hopkins manuscript. London: Gollancz, 1939.
SLAWIK, HEINZ: Erdsternfrieden. Eine unwahrscheinliche Geschichte. Wien; Leipzig: Harbauer 1919. S. 258-68.
SOLF, FERDINAND E.: 1934. Deutschlands Auferstehung. 6.-10. Tsd. Naumburg a. d. S.: Tancré 1921.
SOUVESTRE, EMILE: Le monde tel qu'il sera. ([Auf dem Buchrücken:] L'an trois mille.) Illustré par mm. Bertall, O. Penguilly et St-Germain. Paris: Coquebert, 1846.
STANLEY, WILLIAM: The case of The. Fox. Being his prophecies under hypnotism of the period ending a. d. 1950. A political utopia. London: Truslove & Hanson, 1903.
STEINHÄUSER, GERHARD R.: Unternehmen Stunde Null 1986. Leben nach dem Jüngsten Tag. München: Desch, 1973. S. 20/21.
STEININGER, ANTON: Weltenbrand 1950. Ein utopischer Roman. Berlin: Verlag der Zeit-Romane, 1932.
STRÖBEL, HEINRICH: Die erste Milliarde der zweiten Billion. Die Gesellschaft der Zukunft. Berlin: Cassirer, 1919.
SZILARD, LEO: Die Stimme der Delphine. In: L. S.: Die Stimme der Delphine. Utopische Erzählungen. Aus d. Amerikan. übertr. von Horst Dölvers. Mit e. Vorw. von Carl Friedrich Freiherr v. Weizsäcker. Reinbek bei Hamburg: Rowohlt, 1963. S. 43-105. Originaltitel: The voice of the dolphins, and other stories. New York: Simon & Schuster, 1961.
Der TODESSTURZ. Eine Szene aus der letzten Seeschlacht der Erde. – In: Das neue Universum. 33. 1912. S. 272-284. S. 283/284.
TOKKO, RI (d. i. Ludwig Dexheimer): Das Automatenzeitalter. Ein prognostischer Roman. Zürich; Leipzig; Wien: Amalthea-Verl., 1931. S. 99.
TRUTH, HANSEL: Am Ende des Jahrtausend. Ein Roman, Basel: Schwabe, 1891.

VARLEY, JOHN: Die Trägheit des Auges. Aus d. Amerikan. übers. von Rose Aichele. In: Die Trägheit des Auges. Eine Auswahl aus dem Magazine of fantasy and science fiction, 53. Folge. Zusammengest. u. hrsg. von Manfred Kluge. München: Heyne, 1979. (Heyne-Buch; 3659) S. 7-64. Originaltitel: The persistence of vision. 1978.

VENIR, A.: Ein Blick nach vorn. Staatssozialistischer Zukunftsroman. Leipzig: Deutsche Verlagsactiengesellschaft, 1906. S. 42/3; 64-66; 119-121.

VERNE, JULES: Ein Tag eines Zeitungsverlegers im Jahre 2889. Aus d. Franz, von Hanna Bautze. Illustrationen von Georg Roux. – In: Placet ist ein irrer Ort. Science-Fiction Stories von Lukian bis Bradbury. Hrsg. von Hanna Bautze. Solothurn: Aare, 1982. S. 91-105. Zuerst veröffentlicht in amerikan. Übers. unter dem Titel »In the year 2889« in der Zeitschrift »The Forum«, 1889. Dann in verschiedenen französischen Zeitschriften. – Buchveröffentlichungen: Au XXIe siècle. La journée d'un journaliste américain en 2889 In: J. V.: Hier et demain. Contes et nouvelles. Illustrations par L. Benett, F. de Myrbach, George Roux. Paris: Hetzel, 1910.

VOGG, KARL (d. i. Karl Vordermayer): Menschen um 2000. Ein Zukunftsroman. Stuttgart: Bolten, 1948. S. 9.

VONNEGUT, KURT: Morgen ... morgen ... morgen ... Deutsch von Kurt Wagenseil. – In: K. V.: Geh zurück zu deiner lieben Frau und deinem Sohn. Erzählungen. Hamburg: Hoffmann und Campe, 1971. S. 322-341. Originaltitel: The big trip up yonder. Zuerst erschienen in: Galaxy Science Fiction, 7 (January), 1954. P. 1-110. Später unter dem Titel »Tomorrow and tomorrow and tomorrow« in: Welcome to the monkey house, New York: Delacorte Pr., 1958.

[WACHSMUTH, KARL HEINRICH]: Das Jahr Zweitausendvierhundert und vierzig. Zum zweitenmal geträumt. Ein Traum, deren es wohl träumerischere gegeben hat. Leipzig: Weygandsche Buchhandlung, 1783. S. 96/7.

WELLS, HERBERT GEORGE: The shape of things to come. The ultimate revolution. 82nd thousand. London: Hutchinson [um 1946]. Erste Ausgabe: London: Hutchinson, 1933.

WELLS, HERBERT GEORGE: A story of the days to come. In: H. G. W.: Tales of space and time. Copyright Ed. Leipzig: Tauchnitz, 1900. (Collection of British authors; 3413) S. 133-249. Zuerst erschienen als Artikelserie in: Pall Mall Magazine, 1897.

Die WELT IN HUNDERT JAHREN. Hrsg. von Arthur Brehmer. Mit Ill. von Ernst Lübbert. Berlin: Verlagsanstalt Buntdruck 1910.

WILBRANDT, CONRAD: Des Herrn Friedrich Ost Erlebnisse in der Welt Bellamy's. Mittheilungen aus den Jahren 2001 und 2002. Wismar: Hinstorff, 1891. S. 89; 197/8.

»Die Technik überwindet jede Schwierigkeit«
Prognosen von 1910 auf das Jahr 2010

Überarbeitete Fassung des Aufsatzes »Die Technik überwindet jede Schwierigkeit«. Zukunftsprognosen von 1910. In: Aus dem Antiquariat. Beilage zum Börsenblatt für den Deutschen Buchhandel. 1986. S. A 337-A 342.

Nachdem Martin Luther Papst geworden war und die Alliierten den Zweiten Weltkrieg verloren hatten
Alternative Welten der Literatur

Zusammenfassende Überarbeitung zweier Beiträge: 1.) Was wäre geschehen, wenn? Alternative Welten in der Literatur. In: Aus dem Antiquariat. Zeitschrift für Antiquare und Büchersammler. H. 1. 2005. S. 3-22. 2.) Nachdem Martin Luther Papst geworden war ... Alternative Welten der Science Fiction. In: die horen. Zeitschrift für Literatur, Kunst und Kritik. 50. Jg. 2005. H. 217. S. 103-126.

1 Rothe, Rainer: Der alte Traum vom Siegfrieden. Wer hat schuld am Ausgang des Ersten Weltkriegs? Erwiderung auf Jörg Friedrich. In: Die Welt, 17. August 2004, S. 9.
2 Virtuelle Geschichte. Historische Alternativen im 20. Jahrhundert. Hrsg. von Niall Ferguson. Aus dem Englischen übers. von Raul Niemann. Darmstadt: Wissenschaftliche Buchgesellschaft, 1999. (Originalausgabe: Virtual History. Alternatives and Counterfactuals. 1997.)
3 Was wäre gewesen, wenn? Wendepunkte der Weltgeschichte. Hrsg. von Robert Cowley. Aus dem Amerikanischen von Ilse Utz. München: Knaur, 2002. (Originalausgabe: »What if?«. 1999.) – Was wäre geschehen, wenn? Wendepunkte der Weltgeschichte. Hrsg. Von Robert Cowley. Aus dem Amerikanischen von Henning Thies. München: Droemer, 2004. (Originalausgabe: What if? 2. Eminent Historians Imagine what might have been. 2001.)
4 Squire, J. C. (Hrsg.): If it happened otherwise. Lapses into imaginary history. London; New York; Toronto 1932. – Wenn Napoleon bei Waterloo gewonnen hätte – und andere abwegige Geschichten von Winston Churchill, G. K. Chesterton, André Maurois, G. M. Trevelyan und anderen. Mit einem Vorwort von Sir John Wheeler-Bennett. Hrsg. von J. C. Squire. Dt. Erstausg. Dt. Übers. von Walter Brumm. München: Heyne, 1999. – Vgl. auch die Folge-Anthologie: Alexanders langes Leben, Stalins früher Tod – und andere abwegige Geschichten von Arnold Toynbee, Egon Friedell, Carl Amery, James Thurber und anderen. Hrsg. von Erik Simon. Dt. Übers. von Prof. Dr. Gerlach und Erik Simon. 2. Aufl. München: Heyne, 2000.

5 Alpers, Hans Joachim, Werner Fuchs, Ronald M. Hahn, Wolfgang Jeschke: Lexikon der Science Fiction Literatur. Erweiterte u. aktualisierte Neuausg. in einem Bd. München: Heyne, 1988. S. 26.
6 Toynbee, Arnold: Wenn Alexander der Große weitergelebt hätte. In: Alexanders langes Leben, s. Anm. 4, S. 21-102.
7 Ober, Josiah: Die Eroberungen finden nicht statt. Der vorzeitige Tod Alexanders des Großen. In: Was wäre gewesen, wenn? S. Anm. 3, S. 52-74.
8 Harrison, Harry u. John Holm: Der Hammer des Nordens. Hammer und Kreuz. Erster Roman. Aus d. Engl. von Frank Borsch. München: Heyne, 2001. (Originalausgabe: The hammer and the cross. 1993.) – Harry Harrison, John Holm: Der Pfad des Königs. Hammer und Kreuz. Zweiter Roman. Aus d. Engl. von Frank Borsch. München: Heyne, 2001. (Originalausgabe: One King's way. 1995.) – Harry Harrison, John Holm: König und Imperator. Hammer und Kreuz. Dritter Roman. Aus d. Engl. von Frank Borsch. München: Heyne, 2001. (Originalausgabe: King and emperor. 1996.)
9 Harrison, König, s. Anm. 8, S. 290.
10 Vgl. dazu den Sammelband *Das Science Fiction Jahr 2003*. Hrsg. von Wolfgang Jeschke und Sascha Mamczak. München: Heyne, 2003, der sich dem Schwerpunkt Science Fiction und Religion widmet.
11 Roberts, Keith: Pavane. Roman. Dt. Übers. von Thomas Schlück. München: Heyne, 1993. (Originalausgabe: Pavane. 1966.) S. 9.
12 Ebda., S. 8.
13 Ebda., S. 19.
14 Ebda., S. 294.
15 Kingsley, Amis: Die Verwandlung. Science Fiction Roman. Dt. Übers. von Walter Brumm. Mit einem Nachwort von Franz Rottensteiner. München: Heyne, 1986. (Originalausgabe: The alteration. 1976.) S. 31.
16 Ebda., S. 253.
17 Peirce, Hayford: Der zeitgereiste Bonaparte. Roman. Aus dem Amerikanischen übertragen von Michael Windgassen. München: Heyne, 1992. (Originalausgabe: Napoleon disentimed. 1987.) S. 99.
18 Alpers, Lexikon der Science Fiction Literatur, s. Anm. 5, S. 135/136.
19 Moore, Ward: Der große Süden. Science-fiction-Roman. Aus d. Amerikan. von Walter Brumm. München: Heyne, 1988. (Originalausgabe: Bring the jubilee. 1953.)
20 Ebda., S. 173/174.
21 Amery, Carl: An den Feuern der Leyermark. Science Fiction-Roman. München: Heyne, 1979.
22 Ebda., S. 139-143.
23 Ludwig, Emil: Wenn Kaiser Friedrich III. nicht Krebs gehabt hätte. In: Wenn Napoleon ..., s. Anm. 4, S. 273-298.

24 Ebda., S. 298.
25 Saki (d. i. Hector Hugh Munro): Als Wilhelm kam. Eine Geschichte aus dem London unter den Hohenzollern. Roman. Aus dem Englischen übersetzt von Irene Bonhorst. Mit einem Nachwort von Karl Michael Armer. München: Heyne, 1992. (Originalausgabe: When William came. A story of London under the Hohenzollerns. 1914.)
26 Armer, Karl Michael: Ruled Britannia: Krieg und Frieden und die Tröstungen des Zungensalats in Sakis Alternativweltroman ›Als Wilhelm kam‹. In: Saki, s. Anm. 25, S. 205-222; S. 209.
27 Mähr, Christian: Fatous Staub. Roman. München: Heyne, 1991.
28 Ebda., S. 233 und 407.
29 Ebda., S. 163.
30 Dick, Philip K.: Das Orakel vom Berge. Roman. Mit einem Vorwort von Kim Stanley Robinson. Ungekürzte Neuübersetzung. Einschließlich der beiden vom Autor fertiggestellten Kapitel einer Fortsetzung des Romans. Deutsche Übers. von Norbert Stöbe. München: Heyne, 2000. (Originalausgabe: The man in the high castle. 1962.)
31 Ebda., S. 121.
32 Ebda., S. 167.
33 Ebda., S. 13/14.
34 Ebda., S. 17/18.
35 Basil, Otto: Wenn das der Führer wüßte. Hrsg. und mit einem Nachwort von Hans Joachim Alpers. München: Moewig, 1981. (Zuerst erschienen 1966.)
36 Giordano, Ralph: Wenn Hitler den Krieg gewonnen hätte. Die Pläne der Nazis nach dem Endsieg. Hamburg: Rasch und Röhring, 1989.
37 Basil, s. Anm. 35, S. 16.
38 Ebda., S. 32/33.
39 Ebda., S. 126/127.
40 Ebda., S. 150.
41 Ebda., S. 206.
42 Ebda., S. 260.
43 Ebda., S. 9.
44 Deighton, Len: SS – GB. Roman. Deutsche Übersetzung von Kurt Wagenseil und Ursula Pommer. München: Heyne, 1989. (Originalausgabe: SS – GB. 1978.) S. 126.
45 Harris, Robert: Vaterland. Thriller. Aus d. Englischen von Hanswilhelm Haefs. 7. Aufl. München: Heyne, 1995. (Originalausgabe: Fatherland. 1992.)
46 Ebda., S. 285/286.
47 Hogan, James P.: Unternehmen Proteus. Roman. Science Fiction. Dt. Übersetzung von Edda Petri. München: Heyne, 1988. (Originalausgabe: The Proteus Operation. 1985.)

48 Ebda., S. 241.
49 Yulsman, Jerry: Elleander Morning oder: Der Krieg, der nicht stattfand. Science Fiction Roman. Dt. Übersetzung von Biggy Winter. München: Heyne, 1986. (Originalausgabe: Elleander Morning. 1984.)
50 Ebda., S. 255.
51 Spinrad, Norman: Der stählerne Traum. Science Fiction Roman. Deutsche Übersetzung von Walter Brumm. 5. Aufl. München: Heyne, 1991. (Originalausgabe: The iron dream. 1972.), S. 7.
52 Ditfurth, Christian von: Der 21. Juli. Was wäre gewesen, wenn die Attentäter gesiegt hätten? Eine Erzählung. In: Die literarische Welt. Eine Beilage der *Welt* Nr. 29, vom 17. Juli 2004, S. 1 u. S. 7.
53 Demandt, Alexander: Ungeschehene Geschichte. Ein Traktat über die Frage: Was wäre geschehen, wenn ...? 3., erw. Aufl. Göttingen: Vandenhoek & Ruprecht, 2001, S. 124/125.
54 Lange, Oliver: Vandenberg oder Als die Russen Amerika besetzten. Science Fiction-Roman. Dt. Übersetzung von Herbert Schlüter. München: Heyne, 1984. (Originalausgabe: Vandenberg. 1971.)
55 Morselli, Guido: Rom ohne Papst. Römische Berichte vom Ende des zwanzigsten Jahrhunderts. Roman. Aus dem Italienischen von Arianna Giachi. Frankfurt a. M.: Insel Verlag, 1976. (Originaltitel: Roma senza Papa. Cronache romane di fine secolo ventesimo. 1974.)
56 Armer, Karl Michael: Schubladenprojekte der Weltpolitik. Alternative historische Entwürfe als literarisches Thema. In: Hiroshima soll leben! Die schönsten Alternativwelt-Geschichten hrsg. von Karl Michael Armer. München, 1990, S. 461-475; S. 473/474.
57 Musil, Robert: Der Mann ohne Eigenschaften. Roman. Erstes Buch. Hamburg: Rowohlt, 1952. (Zuerst erschienen 1930–1943.) S. 16/17. – Auf eines der besten Bücher zum Thema individuelle Alternativwelten sei hier hingewiesen: Ken Grimwood: Replay – Das zweite Spiel. Roman. Überarb. Neuausg. Deutsche Übers. Norbert Stöbe. München: Heyne, 2004. (Originaltitel: Replay. 1986.) Ein Mann stirbt und wacht 25 Jahr in der Vergangenheit wieder auf, bei vollem Bewusstsein seines vorherigen Daseins. Dies wiederholt sich immer und immer wieder.

»Der große summende Gott«
Von Denkmaschinen, Computern und Künstlicher Intelligenz in der Literatur

Zuerst in kürzerer Fassung erschienen in: Aus dem Antiquariat. H. 1. Beilage zum Börsenblatt für den Deutschen Buchhandel Nr. 9 vom 30.1.2001. S. A 2–A 14. Dann in überarbeiteter und erweiterter Fassung als Heft 7 der Reihe »Lesesaal«, Hameln: CW Niemeyer, 2003.

1   Emil Du Bois-Reymond: Kulturgeschichte und Naturwissenschaft. Im Verein für wissenschaftliche Vorlesungen zu Köln am 24. März 1877 gehaltener Vortrag. In: Emil Du Bois-Reymond: Vorträge über Philosophie und Gesellschaft. Eingel. u. mit erklärenden Anmerkungen hrsg. von Siegfried Wollgast. Hamburg: Meiner, 1974, S. 105-158; S. 139/140.
2   Samuel Butler: Erewhon. Roman. Aus d. Englischen von Fritz Güttinger. München: Goldmann, 1981. (Originaltitel: Erewhon, or, Over the Range, 1872.), S. 276, 278, 292.
3   Vgl. das Kapitel »Als die Marisaner auf die Erde kamen« in diesem Band.
4   Jonathan Vos Post / Kirk L. Kroeker: Writing the Future: Computers in Science Fiction. In: Computer. Innovative Technology for Computer Professionals. January 2000, S. 29-37. Übersetzung des Verfassers.
5   Frank Wittig: Maschinenmenschen. Zur Geschichte eines literarischen Motivs im Kontext von Philosophie, Naturwissenschaft und Technik. Würzburg: Königshausen & Neumann, 1997. (Epistemata: Reihe Literaturwissenschaft; Bd. 212.), S. 13. – Vgl. dazu das Kapitel »Keiner, den ein Mensch geboren« in diesem Band.
6   Jonathan Swift: Gullivers Reisen. Neu übers., kommentiert u. mit e. Nachwort vers. von Hermann J. Real u. Heinz J. Vienken. Stuttgart: Reclam, 1987. (Originaltitel: Travels into several Remote Nations of the World. In four parts. By Lemuel Gulliver, 1726.), S. 238.
7   Zitiert nach Wittig, s. Anm. 5, S. 57, Anm. 37.
8   Ambrose Bierce: Moxons Herr und Meister. In: Denk, Maschine! Geschichten über Roboter, Computer und künstliche Intelligenz. Hrsg. von Ralf Bülow. München: Heyne, 1988. (Originaltitel: Moxon's Master, 1880.), S. 61-73.
9   Carl Spitteler: Olympischer Frühling. Epos. Bd. I-IV. Jena: Diederichs, 1901 – 1905. Bd. IV: Ende und Wende. 1905, S. 21.
10 S. Anm. 9. Bd. I: Die Auffahrt. Ouverture, 1905, S. 77.
11 Jean Paul (d. i. Jean Paul Friedrich Richter): Unterthänigste Vorstellung unser, der sämtlichen Spieler und redenden Damen in Europa entgegen und wider die Einführung der Kempelischen Spiel- und Sprachmaschinen. In: Jean Paul:

Sämtliche Werke. Abtlg. II: Jugendwerke und Vermischte Schriften 1. München: Hanser, 1976, S. 167-185 – S. 169, 185. – Zum Thema Arbeit in der utopischen Literatur vgl. auch das Kapitel »Die Freizeitrevoluzzer« in diesem Band.

12 Angela Steinmüller/Karlheinz Steinmüller: Visionen 1900, 2000, 2100. Eine Chronik der Zukunft. Hamburg: Rogner & Bernhard bei Zweitausendeins, 1999, S. 77/78.

13 Ebda., S. 546.

14 Kurt Vonnegut jr.: Das höllische System. Utopischer Roman. Deutsche Erstveröffentlichung. Dt. Übersetzung von Wulf H. Bergner. München: Heyne, 1964. (Heyne-Buch; Nr. 3029. – Originaltitel: Player Piano, 1952.)

15 Ebda., S. 64/65.

16 Ebda., S. 17.

17 Ebda., S. 6.

18 Ebda., S. 99/100.

19 Heinrich Hauser: Gigant Hirn. Roman. Berlin: Gebrüder Weiss, 1958.

20 Dennis Feltham Jones: Colossus. Technischer Zukunftsroman. Ins Deutsche übertragen von Tony Westermayr. München: Goldmann, 1968. (Originaltitel: Colossus, 1966.)

21 Isaac Asimov: Die letzte Frage. Aus dem Amerikanischen übers. von Edda Petri. In: Top Science Fiction. Zweiter Teil. Zusammengestellt und hrsg. von Josh Pachter. Originalausgabe. München. Heyne, 1988. (Originaltitel: The Last Question, 1956. – Heyne Science Fiction & Fantasy; Bd. 06/4517.), S. 11-29. – S. 18.

22 S. Anm. 4, S. 30.

23 Murray Leinster: Ein Computer namens Joe. Aus dem Amerikanischen von Christian Barth. In: Online. Erzählungen von Angeklickten und Abgestürzten, von Computern und Computerfreaks, von Internet und Cyberspace. Hrsg. von Werner Heilmann. München: Heyne, 1997. (Heyne Allgemeine Reihe; Nr. 01/10046. – Originaltitel: A Logic Named Joe, 1946.), S. 7-29. – S.20/21.

24 Olof Johannesson (d. i. Johannes Alfvén): Saga vom großen Computer. Ein Rückblick aus der Zukunft. Deutsch von Kersti Alfvén unter Mitw. von Maria Dumbacher. Wiesbaden: Limes Verlag, 1970. (Originaltitel: Sagan om den stora datamaskinen. Stockholm, 1966.)

25 Bruce Sterling: Inseln im Netz. Roman. Deutsche Erstausgabe. Deutsche Übersetzung von Walter Brumm. München: Heyne, 1990. (Originaltitel: Islands in the Net, 1988.)

26 Christopher Hodder-Williams: Der große summende Gott. Roman. Aus d. Engl. übers. von Wolfgang Vorhauer. Hamburg u. Düsseldorf: v. Schröder, 1969. (Originaltitel: A Fistful of Digits, London 1968.)

27 Daniel Francis Galouye: Welt am Draht. Ein utopisch-technischer Roman. Ins Deutsche übertragen von Tony Westermayr. München: Goldmann, 1965. (Originaltitel: Simulachron – 3, 1964.)

28 Ralf Bülow: Die Seele einer alten Maschine. Einleitung. In: Denk, Maschine! S. Anm. 8, S. 18-27. – S. 26.
29 Edward Morgan Forster: Die Maschine versagt. (Originaltitel: The Machine Stops, 1909.) In: Denk, Maschine! S. Anm. 8, S. 293-335.
30 S. Anm. 2, S. 281.
31 Harlan Ellison: Ich will schreien und habe keinen Mund. Aus dem Amerikan. übers. von Winfried Czech. In: Von Ellison bis Haldane. Wege zur Science Fiction. 7. Bd. Hrsg. Von James Gunn. Dt. Erstausg. München: Heyne, 1991. (Originaltitel: I Have No Mouth, and I Must Scream, 1968. – Bibliothek der Science Fiction Literatur; Bd. 06/96.) S. 9-37.
32 S. Anm. 21, S. 29.
33 Friedrich Dürrenmatt: Elektronische Hirne. (Manuskript 1958.) In: Philosophie und Naturwissenschaft. Essays, Gedichte und Reden. Zürich, Diogenes Verlag, 1980. (Friedrich Dürrenmatt: Werkausgabe in 30 Bänden. Bd. 27.) S. 25.
34 Stanislaw Lem: Das Fiasko. Roman. Aus dem Polnischen von Hubert Schumann. Berlin: Volk und Welt, 1987. (Originaltitel: Fiasko, 1987.) S. 181.
35 S. Anm. 20, S. 152.
36 S. Anm. 19, S. 94.
37 Ebda., S. 179.
38 Arthur C. Clarke: 2001. Odyssee im Weltraum. Science-Fiction-Roman. Dt. Übers.: Egon Eis. 21. Aufl. München: Heyne, 1990. (Originaltitel: 2001 A Space Odyssey, 1969. – Heyne Science Fiction & Fantasy; Nr. 06/3259.)
39 Martin Caidin: Der große Computer. Utopischer Roman. Dt. Erstveröffentlichung. Dt. Übers. von Wulf H. Bergner. München: Heyne, 1969. (Originaltitel: The God Machine, 1968. – Heyne-Buch; Nr. 3163/64). – S. 8/9.
40 Frederic Brown: Die Antwort. Aus dem Amerikanischen von Christian Barth. (Originaltitel: Answer, 1954.) In: Online, s. Anm. 23, S. 226/227.
41 Frank Herbert: Der Wüstenplanet. Science Fiction-Roman. Ungekürzte illustrierte Neuausgabe. Dt. Übers.: Ronald M. Hahn. 25. Aufl. München: Heyne, 1991. (Originaltitel: Dune, 1965. – Heyne Science Fiction, Bd. 06/3108.) S. 689.
42 S. Anm. 12, S. 239/240.
43 »Wir sind programmierbar«. Friedrich A. Kittler, Medien-Philosoph, über Genforschung, Nietzsche und die letzte Chance der Menschheit. In: Die Welt, vom 10. August 2000, S. 29.
44 Douglas Adams: Das Restaurant am Ende des Universums. Aus dem Engl. von Benjamin Schwarz. München: Rogner & Bernhard, 1982. (Originaltitel: The Restaurant at the End of the Universe, 1980.), S. 9.

»Keiner, den ein Weib geboren«
Von schönen neuen Menschen und Klonen in der Literatur

Überarbeitete Fassung des ersten »Lesesaal«-Heftes, Hameln: CW Niemeyer, 2002. (Lesesaal. Kleine Spezialitäten aus der Niedersächsischen Landesbibliothek. Hrsg. von Georg Ruppelt. H. 1.)

1 William Shakespeare: Macbeth. Übersetzt von Dorothea Tieck. In: Shakespeare: Dramatische Werke. Übersetzt von August Wilhelm Schlegel und Ludwig Tieck. 3. Band: Tragödien. Berlin: Lambert Schneider, o.J. (Erste Aufführung 1610, erste Veröffentlichung 1623.) S. 450.
2 Aldous Huxley: Schöne neue Welt. Ein Roman der Zukunft. Übersetzt von Herberth E. Herlitschka. Revidierte Übersetzung 1981. 58. Aufl. Frankfurt a.M.: Fischer, 2000. (Originaltitel: Brave new World. 1932.)
3 Vgl. u. a. Frank Wittig: Maschinenmenschen. Zur Geschichte eines literarischen Motivs im Kontext von Philosophie, Naturwissenschaft und Technik. Würzburg: Königshausen & Neumann, 1997. (Epistemata: Reihe Literaturwissenschaft; 212.)
4 Vgl. das Kapitel »Der große summende Gott« in diesem Band.
5 Johann Wolfgang Goethe: Faust. Texte. Hrsg. von Albrecht Schöne. Frankfurt a. M.: Deutscher Klassikerverlag, 1994. (Sämtliche Werke. Briefe, Tagebücher und Gespräche. 40 Bde. 1. Abteilung: Sämtliche Werke, Bd. 7/1.), S. 278/9.
6 Johann Peter Eckermann: Gespräche mit Goethe in den letzten Jahren seines Lebens. Hrsg. von Christoph Meckel. Frankfurt a. M.: Deutscher Klassikerverlag, 1999. (Sämtliche Werke, wie Anm. 5; 2. Abteilung, Bd. 12 [39]). 16. Dezember 1829, S. 365.
7 John Burdon Sanderson Haldane: Daedalus oder Wissenschaft und Zukunft. Deutsch von Ernst Frey. München: Drei Masken Verlag, 1925. (Originaltitel: Daedalus or science and the future. A paper read to the Heretics, Cambridge on February 4th 1923. 1924.), S.38.
8 Mary Wollstonecraft Shelley: Frankenstein. Aus dem Englischen von Friedrich Polakovics. München: Deutscher Taschenbuch Verlag, 2000. (Originaltitel: Frankenstein, 1818.), S.58.
9 Ebda., S.71.
10 Herbert George Wells: Die Insel des Dr. Moreau. Roman. Mit einem Text von Jorge Luis Borges ›Der frühe Wells‹. Aus dem Englischen von Felix Paul Greve. Neu durchgesehen von Christine Mrowietz. München: Deutscher Taschenbuch Verlag, 1996. (Originaltitel: The Island of Doctor Moreau, 1896.)
11 Ebda., S. 102.
12 Angela Steinmüller und Karlheinz Steinmüller: Visionen 1900, 2000, 2100.

Eine Chronik der Zukunft. Hamburg: Rogner & Bernhard bei Zweitausendeins, 1999. S. 267.
13 Paul [d.i. Paolo] Mantegazza: Das Jahr 3000. Ein Zukunftstraum. 2. Aufl. Aus dem Italienischen von Willy Alexander Kastner. Jena: Costenoble, 1897. (Originaltitel: L'anno 3000. 1897.) S.3.
14 Ebda., S. 116-119. – Die Frage, ob es sinnvoll sei, Säuglinge, die möglicherweise eine problematische Zukunft vor sich haben, umzubringen, wurde kürzlich wieder ernsthaft diskutiert. In einem Beitrag über das aus dem jüdischen Glauben stammende und vom Christentum übernommene Verbot der Kindestötung schreibt Hannes Stein: »Es gibt keinen vernünftigen Grund, den Infantizid abzulehnen. Der Satz ›Menschliches Leben ist heilig‹ ist völlig absurd. Er ist keinen Deut rationaler als die Aussage ›Schuhe aus Leder sind heilig‹. Einer, der das präzise verstanden hat, ist der australische Moralprofessor Peter Singer, der dafür plädiert, Säuglinge umzubringen, sofern sie Anlass zu der Vermutung geben, dass sie später einmal keinen Spaß am Leben haben werden.« (Hannes Stein: An den Grenzen von Abrahams Kosmos. Moralische Fragen der Embryonenforschung haben nichts mit Vernunft, aber alles mit Religion zu tun. In: Die Welt, 02.08.2001, S.29.)
15 Raoul Heinrich Francé: Phoebus. Ein Rückblick auf das glückliche Deutschland im Jahre 1980. München: Drei Masken Verlag, 1927. S 67.
16 Ebda., S.7/8.
17 Konrad Loele: Züllinger und seine Zucht. Zeichnungen von Hans Albert Förster. Leipzig: Pandora-Verlag, 1920. S. 4. (1998 erschien ein Neudruck des Buches: München, belleville Verlag.)
18 Ebda., S.20.
19 Brian W. Aldiss: Dr. Moreaus neue Insel. Science Fiction Roman.. Deutsche Übersetzung von Heinz Nagel. Umschlagbild: Karel Thole. München: Heyne, 1981. (Originaltitel: Moreau's other land. 1980.)
20 George R. R. Martin: Der Fleischhausmann. Aus dem Amerikanischen übertragen von Michael Windgassen. Illustriert von John Stewart. In: Heyne Science Fiction Magazin. 2. München: Heyne, 1982. S. 307-349. (Originaltitel: Meathouse Man. 1976.) S.309.
21 William Gibson: Die Neuromancer-Trilogie. Neuromancer. Biochips. Mona Lisa Overdrive. Mit einem Vorwort von Jack Womack. Bearb. Neuausg., 2. Aufl. Deutsche Übersetzung von Reinhard Heinz und Peter Robert. Umschlagbild: Jürgen Rogner. München: Heyne, 2000. (Originaltitel: Neuromancer/ Count Zero/Mona Lisa Overdrive. 1984, 1986, 1988.) S.337.
22 Bruce Sterling: Heiliges Feuer. Roman. Aus dem Amerikanischen von Norbert Stöbe. Deutsche Erstausgabe. München: Heyne, 2001. (Originaltitel: Holy Fire. 1996.) S. 77-79.

23 Wittig, wie Anm.3, S. 140/1.
24 Kate Wilhelm: Hier sangen früher Vögel. Science Fiction-Roman. 2. Aufl. Sonderausgabe. Deutsche Übersetzung von René Mahlow. Umschlagbild Karel Thole. München: Heyne, 1978. (Heyne-Buch; 06-1. Originaltitel: Where late the sweet birds sang. 1976.) S. 130.
25 Haldane, wie Anm. 7, S. 48-78.
26 Aldous Huxley: Dreißig Jahre danach oder Wiedersehen mit der wackeren neuen Welt. Übersetzt von Herberth E. Herlitschka. München: Piper, 1960. (Originaltitel: Brave new world revisited. 1959.) S. 24.
27 Huxley, Welt, wie Anm.2., S. 35-39.
28 Ebda., S. 49, S. 63.
29 Huxley, Dreißig Jahre, wie Anm. 26, S. 9/10.

Gott auf Erdenbesuch
Religion und Epiphanie in der Science Fiction

Überarbeitete und erweiterte Fassung des Beitrages: »Gottes zweiter Sohn«. Religion und Epiphanie in der Science Fiction. In: Aus dem Antiquariat. Zeitschrift für Antiquare und Büchersammler. 2006, H. 2. S. 116-123.

Literatur

Čapek, Karel: Die Fabrik des Absoluten. [Keine Nennung des Übersetzers.] Rastatt 1984. (Originaltitel: Tovarna Na Absolutno, 1922.)
Dick, Philip K.: Die Valis-Trilogie: Valis. Die göttliche Invasion. Die Wiedergeburt des Timothy Archer. Drei Romane. Mit einem Nachwort von Sascha Mamczak. Überarbeitete Neuausgabe. 3. Aufl. Deutsche Übersetzung von Thomas Ziegler, neu durchgesehen und ergänzt von Alexander Martin. München 2003. (Originaltitel: Valis. The Divine Invasion. The Transmigration of Timothy Archer, 1981, 1982.)
Frenzel, Elisabeth: Motive der Weltliteratur. Ein Lexikon dichtungsgeschichtlicher Längsschnitte. 3., überarbeitete und ergänzte Auflage. Stuttgart 1999. S. 284-296.
Greeley, Andrew M.: Der Mann, der Gott spielen durfte. Bergisch Gladbach 1988. (Originaltitel: God Game, 1986).
Harrison, M. John: Friede auf Erden. Aus dem Englischen übersetzt von Margret Krätzig. In: Von Ballard bis Stableford. Wege zur Science Fiction. 12. bad. Hrsg. von James Gunn. München 2001. S. 287-319. (Originaltitel: Setting the World, 1975.)
Küper, Thorsten: Der Atem Gottes. In: Der Atem Gottes und andere Visionen 2004. Hrsg. von Helmuth W. Mommers. Berlin 2004. S. 23-38.

Martin, George R. R.: Sandkönige. Aus dem Amerikanischen übersetzt von Hannelore Hoffmann. In: Science Fiction Story-Reader. 18. Hrsg. von Wolfgang Jeschke. München 1982. S. 211-258. (Originaltitel: Sandkings, 1980.)

Morrow, James: Das Gottesmahl. Roman. Aus dem Englischen von Horst Pukallus. München 1999. (Originaltitel: Towing Jehovah, 1994.)

Paasilinna, Arto: Der Sohn des Donnergottes. Aus dem Finnischen von Stefan Moster. 3. Aufl. Bergisch Gladbach 2004. (Originaltitel: Ukkosenjumalan poika, 1984.)

Redd, David: Als Jesus zu Weihnachten den Mond besuchte. Aus dem Englischen übersetzt von Uwe Luserke. In: Frohes Fest! 17 schöne Bescherungen von Uwe Luserke und Wolfgang Jeschke. Science-Fiction-Weihnachterzählungen. Originalausgabe. München 1991. S. 39-67. (Originaltitel: When Jesus Came to the Moon for Christmas, 1991.)

Ruppelt, Georg: »Der große summende Gott.« Siehe das Kapitel in diesem Band.

Ruppelt, Georg: »Keiner den ein Weib geboren.« Siehe das Kapitel in diesem Band.

Sailor, Charles: Gottes zweiter Sohn. Aus dem Amerikanischen von Leni Sobez. Rastatt 1986. (Originaltitel: The Second Son, 1979.)

Das Science Fiction Jahr 2003. Hrsg. von Wolfgang Jeschke und Sascha Mamczak. München 2003.

Ustinov, Peter: Der Alte Mann und Mister Smith. Roman. Aus dem Englischen von Hans M. Herzog. 12. Aufl. Berlin 2005. (Originaltitel: The Old Man and Mister Smith, 1990.)

»Die Freizeitrevoluzzer«
Arbeit und Arbeitslosigkeit in der utopischen Literatur

Zuerst in anderer Form und illustriert erschienen als: Arbeit als Motiv utopischer Literatur. – »Arbeit ist die Religion unserer Zeit.« In: B. I. T.-online. 10. Jg. Ausg. 1 2007, S. 11-18.

1 Friedrich Schiller: Über naive und sentimentalische Dichtung (1795/96). In: F. Sch.: Sämtliche Werke. Hrsg. von Gerhard Fricke und Herbert G. Göpfert. Bd. 5. 4., durchgeseh. Aufl. München 1967. S. 694-792 – S. 747.
2 www.maerchenkristall.com
3 Thomas Morus: Utopia. In: Der utopische Staat. Morus: Utopia. Campanella: Sonnenstaat. Bacon: Neu-Atlantis. Übers. u. mit e. Essay »Zum Verständnis der Werke«, Bibliographie und Kommentar hrsg. von Klaus J. Heinisch. Reinbek bei Hamburg 1970. (Originaltitel: Thomas More (Morus): De optimo reipu-

blicae statu, deque noua insula Vtopia, libellus uere aureus, nec minus salutaris quam festiuus. 1515.) S. 9-110, S. 54.
4   Edward Bellamy: Ein Rückblick aus dem Jahre 2000 auf 1887. In der Übersetzung von Georg von Gizycki. Hrsg. von Wolfgang Biesterfeld. Stuttgart 1983. (Originaltitel: Looking Backwrd: 2000–1887. 1888.) S. 49 u. S. 106/7.
5   Jean Paul (d. i. Jean Paul Friedrich Richter): Unterthänigste Vorstellung unser, der sämtlichen Spieler und redenden Damen in Europa entgegen und wider die Einführung der Kempelischen Spiel- und Sprachmaschinen. In: J. P.: Sämtliche Werke. Abtlg. II: Jugendwerke und Vermischte Schriften 2. München 1976. (Zuerst erschienen 1789.) S. 167-185 – S. 169.
6   Samuel Butler: Erewhon. Roman. Aus d. Englischen von Fritz Güttinger. München 1981. (Originaltitel: Erewhon, or, Over the Range. 1872) S. 280.
7   Karel Čapek: R. U. R. (Rossums Universal Robots). Ein Kollektivdrama in drei Akten mit einer Komödie als Vorspiel. Deutsch von Paul Kruntorad (Originaltitel: R. U. R. Uraufführung 1921). In: Modernes Tschechisches Theater. Hrsg. von Paul Kruntorad. Neuwied, Berlin 1968. S. 81-160.
8   Thea von Harbou: Metropolis. Roman. Hrsg. u. mit e. Nachwort versehen von Herbert W. Franke. Frankfurt u. a. 1984. (Zuerst erschienen 1926) S. 26.
9   Kurt Vonnegut jr.: Das höllische System. Utopischer Roman. Dt. Erstveröffentlichung. Dt. Übersetzung von Wulf H. Bergner. München 1964. (Originaltitel: Player Piano. 1952) S. 99/100.
10 Bruce T. Holmes: Die letzte Generation. Science Fiction Roman. Dt. Erstveröffentlichung. Dt. Übersetzung von Andreas Brandhorst. München 1988. (Originaltitel: Anvil of the Heart. 1983) S. 84 und 88.
11 Charles Sheffield: Feuerflut. Roman. Dt. Erstausgabe. Aus d. Amerikanischen von Christine Strüh. München 2001. (Originaltitel: Aftermath. 1998.) S. 445-447.
12 Herbert George Wells: Die Insel des Dr. Moreau. Roman. Aus d. Englischen von Felix Paul Greve. Neu durchgesehen von Christine Mrowietz. München 1996. (Originaltitel: The Island of Doctor Moreau. 1896.)
13 Konrad Loele: Züllinger und seine Zucht. Leipzig 1920. (Neudruck 1998, München: belleville Verlag.)
14 Aldous Huxley: Schöne neue Welt. Ein Roman der Zukunft. Übersetzt von Herbert E. Herlitschka. Revidierte Übersetzung 1981. 58. Aufl. Frankfurt a. M. 2000. (Originaltitel: Brave New World. 1932.)
15 George R. R. Martin: Der Fleischhausmann. Aus dem Amerikanischen übertragen von Michael Windgassen. In: Heyne Science Fiction Magazin. 2. München 1982. S. 307-349. (Originaltitel: Meathouse Man. 1976.)
16 David Brin: Copy. Roman. Dt. Übersetzung von Andreas Brandhorst. (Originaltitel: Kiln People. 2002.) München: 2005. S. 58, 98, 1212, 155, 249.

17 Werner Reist: Menschen und Maschinen. Roman. Zürich, Leipzig 1936. S. 112/113.
18 Bernhard Kellermann: Der Tunnel. Roman (zuerst erschienen 1913). Frankfurt a. M. 1999. S. 242.
19 Robert Brenner: So leben wir morgen. Der Roman unserer Zukunft. München 1972, S. 81.
20 Eric Koch: Die Freizeitrevoluzzer. Science Fiction-Roman. Dt. Übersetzung Walter Brumm. München 1977. (Originaltitel: The Leisure Riots. 1973.) S. 146/147.
21 Ebda. S. 218.
22 Kurt Tucholsky: Morgens um acht. In: K. T.: Gesammelte Werke in 10 Bänden. Hrsg. von Mary Gerold-Tucholsky und Fritz J. Raddatz. Reinbek bei Hamburg 1975. Bd. 3. S. 337/8 – S. 337.

Die Zukunft der Bücher in Zukunftsbüchern

Gekürzte Fassung von Georg Ruppelt: Buchmenschen in Büchern. Von Antiquaren und Buchhändlern, Verlegern und Buchbindern, Buchdruckern und Setzern, Bücherschändern und Bücherdieben, vom letzten Buchautor und von der Zukunft des Buches. Wiesbaden: Harrassowitz, 1997, S. 119-137.

1 Marie Luise Kaschnitz: Das letzte Buch. In: M.L.K.: Gesammelte Werke. Hrsg. v. Christian Büttrich u. Norbert Miller. 3. Bd. Die autobiographische Prosa II. Frankfurt a. M.: Insel-Verlag, 1982, S.408.
2 Ri Tokko [d. i. Ludwig Dexheimer]: Das Automatenzeitalter. Ein prognostischer Roman. Zürich; Leipzig; Wien: Amalthea-Verl., 1931, S. 99.
3 Isaac Asimov: Spaß beim Lernen. Aus dem Amerikan. übers. von Peter Ullmer. – In: Brennpunkt Zukunft. Bd. 2. Hrsg. von Walter Spiegl. Frankfurt/M.; Berlin; Wien: Ullstein, 1982, S. 80-83. (Zuerst veröffentlicht 1966 unter dem Titel »The fun they had« in »Galaxy Science Fiction«.) S. 80.
4 James Blish u. Norman L(ouis) Knight: Tausend Milliarden glückliche Menschen. Roman. Aus d. Amerikan. übers. von Helga Wingert-Uhde. – Hamburg; Düsseldorf: von Schröder, 1969. (Originaltitel: A torrent of faces. 1967.) S. 142/143.
5 Michael Bishop: Die Cygnus-Delegation. Science Fiction-Roman. Dt. Übers. von Walter Brumm. – München: Heyne, 1980. (Heyne-Buch; 3743. – Originaltitel: A little knowledge. 1978.) S. 120/121.
6 Ray Bradbury: Fahrenheit 451. Science Fiction-Roman. Sonderausgabe. Dt. Übers. von Fritz Güttinger. – München: Heyne, 1984. (Heyne-Buch; 06/33; Bibliothek der Science Fiction Literatur; 33. – Originaltitel: Fahrenheit 451. 1953.) – Zitate S. 64, 63, 88.

7 Aldous Huxley: Schöne neue Welt. Ein Roman der Zukunft. Übers. aus d. Engl. von Herberth E. Herlitschka. 238-257. Tsd. Frankfurt a. M.; Hamburg: Fischer, 1970 (Fischer Bücherei; 26. – Originaltitel: Brave new world. 1932.) – S. 49.
8 Louis-Sébastien Mercier: Das Jahr 2440. Ein Traum aller Träume. Dt. von Christian Felix Weiße (1772). Hrsg., mit Erl. u. e. Nachw. versehen von Herbert Jaumann. Frankfurt/M.: Suhrkamp 1982 (Suhrkamp Taschenbuch; 676. Phantastische Bibliothek; 50. – Originaltitel: L'an deux mille quatre cent quarante. 1770 oder 1771.) S. 113/114.
9 Das Jahr Zweitausendvierhundert und vierzig. Zum zweitenmal geträumt. Ein Traum, deren es wohl träumerische gegeben hat. [Verf.: Karl Heinrich Wachsmuth] Leipzig: Weygandsche Buchhandlung, 1783, S. 109/110.
10 Edward Bellamy: Ein Rückblick aus dem Jahre 2000 auf 1887. In der Übers. von Georg von Gizycki. Hrsg. von Wolfgang Biesterfeld. Stuttgart: Reclam, 1983. (Universal-Bibliothek;2660 [4.].- Originaltitel: Looking backward. 2000–1887. 1888.) S. 126/127.
11 Peter Norelli: Utop anno 2000. Wertumwertung. Bericht über die erste Tagung des Internationalen Intersäkularen Weltverbandes der Utopisten (10.-17. Juni 2000). Wien: Fiba-Verl., 1936, S. 34/35.
12 Keith Sharee: Gullivers Flüchtlinge. Dt. Übers. von Andreas Brandhorst. (Titel d. amerikanischen Originalausgabe: Gullivers Fugitives, 1990). München: Heyne, 1992. (Heyne Science Fiction & Fantasy; 06/4889.) S. 61.
13 John Jakes: Fröhliche Weihnachten – Post-Gutenberg. Aus dem Amerikanischen übers. von Michael Iwoleit. (Originaltitel: Merry Xmas Post/Gute. 1970) In: Frohes Fest! 13 grausige Bescherungen von Uwe Luserke u. Wolfgang Jeschke. München: Heyne, 1989. S. 94-101. (Heyne Science Fiction & Fantasy: 06/4638.) S. 96-101.
14 Vgl. Buch und Buchhandel in Zahlen. Ausgabe 1996 (für 1995) Frankfurt a. M. 1996. In: Börsenblatt für den deutschen Buchhandel, 56, vom 12. Juli 1996, S. 49-164.
15 Klaus G. Saur: Die Kosten der elektronischen Information. In: Die unendliche Bibliothek. Digitale Information in Wissenschaft, Verlag und Bibliothek. Wiesbaden: Harrassowitz 1996. (Gesellschaft für das Buch; Bd. 2.) S. 92-101. – S. 100 u. S. 93.
16 Thomas Laukamm: Glänzende Zukunft für Papier. In: Börsenblatt für den deutschen Buchhandel, 35, vom 30. April 1996. S. 40-44. – S. 41.

»Unsre Phonographzeitung wird das Blatt der Zukunft sein«
Prognosen über die Zukunft von Zeitungen

Zuerst in längerer Fassung und illustriert erschienen in: B.I.T.-online. 10. 2007. H. 2, S. 107-112.

1   Ri Tokko [d. i. Ludwig Dexheimer]: Das Automatenzeitalter. Ein prognostischer Roman. Zürich; Leipzig; Wien: Amalthea-Verlag, 1931, S. 99.
2   Vgl. Theodor Herzl: Altneuland. Roman. Wenn ihr wollt, ist es kein Märchen. 9. Aufl. - Berlin; Wien: Harz, 1919. (Erste Ausgabe: 1902.); Jules Verne: Ein Tag aus dem Leben eines amerikanischen Journalisten im Jahre 2889. Übersetzt von Wolf Wondratschek. In: Jules Verne: Das Karpatenschloß. Die Propellerinsel. Ein Tag aus dem Leben eines amerikanischen Journalisten im Jahre 2889. Frankfurt a. M.. Bärmeier & Nikel, 1968. (Zuerst veröffentlicht in amerikanischer Übers. unter dem Titel »In the year 2889« 1889 in der Zeitschrift »The Forum«.), S. 303-327, hier S. 308/309.
3   O. Jerum: Das Ende des Buches. In: Vom Fels zum Meer. 14. 1894/95, S. 357-359 – S. 359.
4   Hugo Gernsback: Ralph 124 C 41+. Dt. Übers. von Eugen Müller Frantz. - München: Heyne, 1973. (Heyne-Buch; 3343). (Zuerst erschienen als Fortsetzungsroman 1911 in »Modern Electrics«; 1925 als Buch.), S.20.
5   Kurd Laßwitz: Auf zwei Planeten. Roman in zwei Büchern. 3. Aufl., 5. und 6. Tausend. Berlin: Felber, 1900. 2 Bde. (Zuerst erschienen 1897). Bd. 1: S.65, 64, 80. Vgl. das Kapitel zu Laßwitz in diesem Band.
6   G. Erman: Deutschland im Jahre 2000. Kiel: Lipsius & Tischer, 1891. (Deutsche Schriften für nationales Leben; Reihe 1, Heft 4.), S. 7.
7   Albert Daiber: Anno 2222. Ein Zukunftstraum. Stuttgart: Strecker & Schröder, 1905, S. 5/6.
8   Edward Bellamy: Ein Rückblick aus dem Jahre 2000 auf 1887. In der Übers. von Georg von Gizycki. Hrsg. von Wolfgang Biesterfeld. Stuttgart: Reclam, 1983. (Universal-Bibliothek; 2660 [4.].- Originaltitel: Looking backward. 2000–1887. 1888.), S. 131-134.

Als die Marsianer auf die Erde kamen
1897 erschienen die Invasionsromane von Kurd Laßwitz
und Herbert George Wells

Veränderte Fassung des Aufsatzes: Als die Marsianer auf die Erde kamen. Vor 100 Jahren erschienen die Invasionsromane von Kurd Laßwitz und Herbert George Wells. In: Aus dem Antiquariat. Beilage zum Börsenblatt für den Deutschen Buchhandel Nr. 103/104 vom 30. Dezember 1997. S. A 656-A 661.

Literaturhinweise

Zitiert wird nach folgenden Ausgaben:
Kurd Laßwitz: Auf zwei Planeten. Roman in zwei Büchern. 3. Aufl., 5. und 6. Tausend. Berlin: Felber, 1900, Bd. 1: 421 S., Bd. 2: 545 S.
Herbert George Wells: Der Krieg der Welten. Roman. Aus dem Englischen von G. A. Crüwell und Claudia Schmölders (Titel der engl. Erstausgabe, London 1898: »The War of the Worlds«.) Zürich: Diogenes Verlag AG, 1974. (Diogenes Taschenbuch; 20171)

Zum Thema:
Helga Abret und Lucian Boia: Das Jahrhundert der Marsianer. Der Planet Mars in der Science Fiction bis zur Landung der Viking-Sonde 1976. Ein Science Fiction-Sachbuch. München: Heyne 1984. (Heyne-Buch Nr. 06/32)
William B. Fischer: The Empire Strikes Out: Kurd Laßwitz, Hans Dominik, and the Development of German Science Fiction. Bowling Green, Ohio: Bowling Green University Popular Press, 1984.
Hans-Edwin Friedrich: Science Fiction in der deutschsprachigen Literatur. Ein Referat zur Forschung bis 1993. Tübingen: Niemeyer, 1995. (Internationales Archiv für Sozialgeschichte der deutschen Literatur; Sonderheft 7.) S. 199 ff. u. ö.;
Roland Innerhofer: Deutsche Science Fiction 1870–1914. Rekonstruktionen und Analyse der Anfänge einer Gattung. Wien, Köln, Weimar: Böhlau, 1996. (Literatur in der Geschichte, Geschichte in der Literatur; Bd. 38.) S. 258 ff. u. ö.
Kurd Laßwitz – Lehrer, Philosoph, Zukunftsträumer: die ethische Kraft des Technischen. Hrsg. von Dietmar Wenzel. Meitingen: Corian-Verlag Wimmer, 1987. (Edition Futurum; Bd. 10.)
Klaus Günther Just: Kurd Laßwitz, der Dichter der Raumfahrt. In: Schlesien 15, 1970, H.1, S. 1-15, u. ö.
Karl Riha: Science Fiction und Phantastik. Zur unterschiedlichen literarischen Reaktion auf den technischen Prozeß um die Jahrhundertwende. In: Literatur in einer industriellen Kultur: Hrsg. von Götz Grossklaus, Eberhard Lämmert.

Stuttgart: Cotta, 1989 (Veröffentlichungen der Deutschen Schillergesellschaft, Bd. 44.), S. 239-257.

Franz Rottensteiner: Ordnungsliebend im Weltraum: Kurd Laßwitz. In: Polaris 1. Ein Science Fiction-Almanach. Hrsg. von F. Rottensteiner. Frankfurt a.M.: Insel Verlag, 1973. (insel taschenbuch; 30) S. 133-164.

Rudi Schweikert: Germanistisches Elend. Wider die Pseudo-Wissenschaftlichkeit. Mit den ›Opfern‹ Arno Schmidt, Kurd Laßwitz und Karl May. Frankfurt a. M.: Bongert u. Metzler, 1985.

Rudi Schweikert: Von Martiern und Menschen oder Die Welt, durch Vernunft dividiert, geht nicht auf. Hinweise zum Verständnis von »Auf zwei Planeten«. In: Kurd Laßwitz: Auf zwei Planeten. Roman in zwei Büchern. Mit Anmerkungen, Nachwort, Werkgeschichte und Bibliographie von Rudi Schweikert. 2. Aufl. Frankfurt am Main: 2001, 1984 (1. Aufl. 1979), S. 903-976.

»Na prost!«
Die Wein- und Weltraumphantasie Paul Scheerbarts von 1898

Zuerst erschienen in: Aus dem Antiquariat. Börsenblatt für den Deutschen Buchhandel Nr. 8 vom 29. Januar 1999, S. A 16-A 19.

1 Zitiert wird nach der Erstausgabe: Paul Scheerbart: Na prost! Phantastischer Königsroman. Berlin, Leipzig: Schuster & Loeffler, 1898 – S. 120/121.

2 Uli Kohnle: Paul Scheerbart. Eine Bibliographie. Steinweiler: Paul Scheerbart Archiv in der Edition Phantasie, 1994. – Paul Scheerbart: Na Prost! ... In: Paul Scheerbart: Gesammelte Werke. Bd. 2. Hrsg. von Thomas Bürk, Joachim Körber, Uli Kohnle. Romane 2: Na Prost. Phantastischer Königsroman. Die Seeschlange. Ein Seeroman. Die große Revolution. Ein Mondroman. Linkenheim: Edition Phantasia, 1986, S. 9-111 (»Die Drucklegung erfolgte unter Beibehaltung der Scheerbartschen Orthographie und Interpunktion nach den oben genannten Erstausgaben. Es wurden lediglich offensichtliche Druckfehler korrigiert« – Die Ausgabe verzichtet allerdings auf die teilweise aussagekräftigen Seitenüberschriften.) – Paul Scheerbart: Na Prost! .... Hrsg. u. mit e. Nachwort versehen von Michael Matthias Schardt. Siegen: Affholderbach & Strohmann, 1987. (»Einige grafische Varianten und ältere Schreibweisen sowie offensichtliche Druckfehler und Anredeformen wurden korrigiert.«)

Bildung und Information im neustrukturierten Deutschland
Bericht von einem Kongress in Hannover vom 3. bis 5. Oktober 2021, erstattet von Georg Ruppelt

Zuerst erschienen in: Aufbruch als Ziel – BID und »Bibliothek 2007«. Zum Abschluss der sechsjährigen Amtszeit Georg Ruppelts als Sprecher von Bibliothek & Information Deutschland. Hildesheim etc. Olms, 2006, S. 19-22.